WHAT HAPPENS IN MINDFULNESS

Inner Awakening and Embodied Cognition

John Teasdale　Shintaro Yukawa

マインドフルネスの探究

身体化された認知から内なる目覚めへ

ジョン・ティーズデール 著

湯川進太郎 訳

北大路書房

WHAT HAPPENS IN MINDFULNESS
Inner Awakening and Embodied Cognition
by
John Teasdale, PhD
Foreword by Jon Kabat-Zinn

Published by arrangement with The Guilford Press and the English Agency (Japan) Ltd.

ＩＣＳの設計者、フィル・バーナードへ

日本語版序文

この日本語版序文を書くことは、私にとってたいへん光栄であり、また、喜びでもあります。日本文化の遺産、とりわけ禅の言葉は、本書で探究した考えを形づくり、また、育むのに重要な役割を果たしています。本書のページをめくれば、日本の禅師である道元、白隠、鈴木俊隆といった名前が際立っていることがわかるでしょう。執筆していた数年間、マインドフルネスと内なる目覚めをより深く理解しようとするなかで、私は、「悟るというのは、あらゆる存在と親しくなる〔万法に証せらるる〕ことである」という道元の簡潔な言葉が、常に私を正しいほうへと導く灯台あるいは試金石となっていることに気づきました。同時に、彼の言葉は、私の個人的な実践に強く影響し、より大きな相互関係や一体性へと私をゆるやかに方向づけてくれました。

私が本書を執筆したのは、私自身が物事を理解するのが好きだからです――それは、科学者の仕事としても、また、より個人的にもです。私は、伝統の権威だけを頼りにするよりも、より広い理解の枠組みのなかで自分に問われていることが何かわかっているときのほうが、実践の道に時間と労力をかけやすいのです。たとえば、マインドフルネス訓練はなぜ、受け容れること、がんばらないこと、目標を手放すこと、そして「初心者の心」といった特性を強調するのかを知りたいのです。なぜ、親切や慈悲や倫理的行動がそんなに重要なのでしょうか？　そして、結局のところ、気づいているというのは、何がそんなにいいのでしょうか？〔これらの問いすべてに対

する答えを、そしてそれ以上に多くのことを、本書のなかに見つけることができます）

現代の多くの指導者は実際、彼らの教える実践の重要性を理解するための方法を、しばしば日常的な心理学用語で提示しています。私も、ほかの数えきれない人たちと同じように、こうした指導者たちから学んだことに深く感謝しています。本書が求めるのは、この種の理解を超えたところにあります。それは、認知科学や心理学の考えに根差しつつ――しかし、心理学者でない人にも容易に到達できるように表現しつつ――より深いレベルで作用することをめざしています。こうした分析は、別のアプローチの価値を高めたり、讃えたりすることになるでしょう。たとえば、別の角度からみると、すでにわかっていることが具体化したり活性化したりすることがしばしばあります。私が受け取った最もうれしい反響のいくつかは、この本をまさにそのような点で有益であることに気づいてくれた、非常に経験豊かで尊敬を集める指導者たちから届きました。それは、「この本を読んで私は、マインドフルネス実践に携わっているときの慣れ親しんだ、よく知っている過程について、理解が深まる感覚を経験しました。本書は、実践に携わる私の生きた経験に触れるとともに、新しい視点を生む手がかりとなりました」[1]とか、また、「私は、この先ずっと、この本を大いに活用することでしょう。こうした理解の広がりは、やる気をすこぶるかき立てます」[2]といったものです。

それからもちろん、認知科学と実験心理学に基づくマインドフルネスと内なる目覚めの分析の広まりは、この繊細で複雑な領域を探究することに関与する研究者の数が増えていることを直接的に物語っています。ジンデル・シーガルとマーク・ウィリアムズとともに、一九九五年に出した論文には、マインドフルネスが抑うつを癒す可能性についての予備的な分析を提示しましたが、そこでは、本書でより深く探究したのと同じ説明の枠組みを用いていています。マインドフルネスの効果に関する独立した統計的分析が示すところでは、その論文で提示した考えが、その後に起こったマインドフルネス研究の爆発的増加を促進する中心的な役割を果たした、ということです[3]。本書を書いた私の主な動機の一つは、その論文と同様に、本書がマインドフルネスと内なる目覚めをより深く理解しようとするさらなる科学的な研究を育むことになれば、という願いでした。

もっと個人的なことをいうと、本書の執筆によって、私のなかにより深い期待感が膨らんでいます。本書で探究した中心的なテーマは、進化が私たちの心に一体性へと向かう内在的な可能性を授けた、という考えです。その可能性は、私たちの大半が行う――そして、結局は、思い通りにならない――幸福追求とは別のやり方を提供する、より豊かな活力やウェルビーイングへと至る道を下支えしています。本書で示した分析は、私たちの誰もがすでに、根本的に異なる方法で世界をみて、世界とかかわる力を心のなかにもっている、ということを示唆しています。伝統的な指導者はしばしば、この力を私たちの「隠された宝」と称します。そうした潜在的な可能性が目覚めるなかで、私たちは、生きとし生けるもの、自然、そして私たちすべてが依存している地球との相互に結びついた感覚と、それらを思いやる感覚を、より強く経験するのです。

個人にとっても人類にとっても、私たちは今、より強い一体感を痛切に必要としています。本書の執筆が、それを可能にすると私は確信しています。

二〇二三年十月　英国ケンブリッジより

ジョン・ティーズデール

▼1　Crane, R. S. (2022). John Teasdale: *What Happens in Mindfulness: Inner Awakening and Embodied Cognition*. Guilford, New York. *Mindfulness, 13,* 2904–2905.

▼2　Bourgeault, C. (2022). A review of John Teasdale's "*What Happens in Mindfulness.*" *Parabola*, Winter 2022–2023 issue (Post date, October 30, 2022).

▼3　Baminiwatta, A., & Solangaarachchi, I. (2021). Trends and developments in mindfulness research over 55 years: A bibliometric analysis of publications indexed in web of science. *Mindfulness, 12,* 2099–2116.

巻頭言

いくつかあなた自身に問うてみてほしい。「心に何かをとどめておく」とはどういう意味か？　誰が「とどめておく」のか？　そしてどこにとどめられるのか？　思考と事実はどのように区別するのか？　思考と感情は？　さらに、それらと気づき（awareness）をどう区別するのか？　そもそも気づきとは何か？　そういうことでいえば、心という言葉は何を意味するのか？　それはどこに存在するのか？　人間のジレンマに深くはまり込んだとき、マインドフルネス（mindfulness）の涵養は苦しみの経験や自己感とどのように相互作用するのか？　そもそもマインドフルネスとは何か？　また、実際的なところでいえば、迷いにありがちなパターンや苦しみからより広く私たちを解き放つために、マインドフルネスはどのように育ち、宿り、身体化し、展開しうるのか？　心を開いた覚醒状態は私たちの「デフォルト・モード」となりうるのか、そしてそれは人生を生きるうえで頼りになる味方となり、迷いや苦しみが私たち自身やまわりの人にとって重要なことだったとなりうるのか？

これらは本書が、最も顕著に、広範囲に、高い解像度でもって、系統的に、そして厳密に取り上げている、暗示的かつ明示的な疑問や実存的な課題の一部である。ここであなたは、ジョン・ティーズデールが全体論的直感的な認識（holistic-intuitive knowing）とよんでいるものの領域に近づき、親しみ、住まうための正式な方法論を知ることになる。それは、自分のなかを占めている思考過程や感情生活の大半を特徴づけている概念的な認識

（conceptual knowing）よりも高次の精神的な領域である。概念的な認識は、全体論的直感的な認識によって制御されなければ、私たちに本来備わっているウェルビーイングをみえなくし、さらに不幸にも、時に有害なものとなり私たちを衰弱させることがある。うつという世界中に蔓延している重荷をみてわかるように。

驚くべきことに、数千年前にさかのぼる瞑想実践にその起源をもつマインドフルネスは、過去四十数年で臨床応用や基礎研究の主要な領域となって現れてきた。それは、人間の苦しみと、それに勝るとも劣らず重要な人間のすばらしさの、両方の性質を理解することを目的としている。マインドフルネスに関する研究論文は現在、指数関数的な率で増えている。マインドフルネス認知療法（mindfulness-based cognitive therapy: MBCT）[▼1]の三人の開発者の一人として、ジョン・ティーズデールの出現はその増加に大きく貢献した。彼はこの分野の最前線に立ち、心理学や認知科学における理論的な基礎の主要な設計者の一人となった。ここで彼は、自身の個人的な瞑想の探求と実践に根差した独自の視点や創造的な洞察を、心の分野についての明解で一貫した地図づくりに持ち込んでいる。これを彼は、（フィル・バーナードと協同して）強いこだわりとかかわりをもって開発と精緻化と応用に職業生活の多くを費やしてきた、感情と認知と情報についてのあるモデルの視点から行なっている。そのモデルは、相互作用認知サブシステム（interacting cognitive subsystems: ICS）として知られている。

本書は、自分自身の一人称的な経験や説明の枠組みについて深く考えるのにふさわしい、多くのさまざまな点で力作であり傑作である。それは、厳密な科学的研究と、深い瞑想的な探求心、個人的な慎み深さ、知的な誠実さが結びついてできた生涯の集大成を意味する。それは、認識することと存在することのさまざまな次元をとおして、正確さと明確さでもって一つひとつ紐解きながら、分別すること（ジョンが、観［view］という古典的な仏教の教えにならって言及しているもの）へと至る道について論じ、まとめている。もし正しく分別できれば、心理学に大きく貢献することになる——心理学とは結局のところ、多様な要素から構成されていたりほかの自己や世界と相互作用したりするという点で、根本的に「自己」の研究なのである。本書ではその自己が、認識することと存在することというより大きくより包括的な方法で、系統的に論じられ、問い直され、解剖され、解体される。それは深い洞察に富んだものであり、しばしば欺瞞的に抱く特有の自己没入からも自由にさせてくれる可能性のある方法である。おもしろいことに、認識という大きな方法は、私たち人間にもともと本質的に備わっている――それは常に作動しているけれども、私たちはたいていその事実を無視しているので、結果的に、多大な代償を払っているのである。今、私が述べているのはもちろん、気づきのことだ。

その広さ、深さ、そして根本的な重要性という点で、本書は、一つの正式な瞑想実践として、また、一つの存在のあり方として、マインドフルネスとそれがもつ深い治療可能性を研究し理解するために、統一的な枠組みを提示するものである。それは、身体・精神・世界の複雑な一瞬一瞬の相互作用に関する、解像度の高い説明である。それは、自己の性質に関する核心的な問いと関係する基本的なウェルビーイングや幸福の潜在的な力動――その力動が本質的なところでいかに錯覚を引き起こしたり自由を奪ったりするか――を顕わにし、さらに私たちが、「現実化する（make real）」という意味で、身体化された覚醒状態に向かう生来の力をいかに再認識あるいは理解することができるかを顕わにするものである。この点で、そうした「理解（realization）」に対する唯一の障害は、私たち自身の習慣的で、不必要で、認識されていない、そしてしばしば有害な、自由を奪うつくり事である。

彼とマーク・ウィリアムズとジンデル・シーガルがＭＢＣＴを開発しているときに協同していた初期のころ（およそ一九九三〜二〇〇〇年）、私は折に触れて彼のＩＣＳモデルへの執着をからかったものだった。実際、私はまったく理解しようともまじめに取り扱おうとさえもしなかった。なぜ物事を必要以上に複雑にしようとするのかと、私は異議を唱えたものだった。ただマインドフルネスを養う実践をすべきだ、たんに考察したりモデル化したりして生じていることを摑もうとするのをやめるべきだ、思考の中身や感情を衰弱させる感情的負荷にばか

▼1　ＭＢＣＴはもともと、大うつ病性障害の薬物療法と心理療法にともなう重度のぶり返しに対処するための斬新な集団型介入法として開発されたものである。

り注目するよりもむしろ多くの注意を身体に注ぐべきだ、と。私が思うに、気づきそのものは、もし現象学的に取り組んで直接的に身に宿れば、本質的に自由をもたらす可能性をもっている。それは、種々の仏教的な法（ダルマ）に関する古典や現代の文献に詳しく示されていたり、また、マインドフルネス・ストレス低減法（mindfulness-based stress reduction: MBSR）のクリニックに紹介された慢性疾患をもつ多くの人の生活のなかで、時に非常にドラマチックな形でみられたりする。

ジョンが取り組んでいるものの価値やＩＣＳのもつ視点の深い可能性を心底理解するのに、私はその後二十年もかかった。彼はその時点で思考や感情のより根深いいくつかのパターンに焦点を当てて説明しようとしていた。そのパターンとは、それらに気づいていなければ、また、それら根深いパターンから自分自身を解放するための確実かつ実用的な方法がいくつもあると知らなければ、不必要に多くの時間、私たちを捕えてしまうものである。ＩＣＳの枠組み――ワーキングメモリ（working memory）の観点から簡略化され、増強され、再定義され、また、今ではジョンの何十年にもわたる瞑想の経験と研究によって継ぎ目なく統合された枠組み――は、まさに現時点で心理学という科学に求められるものなのかもしれない。心理学というのは概して、私たちが今いるこの瞬間を十分に受け容れ、人間としての私たちとは誰なのか、何なのかという多次元性と神秘性を具体化するために誰もがもつ可能性についての理解を磨き、そして、私自身、お互いどうし、そして自分たちの住む世界のために無意識的に協力してつくり出したり悪化させたりしてしまっている苦しみの特有の形式に気づくためのものだからだ。

全体論的直感的な認識とつながる一人称経験に関する魅力的な見方のなかで、詩という領域は、本書でも説明されている理由から、ＩＣＳアプローチの重要かつ啓蒙的な要素となっている。さらにいえば、本書における図式や図式を説明するのに使われている特殊な言葉が本質的に詩の形態と相似している、というのが正しいと私は思う――複雑なテクノロジーの基礎にある回路を図示する配線図に似ている――ただ今回は、心の回路である。必ずしも容易に入り込めるわけではないが、入り込む感覚のコツを摑めば、同時に、図式が意味しているものや自分で一つひとつ考えたり経験したりさせようとしているものを理解すれば、これらの図式が、自分のことをわかっていない精神という暴君から離れるよう、いついかなるときでも導いてくれる非常に現実的で実際的な選択肢の基礎となるマトリックスを例示していることがわかる。その暴君は、現実と自己に関する非機能的なナラティブを無意識的に生み出し続ける。それは、永遠に自己中心的で、不正確で、最後まで休まず覆い続ける反すう、潜在的で認識されない仮定やバイアス、さらに、感情的に引き起こされた反応や自己永続的な不穏さと絡まっている。私たち個人の精神的な健康とともに、人類共同体としての集合的な健康やこの惑星自体の健康は、そのマトリックスを求めている。種としての私たちのウェルビーイングにとって最も重要なことに徹底した注意を払わない場合に自分たちに課すことになる非常に現実的な脅威にこれまで気づいてこなかったことによって、個人、人類共同体、そしてこの惑星の健康は今まさに深刻な挑戦を受けているのだ。

本書は、私たちの種が取り組むよう求められている内的外的両方の活動に向けた、新しい空気の息吹となり、着想の源となり、実践の指南書となり、洞察となる——その活動とはいわば、人間としてマインドフルかつハートフルに生きるために自分自身の人生を生きることであり、そうすることで悪いことを最小化しいいことを最大化する。私たちにはそのチャンスがある。

そしてまた本書は、——臨床心理学、実験心理学、社会心理学といった——心理学という領域全般に新たな着想をもたらす手がかりとしても役に立つ。これまでより厳密かつ実質的に、自己の逆説的な性質、身体化された気づきや覚醒状態の性質、人間どうしの否定しがたい結びつき、あらゆる人生、自然、神秘的な宇宙、私たちが短いながらも密接にかかわって生まれてくるこの宇宙といったものの解明に取り組めるようになる。

ジョン・カバットジン博士
ノーサンプトン、マサチューセッツ州

目次

日本語版序文　i
巻頭言　v

序章　xvii

鍵となる考え　xxi　本書を最大限に活用する方法　xxvii

第一部　基礎編

第一章　幸福の追求　3

概念的な方略　4　別の自己となる　6　健忘症の興味深いケース　8　幸福を買う　10
可能自己　11　セルフ・ディスクレパンシー理論　13　二本の矢　15　自己の観念を守ろうとする欲求　17　自己指針は一貫性がなくつじつまが合わない　19　踏み車につながれて　19
恐怖と渇望　20　恐怖・悲嘆・断絶　21　自己指針と安全性　23　自己永続的なシステム　25

第二章　観念の世界　27
概念的な認識方法　28　概念的な認識方法の鍵となる特徴　31　概念は抽象である　33　目標を達成する方略　38　概念と「現実」　40　概念と文脈　42　概念は「現実」の構造よりもむしろ抽象的知識の構造を反映している　44　概念的な認識との関係性　45
第三章　関連性の世界　49
関連性と関係性：全体論的直感的な認識の基本的な側面　51　質的な差　53　身体化された認識　56　全体論的直感的な意味の進化的な起源　59　マルチモーダルな処理　60　心的モデル　63　全体論的直感的な認識　64　心的モデルと行為　66　基本感情と行為　68　二つの認識方法と二つの経験世界　70　感情・注意・経験世界　72
第四章　一体化　77
心的ホラーキー　79　心的ホラーキーと一体化の、進化的な優位性　80　一体化の幸福　87　自動的な一体化 vs 柔軟な一体化　90　経験世界　94　一貫性・共鳴・よい感情　97　感応する共鳴　98　共鳴・関与・一体化　100

第二部　マインドフルネス編

第五章　マインドフルネス：その中心的根本過程　105

中核的な提案　108　統制的処理　110　認知の中央エンジン　111　ワーキングメモリ　113　マインドフルネス：その根本的中核過程　120

第六章　マインドフルネス：その方法　123

意図的に、今この瞬間に、価値判断せず、注意を向ける　124　気づきを保つ　126　なぜ身体なのか？　128　初心者の心　131　感情と動機づけ　133

第七章　マインドフルネス：その中身　141

気づき　141　豊かで多次元的な気づき　144　狭くも広くもある気づき　145　現在中心の気づき、それとも、過去の回想？　149　判断しない気づきか、識別への欲求か　151　自動操縦を越えて　153　認識すること　155　心を知る心：メタな気づき　156　経験とともに存在する／関与する　159　脱中心化　160　意図と目標　163

第八章　感情的な苦しみの変容　169

体験の回避　170　別のアプローチ　172　自己永続的なシステム　173　変化のための方略　177
何に基づいて心が作業しているかを変化させる　178　どのように心が情報に基づいて作業しているかを変化させる　180　何が処理されているかの見方（心的モデル）を変化させる　183

第九章　マインドフルネス：その理由　191

マインドワンダリング　192　マインドワンダリングとマインドフルネス　194　マインドワンダリング・マインドフルネス・認知の中央エンジン　196　皿を洗う　199　物語的自己と経験的自己　201　貧窮化した生活　204

第三部　内なる目覚め編

第十章　目覚めた心　211

目覚めた心は、二元性と分離の知覚を超越する　212　主体—客体の二元性を超越する　213　自己—他者の二元性を超越する　216　自己—神の二元性を超越する　219　独立して存在する分離

した実体としての自己という経験を超越する　221　目覚めた心は高く価値づけられている　224
目覚めた心は、生きとし生けるものに対する無条件の慈しみ・慈悲・善意を内包する　227　無限で、無条件で、認識する愛　229

第十一章　フローから学ぶこと　235

フロー　236　何によってフローは内発的に報酬となるのか？　237　変化内持続性　238　フローからの一般化　242　より高次の心的モデル　245　親密な関係　248　収穫・貯蔵・統合　253

第十二章　隠された宝　255

気づき？　258　気づきと空性という智慧　260　道具的な気づきと非道具的な気づき　265　全体論的直感的システム上位モデル（HOL-ISSMs）　269　純粋な気づき：隠された宝　273

第十三章　目覚めた心の理解　277

復帰する導師　277　目覚めた心は二元性と分離の知覚を超越する　283　目覚めた心は高く価値づけられている　286　無条件の慈しみ・慈悲・善意（愛）　294　「すべてのなかにすべてを」みる　300

第十四章　目覚めへの道　307

私たちの道　309　倫理的行動　312　手放すこと　316　慈悲　323　愛　331　結論　339

謝辞　343

訳者あとがき　345

索引　[1]

文献　[3]

【凡例】

・原書の注釈は▼のマークと番号で示した。

・訳注は☆のマークと番号で示した。

序章

存在（being）の仕方にはもう一つある。そしてそれは、生活の質に飛躍的な進歩をもたらす。このことは、歴史上の非常にすぐれた人物の教えや体現によって保証されている。目覚めた心、ニルヴァーナ（nirvana）、天の王国（kingdom of heaven）などどうよぶかはともかく、このあり方は、私たちがいかに人生を考え、それにかかわっていくかの永続的な変化に影響するものである。このもう一つの存在の仕方は、常に高く価値づけられてきた。私たちの通常の心の状態は、相対的に、「眠っている」状態として描写されることが多い。この新しいあり方においては、意識は生きとし生けるもの（all beings）――それが誰であろうと、してきたことが何であろうと、あらゆる存在――に対するあふれんばかりの善意と慈悲で満たされている。

私たち一人ひとりは、意識のこうした変化を経験する可能性を持ち合わせているといわれている。だとすると不思議なのは、なぜ私たちのまわりの世界にはその証拠をみることがほとんどないのだろうか？

実のところ、私たちの多くは、生き方に関するこの別の方法が実行可能なものであることに気づいていないのかもしれない――あるいは、もし気づいていたとしても、変化の過程をどのように始めたらよいのかほとんどわからないのかもしれない。別の時代や場所であれば、こうした領域における着想や導きのためにある自文化の宗教やスピリチュアルの伝統に目を向けたかもしれない。そうした伝統は、別々ではあるが密接に結びついた二つの要素を通常含んでいる道を提供している。一つは実践——実際に行うこと——である。もう一つは見方——その道がどこに向かっているのか、また、実践はどのようにうまくはたらくのか、どのように行われるべきなのかといった、その道の目標を理解するための枠組みである。

近年のマインドフルネスについての関心の驚くべき急増は、宗教やスピリチュアルの伝統のなかで培われてきた——瞑想やヨーガといった——変化の実践を探究し、時間とエネルギーを注ごうとする強い意欲、しばしば渇望さえをも示唆している。しかし、これには必ずしも、スピリチュアルな伝統における実践と密接に結びついた見方に匹敵するような熱心さはともなっていない。

そうした伝統が築かれてきた文化的知的風土を顧みるに、宗教的伝統によって提供される理解（見方）の枠組みはしばしば、二一世紀に生きる多くの人にとっては容易に近づいたり受け容れたりできない形で表現されている。その大半は、科学的な世界の見方でもって教えられていないし、しばしば科学的な見方とは相容れないようにみえるかもしれない。

これが理由の一つなのかもしれないが、マインドフルネスに対する近年の世界的な関心の高まりは、意識のより広範な変容よりもむしろ、実用的なところ——不快な感情状態の低減、あるいは、パフォーマンスやウェルビーイングの改善——に注目することが多かった。ただ、そうした実用的な注目でもってしても、マインドフルネスを探究する現代的なプログラムにおける何かが、より広範な変容をもたらす扉を開くのである。つまり、参加者が自分の生活体験の全般にわたってまったく予期せぬ根本的な変化を経験することは、めずらしいことではない。また、あるプログラムは、マインドフルネスのもつ可能性について、たんに注意や思考や感情を管理するスキルやテクニックを改良する機会というよりも、むしろ存在することの新しい別の方法——一生をまっとうするためのもう一つのアプローチであると強く力説する。

より広い根本的な変化の可能性を探究することに関心を抱く人たちは、いくつかの重要な問いに対する答えを求めるようになる。人生に対する私の今のアプローチは、なぜ私の求める満足や喜びをもたらさないのか？　どうすればより大きな安堵と喜びとともに生きることができるのか？　何か違うやり方で行う必要があるのか？　マインドフルネスはどうすればうまくはたらくのか？　実際、マインドフルネスとは何なのか？　マインドフルネスは一つのあり方だというが、それはどういう意味なのか？　内なる目覚め（inner awakening）とは何なのか？　スピリチュアルな伝統や宗教的な伝統に入るために築かれた見方は、こうした類の問いに対する答えは提供するが、マインドフルネスの実用的で「イデオロギー無添加の」特徴にまず惹かれた多くの人たちの心には響かないであろう言葉や観念が用いられている。そうした人たちがマインドフルネスのより広い可能性を理解し始めたとき、マインドフルネスをより深く探究するには、また、内なる目覚めというさらなる可能性に乗ずるには、どうすればよいのか？

数年前、共同研究者であるマーク・ウィリアムズとジンデル・シーガルと私は、マインドフルネス認知療法（MBCT）を開発しているとき、同様の、しかしもっとずっと限られた問いに直面していた。そこでの私たちの関心の焦点は、どちらかというと特殊なものであった。それは、反復性うつ病のぶり返しを予防するためにマインドフルネスを用いる、というものであった。しかし、私たちはそれでも、自分たちの仕事の指針となる理解の枠組みを必要としていた。

私たちは、相互作用認知サブシステム（ICS）として知られるアプローチに行き当たった。この理解の枠組みは、認知科学にしっかりと基づいていて、心のはたらき方に関して私たちが現時点でわかっていることにも通じていた。ICSにおいて、認知という用語は思考や考えることよりもずっと広い範囲を含んでいる。その範囲は、本書のタイトル[☆1]にもある身体化された認知（embodied cognition）を含む点に反映されている。身体化認知のパラダイムの統一テーマは、「身体もしくは身体と環境との相互作用は、認知を構成したり認知に寄与したりする、という着想」である（Shapiro & Spaulding 2021; または Varela, Thompson, & Rosch［2017］を参照）。このパラダ

☆1　原著のタイトル。

イムは、記号を処理するコンピュータに心をたとえることに基づいた初期の認知主義的アプローチからの根本的な転換を示している。ICSでは、こうした転換はたとえば、経験の解釈や評価に与える身体的な情報の重要性を知ることで理解される。すなわち、さまざまな種類の情報を展開する際に知覚運動能力がもつ重要な役割だとか、生きた経験としての世界をつくり出す際に心と環境との間で行われている相互作用の重要な役割だとか、である。

ICSは、いろいろな用途に使える思考ツールを提供する。それは、――モダンバレエダンサーの創造性の促進から、ヒューマンコンピュータ・インターフェイスのデザインや、心／精神の進化まで――驚くほど広い範囲の領域で有益に応用されてきた。MBCTの場合、この枠組みは非常に貴重な指針となった――それは、患者がうつに逆戻りするときに何が起きているのか、そしてまた重要なのは、患者がこの逆戻りを食い止めるための新しく力強い方法をマインドフルネスがいかにもたらしているのか、の両方を理解する道筋として、である。こうした考えに導かれ、私たちは、驚くほど効果的であることが証明されたアプローチを開発するに至った。つまり、数百人の患者に基づく調査が現在、非常に強い説得力をもって示しているのは、MBCTは抗うつ薬と同じぐらい効果的にうつに効く、ということだ。おまけに、MBCTはなんと、患者のウェルビーイングを促進するうえで抗うつ薬よりも効果的であることがわかっている。

MBCTを開発するなかで、ICSの枠組みは、マインドフルネスに基づいた再発予防プログラムを開発するのに多大な時間と労力をつぎ込むだけの確信を私たちに与えてくれる見方を提供した。それはまた、最大限の効果を得るために、特定のマインドフルネス実践をプログラム全体に統合する方針を示してくれた。より焦点化されたこうした領域でこのアプローチが成功したことに勇気を得て、私は、あらゆる瞑想法の伝統がさし示すより全般的で根本的な意識の変容についてもICSがどれだけの指針を与えられるか探究してきた。ICSの枠組みに基づいた見方から、私が最初のころに抱いた「重要な」問いのようなものに満足のいく答えを得ることができるか？　この見方は、私たち一人ひとりが本当にそうした変化への可能性を持ち合わせているという確信を与えようるか？　マインドフルネスとは実際のところ何なのかについて、根本的な変化というこの過程におけるマインドフルネスの役割について、はっきりとした理解を与えられるか？　マインドフルネスは「内なる目覚め」と同じなのかどうか、もし違うのなら、十分に目覚めるためにはさらに何が必要なのかを理解する助けとなるか？　この見方は、現存する諸伝統のいいところを見定め、評価し、それとうまく連携できるか？

本書は、こうした根本的に重要な問いへの答えを探究するものである。

鍵となる考え

私がこれから探究していく見方は、別々だけれども関連している二つの考えが収束するところに現れる。第一の考えは、人間の心／精神（heart/mind）は、多くの自然のシステムと同じく、より大きな秩序や一体性（wholeness）へと向かう内在的な傾向をもっている、ということである（読みやすさのために、ここから私は、心的な活動のあらゆる側面に――特に、概念的思考のようなより明確に「認知的」な側面とともに、直感的感情的な側面に――言及するうえで、心／精神ではなく心［mind］を用いることとする）。この傾向が進化したのは、それが大きな進化的優位をもたらすためだ。こうした優位性を考えれば、心の一体性は、特定の種類の幸福やウェルビーイングと本質的に結びついている。

鍵となる第二の考えは、進化はまた、私たちに二種類の認識に関する能力を授けた、ということである。そのうちの一つは、概念的な認識――考えや思考――であり、私たちにとって非常になじみのあるものだ。もう一つは全体論的直感的な認識――たとえこっちのほうがずっと長い進化的な歴史をもっているのだとしても、私たちの大半にとっておそらくなじみの薄いもの――である。

これら二つの普遍的な考えの意味することを考え合わせることで、なぜ私たちの大半は、より大きな一体性や幸福へと向かう心の内在的な可能性を十分に理解するのがむずかしいのかが説明される。要するに、私たちは、全体論的直感的な認識と結びついた一体性の幸福を経験するよりもむしろ、概念的な認識の問題解決方略を用いて幸福を手に入れようとするのである。概念的なアプローチでは、たった今、この瞬間に経験されうる一体性の幸福という現実の代わりに、将来いつか達成される目標としての未来の幸福という観念を用いる。悲劇的にも――理由についてはのちほど詳細に探るが――この概念的な方略は、端的にいって長くは続かない。そして、このようなやり方で幸福をむきになって手に入れようと試みてくり返し失敗することで、まさに不全・不幸・不満といった感覚が積み重なっていく。

私たちの心が内在的にもつ一体化する(癒す)力と再びつながるためには、これら二つの認識の仕方の関係を根本的に転換させる必要がある。私たちの大半にとって、概念的な認識は、全体論的直感的な認識よりも、心のなかで支配的な影響力をもっている。解放感や一体感を得ようとするなら、その習慣的なパターンから自分自身を自由にして、全体論的直感的な認識が主役の座を得るようにしなければならない。このように、概念的な認識は、私たちの心がつくり出すより広い経験世界のたんなる一要素として統合することができる。そして、そうした経験世界が絶えず更新・改変されるようになれば、私たちは、一瞬一瞬、新たに展開する生命の感覚をもつことになる。

マインドフルネスは、私たちの二つの認識の仕方の関係のバランスを取り戻す方法――全体論的直感的な認識が主導権を握るようにする方法――を提供する。二つの認識の仕方の関係の根本的な転換は、マインドフルネスに基づいたプログラムで教えられるマインドフルネスと、内なる目覚めという変容した意識の両方にとって、本質的なものだ。これら二つの心のモードの主な違いは、目覚めの場合、別の自己となることにかかわるあらゆる目標をさらに徹底的に手放すことが求められる、という点である。ここまで放棄する場合は、世界の見方や世界との関係の仕方を抜本的に変化させることが必要である。そこには、分離、断絶、自分のやるべきことへの没頭といったいつもの感覚から、あらゆる生命と相互に結びついているという気づきやあらゆる生命への慈しみへと、基本的に方向転換することが含まれている。

そして重大なのは、ここでの見方が示唆することとして、この可能性が原理的には私たち全員に備わっている、という点である。

章を追って、私の提示する見方が明らかにしていくのは、次のようなことだ。

第一章では、概念的な認識に基づいた幸福の追求について探究する。この追求において、私たちは、将来いつの日か違った自己になることによって幸福を手に入れようとする。この努力は効果的でないばかりでない——それはまた、さらなる不幸を生み、かつ、別の種類の幸福を今生む一体化（whole-making）を妨げる。

第二章では、概念的な認識の基本的な性質をより深く調べる。そうすることによって、概念的な認識が生む問題をどのように避けるかを知り、概念的な認識をより適切に用いることができる。概念的な認識のもともとの進化的な機能は、初期の人類の集団に、熟練した行為によって目標を達成する方法について話したり考えたりする力を与えることであった。こうした認識の仕方は原子論的な構造をもっていて、固有の特性をもった別々の「モノ（things）」からなるという考え方に基づいている。これは、そのもともとの進化的な目的にとっては理想的である。しかし、私たちが概念的な認識を用いて内的な感情世界を変えようとすると、まさにその同じ構造が膨大な問題や分離・断絶といった感覚を生むのだ。

第三章では、全体論的直感的な認識方法について述べる。それは、概念的な認識とは質的に異なる——異質のものである。この認識の仕方は、全体論的な心的モデルをつくり出すことによって状況の重要性を評価する。このモデルは経験のあらゆる側面の間の相互関係を反映している。つまり、（特に身体からの）感覚的な情報パターンと概念的な情報パターンの両方を統合する。概念的な経験世界の分離や断絶とは対照的に、全体論的直感的世界は関連性・関係性・一体性によって特徴づけられる。

第四章では、一体性を発見しつくり出す心の内在的な可能性——そして、一体化することがもたらす進化的優位——について概説する。こうした優位性を考えれば、柔軟な一体化によって一貫性をもった心的モデルをつくり出すことは、ポジティブな感情経験を生む。絶えず変化する世界に心的モデルが同期していれば、私たちはこうした感情を抱き、自分の経験に関与していると感じる。全体論的直感的な認識を続けるなかで、共鳴（resonance）のダイナミックな絆は、知るものと知られるものの間の相互に影響する現在進行形の関係を維持する。

第五章では、マインドフルネスの見方に関する現在の多様性を指摘しつつ、それらは、通底する過程のレベルで分析することで一致するだろうということを示す。そこから、マインドフルネスの核となる過程は、最新のよく調整された心的モデルを現在進行形で柔軟につくり出すことだという考えが出てくる。そのモデルによって私たちは、刻一刻と展開していく自分の経験と密につながり続けることができる。全体論的直感的な認識は、概念的な認識よりもむしろ、こうした一体化の活動の土台となっている。

第六章では、第五章で概説した考えがいかにして、マインドフルネスの訓練や実践のもつ多くの異なる側面の意味を理解する方法を与えるか、を説明する。そこで示されるのは、マインドフルネス訓練は私たちに、自在に心の形を変えることを学ぶ可能性を提供する、ということだ。つまり、私たちは徐々に途切れることなく、概念的な統制的処理に支配された心から、全体論的直感的な認識が実権を握った心へと、移っていく。

第七章ではＩＣＳの分析がマインドフルネスの幅広い特徴をどのように説明するかについて述べる。その特徴とは、マインドフルな気づきの豊かさや深さ、一点に向けた集中と開かれた感受性の融合、過去の情報を今この瞬間の経験へと統合する力、判断しない識別力や眼識、思考に埋没することなく概念的情報を用いる力、経験しているままに経験していることを知る力、「私」や「現実」ではなく心的な出来事として思考をみる脱中心化（decentering）、マインドフルに存在することの関与的で親密な性質、などである。目標と意図を区別することによって、ＩＣＳはまた、マインドフルネスの抱える謎やパラドックスのいくつかも解決する。

第八章では、マインドフルネスによる感情的な苦しみの変容について探究する。そこでは、不快な経験を避けようとすることが、その苦しみを維持する自己永続的な循環を駆動する主な要因である、ということを示唆する。マインドフルネスは、私たちに次の力を与えることで感情的な苦しみを癒す。それは、（1）どんな情報に心がはたらきかけるかを変える力、（2）その情報に心がどのようにはたらきかけるかを変える力、そして（3）新しい心的モデルをつくり出すことで経験の見方を変える力、である。

第九章では、重要な問いについて考える。それは、なぜマインドフルであるべきなのか、である。ここで示すのは、私たちは一体となるためにマインドフルネスを実践する――それによって私たちは人生の豊かさと満足を経験できるだろう、ということである。マインドフルネスは、マインドワンダリング（mind wandering）〔心のさまよい〕というトランス状態や物語的自己（narrative self）から私たちを解放する。それによって私たちは経験的自己で心（mind）が満ち足りていること（fullness）を味わうことができる。マインドワンダリングは心をばらばらにし、幸福を減らす。マインドフルネスは心を統合し、生きているという奇跡を経験する力を私たちに与えてくれる。

第十章では、目覚めた心（awakening mind）についての伝統的な説明のなかでくり返される三つの核となる特徴を特定する。それは、（1）目覚めた心は二元性や分離の知覚を超越する――その代わりに、相互の関連性や結びつきを見いだすこと、（2）目覚めた心は高く価値づけられ、本質的に楽しいものとして経験されること、（3）目覚めた心は、生けるものすべてに対する無条件かつ無限の慈しみ・慈悲・善意を具現する――そしてそれは、生きとし生けるものすべてに内在する大いなる価値のようなものを知覚することとしばしば結びついていること、である。

第十一章では、目覚めに備わる喜びについて洞察するために「フロー（flow）」――「ゾーン（zone）に入った状態」――の経験に目を向ける。フローの喜びは心がつくり出した一体性を反映していて、時間とともに広がり、重要なのは、経験それ自体への愛をともなうことだ。つまり、私たちは、自分が探し求めるものを愛し、その探し求める過程そのものが愛するものを生むとき、過程と結果は融合して一つの自立的な喜びの経験となる。より高次の心的モデルは、フローや親密な人間関係のもつ持続的な一体性を下支えするダイナミックなシステムを維持する。

第十二章では、フローから内なる目覚めへと洞察を広げる。そこでは、非常に高次の心的モデルは、先述した持続的な気づきの経験の中核的な特徴の本質を蒸留して含んでいる、ということを示す。こうしたモデルは、誰の心にも潜在的に備わっている「隠された宝」――目覚めへの可能性――である。それは、核となる統合的なダイナミクス、あらゆるものが有する基本的な「空性（emptiness）」を知覚する智慧、無条件の慈悲と愛を具現する。目覚めれば、こうしたモデルが経験のあらゆる側面に広がる心の持続的な一体性に力を与える。つまり、私たちの心はあらゆる物事を包み込み、それらと親密になることができる。

第十三章では、眠った状態だったこうしたモデルの覚醒が――目覚めた心そのものの愛とともに――第十章で強調したような目覚めた心の中核となる特徴、すなわち、非二元性と相互の結びつき、内発的な喜びと価値、無限で無条件の愛、をいかに下支えしているかを概説する。こうしたモデルの活性化は、私たちの二つの認識方法の関係のバランスを取り戻す。つまり、全体論的直感的な認識を心のなかで支配的な影響力をもつものへと戻すのである。それは、私たちが世界を見たり世界と関係したりするレンズを変化させる。そのとき私たちは、一つの広大で、相互に結びついた、ダイナミックで全体が統合された相として自分自身を経験する。内なる目覚めの喜びは、時間を超えて継続する心の一体性を反映している。それは「家に帰る」感覚であり、もはや他者や自分のまわりの世界から孤立していたり断絶していたりしない。そして、無条件の希望という自信を再認識する。生きとし生けるものへの無限の愛と慈悲は、私たちの誰もが、すべてを包み込む同じ全体――それ自体、慈しみ合う関係と相互関連性によって維持される全体――の一部であると知ることから生じるのである。

第十四章では、目覚めへの道の鍵となる要素を特定する。そこで示唆されるのは、その第一の目的が、私たちの心にすでに存在しているより高次のモデルが開花し、一瞬一瞬の経験へと統合される条件を育むことだ。こうしたモデルは私たちを、遺伝的に授けられた、一体性そして無条件の愛や慈悲へと向かう能力へと再び結びつける。目覚めへの道は、すでにある可能性を、段階的に少しずつつくり出すというよりも、むしろ顕わにするのである。本章は、そうした視点から伝統的な道でよく出てくる四つの要素――倫理的行動・手放すこと・慈悲・愛――の役割について探る。心を目覚めさせる際、これらの要素は手段と目的のどちらでもある。個々人の内的なはたらきによって実現されるのだが、完全に目覚めることは、「あらゆる生き物と自然全体をその美しさのなかに包み込むように、慈悲の輪」（アルバート・アインシュタイン）を広げる。今こそ、その慈悲が、切実かつ差し迫って必要とされているのだ。

本書を最大限に活用する方法

私が本書をある特定のやり方で書いたことを知っておいてもらうと役に立つだろう。それは、私の意図が、読者の心のなかに理解を育む織物を、ゆっくりと少しずつ、糸を一本一本織り上げていくところにある。こうした理由からこの本は、最初から最後まで章に沿って読むのが最も役に立つはずである。つまり、目覚めがあなたの真に関心のあることだから、それを扱っている章にすぐさま飛ぼうとするよりも、そのほうがいいということだ。もし順番を無視して章を飛ばしてしまったら、前の章ですでに提示された考えのいくつかを知らぬまま、あなたは各章に提示されているものの十分な価値を得ることができないかもしれない。

また、本書は考え方についての探究だということを覚えておいてもらうのも役に立つだろう。ときどき私は、「こういうものなのだ（これが事実なのだ）」ということを意味するような書き方をする。そのたびに、これは、私が書いてきた別の文体に特徴的な、よくある留保表現を避けるための文学的な仕掛けである、ということを忘れないでほしい。本書で私は、興味深くて役に立つと思う考え方を提供している。この考え方は、事実に合致しているし、心のはたらき方に関してわかっていることに合致している。また、その考え方は、互いに結びついて一つのまとまった全体をつくり出している――ただ、それでもそれは本質的には考え方なのであって、信仰や究極的な真理を主張するものではない。

本書での言葉の使い方について一言。性の区別のない単数の個人について言及する場合、一貫して名詞に*they*を用いた。

あなたにとって、価値ある啓蒙的な読書になることを願う。

第一部

基礎編

第一章　幸福の追求

それは、あらゆるものの背後に存在する。あなたが望む通り、このことを信じようと信じまいと。それは、私たちが悲嘆とよぶある特定の性質である。それは常に存在する。水面の真下に、うわべの真裏に、そしてときどき、ほとんど見えるところまで現れる。だから、その形はぼんやりと目に見える。まるで、なめらかにゆっくりと通り過ぎていく鯉の、暗くて、いやな感じの、怪物のような外形が、静かな日の観賞用の池の水面をとおしてときどき見えるように。そのとき突然、鯉は水面の下に常にいることを悟る。たとえ水面が日の光のなかで輝いていても、風変わりなアヒルや高飛車な白鳥を飼っていても、鯉は下にいる、見えないところに。それは時を待っている。そういう性質なのだ。そしてそれがちらりと見えたならば、気づかないふりをするか、あるいは唐突に向きを変えて芝生の上の子どもたちと戯れ、意味もなく笑うだろう。そういう性質のものの名前が、悲嘆である。

——ジェームズ・サンダース[☆1] (Saunders 1962)

☆1　イギリスの劇作家。

戯曲『次はあなたに歌いましょう（*Next Time I'll Sing to You*）』からのこの美しい引用が示唆するのは、私たちが悲嘆というとらえにくくも常に潜在する状態とともに生きている、ということである。仏教の概念である苦（dukkha）（しばしば、やや誤解を招きかねないが、英語でsufferingと訳される）は、これと関連した不満・不全・断絶といった感覚のことをさしている。それらは、私たちが共有する人間としての経験の普遍的な特徴である。苦の語源の一つ——それは車軸にうまく合っていない車輪の穴のことであり、キーキーと音を立て、こすれてきしみ、乗り心地が悪くガタガタ揺れる——は、物事のそういうある意味で正しくない、故障した、調和していない感じを反映している。

そうした欠如・空虚・不満・断絶といった感覚は、マインドフルネスでの経験、あるいは、目覚めた心の一如性（at-oneness）・一体性・内的調和における、満ち足りている（fullness）という感覚と著しく対照的なところにある。本書で私たちは、マインドフルネスと目覚めた心を深く検討するにあたり、多くの部分で、それらが私たちに提供する選択肢について考察する。第一段階は、この不満や不全という、とらえにくい（一方で、悲しいことに、時にそれほどとらえにくくもない）感覚の起源を検討することだ。

逆説的だが、こうした感情は、私たちの大半が幸福を求めるやり方の避けられない帰結なのである。

概念的な方略

私たちになじみ深い、概念的な認識方法（詳しくは次章で検討する）は、私たちが欲するものを獲得するのに、驚くほど強力な方略を私たちに提供する。人類の歴史を通じて、この方略は、自分たちのために設定した目標を達成する能力を飛躍的に進歩させた。たとえばそれは、ピラミッドを建造したり、人を月の上に立たせたり、何百万という仲間を養ったりする力を、私たちに与えてきた。

この方略は見事な簡潔さを備えている。まず、達成したい世界の状態（目標）についての観念を頭のなかで思い描く。次に、今まさにある状態についての観念とそれとを比較し、二つの観念の間のギャップに注目する。それからそのギャップを減らすプランを立てて、ギャップを監視しながらそれを減らすようさまざまな行動方針を試してみる。ギャップがなくなったとき、目標は達成される。そして、もちろん、目標を達成する行程は多くの下位目標に分割でき、その一つひとつに対して順番に同じ方略が適用される（この方略については、第二章でより詳しく検討する）。

外なる世界でこの方略がずば抜けてうまくいくことを思うと、次の疑問が自然と浮かぶ。「内なる世界で求めるものを得るのに役立てるために、これと同じ方略が使えないだろうか？ 要するに、これを使ってより幸福になれないだろうか？」

なれるかもしれない——正しい目標を選ぶことができれば。私たちは——今週よりも来週、幸福な時間を過ごそうというような——特定の限られた目標をめざすことはできる。そして、十分な創造性を発揮し、さまざまな場面での気分を丁寧に監視すれば、そうした目標を達成するために自分の生活のパターンを再調整することができる。

ただ、より大きな幸福という目標を達成することをめざす場合、あとで説明する理由から、私たちの心は結局、まったく違う目標を追い求めることになる——それは、別の自己となること、という目標である。このざっくりした目標設定はたちどころにみえてくるわけでもないし、また、理解するのがきわめて容易な観念というわけでもない。このため、私は、より詳細な検討に進む前に、簡単にこれを概説することから始めることとする。

別の自己となる

次章では、概念的な認識方法が、世界は個々のものに分解でき、それぞれが特定の永続的で本質的な特徴をもっている、という前提に立っていることをみていく。そこでは、ものの性質というのは、それ自体の本質的で永続的な特徴が反映されているとみなされている。

世界のこうした見方では、自己に関する観念は、木や自転車や太陽といったほかのものの観念とまったく同じである。それらと同じく、自己はある特定の永続的な性質をもっていて、そうした性質はその内在的で本質的な特徴を反映している。そうした性質や本質的な特徴は、ある自己と別の自己とでは違うだろう。したがって、自己に関する観念についていえば、私たちは、いい自己、悪い自己、幸福な自己、不幸な自己、賢い自己、馬鹿な自己、フレンドリーな自己、フレンドリーでない自己、などをもっていることになる。重要なのは、こうした見方が、そのような自己の性質は不変である――時間を超えて継続し、多くの異なる状況で出現する――と考えていることだ。こうした視点によって、幸福な自己になるという目標は非常に望ましいものとなる――そのような自己は、永続的で遍在的な幸福という性質を備えている。その一方でまた、こうした見方によって、不幸な自己は非常に望ましくないものとなる――そのような自己は、永続的で遍在的な不幸という性質を備えている。

こうした視点から、自己に関する観念は未来についての期待を強力に形成する。帰属スタイル（attributional style）（出来事の理由をどのように説明するか）に関する広範囲に及ぶ研究は、この鍵となる見解を支持している（Buchanan & Seligman 1995）。すなわち、もし私が望ましい結果を自分の自己の核となる側面（自分の永続的な特徴あるいは一人の人間としての性質に関する観念）に帰属させれば、未来において同じような望ましい出来事を享受すると楽観的に考える。さらに、この楽観性を一般化して、ほかの幅広い状況をとおしていい結果を期待する。たとえば、もし私に近しい人たちが私に親切で私を世話してくれるという事実を私の内在的な「かわいげがあること」に帰属させれば、その人たちは未来において私を世話し続けると期待する。同じように、ほかの人たちも私を好み、私に親切にすると期待する。一方で、もし私に近しい人たちが私を批判し私に不親切であるという事実を私の内在的な「かわいげがないこと」に帰属させれば、その人たちはそのように私を扱い続けると予測する。そして、ほかの人たちも同じように手ひどく私を扱うと予測する。

　別の自己は別の永続的な性質をもっているという着想は、より大きな幸福を求めて概念的に突き動かされた追求にとって魅力的な目標を暗示する。幸福な自己になろう、そして永遠の幸福を享受しよう、と。

　外からみれば、また、こうして露骨に表現すれば、そうした追求はまったく馬鹿げているとしか思えないかもしれない――私たちは人生をとおして、幸福というのは遅かれ早かれ常に去っていくことを経験してきたのではないのか？　幸福な自己という観念によって約束された永遠の幸福を見つけたことが今までにあるのか？　そうした追求は私たちの望むものをけっして運んでこないのに、私たちの心はどうしてそうした追求に固執するのだろうか？

　もちろん、私たちの心は通常、この追求を外側からみることはない――私たちはたいてい、内側からそれを経験する。現在の自己よりも幸福な別の自己という観念についてじっくり考えると、その瞬間、概念的な認識方法によって私たちはその幸福がいつまでも続くものと本当に思うようになる。そして、この瞬間に幸福を感じて自分は今幸福な自己だと信じると、同じようなやり方で物事を思うようになる――そういう自己であり続ける限り、幸福であり続けると信じるのである。

　だとすれば、幸福の経験がその必然的な成り行きとして薄れていくとき、私たちの心はどのように反応するのか？　そのとき、幸福な自己というアイデンティティをどのように維持するのか？　単純な答えとしては、そのようにはしない、ということだ。つまり、その瞬間はどのような自己なのかについての観念を素早く転換することで状況の変化に反応する――自分は今、幸福が薄れていっている自己なのだ。そして、自己に関するその新しい観念（新しいアイデンティティ）に対応する形で、目標、——そう、まさに——幸福な自己になるという目標を達成するために概念的な方略を採用する。私たちは、その目標を達成するという課題にあまりに集中しすぎて、それまで何度もすでにそのループを回り続けてきたことを忘れているかのようである。

心理学者のヘーゼル・マーカスとポーラ・ヌリウスは、この常に転換する自己の——「私（me）」の——概念という考えを、作動的自己概念（working self-concept）という考えで表している（Markus & Nurius 1986）。作動的自己概念の本質は、私たちは、あらゆる状況をとおして一定のままでいる自分自身についての一つの固定的な見方——「本当の私」——をもたない、という点だ。正確にいえば、環境が変わるなかで、自己に関する観念が一定のままでいる場合もある。自分は何者かに関する異なるイメージが自動的にくるくると出たり入ったりして、あるイメージが作動的自己概念の役割を担っている場合に、それが私たちの行動の仕方、感じ方、出来事の解釈の仕方に影響を与える——環境がまたさらに変われば、別の作動的自己概念に取って代わるだけである。このように、自分自身についての見方や自分自身に関する感じ方は、この瞬間から次の瞬間へと、大きく変化しうる。

現実世界の観察をするのに、この考えを足がかりにしたい。次に、この考えの背後にある心理学のいくつかをより深くみていくことにしよう。

健忘症の興味深いケース

クリスティーナ・フェルドマンは、欧米で最も尊敬されている瞑想指導者の一人である。数年前、私たちが一緒に指導するリトリートにおいて、彼女は類をみない洞察的な観察法を提案した。

マインドフルネス瞑想のリトリートへの参加者であれば、次のような経験をよく知っている。それは、あるセッションでは心がありとあらゆる場所に行ってしまうかと思えば、別のときには心が容易に集中し、平穏・鮮明・

安堵といったすばらしい感覚を抱くことがある、ということだ。ある参加者は、「大丈夫、たんにそれが、まさに今の状態なのだ」と自分自身に語りかけることによって、こうした浮き沈みの感覚を理解する。しかし、別の参加者はもっと極端に反応する。彼らは、心のさまよいを、自分は「下手な瞑想者」であるという観念に帰する。あるいは、自分は何をしてもうまくできない人間だという観念にさえ帰する。こうしたセルフ・アイデンティティから、彼らはある未来を投影する。そこでは、彼らは自分自身を、マインドフルであることや人生をより密に経験することを学ぶことができない人間だとみなす――あるいは、もっと極端なケースでは、本当に幸せになることが永久に不可能な人間だとみなす。当然、こうした投影は、苦しく、やる気を減退させる。

一方で、「上手な」瞑想のあと、ある参加者は大喜びとなり、自分は完全な内なる目覚めをもたらす力をもともともっているような人間（自己）だと信じるようになる。これからずっと、自分は至福の国に住み、その場所から自分の愛と知恵でもって苦しんでいる世界を癒すのだ、と信じるようになる。そして、クリスティーナ・フェルドマンがみて取ったのは、驚くことに、これら二つの非常に異なる経験と自己観が、同じ人間のなかで同じ日に起こりうる！　ということである。

フェルドマンはこうした経験を、健忘症の注目すべき形だと述べた。瞑想者は、一つの自己概念に没入している間、一時間前やたった数分前に抱いていた根本的に異なる自己概念にまったく気づけない。私の場合も、現在のありがたくないセルフ・アイデンティティから自分自身を解き放つという当座の課題に集中している間は、ほんのちょっと前には自分がなりたがっていた自己であったという気づきを見失う。

私たちが別の種類の自己になることによって幸福を求めようとするという洞察は、もともと、自分自身の心のはたらきを注意深く観察する瞑想実践のなかで生まれたものである。そうしたマインドフルな自己観察は今でも、この洞察が真であることを発見する最も直接的に納得のいく方法である。ただ、系統的な心理学的研究もまた、これを支持している。

幸福を買う

新しい車、テレビ、家具のようなものを買うことの目的は、喜びを与えたり、役に立ったりする対象を獲得することのように思えるかもしれない。しかし、購入の結果として期待するポジティブな感情を検討した研究からは、かなり違うものが示唆された（Richins 2013）。そこでわかったのは、実際のところ、根底にある目的は別の自己――それらの対象を所有・保持している自己――になることによって永遠の幸福を獲得することであった。購入によって幸せになると信じている買い物客にとって、この幸福は次のような信念と直接的に関係していた。それは、「他者は私をもっと尊敬するだろう」「私は他者にとってもっと魅力的になるだろう」「私はもっと重要な人間だという気になるだろう」「私はもっと自信がもてるだろう」「私の見た目は改善されるだろう」などである。別の言い方をすれば、買い物客は、欲しいと願う対象が永遠の幸福を与えてくれる、なぜならそれでもって新しい別の自己になるからだ、と信じていた。

それどころか、購入に関連するポジティブな感情は、長続きしなかった――かつ、欲しいと願っていた物を実際に所有・保持したあとよりもむしろ、購入前（その物を願い、算段し、買っている間）に主に感じられていた。最初に切に願った時期を過ぎると、購入者の感情に対して持続的な効果はほとんどなかった。別の種類の自己になることから期待される幸福の持続的な改善は、まったく実現しなかった。

この研究が示唆するのは、なることができると思う未来の自己という観念は実際、幸福の追求を動機づけたり導いたりする、ということだ。しかしそれはまた、永遠の幸福という期待がひどく見当はずれであることも示している。別の自己になるという永遠の幸福を想像することは「真」のように感じられるかもしれないが、数多くの証拠はその逆であることを示唆している。

感情予測（affective forecasting）（別の状況で私たちがどのように感じるかを予測する能力）に関する膨大な研究が結論として示しているのは、生活における変化が感情にどのように影響するかについての予測は、かなり正確でないことが多い、ということだ。私たちは、（宝くじに当たる、といったような）ポジティブな出来事のあとに期待する快感情の強度と持続時間を日常的に過大評価している。なおかつ、（事故のあとに麻痺状態になる、といったような）ネガティブな出来事のあとの不快感情についても同じことをしている。同様に、人生における重要な決断の結果として幸福の変化が持続すると期待している――何百マイルも向こうにある望んでいた地域へと引っ越したあとはものすごく幸せになると期待するように――が、そういう期待は一般的に不正確なのである。

ある古典的な研究において、ノーベル賞受賞者のダニエル・カーネマンとデイビット・シュカーデは（Schkade & Kahneman 1998）、アメリカ中西部かカリフォルニア州南部のどちらかに住む多くの学生を対象に、自分自身の全般的な生活満足度と、他方の地域に住む自分と同じような誰かの全般的な生活満足度を評定するよう尋ねた。どちらの地域の学生も、アメリカ中西部よりもカリフォルニア州南部に住むほうが生活満足度はかなり高いだろうと予測した。しかし実際、現実の満足度の評定値は、どちらの学生もまったく同じであった。アメリカ中西部に住む学生の、カリフォルニアに住めばより幸福な自己になるという期待は、端的にいって、現実離れしていた。彼らの観念は、実際の経験よりもむしろ、国内の別の地域がもつ魅力について共有された文化的物語やステレオタイプにかなりのところ基づいていたのである。

可能自己

感情予測に関する問題は、幸福の概念的な追求にともなう数多くの根本的な困難さの一つにすぎない。社会心理学者は、私たちがそうした追求やその困難さをより深く調べることのできる、いくつかの有効な枠組みを提供している。たとえば、ヘーゼル・マーカスとポーラ・ヌリウスは、作動的自己概念という着想を私たちに与えてくれたが、彼らはまた、可能自己 (possible self) という着想も提案した (Markus & Nurius 1986)。

作動的自己概念が自分はまさに今誰なのかについての見方であるとすれば、可能自己は将来においてありうる別の自己に関する観念を反映している――それは、「望んでいる可能自己……成功した自己、創造的な自己、豊かな自己、スリムな自己、愛され評価されている自己……恐れている可能自己……孤独な自己、落ち込んだ自己、失業した自己、無能な自己、アル中な自己、ホームレスの自己」(Markus & Nurius 1986: 954) などである。こうした観念は、いくらか詳しく説明される。たとえば、「准教授になれないだろうと恐れる助教は、終身在職権を得られないというあいまいではっきりしない恐れ以上のものをもつようになる。むしろ恐れは個別化され、この恐れを象徴するようなより精緻化された可能自己――挫折して、別の職を探し、つらい思いをし、一冊も小説を出せない作家となる自己――をもつ可能性が高い。同様に、二十ポンド減量することを望んでいる人は、この望みをぼんやりと心に浮かべるのではなく、むしろ鮮明な可能自己――よりスリムで、より魅力的で、より幸福で、すっかり心地よい生活を送る自己――を心に抱く」のである。

まさに今自分にとって最も関心のある可能自己は、幸福の追求という目標のなかに映し出される。そうした自己は、心の織りなす可能未来というより広いナラティブのなかの、英雄と犠牲者――待ち望んでいるいいことを経験する、または、恐れている悪いことを経験する登場人物――の役割を演ずる。自分で自分に語る物語のなかでそうした自己を精緻化することは、なることを待ち望んでいる自己の魅力を高める――そしてまた、その真実性や「現実性」をも高める。しかし、同様に、こうした精緻化はまた、未来の想像自己が直面する脅威について知覚される危険性や真実性も高める。

また、想像未来の可能自己と望みと恐れはすべて想像上のものなので (第二章参照)、あまり現実に制約されることがない。事実、私たちは結局、こうした純粋に想像上の世界に住むことに人生の多くの時間を費やす羽目になる (この考えについては、第九章でもう少し深く探っていく)。このような注意の転換は、私たちの人生経験の質を著しく悪化させ、多くの無用な苦しみを生む状況をつくり出す（第八章参照）。マインドフルネスは、こうした夢の世界から目を覚まし、自分でつくり出している苦しみから自分を解放し、実際の生きた経験の豊かさと活力に再接続する力を与えてくれる。

セルフ・ディスクレパンシー理論

トーリー・ヒギンズ[☆2]（Higgins 1987）のセルフ・ディスクレパンシー理論（self-discrepancy theory）は、可能自己に関する観念と感情との間のきわめて重要な関係を理解するための体系的な枠組みを提供している。セルフ・ディスクレパンシー理論は、現実自己（actual self）（まさに今、自分は誰か）の観念と二種類の可能自己の観念との間のギャップに注目する。二種類の可能自己とは、理想自己（ideal self）（理想的に、そうありたいと思う自己）と義務自己（ought self）（そうしたほうがいい、あるいは、そうあるべきと信じる自己）のことである。義務自己と理想自己の観念は、自己指針（self-guide）とよばれている。

セルフ・ディスクレパンシー理論が示すのは、私たちは、現実―理想と現実―義務のディスクレパンシー〔食い違い、ズレ〕が解消された状態に至ろうと努める、ということだ。重要なのは、そうしたズレが活性化されているときはいつでも、私たちはなんらかの形で不快である、ということを示している点である――現実自己と理想自己の間にズレがあるとき、私たちは（失望・不満・悲しみといったような）落胆に関係する感情を経験し、現実自己と義務自己の間にズレがあるとき、私たちは（恐怖・焦燥・興奮といったような）動揺に関係する感情を経験する。

☆2　アメリカの社会心理学者。

セルフ・ディスクレパンシー理論の視点からすると、概念的な追求というのは、自分を幸福にすると信じている（理想自己あるいは義務自己のような）望んでいる自己になること——と同時に、（孤独な自己や落ち込んだ自己のような）恐れている自己になることを避けることや、（怠惰な自己や無能な自己のような）軽蔑したり拒絶したりしている自己であることをやめること——によって、永遠の幸福を達成するという長期的な計画なのである。

だとすれば、私がここに座って執筆している間、私の思考や行為や感情は次のような目標を達成しようという試みによって支配されていることになる。すなわち、「この章を書き終えて、それに満足している自己になること」だとか、「休憩をとって一杯のコーヒーを楽しみながら、気分よく、リフレッシュして、リラックスしている自己になること」だとか、「疲れすぎて考えがはっきりしない自己になるのを避けること」だとか、「ここに座っていて寒く感じる自己であることをやめること」だとかである。

こうした自己はあまねく、「誰々である自己」を含んでいる。だから、「いい章を書き上げる」や「寒く感じるのをやめる」というような単純な目標をもつよりもむしろ、そうした目標は常に、目標によって得られる利益を受ける自己になったりならなかったりすることを含んでいる。これは、些細で余計な区別のようにみえるかもしれないが、自己についての観念に私たちが付している内在的な性質のきわめて重要な点を反映している。「誰々である自己になること」は、めざしている目標に到達した暁には、それがもたらす利益を永遠に受け続ける、という（幻の）約束を提供するのだ。

悲劇的にも、ある特定の自己になることによって幸福になろうとする追求は、効果がないばかりでなく、破滅的な下落をもたらす。要するに、自己指針は私たちを道に迷わせ、不必要な苦しみのなかに落とし入れるのである。

二本の矢

二千年以上前、歴史に登場したブッダ、すなわちゴータマ・シッダールタは、次の教えを授けた。

ある無知な俗人が（身体的な）痛みの感情に襲われるとき、その人は心配し、嘆き、悔み、悲しみのあまり胸を叩き、涙を流し、取り乱す。したがってその人は、身体的な感情と精神的な感情という二種類の感情を経験していることになる。それはまるで、ある人に矢が突き刺さり、その第一の矢に続いて、第二の矢が当たるようなものである。だから、その人は二本の矢によって引き起こされる感情を経験することになる。

しかし、よく学んだ立派な仏弟子の場合、痛みの感情に襲われるとき、心配したり、嘆いたり、悔んだり、悲しみのあまり胸を叩いたり、涙を流したり、取り乱したりしない。仏弟子が経験するのは一種類の感情であり、それは身体的な感情であって精神的な感情ではない。それはまるで、ある人に矢が突き刺さるけれども、その第一の矢に続いて、第二の矢には当たらないようなものである。だから、この人は一本の矢のみによって引き起こされる感情しか経験しない。（Nyanaponika 2010）

二本の矢の教えが浮き彫りにしているのは、私たちの大半が習慣的に、避けられない痛みに避けられる苦痛を加えることによって望まない状況の不快度を高めている、ということだ。ブッダの修行の道に従っている人（その「よく学んだ立派な仏弟子」）はたしかに、その他の私たちと同じように第一の矢の影響――痛みの感情――は経験している。しかし、私たちの大半（私たちのような「無知な俗人」）と違って、彼らは私たちの大半が日常的に加えてしまう苦しみ――痛みに関する心配・嘆き・悔やみ（第二の矢）――を経験していない。このもともとの教えは身体的な痛みに焦点を当てているが、同じパターンは感情的な痛みにもみられる——私たちは悲しみに嘆き、恐怖を心配する。痛みは避けられない一方で、苦しみは任意なのである。なぜなら、自分がその第二の矢を放つ本人だからだ。そして、私たちは矢を打たないことを学ぶことができるのである。

セルフ・ディスクレパンシー理論は、第二の矢を理解する方法を与えてくれる。自己指針は、私たちの行為をすぐに導き動機づけるために心の奥に持ち歩いている参照点もしくは基準である。私たちは常に、まさに今の自己という観念と、なりたい自己もしくはなるべきだと思う自己という観念を比較している。これは、まったく物事をあるがままにみていないことを意味する。むしろ、私たちは常に余分な要素を付け加えているのだ。「なりたい自己やなるべき自己に匹敵するにはどうしたものか」と。そしてもちろん、身体的もしくは感情的な痛みを感じているときというのは、私たちがなりたい自己ではない。今の経験と望む経験との間に大きな隔たりがあるので、私たちは嘆きと悔みを経験する。心はまた、まさに今経験している痛みと嘆きと悔みにいまだ苦しめられているという、恐れている未来自己のイメージを喚起し、私たちはその見通しをなんとかしようと苦心する。

よく学んだ立派な仏弟子とその他の私たちとの決定的な違いは、私たちが幸福の追求において概念的な道をたどるところで、彼らは別の道を歩むことを学んだ、ということである。私たちは、やがてこのもう一つの道を探り、その道では、今いるところの観念といたいと思うところの観念との間のギャップを監視することによって幸福を達成しようという方略がまったく不要であることを発見する。このもう一つの道において、私たちは第一の矢を経験するのみである。

二本の矢の教えが示唆するのは、避けられない身体的感情的痛みに対して幸福への概念的な追求が付加する苦しみを避ける方法を私たちはもっている、ということである。

自己の観念を守ろうとする欲求

幸福への概念的な道は、より大きな、より永続性の高い幸福を約束する——もし正しい自己になることができれば。しかしそれはまた、強力な恐怖をも生み出す。それは、決然とした努力でそこまでに達成した「よりよい」自己という儚い感覚を一瞬のうちに失うかもしれない恐怖である。この通底する恐怖は私たちにずっと付きまとい、そうした自己の感覚への潜在的な脅威に対して不安なほど用心深くさせる——そして、たとえどれだけコストがかかろうと、そうした脅威の源泉を避け、取り除き、克服することによって、そうした自己の感覚を守ろうとさせる。偉大なる禅師・白隠[☆3]による天国と地獄の門という教え（Reps 1957/1971 に基づく）が、このパターンを例証している。

ノブシゲという名の浪士が白隠のところに来てこう尋ねた。「本当に天国と地獄はあるのか?」と。

「お前は誰だ?」と白隠が問うた。

「私は侍だ」とその武士が答えた。

「お前が兵者《つわもの》だと!」と白隠は叫んだ。「どんな主君がお前を衛兵にするのか?　お前の顔はまるで物乞いのそれだ!」

ノブシゲは怒り、刀を抜きかけたが、白隠は続けた。「そうだ、刀を抜け!　おそらくお前の武器は鈍すぎて私の首は切れないだろうが」

☆3　臨済宗中興の祖とよばれる江戸時代中期の禅僧。

侍は口汚い悪態を吐き、刀を振りかざした。

「ここに、地獄の門が開く」と老僧はやわらかく言った。

侍は立ち止まり、こうして直接教えを授けるために白隠がまさに自らの命を賭した勇気と慈悲を思い知った。彼は刀を鞘に納め、お辞儀をし、目には感謝の涙をあふれさせていた。

「そしてここに、天国の門が開く」と白隠は答え、教えを完結させた。


ノブシゲは、勇敢で役に立つ侍という自分自身の観念を維持し守ることに深く陥っていた。白隠はこの観念にわざとはたらきかけた。武士の致命的な怒りと暴力的な反応として開いた地獄の門は、この自己——彼の生きる社会のなかで価値ある地位を彼に与えている、この大事な侍のアイデンティティ——が剥ぎ取られる恐怖の強さを表していた。


しかしそのとき白隠は、慈悲深い真の目的を顕わにしたのだった——それは、「地獄はあるのか?」という問いに対する生きた答えを提示することであった。そのときそこでノブシゲは、その答えによって、彼が大事にしていた自己の観念への執着を維持し守ろうとするいつもの欲求の、地獄のような結末をみせられた。

教えはその後も続き、「天国はあるのか?」というさらなる問いに対する生きた答えをも与えた。(自由になる教えをその武士に授けるという)真の意図を顕わにすることによって、白隠は、ノブシゲが大切にしているアイデンティティへの脅威を取り除いた。そうすることによって白隠は、宝にしている自己の観念を維持し守ろうとする痛々しい欲求からノブシゲを(少なくとも一時的には)解き放つ的確な条件をつくり出した。その生涯にわたる重荷を捨てることで、ノブシゲはそうした欲求からの解放にともなう喜びや安堵を直接自分自身のために見つけることができるだろう。


私たちの大半にとって、自己の観念を守ろうとする痛々しい欲求は、ノブシゲの話ほど一目瞭然ではないし、ドラマチックに明らかになることはない。おそらく私たちは、概念的な追求が生み出す微妙な(あるいはそれほど微妙ではない）内的葛藤に、もっとずっと慣れ親しんでいる。

自己指針は一貫性がなくつじつまが合わない

自己指針はつくり事である。その意味は、自己指針は現実による制約を受けないために、相互に一貫性がなくて矛盾することがある、ということだ。たとえば、もし私が週末までにこの章を書き終えている自己であることを望めば、私は十中八九、長い時間働いて、望む以上に疲れている自己になる必要がある。そして、私は、突然目の前に現れた晩冬の日の光を楽しめるくらい完全に解き放たれた——私がなりたい——自己になることはできないだろう。こうした内なる矛盾や不調和と関連するストレスは、広く認められている。つまり、私たちは自分のキャリアで成功したいと思っているが、同時にまた、よい親・よい子ども・よい友人・よい隣人・よい市民、そして、やることリストの課題すべてに完了のチェックを入れた人間になりたいと思う（また、なるべきだと感じる）のだ。さらに、矛盾する自己指針を解消したりつじつまを合わせたりしようとするなかで、成功的な問題解決者であることと関連した新しい目標群をつくり出し、やることリストに課題をもっと追加していく。そうやって四六時中、私たちは内的に矛盾や不安を感じているのだが、そもそも、これらの自己指針を満たそうとする試みは、最初にいたところから私たちを救い出すために意図されていたのだった！

踏み車につながれて

作動的自己指針と、大事にしている自己の観念を守ろうとする痛々しい欲求と、ディスクレパンシー（食い違い、ズレ」の監視が避けられない痛みに対して加える不要な苦しみと、作動的自己指針を満たしたときに経験するポジティブな感情の瞬時に消え去る性質を考え合わせれば、概念的な道が私たちの求める永遠の幸福をもたらすことはないことがはっきりする。結局私たちは過酷な踏み車につながれることになり、私たちのもとから常に滑り落ちる幸福を必死になって取り戻し、しがみつこうとするのである。

目標に基づいた概念的な計画は、人生をとおして私たちを終わりなき努力の連続へと駆り立てる。この計画に従うと、幸福のより永続的な感覚を探し求めている間中ずっと、望んでいる可能自己の約束に引き寄せられたり、恐れているか欲していない可能自己から遠ざかったりする。その全体的な忙しさ、これからもう一つ新しい追求へと出発するときの期待からくる高揚感、目標が達成されたときの短い満足感、目の前の目標に直接関連した情報にのみ集中させている注意によって、私たちの意識的な気づきは、自分がつながれているつらい踏み車は約束を果たせないという事実を見落としてしまう。しかし、あるレベルで私たちの心は、望みや願いがこうして何度も裏切られたり満たされなかったりすることを記録していて、それが私たちの満足や安堵や一体感を損ねているのだ。

では、なぜ私たちはこの追求に固執するのか?

恐怖と渇望

幸福の概念的な追求は、欲しいものを得ようとする普通の試みとは決定的に違う。この追求は、突き動かされる性質を備えている。つまり、私たちが求める目標は、たんにもちたいものではなく、もたなければならないもの、もつ必要のあるものなのである。背後にある恐怖がこの衝動を駆り立てる。その恐怖とは、もし自己指針を満たし損ねたら、永久に不幸・不全・孤立・分断という感情から逃れられない——そうなったら破滅的だと感じる――という恐怖である。

自己指針を満たしたい欲求は、依存症者の渇望のような、願望と恐怖の中毒的な組み合わせであり、それは目標への執拗な追求へと私たちを縛りつける。作動的自己指針の一つを達成したときには一時的な安堵を経験するかもしれないが、やがて恐怖とともに熱望が再燃し、望みはけっして十分に満たされることはない。こういう渇望は苦痛である。

瞑想や宗教の伝統は長い間、恐怖・渇望・苦しみの本質的な結びつきを指摘してきた。ブッダは、「願望で満たされていない心の持ち主に恐怖はない」（法句経[1]第三九偈）と教えている（Sangharakshita 2008）。「恐れるな」は、聖書において、単独で最もよくくり返される教えだといわれている。

では、このより深いところに潜伏する恐怖とは何なのか？　自己指針を満たさないという見通しは、なぜそれほど私たちを怖気づかせるのか？

恐怖・悲嘆・断絶

私は、「それは常に存在する。水面の真下に」という悲嘆について述べている引用でもって本章を始めた。あの悲嘆は、ある特定の自己であることやそうなることへの強迫的な欲求や、その目標を達成しようとする追求によって生み出される苦しみと密に関係している。

悲嘆は、哺乳類の脳に備わった、基本感情システム（core affect system）の一つの活動を反映している。この恐慌／悲嘆（PANIC/GRIEF）システムは、社会的な種を団結させる絆を下支えしている（Panksepp & Biven 2012:

▼1　法句経（Dhammapada）は、ブッダの言葉を集めたもののなかで、最も広く読まれ、最も知られているものの一つである。

Chapter 9）。よく知られているのは、母親や養育者の近くにいさせることで子を保護する絆である。幼児がふらふらして母親から遠くに離れすぎると、このシステムが作動して幼児は悲痛な叫びを上げる。この叫びが親への警報となり、壊れた結びつきを回復するための素早い捜索救助活動につながる。

その同じ基本感情システムはまた、血縁集団や社会集団の成人成員を結束させる分離の苦痛を下支えしている。こうした絆は、文字通り生命維持に必要な機能を果たす。すなわち、集団から孤立した霊長類は、野生では数日か数週間しか生き延びられず、体調悪化、栄養不足、あるいは捕食者からの攻撃によって死に至る（Depue & Morrone-Strupinsky 2005）。この致命的なリスクを低減するために、霊長類は、社会的な孤立が不安をともなう苦痛状態を引き起こす本能的なパターンを進化させた。この苦痛は個人に、分離状態になった社会集団を探し出し再接続するよう動機づける。この苦痛の印象的な点は、何かの存在によって引き起こされるのではなく、不在によって引き起こされることである。暗闇の恐怖が光の不在によって引き起こされるのとちょうど同じように、社会的孤立による不安をともなう苦痛は結びつきの不在によって引き起こされる（Depue & Morrone-Strupinsky 2005）。

ほかの霊長類と同じように、成熟した人間もまた、この深く根づいた生物学的なプログラムを生まれながらに授かっている。私たちにとって、恐怖や動揺を引き起こすのは、孤立や断絶（あるいはその脅威）の知覚であって、必ずしも同胞が実際物理的に不在である必要はないようだ。私たちは、人々の群衆のなかで、知っている人といるときでさえも、痛切に孤独を感じる。一方で、私たちは、物理的な意味で完全に独りきりのときでも、生きとし生けるものと一つにつながっていると感じることができる（第十章と第十二章を参照）。

深く根づいた分離の恐怖は、孤立や断絶によって引き起こされ、目標志向的な幸福の追求の強迫的な渇望を駆り立てる燃料となる。そうした恐怖は、また、私たちが避けようとするまさにその状況をも生み出すのである。

自己指針と安全性

マーカスとヌリウスは、可能自己の起源を次のように述べている（Markus & Nurius 1986）。「個人はどんな種類の可能自己をつくるのも自由だが、可能自己の集合はその個人に特定の社会文化的および歴史的な文脈によって顕著となったカテゴリーに、あるいは、メディアやその個人の直接的な社会経験によって与えられるモデル・イメージ・シンボルに由来する。したがって可能自己は、自己の独創的で構成的な特質を明らかにする可能性をもっているが、それはまた、自己がどれだけ社会的に決定され制約されているかを反映している」（Markus & Nurius 1986: 594）。

最後の文章は、可能自己（と自己指針）の構成的で社会的に決定・制約されている特質を指摘しているが、これは、ある特定の自己になることへの追求の突き動かすような性質につながる重要な手がかりを与えている。自己指針を媒体だと考えれば、ある社会・集団・家族は、その媒体を使って、共有された文化的な規範や物語に基づいてその成員を一つに結びつける絆をつくり出しているのだ。

ホモ・サピエンス・サピエンスとしての歴史の最初の九十〜九五％の間、私たちは狩猟採集民の小さな移動バンドで暮らしていた。こうしたバンドでは、全員が全員のことを知っていて、個人の行動は、面と向かった私的な接触という直接的な影響をとおして、集団全体としての必要性に見合うよう加減されていただろう。農耕の発達、永続的な定住、町や都市の成長にともない、同じ場所に住む社会集団のサイズは桁はずれに拡大した。そうなると、もはや私的な接触だけでは社会的な結束は保てなくなった。その代わり、ユヴァル・ノア・ハラリ[☆4]が彼

☆4　イスラエルの歴史学者。

のベストセラーである『サピエンス全史（*Sapiens*）』で説得的に論じているように、共有された信念や価値のシステムが、大きな協同集団において個々人を一つに結びつける接着剤となった。こうした「間主観的な現実」こそが、ハラリの主張するように（Harari 2011〔2016〕）、人類の華々しい繁栄にとってきわめて重要であった。

自己指針——「その個人に特有の社会文化的および歴史的な文脈によって顕著となったカテゴリーに由来する可能自己」（Markus & Nurius 1986）——は、ある文化がその成員内の間主観的な現実を具体化する媒体とみなすことができる。そのように具体化されることで、そうした間主観的な現実が個人の行動や感情を統制しうるのだ。

自己指針は、アメ（報酬）とムチ（脅威）の両方をとおして機能する。報酬の面では、理想自己の観念が、現実自己を理想自己に合わせることで仲間や社会集団とつながり続けることのできる人に、幸福・受容・称賛・尊重を約束する。脅威の面では、義務自己の観念に従い損ねる恐怖や、恐れている、忌まわしい、軽蔑に値する、欲していない可能自己——排斥され排除される自己——になるという想像上の苦悩によって、行動が社会的に受け容れられる形に制約される。

自己指針を満たし損ねるときに経験する落胆・動揺・不安は、潜在的な脅威の現れとみなすことができる。それは、社会的孤立に関する深く根づいた生来的な恐怖と結びついている。つまり「もしあなたが自分の生きている社会集団の規範に従わなければ、あなたは追放され、できる限り自分独りの力で生き抜くことを強いられるだろう」という脅威だ。

自己指針に潜む約束と脅威は、特定の自己であることやそうなることへの概念的な追求を形成し動機づける。そうした自己は、幸福で、受け容れられ、仲間に加えられ、社会的孤立の脅威にともなう不快感情と無縁である、と私たちは信じている。自己指針を満たそうとする試みは、最終的には必ず、失敗する運命にある。より広い社会集団に受け容れられることを保証するための試みを失敗し続ければ、それは、いたるところでかすかに感じられる潜伏的な悲嘆へとつながる。ますます悪いことに、追求の根底にある過程は実際、それが避けようとするまさにその状況を生み出すのである。

自己永続的なシステム

私が要点を説明してきた分析が示しているのは、幸福の概念的な追求は基本的に、しばしば現実との希薄な関係しか有していない想像上の自己観念に基づいている、ということだ。こうしたものの見方を受け容れる際の大きな困難の一つは、私たちの大半が、自分は実際に自己——「私（me）」——を経験していると感じている、ということである。私たちの自己という観念は私たちの経験の何かしらと対応しているという事実は、そうした観念に信ぴょう性を与える。もしそれが虚構に基づいているのなら、「私」に関する私の経験はどこからきているのか？

現代仏教は、「自己する（selfing）」という考えでその問いに答える。「動詞としての自己」という的確なタイトルの論文で、仏教学者のアンドリュー・オレンズキーは、次のようにいっている。「把握するということは、自己によってなされる何かではなく、むしろ自己が、把握することによってなされる何かである。自己は、単純な目的のために瞬間ごとに構築される。その目的とは、経験のなかで展開していることを好んだり好まなかったり、摑んだり放したりする自己を提供することである」（Olendzki 2005）（論文ではこのあと、この簡明で興味をそそる謎めいた言葉をさらに詳しく説明している）。

「自己する」という考えの本質は、そうありたいと願ったり、そうあるべきだと思ったりする自己になろうとする際の核となる過程が、実際のところ、「私」の感覚をつくり出している——そしてその感覚が、別の自己になろうとする過程を駆動する自己という（まったくつくり事の）観念に信ぴょう性を与えている、ということである。別の自己になるための追求を最初に引き起こしたものが何であれ、いったんその追求にかかわってしまったら、努力そのものが分離・断絶・孤立した「私」という感覚を増幅させる。その孤立の感覚は次に、継続する分離という恐怖を強め、目標を達成しようとする新たな努力に私たちを駆り立て、疲弊した状態に縛り続けるシステムへと私たちをますます厳重に閉じ込める（この自己するという過程――と、どのようにすればそこから自由になれるか――については、第九章と第十三章で改めてより詳細に検討することにする）。

幸福を達成する概念的なアプローチは、けっしてその約束を果たすことなく、慢性的な不満・分離・一体性の欠如といった状態に私たちを閉じ込め続ける自己永続的なシステムをつくり出す。この状態を改善しようとすると、概念的な目標志向過程それ自体が、改善しようとするまさにその断絶の感覚を維持する条件を必然的につくり出す。私たちは完全に「家にいる〔くつろいでいる〕」ことはない、つまり、まわりの人との安心できる社会的な絆の心地よさのなかで安堵することはないと、あるレベルでは感じていて、もし何もしなければ、家なしの痛みが常に自分に付きまとうことになるのを恐れるのである。

ではどうすればよいのか？　幸福の概念的な追求は失敗する運命にあるようだ。私たちは、根本的に異なるアプローチを求めてほかのところを探さなければならない。ただ、私たちはまた、概念的に駆動された努力の厳重な支配から自分自身を解放しなければならない。概念的な認識の真の性質への洞察は、私たちを覆うその掌握力を緩める力をもっている。それが第二章の注目点である。

第二章　観念の世界

第一章で私は、避けられる多くの苦しみは、概念的な認識方法のせいであるとした。詩人たちが昔から直感していたのは、概念的な認識のもたらす、未来を想像したり心のなかで過去を再訪したりする力は、ほかの生き物にとっては知る由もないある種の不幸を生み出す、ということだ。彼らは、今の瞬間を充実して生きているようにみえる素朴な動物たちの平和を、あこがれの目で見ていた。十八世紀スコットランドの詩人ロバート・バーンズ（Burns 1976）は、『ネズミに寄せて（*To a Mouse*）』という詩のなかで、力強く率直にその対比を示している。

でも私に比べればおまえは幸せだ。
おまえに触れるのは現在だけ。
しかし、おお、私の後を振り返れば、
寒々とした光景のみ。
先は見えないけれども、
恐れのみと察する。☆1

心の時間旅行（mental time travel）の力——可能未来を想像したり、あるいは、過去の記憶を再体験したりする能力——は、概念的思考のための能力から直接生まれてくる。概念的な認識のほかの特徴と同じく、心の時間旅行は諸刃の剣である。つまり、私たちの外的な世界をこれまでになく統制できるが、同時に、私たちの内なる幸福を危険にさらす。

下手に用いれば、剣は私たちを傷つける。ただ、それ自体が、剣を捨てる理由にはならない。知識と訓練でもって、私たちは剣を安全かつ有効に用いる方法を発見することができる。同じように私たちは、違う種類の剣の使い方を学ぶこともできる。たとえば、三銃士のように、細長いレイピア[☆2]のもつ決闘力に頼ることもあれば、地平線に現れる騎兵隊のように、サーベルのよりすぐれた汎用性に頼ることもある。

これと同じように、私たちはよいことのための力として概念的な認識の力を利用するのを学ぶことができるとともに、概念的な認識が生み出す罠や落とし穴を避けることもできる。そして重要なのは、これが私たちの唯一の認識方法ではないことに気づくことができる、ということだ。つまり、私たちは、もう一つの、全体論的直感的な認識（詳細については第三章で議論する）ももっているのである。それはしばしば、概念的な認識よりも使うにふさわしい認識方法である。

異なる種類の剣の使い方を習得するために、それぞれのデザインされている目的や、それぞれの特徴的な長所や短所について知ることは、きわめて有益だ。それと同じように、概念的な認識の基本的な性質や進化的な機能を理解することは、私たちがよりすぐれた技術と識別力でそれを用いるのに役立つだろう。

概念的な認識方法

概念的な認識は、私たちが最もなじみのある種類の認識である。それは、明示的で、具体的で、伝達が容易な意味を取り扱っている。私たちの意識的な思考の大半は、それらの意味を材料にしている。概念的な認識は、事実の認識――何かに関する認識――である。それは、「猫がマットに座っている」といったような、単文によって伝えられる類の意味に焦点を当てる。私たちは、この類の知識を自分自身の経験から直接的に獲得できる――ただ、重要なのは、ほかの誰かが話したことや自分で読んだことからも間接的に獲得できる点だ。

概念的な認識の力も問題点も、背景にあるその形式や構造に由来する。その形式や構造は、さらに、概念的な認識のもともとの進化的な機能を反映している――この話題を詳しく取り扱っているものとしては、フィル・バーナードら（Barnard, Duke, Byrne, & Davidson 2007）やイアン・マクギルクリスト[☆3]（McGilchrist 2009）を参照されたい。概念的な認識は、より大きな成長の一部として進化した。それは、社会集団が合意目標へ向かって一緒に作業する際に共有しなければならない明示的かつ詳細な情報を伝達する力を、初期の人類に与えたのだ。この成長によって人類集団は、個人単独の作業による力をはるかに超えた目標を達成することが可能になった。

現時点でわかっていることとして、概念的な情報はせいぜい、たった二十万年前に進化したばかりである。これは、心の全体的な進化のなかではごく最近の成長である。概念的な認識が活躍するようになった（進化的な視点からすれば）短い間に、その影響の範囲は、目標を達成するために人々が一緒に作業するのに役立つという初期の限定的な使い道から、大きく広がった。現代の人間文化においては、概念的に思考しない生活領域を見つけるほうがむずかしい――重要なのは、概念的な思考のレンズをとおして世界をみる方法が、存在する唯一の「現実」だと思い込むまでになっている、という点だ。

とはいえ、概念的な思考の課題解決的な起源は今なお、第一章で議論した問題において、以下のように直接的かつ広範囲な影響を及ぼしている。

☆1　『ロバート・バーンズ詩集』（ロバート・バーンズ研究会編訳、国文社、二〇〇二年）より。
☆2　細身の刺突用長剣。
☆3　イギリスの精神科医・作家。

・概念的な情報は原子論的な構造をもっている――それは世界を、分離して、自存し、永続する実体（「モノ」「自己」「主体」「客体」）という観念（概念）に分割する。
・こうして分離した「モノ」の性質は、それらに内在する特質の諸側面とみなされる――その特質は、ある条件が特定の形でそろった結果というよりも、それそのものにもともと備わっている。
・概念は抽象であって、具体的な感覚的現実の制約を受けない――それをとおして私たちは、世界の別な状態、それも、実際にいる世界とは異なるより望ましい状態を想像することができる。この能力が、選択した目標を達成するきわめて強力な方略を下支えしている。
・最も重要なのは、概念（観念）は抽象だが、しばしば「現実」――それが意味するものと同等である――として扱われる。
・概念的な認識、それが目標を達成するための方略、課題志向的な限られた注意は、欲しいものを得るための行動を起こそうと心が準備をするときに、自動的に「オンライン」になる傾向がある。重要なのは、そうした方略がまったく逆効果のときでさえも、これが起こりうる点である。

これらの特徴の一つひとつが、概念的な認識が与える力――そして、それが生み出しうる問題――と直接関係する。その基本的な特徴にもっと慣れることで、私たちはこの認識方法が与えざるをえないものを利用し、同時に、第一章で議論した類の問題を避けることができる。

概念的な認識方法の鍵となる特徴

◆分離し、独立し、自存するものからなる世界

概念的な認識には、「物事をその文脈から人為的に孤立させることは、私たちが、現実をとらえて統制するために、その特定の側面やそれがどのように形づくられているかにひたすら集中できるようにする」（McGilchrist 2009: 115）ことが含まれる。こうして物事を孤立させることは、分離し、独立し、自存する実体――それぞれがそれ自体に固有の内在的なアイデンティティをともなうモノ――からなる世界を生み出す。こうした原子論的構造のために、概念的な意味は、言葉が話されたり聞かれたりする直線的な連続のなかで、概念ごとにばらばらに構築され、理解され、利用される。こういう部分ごと段階ごとの認識は、熟練した行為をとおして特定の目標を達成する方法について話したり、考えたりするのに理想的である。それは、誰もが理解するようなやり方で信頼性と正確性をともなって特定の意味を伝達する術を与える。それは、手元の課題に直接関係する状況面にのみ集中することによって、精密性と経済性をもたらす（この原子論的な構造は、第三章で議論する全体論的直感的な認識における全体論的な特徴と際立った対照をなしている。全体論的な認識は、あらゆる瞬間において手に入るあらゆる情報間の関係性のパターンを同時に利用する）。

概念的な認識の原子論的な構造が意味するのは、概念が、ある特定の方法で世界をみる知覚的なレンズをつくり出す、ということだ。物事は、それが起こる文脈から抜き出され、孤立した状態で観察される。そうした物事に作用する主体もまた、作用する物事やほかの主体とまったく別のものとして観察される。これは、世界を別々の主体と客体に分け、「私」と「あなた」を分離する、二元論的な世界の見方を生む。それは、言語の主体―行

為—客体（誰が、誰にあるいは何に、何をする）構造を反映している。この構造は、社会集団において課題を遂行するうえできわめて有益である。しかし、私たちが無意識のうちにこの二元論的な見方を世界全体に広げると、断絶や疎外といった不快感を経験する「〔客観的〕実在性（thingness）」の世界をつくり出してしまう。分離のこうした痛みの感覚は、第一章で議論したように、人間の不幸の多くに通底している。

内なる目覚めは、分離や断絶といった私たちの習慣的な二元論的世界観を、一体性・関係性・結びつきといった非二元論的世界観へと変容させるのである（第十章）。

◆内在的で、永続的で、本質的な性質をもつもの

世界を別々のものに分けると、概念的な認識は次に、それぞれのものや経験の性質を、それに内在した本質の一側面として扱う。つまり、どこへ行ってもついていくような、それ自体に属しているものとして扱う——多くのさまざまな条件の複雑な相互作用によって立ち現れる特性としてではなく、である。たとえば私たちは、とてもおいしいケーキ、荘厳な景色、魅力的な人について話すが、それは、そうした特徴がその対象それ自体になんらかの形で内在していることを暗に意味している。

このようにして意味を追加することは、実用的なレベルではうまく機能しうる。もしあなたが石斧をつくりたいと思えば、次のことを認識することは間違いなく有効だ。それは、（1）鋭い刃となりうる種類の石が必要であることと、（2）フリント〔燧石〕はこの特性を有しているが砂岩はそうではないこと、である。ここであなたは、フリントの性質について、文脈をとおして比較的一定のままの物理的な特性を取り扱っている。しかし、これが——ケーキがすばらしいかどうかや誰かが魅力的かどうかのような——経験面になった場合には、非常に多くの相互作用する文脈要因が経験の性質を決める。最初に切った最初の一口がとてもおいしかったケーキも、十切れ目を遠慮するころにはそれほどすばらしくはないかもしれない。それに、土曜の夜のパーティーで一緒にと

ても楽しく過ごした人も、雨模様の月曜の朝、身なりは乱れ、アラームが鳴ってる間も寝ていて、仕事に遅刻している状態で最初に会ったならば、それほどよくは見えないかもしれないし、それほど楽しくないかもしれない。

物事についての経験や人に対する感情をそれに内在する性質の反映だとみなす私たちの（たいてい無意識の）傾向は、避けられる多くの苦しみの根源となっている。それは、「願望の対象」――私たちを気分よくさせてくれる内在的な力をもつ（と信じている）対象――の追求へと直接つながる。最後には、願望の正しい対象――あるいは十分な量のそれ――を見つけることさえできれば、私たちは永遠の幸福を楽しめる、と信じるようになる。さらに有害なのは、第一章でみたように、私たちの生活は、「その後ずっと幸福に暮らせるようになる」と信じているある特定の「モノ」である自分自身――「よい自己」――になるという追求によって支配されていることだ。こうした方略は失敗や欲求不満に陥る運命にあるばかりではない。それはまた、人間の苦しみの主な源泉なのである。

概念は抽象である

辞書は、抽象的な、の意味に二つの面があることを示している。それは、（1）「思考のなかに、あるいは、観念として実在しているが、物理的もしくは具体的な実在性はもっていない」ということと、（2）「一般的で、特定の例に基づいていない」ということである。概念はこれら両方の意味で抽象的である――そして両方とも、概念と「現実」の関係についての重要な問いと直接関係している。一つひとつ順番に考えていこう。

計画的で目標志向的な行為は、目標の心的表象を意図的につくり出す能力に左右される。ここでの目標とは、まさに今いる状態とは別の、より望ましい世界の状態のことである。出来事に関する未来の状態についてそのような観念を生むために、心のある部分は、「世界」――瞬間ごとに感覚器官から届く情報――から自由でなければな

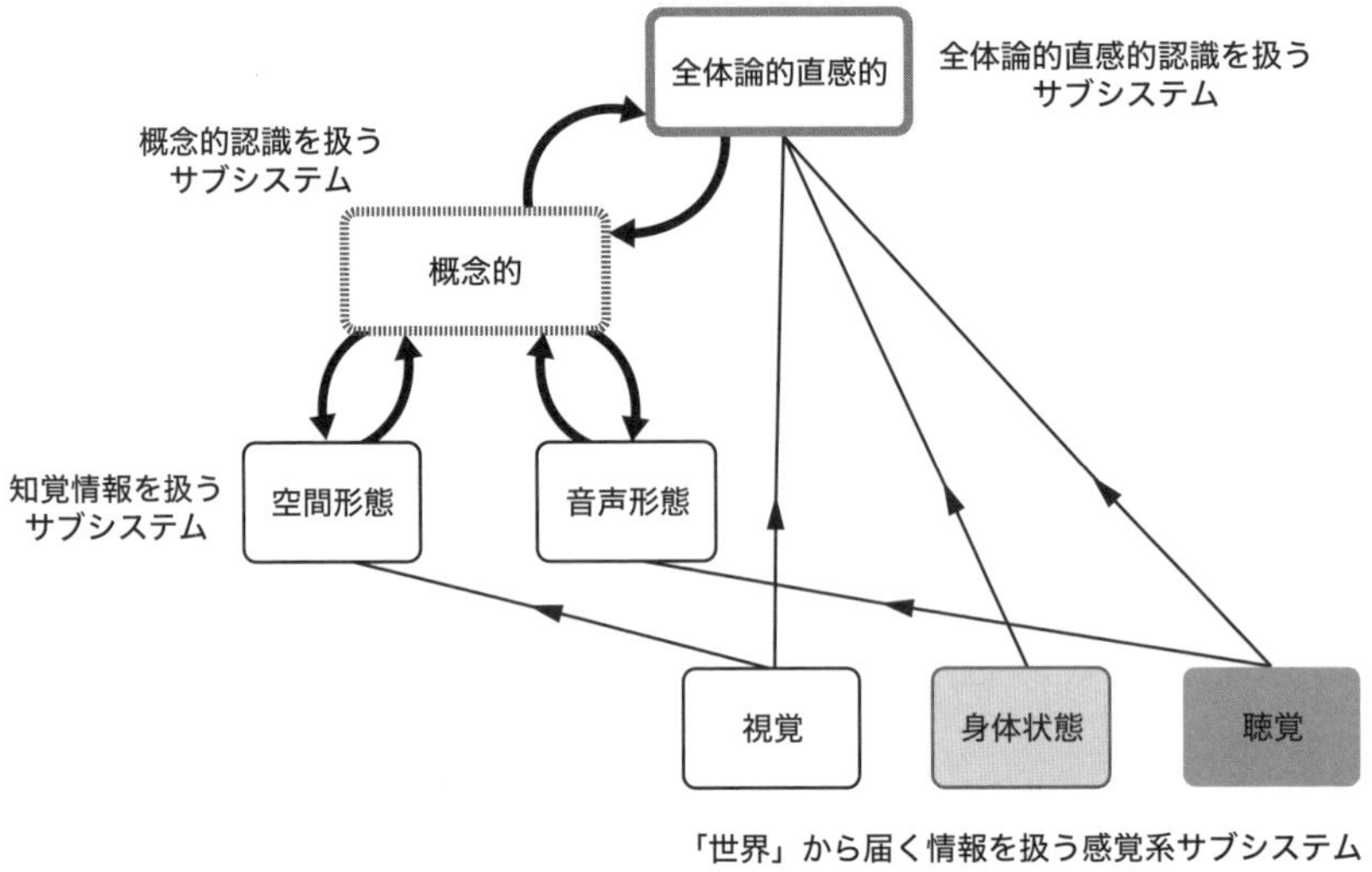

図2・1　ICSで考えられている人間の心

注）ボックスはサブシステムを表していて，それぞれが異なる種類の情報を処理するのに特化している。線はシステム間の情報の流れを表している。

らない。そうすることで心は、まさに今物理的に存在しないものについて考えることができる。

　ICS（interacting cognitive subsystems）〔相互作用認知サブシステム〕（Barnard 1985, 2012; Barnard & Teasdale 1991; Teasdale & Barnard 1993）は、マインドフルネスと内なる目覚めに関する探究の多くを下支えする汎用性のある心理学的な枠組みを提供する（ICSの以前の発表では、概念的な認識と全体論的直感的な認識はそれぞれ、命題認識と含意認識とよばれていた）。今回の場合、人間の心に関するICSの見方の簡略化した概略図（図2・1）によって、なぜ概念的な認識が――目標のような――今ここに物理的には実在しないものについて考えるのに理想的な位置にあるのかがはっきりする（この概略図を詳細まで理解しなくてはと心配する必要はない。時と場合に応じて、関連する箇所に光を当てる）。

　この概略図は二つの側面が鍵となる。第一の側面は、（概念的な情報を処理する）概念的

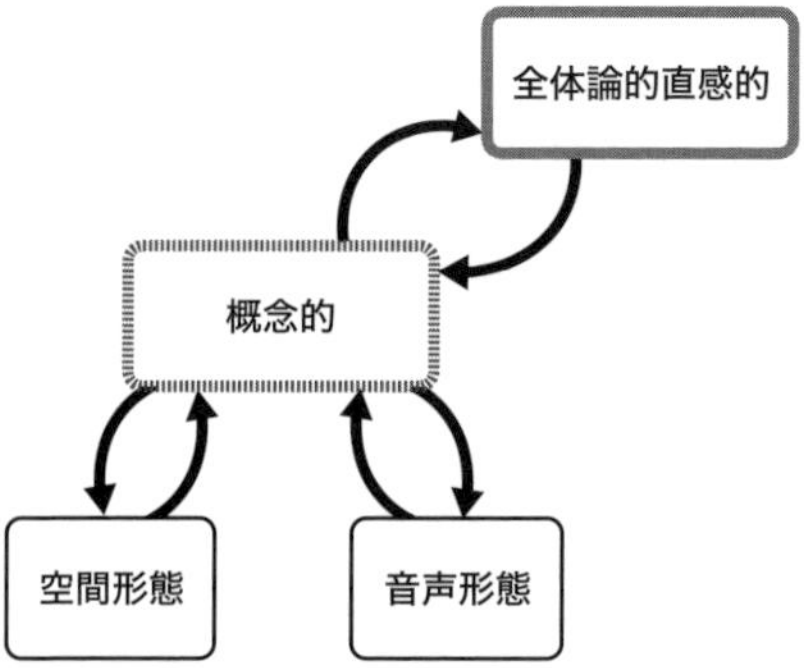

図2・2　概念的サブシステムを中心とした3つの処理ループ

サブシステムが、「世界」からの情報を受け取る感覚系サブシステムのいずれとも直接的な結びつきをもたない唯一のサブシステムである、という点だ。概念的サブシステムだけが、このようにして感覚的な世界からすっかり「隔離」されている。

この直接的な結びつきの欠如は、概念的サブシステムが今の感覚的な現実といくらか間接的な結びつきを保つことはできるが、そうしなくてもよい、ということを意味する。つまり、瞬間ごとに感覚器官から届く情報の「現実」から完全に断絶した概念的な情報――観念――を処理してしまう可能性が十分にありうる、ということだ。このように錨を下ろしていないので、概念的な処理は勝手に漂って、今の感覚的な「現実」にまったく制約されない内的な心的世界をつくり出すことができる。

図2・1で鍵となる第二の側面は、概念的サブシステムが中心となっている三つの処理ループに関係する。（図2・2として分けて図示した）これらのループは、私たちの内的な心的世界をつくり出すうえで決定的な役割を果たす。

これら三つのループはすべて、概念的な情報を処理するサブシステムとほかの種類の情報を処理するサブシステムとの間の相互作用――言うなれば、会話――を含んでいる。これらのループ内の会話は、心が完全に「内的」になる、つまり、この瞬間に「外の」世界で起きていることから完全に離れる手段を与える。

ここではたとえ話が役に立つかもしれない。窓のない防音室の中で、携帯電話や防音室の外の広い世界と接するほかの方法をもたずに、二人の人間が会話しているところを想像してもらいたい。彼らが互いに言葉を交わし始めた途端に——相手が話したことにだけお互い反応するとして——彼らの会話は、防音室の外の世界からいっさいの入力を要せずとも、いとも簡単に展開しうる。そうなると、会話の成り行きによって彼らは早々に、「実際に」いる場所と時間からはかけ離れた場所と時間について話すようになる。このようにしてつくり出された共通の心的世界は、さらなる会話の十分な刺激となる。この会話は、防音室の外の世界からのさらなる入力をいっさい必要とせず、長時間にわたって続くだろう。

同じように、概念的な認識を中心としたループでの会話は自由に漂い、今の感覚的な「現実」からはまったく制約を受けない。すると心は、心の時間旅行や心の空間旅行にふけるようになる——つまり、過去を再訪したり、想像上の未来に住んだり、遠い国を訪れたりする、ということだ。こうした会話は、ひとりでに自己充足的で内的な心的世界を生み出す。会話をしている相手に依存しているので、そうした世界は内的な想像や白昼夢の世界、内的な会話や内なるナラティブ(自分自身に語る物語)、あるいは「純粋な思考」の世界となる。

その瞬間に物理的に存在しないもの、一度も実際に存在しなかったものを意図的に考えることのできるこの独特の人間の能力によって、人間の心は、外なる世界を統制する並はずれた能力を与えられている。この能力によって私たちは、ピラミッドや、空飛ぶ機械や、月の上に着陸するという夢を見ることができる。そして、重要なのは、それによって私たちはまた、これらの夢を現実に変換する実用的な行為の手順を想像することができるということだ。

一方で、直接の感覚的な経験の錨から私たちを切り離す概念的な思考の力は、実際の物事のあり方とまったく食い違った想像上の目標を私たちが生み出せることを意味する。そうした目標はけっして達成されることはない。そうした不可能な目標の絶え間ない追求が、人間の不幸の多くの原因なのである(第一章)。同じく、純粋に内的な心的世界をつくり出してそこに住む能力は、生きて、呼吸して、相互作用しているまわりの世界から私たちを完全に切り離す。そうして最後には、ジェイムズ・ジョイスの☆4『ダブリン市民（*Dubliners*）』の登場人物の一人である、「自分の身体から少し離れたところで生きている」ダフィー氏のようになる（ダフィー氏には第九章で再び会うことになる）。

このような断絶は、私たちのウェルビーイングに深刻な結果をもたらす——それも、住みついた内的世界が、ネガティブな、恐ろしい、あるいは自己批判的なテーマに支配されている場合でなくても、である（第八章）。私たちの大半は、起きて生活している間の驚くほどの部分を、自分がつくり出した内的な心的世界や自分で自分に話す物語のなかで過ごしている、ということがわかっている（第九章）。内なる目覚めによって私たちは、こうした夢の世界から自由になる（第十章）——そしてマインドフルネスは、それと同じ道筋で、私たちの生きた経験の質を上げる（第九章）。

概念はまた、「一般的で、特定の例に基づいていない」という意味で抽象である。たとえば、「ナイフ」という概念は、あらゆる「切るために、あるいは、武器として用いられる、柄に固定された刃からなる道具」に当てはまり、刃がフリントか銅か鋼かどうか、柄が木か骨かプラスチックかどうか、小さいか大きいかどうか、古いか新しいかどうか、などは関係ない。だから、もし私があなたに、あなたの「切るために、あるいは、武器として用いられる、柄に固定された刃からなる道具」の研ぎ方を教えたいとしたら、私は一般的な単語であるナイフを使うことができ、あなたは私の意味することがわかる。私たちのどちらも、遭遇するさまざまな特定のナイフすべてに個別の名前をつけるとしたら必要になる、何百もの単語を知らなくてもよいのだ。一般的な概念カテゴリーは、コミュニケーションの効率性と経済性および知識の一般化に多大な利益をもたらす。しかし重要なのは、それによってまた、私が関心を寄せる「客体」との関係の性質が変化する、ということだ。

目標志向的な行為の実質的な目的を果たすためには、私はただ、ある「モノ」をある適切な概念カテゴリーに

☆4　アイルランド出身の小説家・詩人。

割り当てるのに十分な情報を入手するだけでよい。そうすれば、オフラインの内的な心的世界へと退却し、目標を達成するよい方法を考案することができる。私が実際に生きて、動いて、存在している世界の、具体的で、独特で、くり返しのきかない、常に変化している側面と、密に結びついたままでいる必要はない。このようにして部分的に経験から断絶していることは、たとえ私が今の経験に注意を向けても、結局は再び無関与感や疎外感で終わる、つまり、私はより大きな全体の一部であると感じず、不完全だと感じて、苦しむ、ということを意味する。

目標を達成する方略

概念的な認識は私たちに、直接の経験からの要求と断絶し、世界の未来の状態を想像する力を授ける。その力は、目標を達成するきわめて強力な方略の基礎となる。まず、心は目標状態に関する概念的な記述（観念）を生み出す。次に、その観念と現状についての観念とを比較し、二つの観念のギャップを観察して、そのギャップを減らすためのプランをつくり出す。二つの記述が一致したとき（ギャップがなくなったとき）、目標は達成され、システムはその処理サイクルを終了する。もちろん、最終的な目標を達成するための道筋は、多くの下位目標に分割でき、その一つひとつに対して順番に同じ方略が適用される。

この方略が実際どのようにはたらくかを説明するために、ある簡単な家庭内の例を用いることとする。

私と妻が、キッチンにもう一つ新しい棚をしつらえるのがいいだろうと思っているところを想像してもらいたい。私の心は、完成した新しい棚の心的イメージをつくり出し、続いてこのイメージが過去から似たような経験とそれに結びついた快感情——実用的な課題を完了することや妻の喜びなどからなる満足——を思い起こさせる。こうした結びつきが、今抱いているイメージにポジティブな誘因価——私が手に入れたいもの——を与えると、心は概念的な目標達成方略へと切り替わる。

方略の最初の段階は、目標状態の観念——ある特性をもった「モノ」（完成した棚）——を生み出すことだ。こうした特性には——明らかに——その上に乗るものを支える能力が含まれる。あまり明らかでないのは、上出来な仕事と妻を喜ばせる喜びといった満足を私に与える能力もそれには含まれる、ということである。私の心は、目標状態の観念（壁に棚が取りつけられている）と現在の状態の観念（棚はない）との間のギャップを記録する。次に心は、このギャップを埋めるために達成されるべき下位目標——必要な道具をもっていることを確認する、使える空間を測る、材料を手に入れる、壁に穴を開ける、など——を特定する。私は苦労して下位目標のリスト——やることリスト——をやり遂げる。目から届いた情報は、概念的な情報へと変容し、目標状態を表象するパターン——上に乗せるポットや鍋の重さを支えるのに十分な強度の新しい棚——と一致してようやく、課題は完了する。任務達成！

でもそれは本当なのか？　外なる世界の実用的な結果に関していえば、それはたしかに本当である。しかし、私の棚製作計画のもう一つのあまり明らかでない目標、すなわち、上出来な仕事と妻の喜びという満足はどうなのか？　ここで、私たちは内なる経験の世界へと入っていく。そこでは、結果はたんに「適切な特性をもったもの」をつくり出すという問題だけでなく、むしろもっと幅広い状況を反映している。たとえば、私の満足は自分で設定した基準に依存している。つまり、もし私が完全主義者で、でき上がった棚がほんのわずかに水平でなかったり、小さな傷があったりしたら、私は喜ぶよりもむしろ落胆するだろう。同じように、妻が疲れて帰ってきたりほかの問題で頭がいっぱいだったりして、私が期待に満ちた視線を向けている新しい棚に気づきさえしないかもしれない。

外部の世界で「客観的な」目標を達成するために概念的な方略を用いるように、私たちは概念的な処理を「現実確認」に使う。この現実確認は、鍵となる特定の点でのそのときの感覚的な現実に概念を当てはめる。こうして制約されることで、この方略は目覚ましいはたらきをし、人類の歴史における最も重要な発展のいくつかを可能にした。しかし、第一章でみたように、私たちの内なる感情世界における「主観的な」目標を達成するためにこれと同じ方略を用いると、破滅的なほど期待はずれに終わる。ここでの決定的な違いは、私たちは目標へと向かう進展を同じような方法で「現実確認」できない、ということである。私は工程の各段階で棚の完成に向けた進展を監視することはできるけれども、棚が完成したときに私や妻がどのように感じるかについて同じように監視することはできない。つまり、棚をつくっているときの遅々としてはかどらないことに疲れたりイライラしたりしているかもしれないし、それでもまだ、妻と私は完成した製作物に喜ぶと信じているかもしれない、ということだ（第一章で議論した、感情予測のむずかしさという別の例もまだある）。

のちほど、より大きな幸福へと向かう探索の焦点を変化させることで、こうした困難を避けることができるということをみていく。達成したいと望む最終的な結果（大きな幸福をもたらすことになっている目標）に焦点を当てるよりもむしろ、そこまでに至る一瞬一瞬の過程の質にもっとうまく焦点を当てることができる。私たちは、最終的な結果にたどり着いたときにそれが私たちの感情に及ぼす影響をよく知るだけでなく、重要なのは、そこに至るまでの間ずっとその過程がどんな感じかを確認することもできる、ということだ。

概念と「現実」

概念と現実との間の関係を疑いなく前提とすることが、多くの人間の不幸の根底にある。概念の空虚さへの洞察——実際のところ、概念の背景に内在的な性質をもつ自存し独立した実体は存在しない、ということを理解すること——は広く、内なる目覚めにおける主な要因とみなされている。概念は抽象的な観念——一般的なカテゴリーであり、そこでは、特定の経験と関連する感覚情報のパターンから数段階が取り除かれている。それでも私たちの大半は、背景にある特定の現実を概念が直接的に指示していて、概念はそれが意味する現実と同等ととらえることができる――概念をある意味で「現実」ととらえることができる――という根深い直観をもっている。

多くの場合、概念的な目標達成方略はこの前提に依存し、かつ、この前提を強化する。この方略が機能するには、物事の今の状態に関する私の観念は実際にそれがどうなっているかと同等であり、出来事の望ましい状態（目標）に関する観念は達成しようとする現実の状況と同等であるととらえる必要がある。キッチンの棚をつくる場合、私は棚の観念と棚の現実が特定の側面において相互に置き換え可能であるととらえていた。私はまるで、概念とそれが意味する現実の側面との間にある種の一対一対応した写像が存在するかのように振る舞った――そしてそのことは、私の非常に実際的な目的のためにはきわめて有効な方略であった。同様に、私がキッチンに取りつけた棚を見るとき、私の「棚」の概念と、私が見て、触って、ポットや鍋を置くことのできる「現実」とは、とてもよく一致しているように思える。つまり、特定の内在的な性質をもつ分離した「モノ」が本当にそこにあるように思える。

鍵となるあるポイントで感覚経験に観念を固定することによって私たちという現実が観念を検討する限り、観念を現実の側面と同等なものとしてとらえることは、外的な世界で目標を達成するうえで非常に効果的で実利的な方略である。問題が起こるのは、これが便利な前提にすぎないことを忘れて、まるで背景にある現実を本当に直接反映しているもの、つまり、内在的な性質をもって分離し自存しているものであるかのように概念をとらえ始めてしまう場合である。こうした問題が深刻になるのは、概念的な処理が純粋に「内的に」なって、今の感覚経験とのあらゆる結びつきやそれがもたらす定着感や接地感を失う場合である。

瞑想の伝統、特に仏教は、日常生活における概念と現実との素朴な一致それ自体が、歪みであり、また、苦しみの基本的な源泉である、ということを古くから理解していた。有名な「指月」の教えでは、ある人が別の人の注意を月に向かせる方法として、指で月をさす。指に導かれて（概念）、その人は月を見る（概念がさし示す現実）。もしその人が誤解して、代わりに指を見たら、指を月だと思い、結果的に混乱するだけである。現代の教えは、もっと簡潔に同じことを指摘する。すなわち、「あなたの母についての考えは、あなたの母ではない」（Feldman 2017: 98）。

概念と文脈

概念と現実の一致に関する疑いのない前提の一部として、私たちは概念を特定の現実——遭遇する状況や文脈がどんなものであろうとそのアイデンティティを保っている現実——に対するたんなるラベルとみなすことが多い。しかし実際は、概念的な意味は幅広い文脈にかなり依存している。この点を理解するためにしばしば、ある簡単な知覚課題が使われる。

次の図の真ん中の文字を見て、あなたは何だと思うか？

大半の人はBという字だと思い、その文字の概念を思い浮かべる。
では、次の図の真ん中の文字を見て、あなたは何だと思うか？

大半の人は13という数字だと思い、その数字の概念を思い浮かべる。しかし、この図形がはっきり表している

ように、印字されている文字は両方の図で同じである。

この課題が指摘するのは、「アイデンティティ」のように一見内在的なものも文脈に依存している、という事実である。「ＡＢＣ」の真ん中の文字の「B性（B-ness）」は、その文字それ自体のものであるのと同じぐらい、その周辺の文字の関数なのである。（二つ目の図にあるように）文脈を変えれば、そのアイデンティティは完全に消えて、その文字はもう「13性（13-ness）」のアイデンティティを有している。

同様に、概念それ自体の性質をもっと詳しくみてみると、異なる文脈でも一貫したままでいる内在的なアイデンティティという考えが揺らぐ。「テーブル」という概念は、「平らな上部と、一つかそれ以上の脚」をもった形に対する単純なラベルをはるかに超えている。辞書を見てみれば、それがどうやって使われるかだとかそれとどこで遭遇するかだとかにかかわるほかの概念との関係性によって、さらに定義されていることがわかる。食堂で、椅子に囲まれて一本の縦の脚に支えられている丸い水平面に出くわしたら、あなたはそれをテーブルだと思う。まわりに何もない大海原にポツンと輝いて突き立っている同じ水平面と脚に出くわしたら、あなたはそれをテーブルだとは思わない――いや、むしろおそらく、水面下にある岩のように、下に隠れた危険を警告する標識と思うだろう。文脈が幅広く変わるにつれて、同じ物理的な構造について知覚されるアイデンティティも変わるのだ――その「内在するテーブル性（table-ness）」はどうなったのか?

概念は単独で存在して、ある分離した現実のアイデンティティを忠実に描写しているわけではない。そうではなく、どんな概念の意味も別の概念との関係性のネットワークに依存している。こうした関係性をとおして、ある単一の概念は多くの意味の相を束ねてその概念自体になる。つまりそれは、相互に結びついた概念の広大な網のなかの、一つの収束点を表したある種の記号となる。

概念は「現実」の構造よりもむしろ抽象的知識の構造を反映している

ある概念の意味はほかの概念との関係性に依存しているということをいったん受け容れると、概念は実際のところ、感覚的現実の構造よりもむしろ抽象的知識——ある特定の文化の成員に共有されている一般的な概念的知識——の構造を反映しているという反直観的な結論に導かれる。この考えに沿えば、私たちの概念的知識の多くは実際、物事の直接的な経験というよりもむしろ、物事に関して話されたり書かれたりする言葉から間接的に拾い集められたもの、ということになる——キャンベラは、たとえ一度も行ったことがなくても、オーストラリアの首都だということを私は知っている。

こうした考え方は、概念が「現実の」自存した「モノ」と直接的な一対一の関係性を有する、という習慣的な前提にはっきりと異議を唱える。何人かの認知科学者や哲学者は、この線の考えをさらにもっと深めてきた。彼らは、概念は主として——「現実」の構造を直接読み出したものというよりもむしろ——ある特定の文化の言葉の使い方を反映している、という大いに直観に反する結論に至っている。この驚くべき結論は、コンピュータを用いて子どもと大人が言葉の意味を学ぶ方法をシミュレーションした研究で得られた証拠によって強力に支持されている（Landauer & Dumais 1997）。それはまた、現代の最も偉大な哲学者たちの考え方とも一致する。たとえば、後期の著作である『哲学探究（*Philosophical Investigations*）』のなかで、ルートヴィヒ・ヴィトゲンシュタイン☆5は、「たいていの場合、ある語の意味とは、その語の使用である」と結論づけた。

概念と現実との間の関係性に関する習慣的な前提にともなう問題は、それが（第一章でみたように）ひどく役に立たないというだけでなく、それがまったく間違っているということだ。では、私たちの目標のために、どのように概念的な認識を取り扱ったりそれとかかわったりするのが一番よいのだろうか？

概念的な認識との関係性

概念的な思考と「現実」がどこかのある時点で切れてしまったのだと誰もがみて思う状況というのはある——かなり抑うつ的な人が、自分にはまったく価値がなく、自分のすることはすべて失敗だと思って話すときや、とても不安の強い人が、エレベーターが故障して中に閉じ込められると確信しているために、エレベーターを使うのを拒むときのように。私たちは一般的に、抑うつや不安を抱えた人のこうした類のネガティブな思考を「歪んでいる」——気分によって歪められている——とみなす。そして、かなりの数の研究がこの見方を支持している（Williams, Watts, MacLeod, & Mathews 1997）。正常な気分に戻れば、こうした歪みは減り、こうした人たちも私たちとほとんど同じように物事をみるようになると、私たちは推測するし、研究も確証している。

なお、私たちは、「私たち」が物事を実際の通りにみている、と暗に決めてかかっているが、瞑想の伝統、特に仏教は、この前提を否定する。そこで示唆されるのは、逆に、日常生活における概念と現実の素朴な一致それ自体が、歪みであり、苦しみの基本的な源泉である、ということである——だからこそ、こうした見方を深刻に受け止めるべき理由についてここまでみてきた。では、この「正常な」歪みはどのように扱うのが一番よいのだろうか？

経験に関する見方は、注意の向け方によって形づくられる——そして、第三章でみていくように、注意の向け

☆5　オーストリア出身の哲学者。

方は私たちの感情状態に強く影響される。不安や抑うつといった感情は、注意・知覚・記憶の「歪み」と関係していることを示す圧倒的な証拠がある。私は、同じようなことが探求心（SEEKING）という基本感情（欲しいものを獲得するために行為へと駆り立てる感情——次章の囲み3・3を参照）にも当てはまると思っている。特に、人間の場合、探求心という基本感情が心の形成において根本的な変化を促す、と私は考えている。つまり、それは、概念的な認識方法とその目標達成方略を稼働させ、注意の焦点を狭く偏ったものにし、特定の概念に基づいた世界の見方へと「運び込む」。そこは、対象・人・自己が特徴的で内在的な性質をもった、別々の、独立して存在する「モノ」だと思っている世界であり、観念が「現実」でそれの意味するものと同等だと思っている世界である。

クリストファー・チャブリスとダニエル・シモンズ[☆6]の古典的な研究（Simons & Chabris 1999）は、探求心という基本感情によって引き起こされる転換の一側面を、劇的に描いている。そこでは、私たちの心は目下の課題に直接関連する情報だけを「見て」、無関係の情報を積極的に抑圧する、といったように極端に注意が狭まる。実験参加者は、六人——白いシャツを着た三人と黒いシャツを着た三人——がバスケットボールのパス回しをしている短い映像を見るよう求められた。参加者の課題は、白いシャツの人たちのパスの回数を黙って数える、というものだった。ある時点で、パス回ししている真ん中に、ゴリラがふらっと入ってきて、カメラのほうを見て、胸を激しく叩き、その後去っていく、これが合計九秒間画面に映っていた。驚くべきことに、映像を見てパスを数えていた人の半分は、ゴリラを見落とした。パスを数えるという課題にもっぱら注意を向けている間、参加者は積極的に無関係な情報を抑圧し、半分の参加者にとっては、ゴリラが事実上見えなくなるほどであった。

探求心感情によって運び込まれる経験の世界——概念的な認識のレンズをとおしてみられる世界——に目を向ければ、イアン・マクギルクリスト（McGilchrist 2009）の「左半球の世界」に関する記述は、その本質をとらえるのに役立つ。

> 言語によって左半球は「オフライン」の世界となる。そこは、経験の世界と異なる概念的な世界であり、直

接の環境から遮断され、強烈な印象・感情・要求をともない、身体を離れて抽象化されている。具体的で特定的で個別的で反復的で常に変化しているものはもはや扱わず、抽象的で、時間と場所が特定されない中央に位置し、一般に適用可能で、明快かつ固定された、具体性のない世界の表象を扱う。物事をその文脈から人為的に孤立させることは、私たちが、現実をとらえて統制するために、その特定の側面やそれがどのように形づくられているかにひたすら集中できるようにする有利さをもたらす。

しかし、全体としては失うものもある。潜在的な領域にあるもの、あるいは、柔軟性に依存しているもの、集中したり固定したりできないものは、言語半球が関与している限り、存在することができない。[▼1] (McGilchrist 2009: 115)

世界を眺めるこうした方法は、目標を達成するための概念に基づいた方略の、きわめて有益な支えとなる。これまでみてきたように、この方略は、外的な世界の「客観的な」目標を達成するうえで大いに効果的であり、そこで私たちは、概念的な処理を定期的な「現実確認」に用いる。しかしそれは、主観的な感情世界に応用された場合、効果的とはほど遠い――そしてしばしば悲劇的に逆効果である。

私たちが求めるより大きな喜びや満足を見つけるために、別の種類の幸福や別の認識の方法に目を向けなければならない。先述したマクギルクリストの最後の段落は、私たちがみなければならない方向の手がかりを与えてくれる。第三章ではその手がかりを取り上げる。

☆6　いずれもアメリカの実験心理学者・認知科学者。

▼1　一方で異なる種類の注意や認識があることと他方で二つの異なる大脳半球があることを結びつけるという点で、マクギルクリストは、機能の素朴な左右分化については何も示唆していない。ただ彼は、「左半球の世界」と「右半球の世界」の両方とも、両半球の相互作用機能に依存していることを十分に認めている。

第三章　関連性の世界

『七つの習慣（*The 7 Habits of Highly Effective People*）』のなかで、スティーブン・R・コヴィー[☆1]（Covey 1989〔2013〕）は、ある日曜の朝のニューヨークの地下鉄で目撃した出来事について書いている。それは、平和でくつろいだ場面だった——突然、子どもたちを連れた男が車内に乗ってきて、雰囲気を一変させるまでは。その子どもたちは、叫び、ものを投げ、人が読んでいる新聞を引っ張った。その間、男はコヴィーの隣に座り、目を閉じ、子どもたちがしていることにまったく気づいていないようにみえた。少なくとも、男は子どもたちを止めようとしなかった。コヴィーのなかでイライラが募り、もはやがまんできなくなって、男のほうを向いた。これは「並はずれた忍耐と自制」と題して彼が書いているところの話だが、コヴィーは男に対して、子どもたちを制御するために何かするよう物申した。コヴィーは話を続ける。

その男は、まるで初めてその状況に気がついたかのように視線を上げ、やわらかくこう言いました。「ああ、あなたの言う通りです。何かすべきだと私も思います。私たちは今ちょうど病院から帰ってきたところ

☆1　アメリカの作家・経営コンサルタント。

で、そこで一時間ほど前に彼らの母親が亡くなりました。私は何を考えたらよいのかわからなくて、子どもたちもどうしたらよいのかわからないのだと思います」と。

私がそのときに感じたことを想像できますか？　私のパラダイムは突然転換しました。突然私は物事が違ってみえ、物事が違ってみえるがゆえに、違うように考え、違うように感じ、違うように行動しました。私のイライラは消えてなくなりました。自分の態度や行動を統制する心配の必要もありませんでした。私の心は、その男の感じている痛みでいっぱいでした。共感と慈悲の感情が勝手にあふれました。「あなたの奥さんがたった今亡くなられた？　ああ、気の毒に！　私に話してくれませんか？　何か私にできることはありますか？」すべてが一瞬のうちに変わりました。（Covey 1989〔2013〕: 30-31）

「私のパラダイムは突然転換しました」というコヴィーの言葉は、その日曜の朝の地下鉄の状況全体の劇的なとらえ直しをさしている。そのとらえ直しは、通底する全体論的直感的な意味における大規模な転換を映し出していた。この種の意味は、私たちが瞬間ごとに世界をみて理解する解釈用レンズを提供する。この話では、全体論的直感的な意味の転換が、知覚・思考・感情・行動における瞬間的な変化をもたらした。「突然私は物事が違ってみえ、物事が違ってみえるがゆえに、違うように考え、違うように感じ、違うように行動しました。私のイライラは消えてなくなりました」「すべてが一瞬のうちに変わりました」というように。全体論的直感的な意味は、直接かつ即座に感情や行為を統制するのである。

全体論的直感的な意味はまた、全体論的直感的な認識を下支えする。私たちの大半は、より顕在的な概念的認識方法に比べて、この潜在的な認識方法にあまりなじみがない。このなじみのなさはおそらく、私たちの大半が、全体論的直感的な認識によって与えられる根本的な変容の可能性を十分に理解（現実化）していないからだ。この種の認識は、マインドフルネスや内なる目覚めに、私たちの心を解放する力を授ける。それは、処理の結果ではなくむしろ、心の瞬間ごとの過程に基づいた、新しい種類の幸福の可能性を開く。そしてそれが、これから私たちがさらに探究していく最も重要な点である。

関連性と関係性：全体論的直感的な認識の基本的な側面

初期の人類に与えた非常に異なる機能と進化的な優位性を反映して、概念的な情報と全体論的直感的な情報はかなり違った基礎構造をもっている。

概念的な情報は、特定の課題をどうやって成し遂げるか——たとえば、石斧をどうやってつくるか——について考えたり話したりするための乗り物として進化した。概念的な情報の原子論的で直線的な構造は、この機能の役割をよく果たした。それは、分離した、別々の、はっきり理解されるさまざまな概念を提供した。その概念は、明確かつ正確に、広い範囲の意味を伝達するほぼ無限の配列のなかで再配置することが可能であった。

全体論的直感的な情報の役割はまったく違っていた。その主な機能は、あらゆる源泉から届く情報の全体的なパターンを検討することによって状況の重要性を評価することであった。そうした情報の構成——内部の関係性のパターン——は、その重要性を決めるうえできわめて大事である（囲み3・1）。こうした関係性のパターンを評価するためには、関連するあらゆる情報——文脈全体——を、同じ場所と同じ時間に集めて、すばやく統合しなければならない。全体論的直感的な情報のパターンは、それをするための方法を与える。つまりそれは、一つの統合された全体における関係性を反映している、ということである。私たちが瞬間ごとに世界の感覚をつくり出す、より広い解釈用レンズを与えてくれるのである。

概念的な情報の背景にある原子論的な構造と対照的に、全体論的直感的な情報は——そう、まさに——全体論的な構造をもっている。全体論的な表象——ゲシュタルト（gestalt）——は、その名前を冠する二十世紀初期の心理学派の中核であった。ゲシュタルト心理学者が図3・1にあるような視覚的なパターンを使って例示したの

囲み３・１　重要性は構成に依存する

無秩序に配置された４つの要素からなる情報があると想像してもらいたい。

現状では，それらは重要性や含意性という点でたいしたことを伝えていない。

しかし，これらと同じ４つの要素（部分）を異なるパターンに配置すると，異なる構成（全体）が異なる含意性や重要性をもちうることが即座にわかる。

新生児でさえも，右のもののような「意味の」ない構成よりも――左のもののような――顔に似た構成のほうを長い時間注視する（Goren, Sarty, & Wu 1975）。

単一の視覚要素（部分）の向きを変えることで，情報の全体的なパターンの重要性が根本的に変わりうる。

同じ４つの基本要素は，関係性のパターンによって，幸福な顔も，不幸な顔も表象するし，明確な重要性をもたないこともある。

情報の重要性は，要素単独というよりも，要素間の関係性に大きく左右される。全体は，部分の総和とは異なる新しい性質をもつ。

は、私たちの心が、何かの全体性――その要素のすべてと要素間の関係性――を、少しずつ段階ごとにではなく、一つの切れ目のない動きのなかで把握する様子であった。その把握の結果は、部分の集合というよりはむしろ、包括的な全体である。

あなたがもしこの絵を以前に見たことがなければ、これに関する文章へと読み進む前に、それを凝視してみてほしい。

絵のなかの黒と白の斑点の配列は最初、何だかほとんどわからないかもしれない（もしまだわからなければ、目を細めてみると役に立つかもしれない）。しかし、見ているものについてまとまりのある解

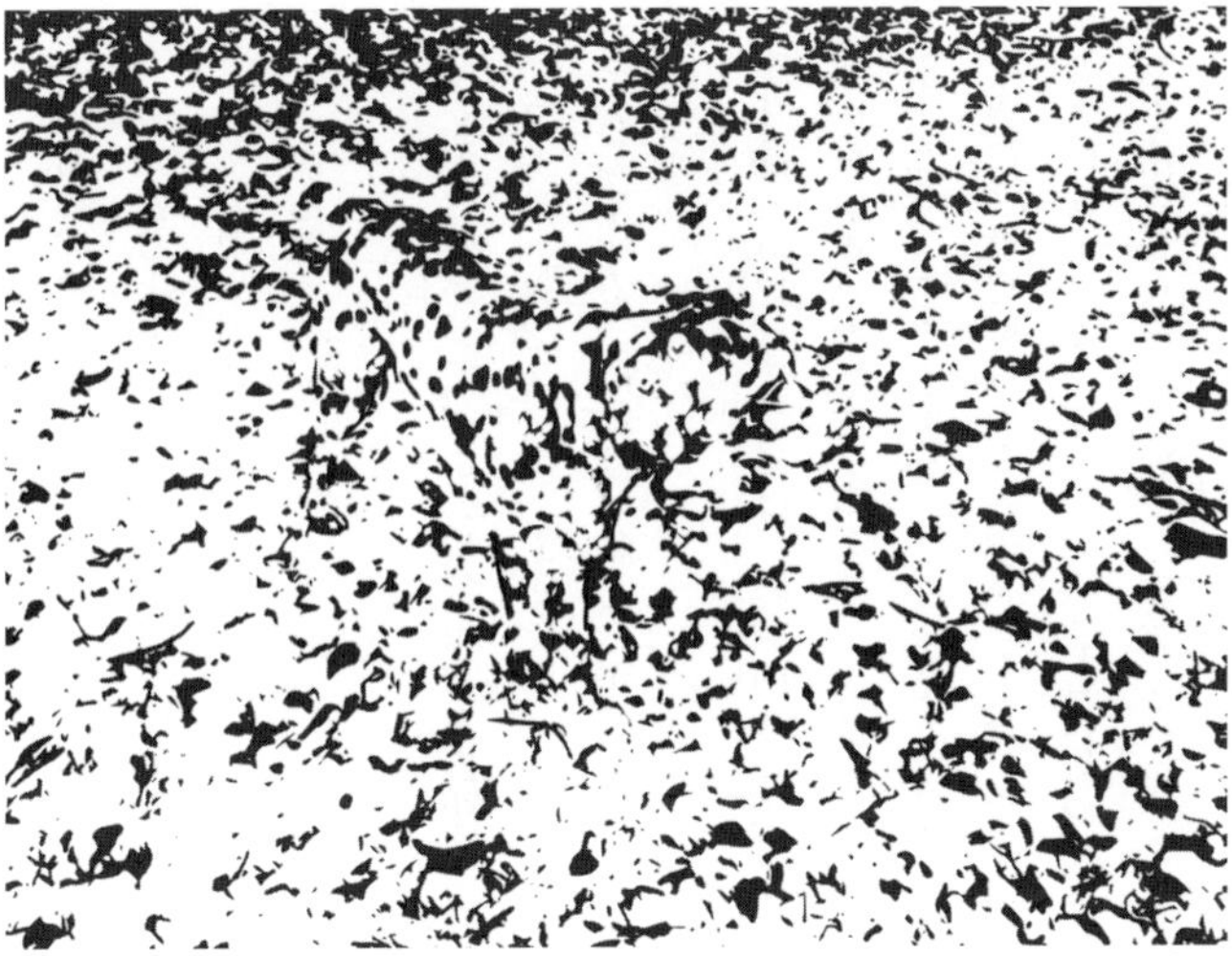

図3・1　あるゲシュタルトのパターン

釈に至ると、あなたの心は突然に統一された全体をつくり出す。つまり、唐突にあなたは、落ち葉を背景にした斑点の犬という統合された場面を見るのである。最初は、足も、それから脚も頭も見えなかったが、最後にはそれらすべてが一緒になって、一つのまとまった絵となる。心は、一発でまとまった全体をつくり出す。全体をつくるこの能力は、ここで視覚について例示したが、ほかの種類の情報にも拡張される。つまり、全体論的直感的な意味というのは、さまざまなあらゆる種類の情報からの寄与を一つに束ねた、まとまった全体を反映しているのだ。全体論的直感的な認識や意味のこうした特徴は、私たちに一体感を抱かせる力をそのまとまった全体に与える。分離が概念的情報の基本的な特色である一方、関連性・関係性・一体性が全体論的直感的な情報の基礎となる特徴なのである。

質的な差

私はあなたに、ジョン・キーツ[☆2]の詩『美しいけれど無慈悲な乙女（*La Belle Dame Sans Merci*）』の冒頭部分を（できれば声に出して）読むことをすすめる（Barnard 1988: 334）。

おお、鎧の騎士よ、どうしたというのか、
ただひとり、顔蒼ざめてさまようとは。
管は枯れて湖から消え、
鳥も啼かない。☆3

多くの人にとって、この数行は、もの悲しさ・虚しさ・自暴自棄といった感覚が直接的直感的に伝わってくる。このフェルトセンス（felt sense）は、詩を読んだときに生み出される全体論的直感的な意味が処理されていることを表している。それは、私たちが実際にそのような状況にいたら経験する感情を、控えめで限られた形で反映している。

全体論的直感的な認識は、経験的な認識方法である。つまり私たちは、潜在的な感覚もしくは感情の直接かつ即座の経験をとおして、そうした意味を「知る」。その経験は、顕在的概念的な認識の、純粋に認知的現実的に「事実を知ること（命題知）」とはかなり異なる。

丁寧に注意を向けることで私たちは、あらゆる経験は、感情のトーンとして経験する基本レベルの全体論的直感的な意味を引き起こす、ということに気づくようになる。その感情のトーンとは、「快」か「不快」もしくは「快でも不快でもない」といった感覚である。▼1 こうした感情は、私たちが遭遇する状況や経験についての最小限の瞬間ごとの統合的評価を、絶えず読み出しているものである。この評価によって私たちは、とりうるべき基本的な方向性を即座に導き出している。すなわち、「接近」か「回避」もしくは「接近も回避も必要ない」か、である。

この基本レベルに加えて、フェルトセンスはより繊細で微妙な潜在的意味を伝える。自信の感覚は、物事がうまくいく可能性を暗示する意味処理を反映している。不安の感覚は、脅威の可能性を示唆する意味処理を反映している。一体性や一如性の感覚は、心のなかの統一性を示す意味処理を表している。

全体論的直感的な意味と概念的な意味は、質的に異なる。つまり、一方を他方に還元することはできない。私たちは『美しいけれど無慈悲な乙女』の冒頭部分を――「その男は悲しさと孤独を感じていた」のように――一つの概念的な意味で表現しようとするかもしれないが、その効果は詩とかなり異なる。同様に、ゲシュタルト心理学者たちがかつて強調したように、全体は部分の総和とは（たんにより大きいのではなく）別物である。すなわち、詩のもつ高次の全体論的直感的な意味は、別の言葉で表現される、似たような概念的意味の配列に還元することはできないのだ。このことは、キーツの詩の「翻訳」である次の散文で痛いほどはっきりする。それは、行ごとに同じ概念的意味を保ってはいるが、同じまとまった全体をつくり出すために意味を一つに束ねることに失敗している。

どうかしたのか、武装した古めかしい兵士よ、
ひとりでたたずんで、青白い顔をして何もしないで。
葦のような植物が湖のそばで腐敗していて、
また、鳴いている鳥もいない。

もの悲しさや自暴自棄という話以前に、この散文バージョンは、やや変だが事実には即したトーンであること

☆2　イギリスのロマン主義詩人。
☆3　『キーツ詩集』（中村健二訳、岩波書店、二〇一六年）より。
▼1　マインドフルネスを養うブッダの最初の教示である念処経（Satipaṭṭhāna Sutta）では（Anālayo 2003）、丸々一節、受（Vedanā）として知られるこうした感情のトーンへの気づきについて書かれている。

以外に、フェルトセンスという意味で多くのものを伝え損ねている。二つのバージョンの純然たる違いは、全体論的直感的な意味と概念的な意味が質的に異なる、すなわち異質である、という点を明確に示している。

　私たちは、概念的な意味の記述のようなものを、実際に通底する全体論的直感的な意味が何かを表現するための記号として、しばしば用いる。これは、ある状況ではうまくいく——が、それはまた深い混乱も生む。スピリチュアルな伝統や宗教的な伝統の教えは、この面で特に弱いようだ。概念的な（文字通りの）意味と全体論的直感的な（比喩的な）意味の間の根本的な違いを理解し損ねることが、大きな誤解や衝突をもたらしてきた。

　イドリース・シャー[☆4]（Shah 1974: 122）は、イスラム神秘主義の導師ウワイスと一人の弟子との間のやりとりにおける、こうした混乱についての比較的害のない例を記している。弟子が「ご気分はいかがですか?」と尋ねると、ウワイスは「午前中に起きて午後に自分が死ぬかどうかわからない者みたいだ」と答えた。困惑した弟子は、ウワイスの答えをその文字通りの概念的な意味で理解し、「しかし、それはすべての者に当てはまります」と答えた。ウワイスの答え——「その通り。だが、そのうちどのくらいの者がそれを感じている?」——は、彼の意図する、より深い全体論的直感的な意味の経験的な性質をさし示している。私たちの限りある儚き命への気づきを具現化している——「骨の髄から」感じられる——全体論的直感的な意味は、私たちが自分の命の貴重な一瞬一瞬をいかに生きるかを変容させる。しかし、いつか死ぬかもしれないという「冷たい」事実に関する認識は、変容させたり救ったりする力はほとんどない。

身体化された認識

　全体論的直感的な認識と概念的な認識は、感覚経験との関係性において大きく異なる。全体論的直感的な認識の場合、経験の純粋な感覚的側面——特に私たちの身体の状態——は、生み出される全体論的直感的な意味に直接影響しうる。対照的に、概念的な認識の場合、感覚的な源泉は、概念的な意味への直接的な影響がほとんどない。

英語では、ある文の単語の話し方が、伝達される概念的な意味に影響することはない。「その斧を取って」という言葉を大声で言ってもやさしく言っても、速く言ってもゆっくり言っても、なめらかに言ってもぎこちなく言っても、同じ概念的な意味が伝わる。これが、広範囲の多様な状況において課題関連情報を確実に伝達する方法としての、概念的意味の強さの一つである。

全体論的直感的な意味では、状況はかなり異なる。声のトーンは、それだけで強力な潜在的意味を伝達することができる。たとえば、違った声のトーンで「座りなさい」という言葉を話すことで伝えることのできるさまざまな意味をすべて考えてみてほしい。また、詩の効果はしばしば、使われる言葉の実際の音、韻律、調子に左右される。巧妙な実験のなかで（Hevner 1937）[☆5]、『美しいけれど無慈悲な乙女』のような詩の音節がすべて、もはやいかなる概念的な意味も伝えないほど、ごちゃごちゃに配置された。その後、言葉は、もともとの詩と同じ調子と韻律で読まれた――すると詩は、言葉の音だけに基づいて、同じようなフェルトセンスを伝達し続けたのである。

全体論的直感的な意味の進化的な起源（次節を参照）を反映して、あらゆる形式の感覚情報はこの種の意味に深い影響をもたらしうる。身体情報の影響は、その目的と特に関係がある。

私たちは、ある状況について「直感（gut feeling）」を抱くだとか、「心のなかで（in our heart）」何かがわかるだとかを普段口にするけれども、私たちの大半は、身体の状態が意味の形成に大きく影響することに気づいていない。アントニオ・ダマシオ[☆6]は、彼の著書『デカルトの誤り（*Descartes' Error*）』のなかで、この見過ごしを正そうとし

☆4　アフガニスタンの作家・思想家。

☆5　Hevner, K. (1937). An experimental study of the affective value of sounds in poetry. *The American Journal of Psychology*, 49 (3), 419–434.

た。彼のソマティック・マーカー仮説（somatic marker hypothesis）は、身体からの情報が複雑な決定や判断において果たす中心的な役割に光を当てた。意思決定過程で身体情報の統合に関与している脳の部位を損傷した人にはしばしば、金銭を管理したり重要な人間関係を維持したりする能力に深刻な障害が現れる。

また今では、身体の物理的状態が私たちの誰もが経験を解釈する仕方に影響することを示す、圧倒的な証拠がある（たとえば、Laird & Lacasse 2014）。たとえば、フリッツ・ストラックら[☆7]（Strack, Martin, & Stepper 1988）の古典的な研究では、笑っている表情に（知らず知らずに）なるような形で口にペンをくわえるよう言われた参加者は、笑っていない表情に（同じく知らないうちに）なるような形でペンをくわえるよう言われた参加者よりも、漫画をおもしろいと評価した（その後の研究でこの知見を追試できないという批判がなされたが、実のところは「追試」研究がもともとの手続きを正確にたどっていないからだということがわかっている。正確にたどれば、もともとの知見は追試されている［Noah, Schul, & Mayo 2018］）。別の研究では、ジョギングのときに使うヘッドフォンを評価するよう言われた参加者は、首を左右に振っているとき（否定的な身振り）よりも、首を上下に振っているとき（肯定的な身振り）のほうが、ヘッドフォンをポジティブに評価した（Wells & Petty 1980）。身体の状態が判断や知覚に及ぼすこうした影響は、全体論的直感的な意味の生成に対して感覚情報が寄与していることを示している。こうした影響は大部分、意識的な気づきの外で作用する（Schwarz & Clore［1983］と比較せよ）。身体のマインドフルネスにおける訓練では（第六章）、こうした無意識的なバイアスを低減させる方法を提供する。そうして身体的な感覚に意識的に気づくようになるにつれて、私たちの心はそれを知ることができ、出来事の判断や解釈に与える影響を変容させることができるようになる。

全体論的直感的な意味の進化的な起源

概念的な認識と同じように、進化的な歴史を手短にみておくことは、全体論的直感的な意味や認識の性質をよりよく理解する手助けとなりうる。それはまた、この認識方法における純粋な感覚情報の重要性を浮き彫りにするだろう。

進化の面からいえば、心の主な機能は、行為のための情報の重要度を評価することである。たとえば、「この音は、近づいてくる捕食者の足音か?」「この果物は食べても大丈夫か?」「私の子は今、私の世話や保護を必要としているか?」などである。こうした評価を受け、続けて私たちの心は適切な反応を準備することができる。

人間と違って、それ以外の動物は概念的な認識方法を利用できない。これが意味することは、状況の重要性を評価する際に、私たちの祖先は感覚情報のパターンを全面的にあてにしなければならなかった、ということである。つまり、聴覚・視覚・嗅覚・触覚・味覚、そして身体感覚である。そうするなかで、祖先たちの心は、こうしたさまざまな種類の各情報のなかに重要なパターンを検出するばかりでなく、重要なのは、異なる感覚をまたぐ関係性のパターンをも検出したのである。こうしたマルチモーダルなパターンを理解する能力は、動物たちが直面する常に変化し続ける状況の重要性を評価する能力を大いに高めた。

☆6　アメリカの神経科学者。
☆7　ドイツの社会心理学者。

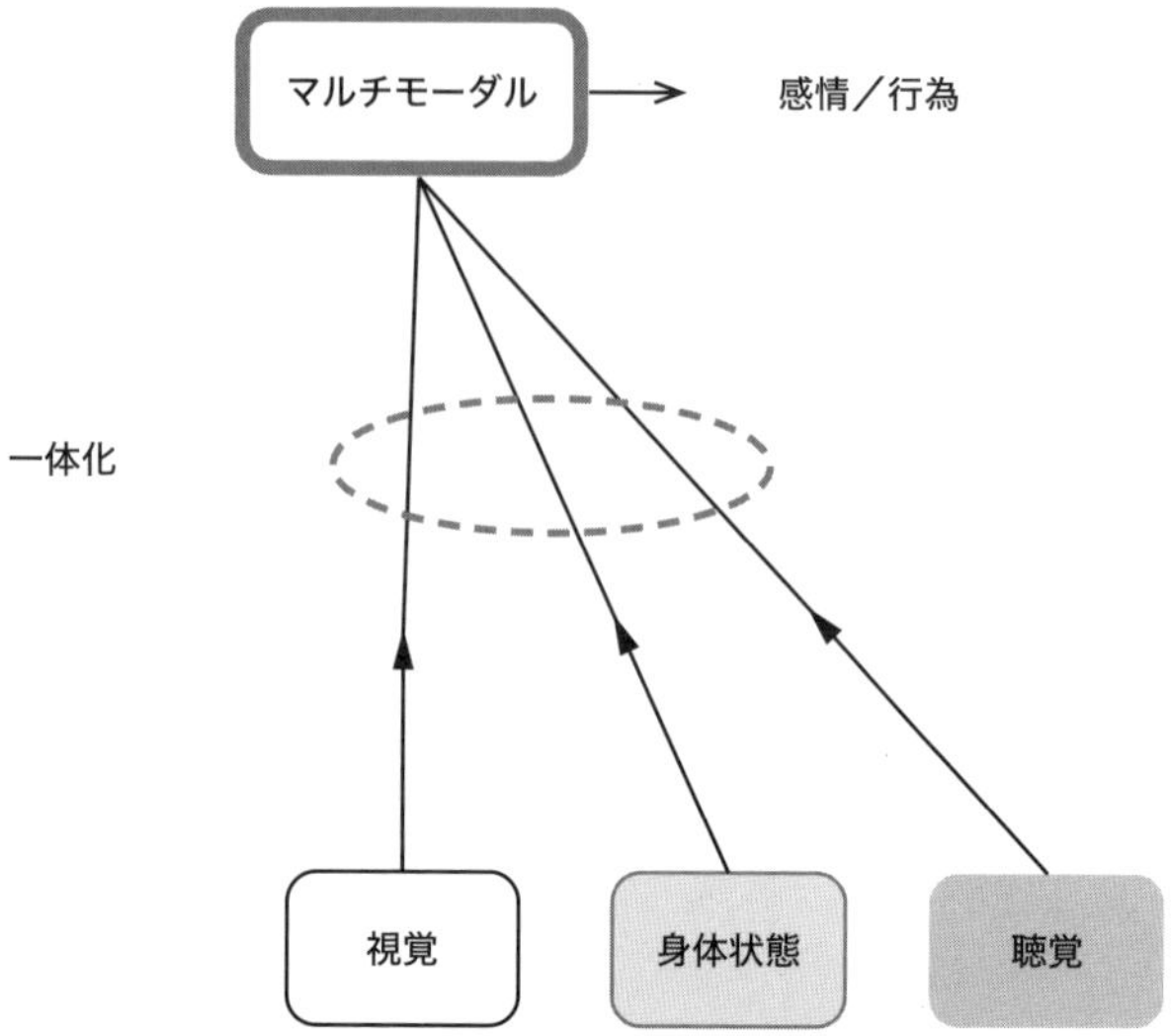

図3・2　単純な哺乳類の心に関するICSの見方

マルチモーダルな処理

アフリカのサバンナで餌を食べているシマウマは、ライオンやほかの捕食者による潜在的な攻撃の兆候を常に警戒していなければならない。一方で、潜在的な脅威に対するすべての気配に反応することは、貴重な時間とエネルギーの浪費となる。もしそのシマウマの心が、異なる感覚モダリティ――聴覚・視覚・嗅覚・触覚・味覚・身体感覚――をまたいで潜在的な危険の兆しを統合することができれば、一つのモダリティだけに頼る場合よりも、状況のよりよい全体的評価を行うことができる。もしすべてのモダリティが潜在的な危険を警告していたら、心はそのシマウマに、脅威のさらなる兆しに対して即座に反応するよう準備させることができる。

こうした統合的でクロスモーダルな評価をするために、心は、異なる感覚からの兆しをすべて表現し結びつけることのできる「共通言語」を見つけなければならない。図3・2は、これがどのように起こるかに関するICSの視点の概要を描いたものである。図は四つの異なる処理サブシステムを示していて、それぞれは、異なる種類の情報を操作することに特化している。三つの感覚系サブシステムは、感覚器官から直接届く情報を処理する。すなわち、目（視覚系サブシステム）と、耳（聴覚系サブシステム）と、鼻・舌・皮膚および身体内部の受容器官（身体状態系サブシステム）である。第四のマルチモーダルなサブシステムは、感覚情報のこうした異なるパターン間の関係性を反映したより高次の情報を処理する。マルチモーダルな情報は、瞬間ごとに受け取られる情報すべての重要性の統合的な評価となる。たとえば、聴覚・視覚・嗅覚すべてが同時に危険を暗示している場合、それらの重要性は、生命に対する差し迫った脅威を示すマルチモーダルな情報のなかに反映される。

情報のマルチモーダルな形式はきわめて重要である――しかし、それが何を表しているのかを述べることは必ずしも容易ではない。私はこの点を簡単な実験で説明することができる。六一ページの上にある線の絵を見て、どちらの形が*Takete*という音と合っていて、どちらの形が*Ulumoo*という音と合っているか、読み進む前に選んでみよう。

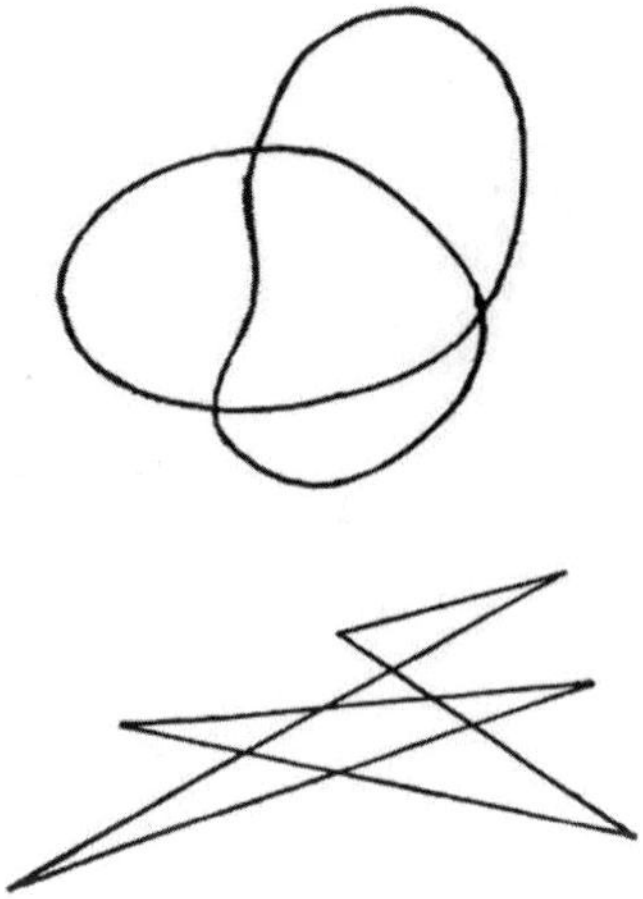

世界中の大人も子どもも一貫して、*Takete*をギザギザの形と、*Ulumoo*をなめらかな形と組み合わせる（Davis 1961）――しかも、かなり素早く容易に。

私たちの心は、視覚と聴覚のパターンを共通のマルチモーダルな「言語」に翻訳することによってこうした判断を行う。つまり、翻訳したあと、共通言語におけるパターンが類似しているか類似していないかを判断する。私たちの心は、これを迅速にかつ難なく行うことができる。しかし私たちの大半は、二つの非常に異なる感覚モダリティにおけるパターンが厳密にどの

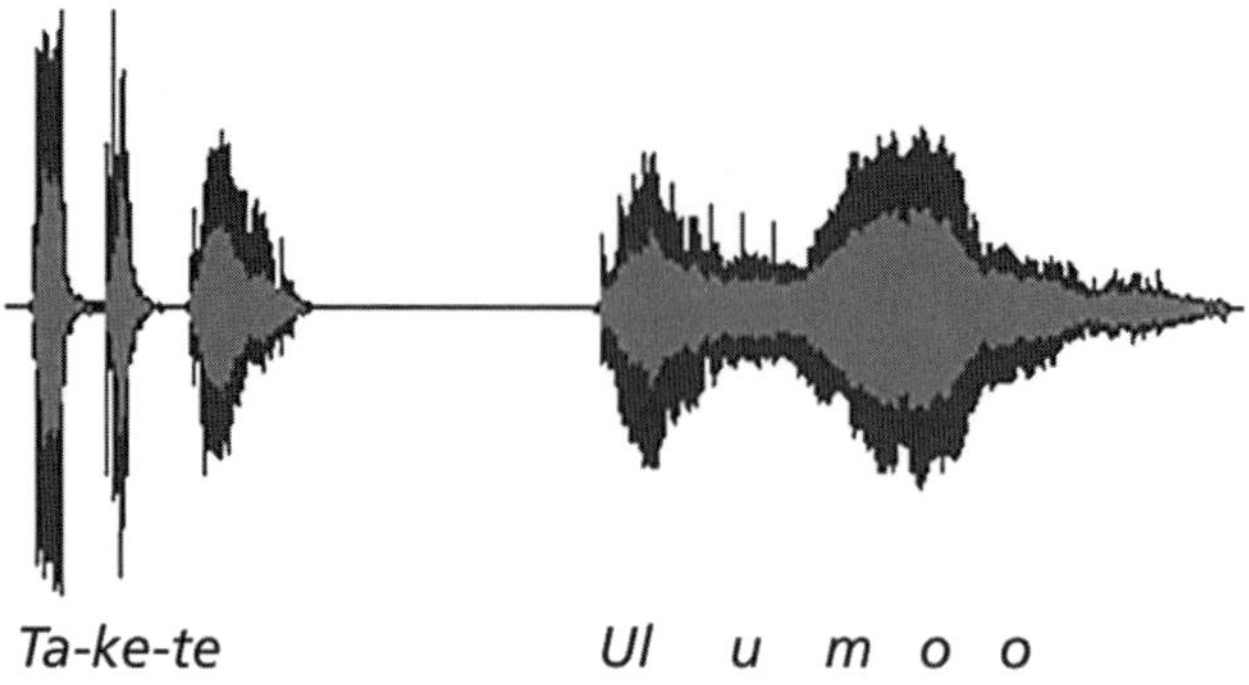

ように似ているのかあるいは似ていないのか、を言葉にするのに苦労する。

音を形に変えれば、事態がよりはっきりする。上のパターンは、音の大きさを経時的に図示するコンピュータプログラムに私が *Takete* と *Ulumoo* と声に出して入力したときに起こったことを示している（波形の高さは音の大きさに等しく、時間は左から右へと動く）。

Takete の形は急に変化していて、ちょうどギザギザの線の図のようである。対照的に、*Ulumoo* の形はよりなめらかでゆっくり変化していて、ちょうどなめらかな丸い線の形のようだ。*Takete* の音の大きさの時間的な変化率と、ギザギザの形の大きさの空間的な変化率は両方とも、*Ulumoo* となめらかな丸い形それぞれの変化率よりも高い。

変化率は、識別可能なマルチモーダルな次元を提供する。この次元に沿って、これらの非常に異なる情報のパターンを整理し比較することができる。この次元は、明らかに生存に関連している。すなわち、視覚・聴覚・嗅覚に関連する情報のパターンがすべて同時に急激に変化したら、それは生命に対する差し迫った脅威に関する警告である可能性が高い。このため、哺乳類の脳の神経ネットワークは、こうしたマルチモーダルな次元を見つけるのによくできている。

マルチモーダルな次元は、感覚的な情報パターンの間の関係性を反映している。マルチモーダル情報それ自体の間の関係性は、心的モデルに反映される。心的モデルは、心に状況の重要性を評価させる、という点において重要な役割を果たす。つまり、心的モデルは、全体論的直感的な認識を支え、さらに、マインドフルネスと内なる目覚めを理解することと中心的なかかわりをもっている。

心的モデル

ラットのような比較的単純な哺乳類でさえ、特定の状況で次に何が起こるかを予測しているようにみえる。ラットが実験用迷路の端に常に餌を見つけるようになったうえで、ある日、餌がなかったとき、ラットはある特徴的なパターンの動揺行動を示す。ラットはまるで、餌がそこにあるだろうという期待をもっていて、その動揺ぶりはその期待が満たされなかったことに対する反応であるかのように振る舞う。同様に、パブロフの有名な実験の犬は、餌が運ばれてくる前にベルの音をくり返し聴くことで、ベルを餌の到着を予測する信号とみなすようになり、ベルの音だけでよだれを出した。

長年、行動のこうした変化は、条件づけの過程によって刺激と反応の間に構築される単純な連合的結びつきという観点で理解されていた。近年の研究はこうした見方に疑問を呈している。昨今、心理学者は、動物は環境の予測的因果的構造を学習している、と語る（たとえば、Dickinson 1980）。別の言い方をすれば、動物は外的世界に関する内的モデルをつくっている。人間も同じことをしている。このモデリングの過程の基礎となる基本的な神経メカニズムは、計算論的神経科学によって現在取り組まれている点である（Friston, Stephan, Montague, & Dolan 2014）。

計算モデルによって気象学者が現在の天候状態から未来の天候状態を予測することができるのと同じように、心的モデルによって心は、ある特定の状況において次に起こる可能性のあることを予測することができる。このような準備能力は、大きな進化的優位性を与える。準備できている動物は、準備できていない動物よりも、状況から生き残ったり利益を得たりする可能性がより高い。こうした理由から、心的モデルをつくり出す能力は、私た

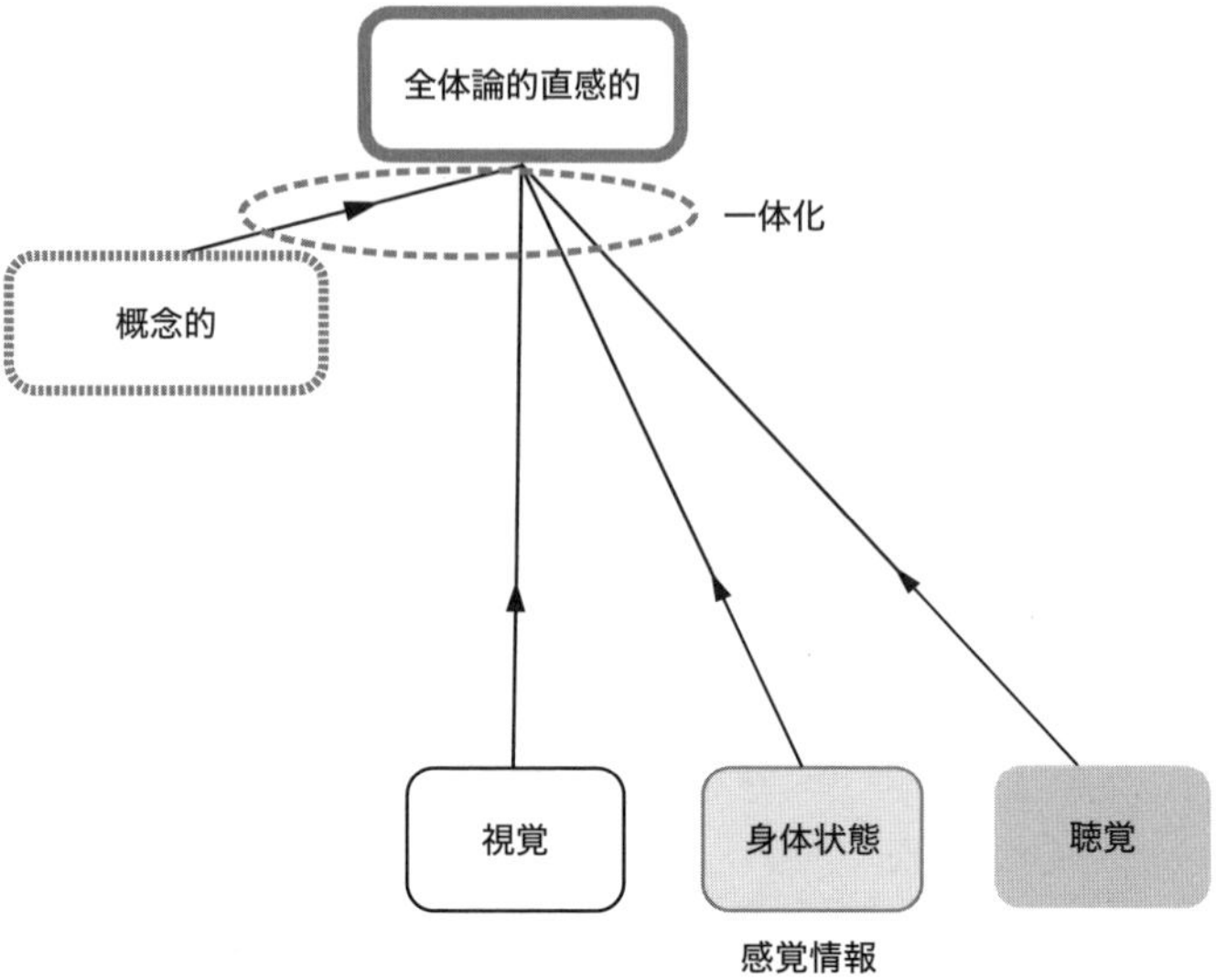

図3・3　全体論的直感的意味は，感覚的な情報パターンと概念的な情報パターンを統合する。

ちを含む哺乳類の心のなかに深く組み込まれてきた。

心的モデルは、私たちの内的世界と外的世界の構造を反映している。何が何をともなうか、何が何に続くか、などである。それは、私たちが世界を理解する解釈用レンズを提供する。そして、私たちがみている世界に私たちがどう反応するかを決定する。心的モデルは、経験が広がるたびに次々と更新される。

全体論的直感的な認識

人の全体論的直感的な認識方法は、より単純な哺乳類の行為や感情を統制するマルチモーダルな情報の、直系の子孫である。

しかし、人類と単純な哺乳類との間には決定的な違いがある。それは、全体論的直感的な意味が、感覚的な情報のパターンと概念的な情報のパターンの両方を反映している点である。全体論的直感的な意味をつくり出す一体化は、これら二つの非常に異なる源泉から寄せられる情報を統合する(図3・3)。

概念的な寄与は、つくり出される表象の種類を根本から変える。それによって、全体論的直感的な意味は、新しい種類の高次の潜在的認識の基礎をつくることができる。純粋な感覚情報のパターン(たとえば、言葉の話し方だとか、表情・姿勢・身体状態と関連した感覚だとかを反映しているもの)は引き続き、この新しい全体論的な認識方法に重要な寄与を果たす。このため、言葉の実際の音が詩の意味の大部分にとって非常に重要なのであり、身体感覚が直感的な判断に重要な役割を果たすのである。

全体論的直感的な心的モデルは個人の実際の経験の構造を反映しているが、それは過去の経験に依存しているために一人ひとり異なるだろう。一方、概念的な認識は、抽象的知識の構造を反映している(第二章)。この種の知識は共通資源であり、ある特定の共同体のすべての成員に共有されている。それは、間接的代理的にも(たとえば、辞典・本・伝聞から)獲得されうるので、必ずしも直接経験を必要としない。

私たちは、本から新しい知識を獲得するだけで、概念的な意味を変えることができる。しかし、もしその新しい知識を用いて全体論的直感的モデルを変えたいと思えば、その新しい概念的知識をリアルタイムの経験のいくつかの側面と統合しなければならない。私たちの二つの認識方法がこのように基本的に違うということには、生活を変容させるためにどのように着手するといいかについての深い含意がある。たとえば、苦しみの原因についてたんに本を読んだだけでは、実際に経験している苦しみに対してほんのわずかな効果しかないのはなぜなのか、を理解する手助けとなる。対照的に、その同じ概念的知識をマインドフルネスの実践における全体論的直感的な心的モデルに組み込めば、強い変容力をもつことができる(これについては、第七章で検討する)。

全体論的直感的な認識は、概念的な認識方法の顕在的な性質と対照をなす、潜在的な性質をもっている。*Takete* と *Ulumoo* のエクササイズでみたように、マルチモーダルな表象が実際のところ何を表しているのかを明確に述べるのはむずかしいことが多い。全体論的直感的な意味について、私たちは何か知っていることは知っているが、知っていることが何なのかを口に出して言うことはむずかしい。このことは、私たちがこれから探究する内なる経

囲み3・2　パンクセップの基本感情システム

すべての哺乳類に共通する7つの基本感情システムは，感情と行為を統制する。

探求心（SEEKING）	恐怖（FEAR）	慈しみ（CARE）	楽しみ（PLAY）
憤怒（RAGE）	欲望（LUST）	恐慌／悲嘆（PANIC/GRIEF）	

験の領域では特にそうである。たとえば、ウィリアム・ジェームズ[☆8]（James 1902/1982: 380）は、宗教的な神秘体験の主な特徴の一つとして表現不可能性——言葉で述べることができないこと——を指摘した。昨今の分析から、内なる目覚めの経験を述べようとするのが困難なのは、経験がぼんやりとして儚いからではなく、むしろ、それが経験を支えている全体論的直感的な認識の内在的な特徴なのだ、ということが示唆されている。

全体論的直感的な心的モデルは、概念や観念に対する別の認識方法を提供する。それはまた、概念的な認識の目標志向的な方略よりも直接的に適切な行為へと至るアプローチも提供する。

心的モデルと行為

より単純な動物では、概念的な認識方法がなくとも、心的モデルが、関連する基本感情システムを駆動することによって、直接かつ即座に適切な反応を引き起こす。

◆基本感情システム

私たちは、本質的には同様の基本的な感情装置を、ほかのすべての哺乳類と共有している。それは基本感情システムであり、脳の深い部位に由来している。晩年のジャーク・パンクセップ[☆9]は、七つのそうしたシステムを同定した（Panksepp & Biven 2012）。

囲み3・3　探求心という基本感情システム

このシステムによって「動物は，生存に必要な資源を探し，発見し，獲得することができる。この**探求心**システムの活性化はあらゆる種類の接近行動を生み出すが，それはまた，ある特別なやり方でいい気分にさせる。おいしい食事をするときに経験する喜びや，その後に感じる満足のような類ではない。それはむしろ，おいしい食事をすることを楽しみにしているときに生じる興奮と多幸感をともなう期待，セックスの期待，探索のスリルをもたらす。野生の動物は，食料を狩るか探し回り，水を求め，風雨を避ける巣をつくるために枝を見つけたり穴を掘ったりしなければならない。**探求心**システムは，子を育み，性的なパートナーを求め，社会的な共同体のなかでは，性的ではない仲間・友・同盟を見つけるよう駆り立てる」（Panksepp & Biven 2012: 95, 101）。

それらは囲み3・2に載せてある。

私たちはすでに，第一章でそれらの基本感情システムの一つ（恐慌／悲嘆システム）について手短に触れた。そこで私が示唆したのは，この基本感情は，ある特定の自己でありたいまたはそうなりたいという強迫的な欲求や，そうした目標を達成しようとする追求によって生み出される苦しみと密につながっている，ということだ。こうした追求の強迫的な性質は，社会的な分離や拒絶の恐怖を反映していて，恐慌／悲嘆システムとして私たちの心に生まれつき備わっている。

◆道具的な基本感情と非道具的な基本感情

私たちは，基本感情を異なる二種類にざっくりと分けることができる。それは，道具的か非道具的か，である（Kabat-Zinn［2005］もまた，道具的な瞑想と非道具的な瞑想を対比させている）。道具的な感情は，即効性のある生物学的な結果をともなう行為――欲しいものを手に入れたり，欲しくないものを避けたり捨てたりすること――に焦点を当てている。探求心（囲み3・3）は主要な道具的基本感情であり，潜在的な脅威からの逃避や回避を動機づける恐怖（FEAR）という基本

☆8　アメリカの哲学者・心理学者。
☆9　アメリカの感情神経科学者。

感情に組み入れられることが多い。

一方、非道具的な基本感情は、このような短期的な結果を達成することに焦点化されていない。より長期的な生物学的結果をもたらす資源を築くことと関係している。たとえば、慈しみ（CARE）は、しばしば無力な哺乳類の子どもの生存にとって重要な、養育者と子どもの絆の構築を助ける。また、楽しみ（PLAY）は、のちの人生で文字通り命拾いするかもしれない知覚運動技能を構築する行為や方略を、探究したりくり返したりすることを動機づける。

基本感情と行為

総じて、基本感情システムは、より単純な哺乳類が、遭遇する重大な困難の大半に効果的に反応できるようにするものである。このシステムが駆動すると、現状に対する適切な動機づけや行為傾向を活性化させる。すなわち、空腹のときは食物を探し（探求心）、子にあたたかさや栄養を与え（慈しみ）、同胞としっちゃかめっちゃかな遊びに明け暮れ（楽しみ）、潜在的に危険な状況から素早く脱出する（恐怖）、などである。

人間は、状況に対して素早く適切に反応するのに見合った能力を備えている。つまり、心的モデルのなかで具体化される全体論的直感的な意味によって行為が引き起こされる、ということだ。本章のはじめに示した地下鉄の話のなかでコヴィーは、妻に先立たれた夫がその妻の死を打ち明けたときに起きた、劇的な「パラダイムの転換」（全体論的な心的モデルの変化）について述べた。その転換は、即座の、適切で、自然な反応を引き起こした。すなわち、「自分の態度や行動を統制する心配の必要もありませんでした。私の心は、その男の感じている痛みでいっぱいでした。共感と慈悲の感情が勝手にあふれました」というものである。コヴィーの瞬間的な、努力を要しない反応は、より単純な哺乳類の基本感情による行為の直接的な統制を反映している。ここでは、（概念的で

囲み3・4　ある記憶[2]

全体論的直感的な認識によって統制されている行為と概念的な認識によって統制されている行為との違いは，数年前に治療したある患者のことを思い起こさせる。彼女は非常に重篤な強迫性障害を患っていて，仕事はできず，一日の多くの時間を強迫的な儀式に縛られて過ごしていた。何か別の種類の行為をしなければならないとなると，彼女は人に害を及ぼしてしまうという恐怖から逡巡・葛藤して動けなくなってしまった。たとえば，勇気を振り絞って車を運転しようとすると，彼女は，自転車に乗っている人や歩行者が通り過ぎるたびにけがを負わせていないかを確認するために，バックミラーを見ずにはいられない気持ちに駆られた。そしてさらに彼女は，最初に確認したときに自分が車を制御し損ねてその人たちをひいてしまってはいなかったと確信するために，再び確認しなければならなかった。他者を傷つけてしまうかもしれない自己であることをいかに避けるか，また同時に，いかにして別の自己指針に従うことを避けるかを（概念的に）遂行するのに苦心していたため，あらゆる行為に葛藤と逡巡の苦痛がともなっていた。

その後，ある日のこと，彼女は（明らかに誰かによって引き起こされた）本当の交通事故の現場に出くわした。即座に彼女は，いっさい恐れたりためらったりせず，自然な行為に素早く移り，状況を統制し，すべきことを正確に理解し，現場にいたほかのすべての人の行為をとりまとめた。彼女は，自分がこのように行為することを知って驚くとともに喜びを感じた。しかし，悲しいことに，そして深い後悔と失望とともに，行為することの恐怖と麻痺は事故というドラマが終わるとすぐに戻ってきた。彼女の普段のあり方と現実の危機での振る舞い方の間の対比は，桁はずれであった。

この患者の人生における，概念的に統制され，恐怖に駆られ，葛藤を抱えた行為との赤裸々な対比から，現実に必要なときの自然で統一された彼女の行為は，妻に先立たれた夫へのコヴィーの反応のように，全体論的に統制された行動の潜在的な力を見事に説明している。

▶2　この報告の重要な特徴は，匿名性を保つために改変してある。

目標志向的な方略として）何をすべきか，一つひとつ段階ごとに，立ち止まって解を出す必要はない。心的モデルが適切な反応を即座に引き起こす。この種の統合された自然な行為は，概念的に統制された目標志向的な行為のより熟慮的で計画的な性質とは，非常に異なる性質をもっている。「自分の態度や行動を統制する心配の必要もありませんでした」とコヴィーがいうようなものである。彼の行為は，慈しみという基本感情システムによって引き起こされた慈悲から直接あふれ出てきた。

囲み3・4は，行為を統制する仕方として，概念的に駆動されたものと全体論的直感的なものとの間でしばしばみられる劇的な対比を、さらに説明している。

心的モデルによる行為の全体論的直感的な統制は、使い方を間違えるとかなり多くの回避可能な不幸（第一章）を生み出す概念的目標志向的方略に対する貴重な代替案を、私たちに提供する。そのように自然かつ非常に適切に「反応すること」は、マインドフルでいて内的に目覚めているときに特徴的な行為モードである。

二つの認識方法と二つの経験世界

効果的な行為には、世界に参加し関係する二つの根本的に異なる方法があり、それぞれ異なる進化的な課題に対応している（Crook 1980: 326）。一方では、狭い注意が、必要なものを得ることに関連する情報に特化して焦点を当てる。他方では、全般的で包括的な背景情報への広い注意が、より大局的にとらえる感覚を生み出す。イアン・マクギルクリスト（McGilchrist 2009）は次のようにいっている。「鳥は、重要なものとしてすでに優先されているもの――砂粒や小石の背景に埋もれた種だとか、巣をつくるための小枝だとか――へ、細いビームのように鋭く焦点づけられた注意を払う必要がある。と同時に、ほかに存在するあらゆるものへの警戒を保つうえで、世界に対して広く、開かれた、持続的で、縛られない注意をもっておく必要がある。この能力がなければ、自分がランチにありついている間に、ほどなくほかのもののランチとなってしまうだろう」（McGilchrist 2009: 25）。

これらの狭い注意と広い注意に関して、マクギルクリストはさらにこう示唆している。

（それらは）より広範な葛藤の一部であり、文脈的な違いとして、私たちが住んでいるのはどんな世界かの違いとして、表現される。一方は、「私」――まさに私のことや私の欲求だとか、ほかの個体と競争する個体として、その種をつつき、そのうさぎを追いかけ、その果物を摑む私の能力だとか――の文脈・世界である。私は、自分の目標のために世界を用いる、あるいは操作する必要があり、そのために狭く焦点化した注意を必要とする。他方で、私は世界全体というより広い文脈で、また、敵だろうと味方だろうと他者との関係のなかで、自分自身をみる必要がある。つまり、私は自分の所属する社会集団の成員として自分自身を考え、潜在的な味方を見つけ、さらに潜在的な配偶者や潜在的な敵を見つける必要がある。このとき私は、自分自身がより大きな何かの一部であると感じるかもしれない。……こうするには、意図的に方向づけ、狭く焦点化する注意を減らし、自己以外に忠誠を誓ったあらゆる存在に対して、開かれた、感度のいい、広範囲にわたる警戒を増やすことが求められる。(McGilchrist 2009: 25)

マクギルクリストが示唆するところでは、狭い注意と広い注意に関連する異なる経験世界はまた、二つの異なる認識とも関連している、ということである。これらの二つの認識方法は、多くの点で、(狭く焦点化された注意と関連する)概念的な認識と(より広く焦点化された注意と関連する)全体論的直感的な認識と似ている。

第二章において、私は、概念的な認識によって生み出される分離からなる経験的な世界と、マクギルクリストの左大脳半球の世界との類似性を指摘した。補完的には、全体論的直感的な認識とマクギルクリストの右大脳半球の世界との関連性を見いだすことができる(McGilchrist 2009; 囲み3・5参照)(この非二元性の世界については、第十三章で目覚めた心を議論する際に再検討する)。

マクギルクリスト自身は、彼のいう異なる種類の注意と心的モデルを別の基本感情に結びつけてはいない。しかし、私が先に記した道具的基本感情と非道具的基本感情の違いや、感情と注意との間の安定した関係に、彼の考えを結びつけるまでにはほんの一歩のことである。

囲み3・5　イアン・マクギルクリストの「右大脳半球の世界」

相互依存性の網，全体の形成と再形成，私たちが深くつながった世界……のちのち主観的だとか客観的だとか考えられるようになるものが，それぞれの潜在的な「電極」とその両極性を一緒に含む懸濁液のなかに入っている世界，「間性（betweenness）」のある世界。（McGilchrist 2009: 31）

物事は，永遠に流動する全体の一部として，その可変性と非永続性と相互連結性のすべてをともないながら，その具現化された特殊性のなかで私たちの前に現れる。この世界において，私たちもまた，その全体の一部である私たちの経験につながっていると感じ，客観的だとみられる世界から主観的に孤立した状態にとどまることはないと感じている……右半球は，自分以外に注意を払う。たとえそれが私たち自身からは遠い存在であっても，右半球は深い関係をそこに見いだす。右半球は，この自分以外との間に存在する関係や間性に深く惹かれ，活気づけられる。（同: 93）

右半球は……生きた世界という文脈のなかで，個々の，変化し，進化し，相互に結びついていて，潜在的で，肉体をもった生きた存在を生み出す……この世界に対して，それは慈しみという関係のなかで存在する。（同: 174）

注）マクギルクリストの「左半球の世界」との関連で第2章に記したように，一方で異なる種類の注意や認識があることと他方で2つの異なる大脳半球があることを結びつけるという点で，マクギルクリスト（McGilchrist 2009）は，機能の素朴な左右分化については何も示唆していない。彼は，両世界が両半球の機能に依存していることを十分に認めている。

感情・注意・経験世界

広範な心理学研究は、一方にある感情と他方にある注意や知覚との間の強力な関係を実証してきた（Williams et al. 1997）。人は不安やストレスを経験するとき、注意の焦点は狭まり、脅威に関連した情報を優先する。かたや、ある幸福な状態は、広範囲の多様な情報を包含する注意領域の拡張と関連している。

（たとえば、バーバラ・フレデリクソン[☆10]による、影響力の大きな、ポジティブ感情の拡張形成理論［broaden-and-build theory］［Fredrickson 2001］などにおいて）しばしば示唆されるのは、注意スタイルのこうした違いは、ネガティブ感情での注意の狭まりとポジティブ感情での注意の広がり、というものを反映している、ということだ。ただ、研究されたネガティブ感情の大半は道具的であった一方で、研究されたポジティブ感情の大半は非道具的であったことがわかっている。ここから別の可能性が生じてくる。それは、注意スタイルに影響する主要な要因は、感情価（ポジティブ対ネガティブ）というよりもむしろその動機的な性質なのかもしれない、ということである。

最近の研究はこの可能性を支持している（Gable & Harmon-Jones 2010a）。たとえば、悲しみという非道具的なネガティブ感情は、注意を広げる（Goble & Harmon-Jones 2010b）。おもしろい映像を視聴して引き起こされるおかしみという非道具的なポジティブ感情も、注意を広げる（Gable & Harmon-Jones 2008）。一方、魅力的な対象を見て引き起こされる道具的なポジティブ感情は、注意を狭める（Gable & Harmon-Jones 2008; Domachowska et al. 2016）。

概して、手に入る証拠から示唆されるのは、道具的な感情は狭く選択的な注意スタイルを引き起こし、一方、非道具的な感情は開かれた受容的な注意スタイルを引き起こす、ということである。チャブリスとシモンズの古典的なゴリラ研究（第二章）は、道具的な感情と結びついた、かなり選択的で狭い注意の焦点化を、劇的に例証している。この注意スタイルは、目下の課題と直接関係する情報を優先し、ほかの情報を積極的に抑制・排除する。

対照的に、慈しみや楽しみといったような、非道具的な基本感情は、開かれていて、選択的でない、包含的な注意スタイルが適している。慈しみと結びつく広範で包含的な注意は、深刻な自動車事故にあって間もない瞑想指導者のシャロン・サルツバーグ（Salzberg 1995）によって書かれた、ダライ・ラマ[☆11]の訪問についての次の文章に、感動的に描かれている。

☆10　アメリカの社会心理学者。
☆11　十四世。チベット仏教ゲルク派の教主。

表3・1　2つの認識方法と2種類の意味

概念的	全体論的直感的
最近進化した――人間特有	長い進化的起源をもつ
なじみがある	なじみがない
言葉でやりとりするのが容易	言葉でやりとりするのが困難
一義的な機能は道具的――目標を達成すること	一義的な機能は非道具的――状況の重要性を評価し，適切な反応を導くこと
感情とは間接的につながっている	感情とは直接的につながっている
原子論的な構造	全体論的な構造
概念（観念）に基づいている	心的モデルに基づいている
顕在的で特定的な意味	潜在的で主題的な意味
思考や認識として経験される	感情やフェルトセンスとして経験される
感覚情報に直接結びついていない	意味に対して感覚が直接寄与している
意味は，文化によって共有された抽象的な知識や信念の構造を反映している	意味は，一人ひとりの個人的な経験を反映している
意味は，個人や時間をとおして相対的に一貫している	意味は，個人や時間をとおして変化しうる

私は松葉づえに陰鬱な気持ちを抱いていた。ダライ・ラマが到着したときに、彼を出迎えようと待っている多くの群衆のうしろにいる羽目になったときは、特にそうであった。聖下を乗せた車がようやく止まり、カメラと人々と武装した警察に出迎えられた。ダライ・ラマは車を降り、まわりを見渡し、人混みのうしろに立って松葉づえに寄りかかっている私を見た。彼は人だかりをまっすぐかき分けて私のところにやってきた。まるで、まっしぐらにその状況において最も深い苦しみに向かって進むかのように。彼は私の手を取って、私を見つめ、「どうなさったのですか？」と尋ねました。（Salzberg 1995: 112-113）

ここには、広範で、包含的で、慈悲的な注意スタイルのすばらしい例が記されている。その注意スタイルは、情報の全領域に開かれていて、あらゆる苦しみの経験に注意を怠らず、その苦しみを慈しみたいという動機でもってまっしぐらにそれに向かって進む準備ができている。

私たちの心は、根本的に異なる二つのモードではたらくようにみえる。一方のモードでは、道具的な感情と概念的な認識方法によって支配されていて、狭く排他的な注意焦点や、分離からなる原子論的な心的世界が、互いに結びついている。他方のモードでは、非道具的な感情と全体論的直感的な認識方法が支配していて、広く包含的で受容的な注意スタイルや、関連性からなる相互連関的な心的世界が、こちらも相互に結びついている。どちらのモードも、もし相互に結びついた要素を一つでも変えれば、そのモードのほかの側面も変わる可能性がある。

表3・1は、概念的な認識方法や意味づけと、全体論的直感的な認識方法と意味づけの主な違いをまとめたものである。

全体論的直感的な認識は、関連性や結びつきという経験世界を下支えしている。第四章で、私たちはその世界のダイナミックな基礎、すなわち、一体化について探っていく。

第四章　一体化

かつて二人の時計屋がいた。名前をホラとテンプスといった。彼らはとても精巧な腕時計を製作した。二人とも高く評価され、仕事場の電話はひっきりなしに鳴った——新しい客が絶えず電話してくるのだ。しかし、ホラは繁盛したが、テンプスはどんどん貧しくなり、とうとう店を閉じてしまった。理由は何だったのか?

彼らのつくる腕時計は、だいたい千個のパーツからできていた。テンプスは次のように腕時計をつくっていた。彼は、ある程度組み立てたところで——鳴っている電話に出るために——手を休める必要があると、時計はたちどころにバラバラになって、一から組み立て直さなければならなかった。客が彼の時計を好めば好むほど、電話がますますかかってきて、一つの時計を邪魔されずに完成させるのに十分な時間を確保するのがますますむずかしくなっていった。

ホラのつくる腕時計は、テンプスのものに劣らず複雑であった。しかし、彼は、だいたい十個ぐらいのパーツからなる小部品を組み立てておけるように、時計を設計していた。この小部品を十個集めて、さらに、より大きな小部品に組み立てられるようになっていた。十個ずつ小部品を順に組み上げていくシステムの結果、完成した時計となった。それゆえ、ホラは、電話に出るために部分的に組み立てた時計を置かなければならないときも、仕事のほんの小さな一部分を失うだけで、テンプスが費やしていた労働時間に比べてほんのわずかな時間で時計を組み立てた。

――ハーバート・サイモン[☆1]（Simon 1962: 470）

この寓話は、奇妙にみえるかもしれないが、マインドフルネスと内なる目覚めを理解するのに重要な役割を果たす、あるパターンを例示している。また、第一章で概説した概念的な追求の落とし穴を避ける、幸福への道と核心的にかかわりがある。

ノーベル賞受賞者のハーバート・サイモンは、この寓話を使って、ホラのやり方と根本的に同じダイナミックな組織のシステムからなる、自然界全体に存在するものについて説明している。こうしたシステムでは、単純なパターン（部分）が集まってより複雑なパターン（全体）をつくり出し、それがまた集まってさらに複雑なパターンをつくり出す。作家のアーサー・ケストラーは、ホラーキー（holarchy）という言葉をつくって、このタイプのダイナミックな組織のシステムについて書いている。

サイモンが示したのは、たとえ部品を組み立てている間の妨害の可能性がたった一％であっても、時計を組み立てるのにテンプスはホラのほぼ四千倍の時間がかかるだろう、ということだ。妨害に対するホラーキーの回復力は、なぜホラーキーが物理学的・生物学的・社会的・心的システムにおいて非常に広く見受けられるかを説明している（Simon 1962）。

私たちにとって最も関心のあるホラーキーは、心のホラーキーである。

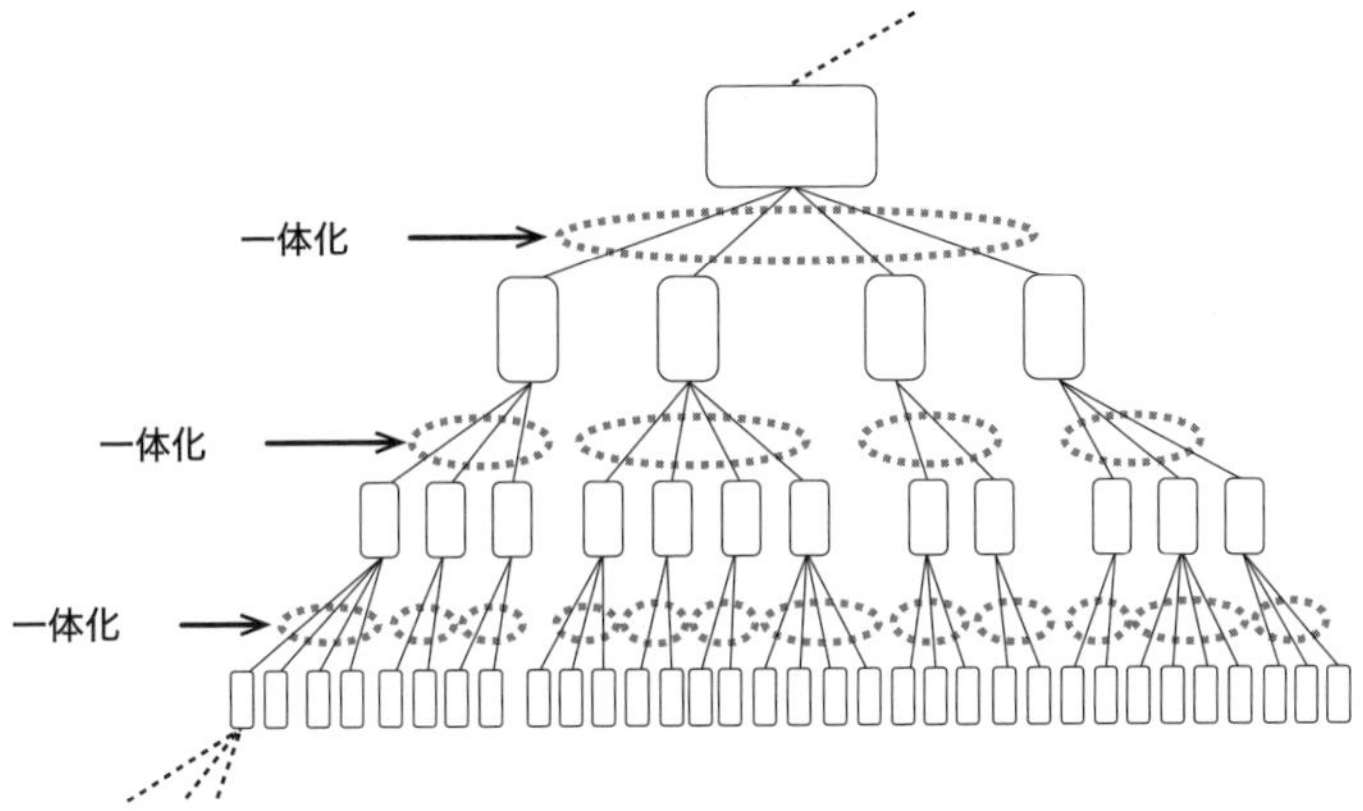

図4・1　心的ホラーキー。ボックスは情報パターンを示している。より小さいボックスはより単純なパターンを示していて，より大きなボックスはより複雑なパターンを示している。各ボックスが示す情報の射程と複雑性は，ホラーキーの階層が上がるにつれて増加する。

心的ホラーキー

図4・1は、心的ホラーキーのダイナミックな構造を描いたものである。

ホラーキーの本質的な特徴とは、いくつかの断片的な部分と全体といった、異なる種類の「モノ」があるということではなく、その関係性にある。この関係性によって、より単純なパターンが結びつけられて、組織のより高次のレベルのより複雑なパターンへと順送りにされる。関係性のもつ結びつきの役割は、社会的なホラーキーだとわかりやすい。「ほぼすべての社会は、家族とよばれる基本単位を有していて、それが村や部族にグループ化され、それはさらに大きな集団などになる。もし、誰が誰と話しているかというような、社会的な相互作用の図をつくるとしたら、図のなかで密度の濃い相互作用のかたまりは、かなり明確に定められた階層的な（ここでいう、ホラーキー的な）構造とな

☆1　アメリカの数理社会科学者・経営学者。

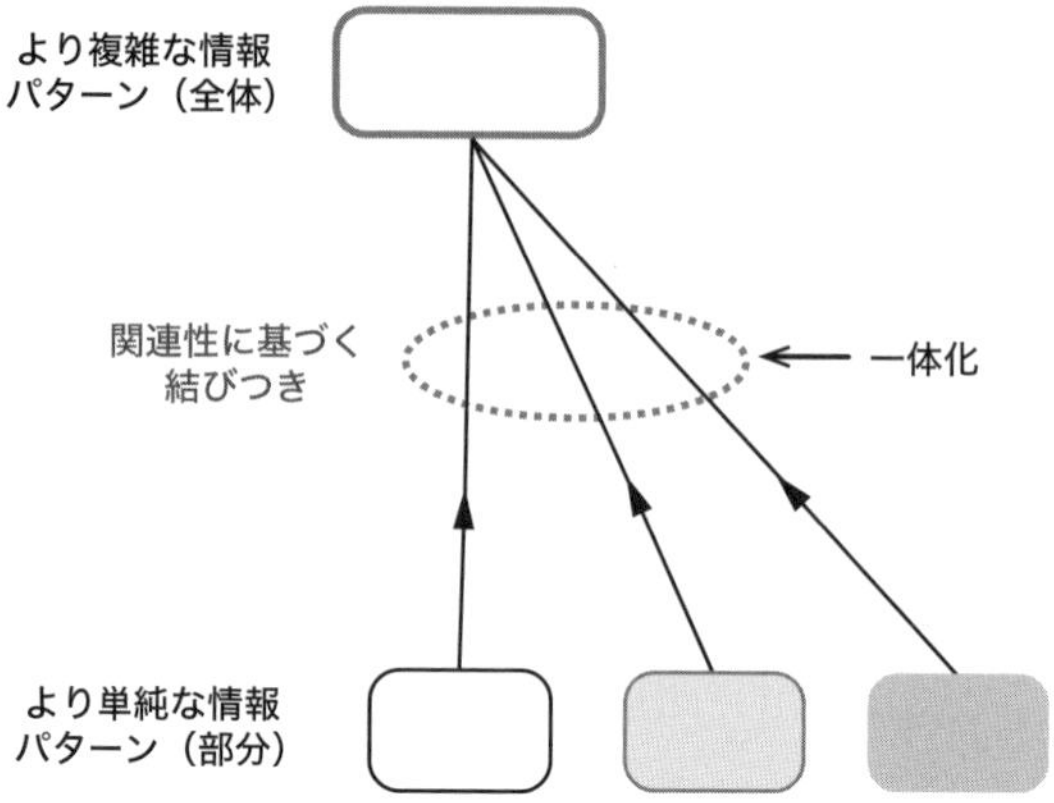

図4・2　心における一体化

るだろう」(Simon 1962: 469)。

ホラーキーの存在はまさに、より単純なパターンをより複雑なパターンへと結びつける関係性、すなわち、一体化へのダイナミックな過程を、積極的に生み出し維持することに依拠している。心的ホラーキーにおいては、一体化は、より単純な情報(部分)をより複雑なパターン(全体)へと結びつけるために、部分間の関連性という結びつきを確立する。一体化は、より低次のさまざまなパターンが共通してもっているものを見いだし、より高次の情報パターンにおける関係性を形づくる(図4・2)(私たちは、第三章においてすでに、心的モデルをつくり出す一体化というところでこのパターンをみてきている)。

心的ホラーキーと一体化の、進化的な優位性

心的ホラーキーと一体化は、広範囲に及ぶ進化的な優位性をもたらす。そのため、進化は、ホラーキー的な組織のパターンと、そのパターンが依拠している一体化もしくは一体性へと向かう内在的な力を、私たちの心に深く組み込んできた。そうした力は、マインドフルネス(第七章)と内なる目覚め(第十二章)のダイナミックな基礎である。

一体化と心的ホラーキーについて一つはっきりしている進化的な優位性は、それらが心を統一して、競合する行為傾向を解消する、という点である。こうして、心的ホラーキーは効果的で統合された行為を可能にする。多くの状況が、葛藤するような行為を引き起こす、複雑で多面的な情報パターンを呈する。すでにライオンが水を飲んでいる水たまりに近づこうとする喉の渇いたガゼルは、渇きによって駆動される接近傾向と、恐怖によって駆動される回避傾向との間の葛藤を解決しなければならない。そうした解決をしなければ、ガゼルは、別の方向に引き下がることになり、身体が麻痺してしまって、生存にとって本質的な迅速かつ統合的な行為を起こすことはできないだろう。

ブッダは、仏典の相応部（Samyutta Nikaya）第三五相応第二四七経にある「六匹の動物の喩え」を用いて、人間の心の常々混乱し葛藤する様子を説明した（Bodhi 2000）。

比丘よ、――違う土地で、違う餌場にいた――六匹の動物たちを捕え、丈夫な縄でそれらを縛った男を想像してみよ。彼は、ヘビ・ワニ・トリ・イヌ・ジャッカル・サルを捕え、一匹一匹を丈夫な縄で縛った。そうしてから彼は、縄と縄とを結んで、動物たちを離した。すると、違う土地で違う餌場にいたそれら六匹の動物たちはそれぞれ、自分自身の土地と餌場のある方向へと引っ張ろうとした。ヘビはある方向へ引っ張り、「アリ塚に入らせてくれ」と思った。ワニは別の方向へ引っ張り、「水に入らせてくれ」と思った。トリは別の方向へ引っ張り、「空を飛ばせてくれ」と思った。イヌは別の方向へ引っ張り、「村に行かせてくれ」と思った。ジャッカルは別の方向へ引っ張り、「戸林に行かせてくれ」と思った。サルは別の方向へ引っ張り、「森に行かせてくれ」と思った。

比丘よ、これと同じように、身体に向けたマインドフルネスを培ったり養ったりしていない比丘は、その眼は快い形のほうに引っ張られ、快くない形を嫌悪する。その耳は快い音のほうに引っ張られ、快くない音を嫌悪する。その鼻は快い匂いに引っ張られ、快くない臭いを嫌悪する。その舌は快い味に引っ張られ、快くない味を嫌悪する。その身は快い感触のものに引っ張られ、快くない感触のものを嫌悪する。その意は快い心的現象に引っ張られ、快くない心的現象を嫌悪する。

この喩えは続いて、動物たちをつなぎとめ、その葛藤による苦難をとめる錨となる「丈夫な杭あるいは柱」としてのマインドフルネスに言及する。マインドフルネスは、心的ホラーキーと心的モデルが結合している、統合された心を反映する（第七章）。マインドフルな心は、統一された行為を可能にし、状況に対して素早く、自然に、適切に反応する。

統合された心的ホラーキーと一体化は、さらに深く、あまり知られていない、進化的優位性をもたらす。それは、心的処理の効率性と経済性の大幅な増加である。これは、情報パターンにおける潜在的な秩序を明らかにし、生み出し、表現することによってなされる（囲み4・1）。効率性の結果的な増加は、人間の脳において特に重要である。というのも、私たちの脳は、身体のなかでエネルギーを多く消費する臓器の一つであり、全体重の二％以下でしかないのに全エネルギー消費の二十％を占めているからである（Raichle & Gusnard 2002）。食糧難の文脈では、心の効率性を改善し、エネルギー消費を削減する方略はいずれも、それを生み出す遺伝子が生き残る可能性を高めるだろう。このため、あらゆる哺乳類の心——特に人間の心——は、ホラーキー的な組織と、一体化へと向かう内在的な能力を有しているのである。

心的ホラーキーによって、動物は、生存にかかわる二つの基本的な困難に効率的かつ経済的に対応する力を得る。それは、（1）決定的な側面（たとえば、安全か危険か、食べられるか食べられないか、自分より弱いか強いか）において、異なる状況には異なる反応をすることと、（2）そうした側面において、同じ状況には同じ反応をすること、である。それは、たとえ表面的にはそうした状況が共通のものをもっているようにみえなくてもだ（第三章の *Takete-Ulumoo* エクササイズのように）。

囲み4・1は、ホラーキーが、複雑な情報パターン間の違いを正確に覚えておくことが重要な状況でいかに経済

囲み4・1　情報ホラーキー

あなたはインテリア・デザイナーであり，あなたのつくる床タイルのパターンを記録したいと思っている，というところを想像してみよう。1つの方法としては，文字を格子状に並べるというものであり，1つの文字は1つのタイルに対応していて，異なる文字は異なる色に対応している。つまり，Aはazure（空色），Bはbronze（青銅色），Cはcrimson（茜色），などである。このようにしてあなたの最新のデザインを記録するには，次のように64文字が必要だとする。

A B M N R S H I
C D O P T U J K
M N A B H I R S
O P C D J K T U
R S H I A B M N
T U J K C D O P
H I R S M N A B
J K T U O P C D

情報ホラーキーは，もっと効率的な別の方法を提供する。まず，デザインのなかの関係性のパターン（潜在的な秩序）を探し，そのより高次のパターンを表す新しい記号を使う。あなたは4つの文字からなるくり返しのパターンを見つける――そうすれば，それを次のように表せる。

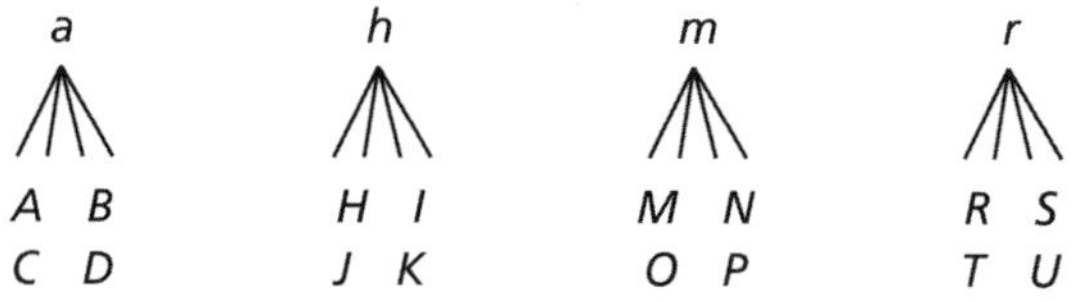

これであなたは，64文字からなる最初のパターンを，このようにより経済的に再記述できる。

a m r h
m a h r
r h a m
h r m a

さらには，ここでやめる必要はない。このより高次の組織レベルで，パターンがまた検出され表される。もしここで（それまでは全体としてみなされていた）aとmとrとhを部分として扱えば，2種類の同じ高次の全体，WとX，をつくることができる。

囲み4・1　情報ホラーキー（つづき）

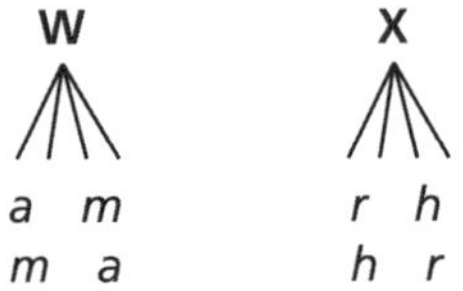

こうすることであなたは，64枚のタイルからなる全体のデザインを，たったの4文字で記すことが可能となる。

W　X

X　W

このより高次のパターンは，ホラーキーに沿った関係性のすべてのパターンの要素をとらえている。

そして，もしあと1回一体化の過程をくり返して，WとXそれ自体を部分として扱えば，64文字からなる全体のパターンは1つの文字，ɵ，で表し，貯めておく必要のある情報をかなり節約することができる。

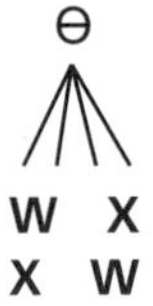

もちろん，一体化を進める「規則」も貯蔵しておく必要もあるが，貯蔵される全情報はそれでも節約されている。特に，その規則がほかの情報にも再利用できるときはなおさらである（囲み4・2参照）。

出典：サイモン（Simon 1962）を参照。

囲み4・2　ホラーキーは隠れた類似性を顕わにする

インテリア・デザイナーであるあなたは，どの種類の床デザインが顧客に人気があって，どの種類があまりそうでもないかを知りたいと思っている，というところを想像してみよう。囲み4・1でみたデザインは人気があることはわかっているが，それがなぜだかはわからない。あなたは，人気があることのわかっている別のパターンと一緒にタイルの代わりの64文字を並べてみて，共通しているものが何かわかるかどうかを調べてみた。

Design 1	Design 2
A B M N R S H I	*R S H I A B M N*
C D O P T U J K	*T U J K C D O P*
M N A B H I R S	*H I R S M N A B*
O P C D J K T U	*J K T U O P C D*
R S H I A B M N	*A B M N R S H I*
T U J K C D O P	*C D O P T U J K*
H I R S M N A B	*M N A B H I R S*
J K T U O P C D	*O P C D J K T U*

一見したところ，表層レベルでは，2つのデザインの間になんらかの類似性を見いだすのはむずかしい――両方とも同じ文字を含んでいること以外は。ただ，囲み4・1で用いた一体化の「規則」を利用すれば，類似性が現れ始める。ここにあるのが，第一レベルの一体化の結果だ。

Design 1	Design 2
a m r h	*r h a m*
m a h r	*h r m a*
r h a m	*a m r h*
h r m a	*m a h r*

そして，第二レベルの一体化によって，「より深い」類似性がよりいっそうはっきりする。

Design 1	Design 2
W　X	**X　W**
X　W	**W　X**

こうなると，基本要素のレベルでは2つのデザインの対応する象限に共通する文字が1つもないにもかかわらず，2つのデザインは対角線の対称性という同じ「深部」構造を共有している，ということが簡単にわかる。ほかの人気デザインも調べてみると，多かれ少なかれ，それらもこの対角線の対称性を共有していて，一方，不人気なものはそうでない，ということがわかってくる。情報ホラーキーによってあなたは，人気デザインが共通にもっているものは何か，不人気デザインとの違いは何か，を発見することができたのだ。

動物にとって，表面的には異なる情報パターンの間に通底する類似性を発見するこの能力はきわめて有益であり，これによって，状況の重要性を評価し適切に反応することがより効果的にできるようになる。

的に大きな利益をもたらすかを例証している。自然界では、この能力が生きるか死ぬかの重要性をもつことになる。つまり、これは食べても大丈夫な植物なのか、それとも、よく似ているようにみえるが実際は有毒なのかということや、これは信頼できる仲間の顔なのか、それとも、不倶戴天の敵の顔なのか、などである。

日常生活では、もちろん、潜在的な秩序は普通、囲み4・1の例ほどまったく自明ではない。それでもなお、多くの自然界のシステムはそれ自体、ホラーキー的に組織されているために、完全に無作為な情報に遭遇することはまれである。表層レベルでは秩序は明らかでないかもしれないが、どんな秩序が存在するのかを発見するために、心は膨大な計算能力と洗練された方略を備えている。

心的ホラーキーはまた、情報パターン間の類似性を処理し、検出するための非常に経済的な方法を提供する（囲み4・2）。表面的には異なるパターン間の「深い」ところでの類似性を明らかにする能力は、あらためて、命を救うものである――第三章でみた、視覚・聴覚・嗅覚の高い変化率から危険の警告を統合するシマウマの例のように。第十二章では、よりいっそう深いレベルでの結びつきと共通性を発見する心の内在的な能力が、目覚めた心のすべてを包み込む一体性において、いかに決定的な役割を果たすかをみていく。

進化圧によって形成された私たちの心は、一体化へと向かう内なる力を授かっている。それは、よりいっそう深いレベルの複雑さにおける関連性の結びつきを、積極的に探し出し、発見し、つくり出し、表現する生得的な傾向である。この貴重な才能は、マインドフルネスと内なる目覚めを理解する鍵である。それはまた、第一章で概説した概念的追求の落とし穴を避ける、幸福への道のダイナミックな基礎でもある。概念的追求――そこでは、幸福は、未来におけるみずからの努力の不確かな結果にかかっている――とは対照的に、この別の道では、ポジティブな感情が、今この瞬間の心の過程の直接的即時的な効果としてわき起こる。

一体化の幸福

知覚をもつあらゆる生物は、心地よい感覚が指針となる形で、自然選択を経て進化した。

——チャールズ・ダーウィン[☆2]（Hanson 2009: 121）

進化の過程を経て、一体化は数多くのさまざまな形で私たちの心に組み入れられてきた。しかし、重要なのは、そのなかでもただ一つ、心地よい感覚こそが私たちの心にとっての指針となる——あるいは、幸福への別の道を生み出す、ということだ。

一体化は、可能な限り、遺伝子レベルで脳と心に生得的に組み込まれている。たとえば、この類の一体化は、小さい赤ん坊が顔に似た視覚パターンとそうでないものとの違いを区別できるような、比較的基本レベルの知覚の基礎となっている。もともと組み込んでおくことはまた、潜在的に生命にとって脅威となる状況では、選りすぐりの方略でもある。そうした状況では、「急場しのぎ」なアプローチ——潜在的脅威の兆候に関する比較的大雑把な生物学的分析に基づいてまずは動き、のちほど情報パターンをより詳細に吟味する方略——が求められる。

別の形の一体化は、学習に基づいていて、個人の生活経験のなかでくり返される規則性を自動的に記録する心に依拠している。つまり、（条件づけとして）何が何にともなうのか、何が何に続くのか、ということだ。この類の自動的な一体化は、貯蔵される心的モデルの貴重な蓄えを増やす手段となる。これらのモデルによって私たちは、多くの状況において次に何が起こるのかを予測することができる。こうしたモデルをとおして、心はまた、

☆2　進化論を唱えたイギリスの博物学者。

状況に対処するのに最も適切な基本感情でもって反応することを学習する。

この貯蔵された心的モデルに組み込まれた学習は、非常に役に立つ。それは、自動的なパターン完成(pattern completion)のための基礎をなす。つまり、情報の主な断片がほんのわずかに与えられただけで、心は自動的に残りの欠けている部分を満たし、記憶に基づいて完全な心的モデルを再生する(のちほど、手短にいくつか例を示す)。この自動的な形の一体化をとおして、心は、モデルに反映されている、貯蔵されたあらゆる規則性の恩恵を受ける。すなわち、私たちは最も適切な基本感情でもって状況に反応することができ、断片的な情報だけからでは不可能な推測をすることができるのである。

生得的な一体化と自動的な一体化は、人間以外の動物の欲求の大半に適っている。それらの動物は、おそらく、どのような状況に対してもごく限られた反応のレパートリーしかもっておらず、反応を統制する心的モデルのきめ細かな詳細はほとんど必要ないことが多い。彼らの心は、複雑でダイナミックに変化する状況の詳細に適合するためにモデルを常に微調整したり再調整したりする必要がないのだ。

人間の心の場合、立場が異なる。多くの時間、私たちは記憶に貯蔵された心的モデルに基づいた自動的な一体化に依存しているけれども、同時に、より柔軟なアプローチをする能力も備えている。私たちの心は、内的な心的作業をとおして新奇の心的モデルをつくり出すことができる。この能力が意味するのは、私たちは、以前に遭遇したいずれのものとも異なる状況に、創造的に反応することができる、ということだ。私たちはまた、複雑に変化する状況、つまり、社会集団の成員を結びつけたり、道具だとか工芸技術によるその他の加工品だとかの製作物を結びつけたりするなど、多層的な相互作用状況においてきめ細かな評価を行うこともできる。柔軟で創造的な一体化という人間のこうした能力は、マインドフルネスと内なる目覚めの基礎である――そして、別の幸福への道へと向かう入口でもある。

定義からして、進化は私たちの脳や心に、さまざまな状況への柔軟で創造的な反応を組み込むことはできない。もし仮にできたとしても、それは柔軟で創造的ではないだろう。ただ、進化は、生物学的に有用なあらゆる種類の結果、あるいは、そこに至るまでに含まれる過程を、なんらかの方法で心地よいものにする――そして、特定の時間と場所で最も効果的に心地よさをもたらすための行為を発見する、あるいは生み出すことは動物に任せる――ことは可能である。たとえば、空腹のときに食べ物を得ることや、寒いときにあたたかさを見つけることは、ポジティブな感情と結びついている。そしてそうした感情は続いて、遭遇する特定の文脈でそうした望ましい結果をもたらす行動を動機づけ、導き、強化する。

こうした例は、ポジティブ感情と顕在的行動、つまり、外的な世界の行為との関係に焦点を当てている。しかし、バーバラ・フレデリクソン（Fredrickson 2001, 2009）が開発した「拡張形成」理論では、私たちは進化的優位性という観念を、ポジティブ感情と潜在的内的行為との間の関係にうまく広げることができる、と示唆されている。この理論が示唆するのは、特定のポジティブ感情――喜びや愛といったような感情――は、より長期的な生物学的見返りを供する活動を支える形で、注意を払うことと結びついている、ということだ。同様に考えれば、進化はポジティブ感情を用いて、新奇で複雑で急速に変化する状況において柔軟で創造的な一体化を動機づけ、導く、と示唆できる。このようにして進化は、たとえ柔軟で創造的な一体化を成し遂げる特定の行為プランを脳や心に組み込めなくても、生物学的に有効な行為を正しい方向へと「促し」、導くことができる。こうした状況において、ポジティブ感情は、一体性へと向かう心の内在的な可能性が顕在化し一体化をもたらすための乗り物なのである。

鍵となるこの考えの本質は、柔軟な一体化が統合された心的ホラーキーとまとまりのある新奇な心的モデルをつくり出すことで、私たちが本来的にポジティブな過程――それ自体ポジティブであって、それが何かほかの望ましい結果をもたらすからではないもの――を経験する、ということである。

ある簡単なエクササイズで、この鍵となる考えを説明する。

自動的な一体化 vs 柔軟な一体化

この文を読んでみてほしい。

ジョンは学校に行く途中だった。

これらのわずかな断片だけでも、すでにそこに存在する完全なモデル、ある「学校に行く子ども」モデルを、記憶から自動的に呼び出してパターン完成するには十分である。このモデルによってあなたは、文を理解し、ジョンは子どもであると（たとえ文がそう述べていなくても）推測することができる。また、あなたのモデルによっておそらく、さらに自動的な推測を行うこともできるだろう——それは朝であり、ジョンは何かしらのカバンを持っている、など——そして、学校へ行く途中の少年という視覚的イメージとしてこうした推測すべてを結晶化させるかもしれない。

続けよう。

彼は数学の授業のことを心配していた。

これらの追加的な情報の断片は、記憶から自動的に呼び出されたモデルを、「宿題を心配する子ども」モデルとよべるようなものへと洗練させる。このモデルによってあなたは、自分が読んでいるものをより詳細に解釈し、次に起こることを予測し、このシナリオに関するより具体的な性質の多くを推測する手段を与えられる。つまり、ジョンはそわそわと落ち着かないかもしれないし、学校に行くのを渋っているかもしれない、などである。これはすべてまったく苦もなく自動的に起こる――そして、十中八九、あなたの心がこのように状況の意味を理解しても、ポジティブ感情のようなものはあまり何も抱かないだろう。

では、続けて読んでみよう。

ジョンは学校に行く途中だった。
彼は数学の授業のことを心配していた。
彼は今日もクラスをうまく管理できるか自信がなかった。

その三番目の文にきたとき、突如としてあなたの心は、もはや三つすべての文と「宿題を心配する子ども」モデルをぴったり合わせることができなくなる。一貫性と一体性が失われていて、今や不完全性と断片性のみが存在する。わずかな間に、あなたは一瞬困惑してからすぐに驚いて二度見するかもしれない。しかし、きっとあなたは、記憶に貯蔵されている「生徒管理に悪戦苦闘する教員」という心的モデルを得るだろう。役割の素早い変化――成績を心配している子どもではなく、規律を心配している教員のジョン――をともなって、ただちに一体化は部分を組み合わせて別の種類の全体をつくり上げ、一貫性が取り戻される。

しかし、さらに読んでみよう。

ジョンは学校に行く途中だった。
彼は数学の授業のことを心配していた。
彼は今日もクラスをうまく管理できるか自信がなかった。
それは管理人の職務の一部ではなかった。

その想定外の四番目の文によって、一瞬のうちに、「生徒管理に悪戦苦闘する教員」モデルはもはや、四つの文からなる要素すべてを一つにまとめることはできなくなる。再び一貫性と一体性を失うことになる。あなたは驚きと軽い困惑を覚えるかもしれない……しかしそれも長くはない。なぜなら、あなたの心にある一体化が、新しくかつまったく違う活動をすぐに始めるからである。

四つすべての文からの情報を一貫性をもった全体へと統合することのできる出来合いのモデルを記憶内に発見できなければ、心はただちに、存在する二つのモデル――「不在教員の役目を引き継いだ別の職員」と「生徒管理に悪戦苦闘する教員」――を組み合わせようとはたらき始め、この特別な状況用にあつらえた新奇なモデルをつくり出そうとする。つまり、「教員の役目を引き継いで対処に悪戦苦闘する非教員」モデルである。これは、あなたの心がこの特別なモデルをつくり出したという点で、おそらく人生で初めてのことだろう。この新しいモデルが整ったところで、すべての要素が今や一つに組み合わさって、一貫性をもった全体を生み出すことが可能となる。これは、「そうか、つまりそれがここで起きていることなのだ」という感覚と結びついた快い感情をともなうだろう――あるいは、このときクスクスとひとり笑いをするかもしれない。

この単純なエクササイズは、二つの異なる一体化の間の、きわめて重要な対比を強調している。一方で私たちは、貯蔵された、出来合いの、すぐに入手可能な心的モデルに基づいた、自動的な一体化を持ち合わせている。他方で私たちは、内的な心的作業を含んだ柔軟で創造的な一体化を持ち合わせている。これら二つの形式の一体化における違いは、私たちのさらなる探究のなかで中心的な位置を占めることになる。

またこのエクササイズは、新奇な心的作業を含む柔軟で創造的な一体化とポジティブ感情経験との間に、特に関係があることを示している。エクササイズの最初のほうの段階での、円滑で淀みのない自動的な一体化は、通常、感情への影響はほとんどない。対照的に、エクササイズの最後の段階での非一貫性を解消する心的作業はしばしば、軽いおかしさの感覚をわずかの間もたらす。ある種のジョークの楽しさは同様の過程を反映している（囲み4・3）――ある問題に対してある見事な解決をようやくふと思いついたときに経験する、「わかった（エウレ

囲み4・3　ジョーク

サンドイッチがバーに入って，バーテンダーにビールを頼む。

バーテンダーはこう返す。「申し訳ございません，お客様，当店は食べ物を提供しておりません（I'm sorry, sir, we don't serve food here）」

このジョークの要点をつかむために，私たちは内なる心的作業をいくらか必要とする。私たちの心はまず，記憶から引き出してきた，この種の状況に対して心が習慣的に用いる心的モデルをとおして，筋を理解しようと試みる。このモデルにおいては，客の要求とバーの店員の返答は同じものに関することと仮定されている——しかし今回の場合，このモデルだとどうもしっくり合わない。そこで柔軟な一体化がはたらき始め，別のモデルへと変わる。そのモデルでは，「serve」の目的語は，提供される者（サンドイッチ）のことであって，サンドイッチが頼んだ物（飲み物）のことではない，となる。この別のレンズをとおして，筋を理解する（たとえ奇妙であっても）一貫性のある道が開ける。つまり，ふらっとバーに入ってくるどんな食事にもアルコールは提供しないという店の方針なのだ，ということである☆3。不調和は解決し，一体性は回復し，（ジョークの話し方次第によっては）私たちは軽いポジティブ感情をいくらか経験するだろう。

☆3　つまり，serve foodを，「食べ物を提供する」ではなく「食べ物に提供する」と解すれば，会話が成立する。

カ）！」という大きな喜びの感情のように。

マインドフルネス研究の先駆者である，ハーバード大学のエレン・ランガーの研究は（Langer, Russel, & Eisenkraft 2009），ポジティブ感情とつながっているのは特に柔軟な一体化である，という着想をさらに裏づけている。この研究では，プロの交響楽団のメンバーが，ブラームスの交響曲の最後の楽章を二つの方法で演奏するよう求められた。一方の条件では，「あなたの最高の演奏を再現する」よう求められた（つまり，記憶に貯蔵されているその演奏の心的モデルに導かれるようにした）。他方の条件では，「あなたにしかわからないようなとても微妙なやり方で新たに演奏する」よう求められた（つまり，瞬間ごとに新奇な心的モデルをつくり出すことが要件であった）。演奏家たちは，すでに記憶に貯蔵されている古いモデルに完全に頼るよりもむしろ，新奇な心的モデルをつくり出すよう求められて演奏するときのほうが，楽しさの程度を有意に高く報告した。また，演奏の録音を聴いた聴衆も，「記憶から」演奏した曲よりも，その瞬間に生み出した演奏のほうを楽しいと感じた——その記憶が演奏家たちにとってこれまで最高のものであったとしても，である。

ランガーの研究、「ジョンは学校に行く途中だった」エクササイズ、ジョーク、「わかった（エウレカ）！」瞬間の体験はすべて、成功した創造的一体化とポジティブ感情経験との間につながりがあるという考えを例示している。それらのポジティブ感情の――一体性だろうと、結びつきだろうと、安らぎだろうと、「フロー」（第十一章参照）だろうと――まさにその性質が、一体化によってつくり出された特定の心的モデルを反映している。

柔軟な一体化とポジティブ感情のつながりに納得すると次に、重要な問いが浮かんでくる。それは、このつながりは私たちの日常生活における幸福や安らぎの時間を延ばす可能性を生むのだろうか、という問いである。

この問いに対する答えは、私たちが各瞬間における経験世界を生み出す方法にある。

経験世界

大半の人は、心は鏡であり、多かれ少なかれ、自分の外の世界を正確に反映していると信じていて、それどころか、心はそれ自体が創造の主たる要素だということをわかっていない。

――ラビンドラナート・タゴール[☆4]（Homer-Dixon 2020: 298）

私たちの経験する世界はたんに、外なる「そこ」や内なる「ここ」――私たちのまわりや私たちのなか――に「現に」あることの、忠実かつ正確な反映ではない。それどころか、私の経験世界は、私の心がもたらすものと「世界」が供するものの間のダイナミックな相互作用から現れる。地理学者、不動産開発業者、農業経営者、芸術家が同じ丘の中腹を訪れたところを想像すればわかるが、彼らは各々、同じ「客観的」現実のかなり違う側面に注目するだろう。ある人は、地下の岩石層の種類を示す証拠を探すだろう。ある人は、家や休暇のための小屋の建設に関係する面に注目するだろう。ある人は、作物を育てたり家畜を放牧したりするのに適しているかを評価するために、土壌・勾配・水はけを調べるだろう。ある人は、景色のなかの色や質感のパターンの調和に目を向けるだろう。異なる人が、「同じ」状況の異なる側面に注目し、異なる経験世界を創造する。

それらの異なる世界が、今度は翻って、私たちが何に注意を払うかに影響を与える。古典的な心理学の実験で（Pichert & Anderson 1977）、参加者は、ある家とその家財道具について書いてある一節を読んだ。一方の群は、その家を購入することに関心のある人の視点でそれを読むよう求められた――潜在的な買い手という心的世界に入るために。他方の群は、盗みを計画している空き巣の視点でそれを読むよう求められた――泥棒という心的世界に入るために。参加者の異なる心的世界が、注意を払う情報を方向づけた。すなわち、潜在的な買い手は、設備の大きさや質についてより多く覚えていて、空き巣は、金目のもののあり処やセキュリティー対策についてより多く覚えていた。

私のとる方向性が、私の見るものや、私の創造する経験世界を形づくる。しかし、同様に、その世界が、私の注意の払い方を形づくる。イアン・マクギルクリスト（McGilchrist 2009）は、こうした双方向の関係性を次のように述べている。「私たちは、客観的現実を発見したり、主観的現実を発明したりするわけではないが、しかし……呼応的な喚起の過程はあって、世界が私のなかに何かを『呼び起こし』、私が世界のなかに何かを『呼び起こす』……たとえば、もし、山に向かう人の希望や熱意や畏敬の念あるいは欲望によってつくり出されたものとは別の、『現実の』山が存在しないとするなら、その緑らしさや灰色らしさや岩らしさはその山や私たちの心にあるのではなく、その間から生まれてくるのであり、お互いに呼び起こされ、お互いに等しく依存し合っている、というのも同様に真実である。それは、音楽がピアノからもピアニストの指からも生まれるのではなく、また、彫刻が手からも石からも生まれるのでなく、それらが一緒になって生まれてくるように、である」（McGilchrist 2009:

☆4　インドの詩人・思想家。

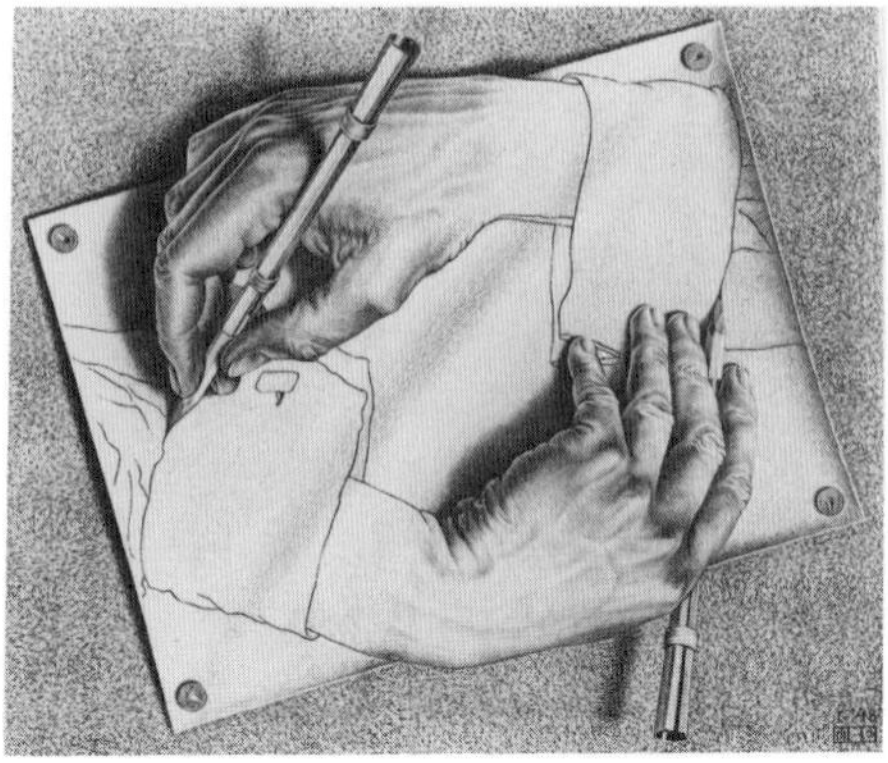

図4・3　M・C・エッシャーの《描く手》

133-134）。この相互作用的反復的な過程は、時間とともにダイナミックに展開する。マクギルクリストは、M・C・エッシャー[☆5]の《描く手》（図4・3）に巧妙に描かれたパターンからそれを考えることを提案している。すなわち、「手を描く手を描く手」である。心にとって、一方の手はレンズであり、今現在の全体論的直感的な心的モデルによって形づくられていて、それをとおして積極的に世界が探究される。もう一方の手はレンズをとおして届く情報である。私たちの経験する世界は、心がもたらす全体論的直感的な心的モデルとそれによって見いだされる情報パターンとの間の相互作用の循環から立ち現れる。

慣れ親しんだ、あるいは、ゆっくりと変化する状況では、自動的な一体化は、一方の、私たちが世界をみて解釈するレンズを与える心的モデルと、他方の、世界から実際に届く情報とを合致させるのに十分すぐれたはたらきをする。パターン完成は、現在の状況に最もよく合致する貯蔵された心的モデルを記憶から引き出す——そして、世界の状態が変化すれば、それに見合ったまた別のモデルを引き出す。

しかし、新奇で複雑で急速に変化する状況では、届く情報に心的モデルを合致させるという課題は、かなり大変だ。ここでの一体化は、図4・3に描かれた二つの「手」の「かみ合わせ」をうまく行うために、より柔軟で創造的でなければならない——つまり、常に変化する情報パターンに反応して心的モデルを継続してダイナミックに調整しなければならない。一体化の課題は、「歯車同士が速い動きでかみ合うときに起こるような、ダイナミックな相互依存と照合」（Steiner［1978］を引用したMcGilchrist 2009: 152）を維持することだ。ただ、こうした場合、一体化の課題はなおさら大変である。

ここで、ポジティブ感情が話に入ってくる。

一貫性・共鳴・よい感情

ポジティブ感情は、新奇で複雑で急速に変化する状況において、柔軟で創造的な一体化を動機づけ、導く。この一体化は、常に更新され精密に調整された心的モデルを生み出し、また、私たちの経験する世界における淀みのない継続性を生み出す。

ここでは、共鳴に基づいた過程が重要な役割を果たす。適応共鳴理論[▼1](adaptive resonance theory: ART)(Grossberg 2013)は、心的モデルと届く情報との「かみ合わせ」がうまくいくように、共鳴が心をどのように導きうるのかについて述べている。「ボトムアップの信号パターンとトップダウンの信号パターンの間がちょうどよく合うとき……それぞれのポジティブなフィードバック信号は増幅し、同期し、互いの活性化を持続させ、共鳴状態をもたらす……これによって共鳴は、学習するに値するデータをシステムが処理していることの、広範囲に及ぶ文脈依存的な指標となる」(Grossberg 2013: 2)。心は、届く情報のダイナミックな変化パターンと心的モデルとの間に共鳴が起こるとき、両者がかみ合っているということを「知る」。

そして、私が思うに、そうした共鳴はポジティブ感情を生み出す。その感情とは、一体性へと向かう心の内在的な可能性が創造的な一体化の調和効果を導き、動機づけるための乗り物である。あとの章で、この鍵となる考

☆5　オランダの版画家。

▼1　ART(適応共鳴理論)は、「いかにして脳が、変化し続ける世界における対象や出来事を意識し、分類し、理解し、予測することを自発的に学習するのか、に関する認知神経理論である。ARTは現時点で、有効な認知神経理論のなかでも、説明し予測する範囲が最も広い」(Grossberg 2013: 1)。

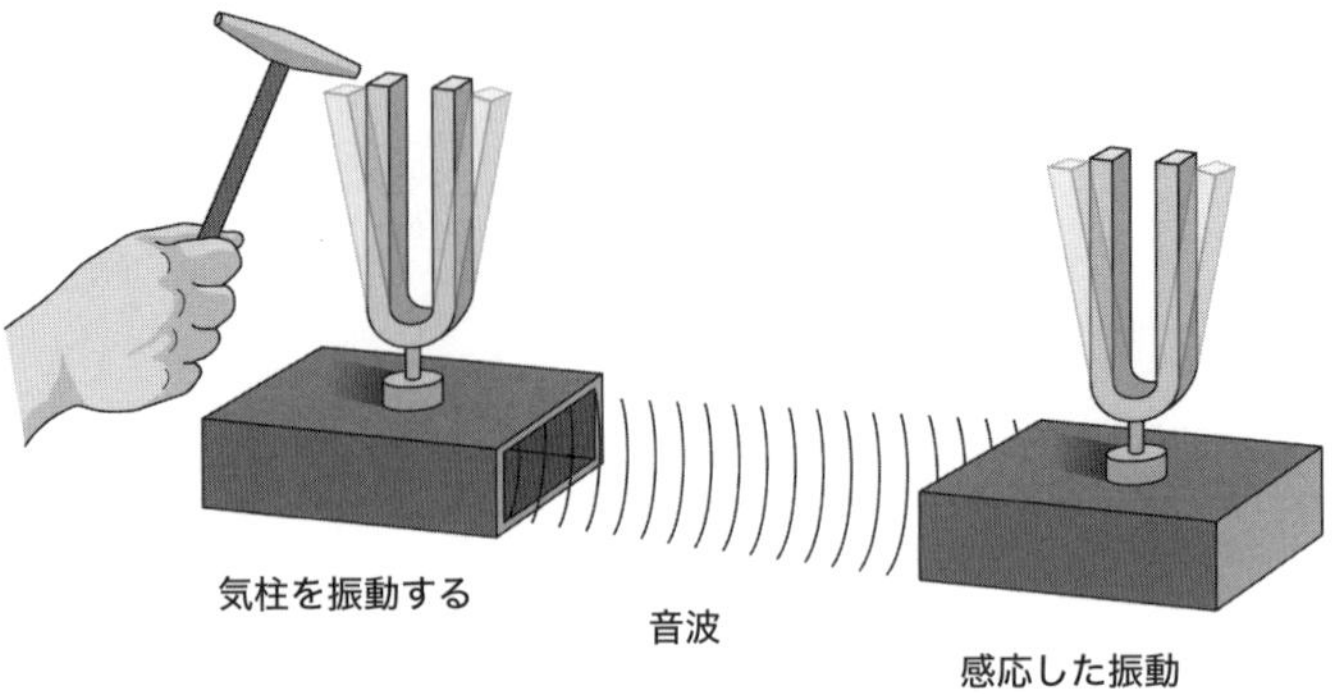

図4・4　2つの音叉の間で感応する共鳴

えが含意するものについて詳しく検討する。今は、共鳴がどのようにして心のなかの調和を生み出しうるのかをよくみてみるほうが有効だ。

感応する共鳴

共鳴箱に乗っている、互いに同じ固有振動数をもつ二つの音叉を想像してほしい（図4・4）。

音叉の片方が打たれたあとに音が弱まると、もう片方の音叉は、それ自体が直接打たれていなくても、共鳴（resonance）して音の鳴るのが聞こえる（文字通り、re-soundする）。共鳴の程度は、二つの音叉の音色の関係を反映している。つまり、音色が同じ場合に最も強く、音色の調和した関係が弱まるにつれてだんだんと弱まっていく。このように、感応する共鳴の程度は、異なる音色どうしの類似性――あるいは関連性――の指標となる。たとえば、バイオリンを手にして、折りたたんだ小さな紙片をそれぞれの弦の上に置いて、弦のうちの一つの自然な音程と一致した音叉を鳴らせば、その弦だけが小さな紙片を振り落とすほどに振動するだろう。

感応する共鳴はまた、別の方向にもはたらく。つまり、図4・

4における二つ目の音叉の音は、うまく合って増幅すれば、同じく二つの音色の関連性を反映する程度に沿って、一つ目の音叉を再振動させる。もし二つの音色が密接に関連していれば、両者の間を振動が行ったり来たりする交換によって、より持続的な共鳴状態が誘発されることになる。これが、私の先ほど述べた、ARTによって示唆される、類似性の検出方法の背景にある鍵となる考えである。「ボトムアップの信号パターンとトップダウンの信号パターンの間がちょうどよく合うとき……それぞれのポジティブなフィードバック信号は増幅し、同期し、互いの活性化を持続させ、共鳴状態をもたらす」(強調は筆者による)。

心は、それが生み出している全体論的直感的な心的モデルと世界から届く情報パターンが共鳴しているとき、両者はかみ合っていることが「わかる」。そうした共鳴は、心的モデルと届く情報とが瞬間から瞬間へともに変化しながら「調和している」ことを、心に「告げる」。そして、私が思うに、そうした調和は本質的に心地よい。

重要なのは、共鳴はまた、創造的な一体化が異なる情報パターンを一貫性をもった高次の全体へと統合するメカニズムともなる。科学の歴史にある実話が、感応する共鳴がこのメカニズムのもつ自己組織化のようなものを支えていることを示している(囲み4・4参照)。

ホイヘンスの奇跡的な発見は、別々の部分――独立して揺れる二つの振り子と、それらの間に振動を伝える床板と振り子の箱――を一貫性をもった全体へと結びつける感応的な共鳴の力を見事に示した例である。この結びつきは、部分間の相互影響のパターンに依存していた。各々の振り子は相手の振り子を自身の振動数へと引き寄せ、同時に、自身は相手の振動数へと引き寄せられた。やがて、二つの振り子は、同じ振動数へと収束した。全体の最終的な共通の振動数は、全体の一部である振り子一つひとつの当初の値とは異なっていた。それだけでなく――結果としての全体が有する性質は部分が本来もつ合計とは異なる、ということ――振り子どうしのフィードバックによって、両者はともに、共通の振動数にしっかり固定されたままになった。それはまるで、全体のシステムに、二つの時計それぞれが独立してはたらいているよりもはるかに正確に時を刻む力を与えたかのようにである。

囲み4・4　クリスティアーン・ホイヘンスの「奇跡的な」発見

有名なオランダの物理学者クリスティアーン・ホイヘンスは，振り子時計を発明した。1665年，彼は病気で伏せって部屋にこもっていると，新しくつくった2つの時計の驚くべき様子を目の当たりにした。彼はそれを，父親宛に書いた手紙にこう記している。

> 私は，今までに誰も考えたことのないであろう，見事な効果に気づきました。それは，ほんの1～2フィート離れて隣り合っているその2つの時計が正確に呼応し続け，振動せずに振り子がずっと一緒に揺れるようになった，ということです。しばらくこれに感心したのち，私はとうとう，それがある種の感応によって起こることがわかりました。そこで，振り子の振幅をばらばらにしてみると，30分以内にそれらは常に調和した状態に戻り，放っておけばその後もずっとそのままでいることを発見しました。それから私は両者を隔てて，1つは部屋の隅に，もう1つは15フィート離して掛けてみたところ，1日で両者の誤差は5秒であることがわかりました。(Strogatz 2004: 106)

当初，ホイヘンスは，(別の手紙で「奇跡的」と書いている）この感応効果は空気中の振動をとおして時計が互いに影響し合っている結果だと考えた。その後，単純明快な実験の結果として，その驚きの効果は実際のところ，床をとおして振り子どうしに伝わった振動の結果であることを示した。つまり，各々の振り子は，両者がまったく同じ揺れの振動数に収束するまで影響を与え合った，ということである。その後，両者は何日も続けて，お互いをその振動数にしっかり固定した。

（ユーチューブ動画の*Sympathetic Resonances Demonstration*を見れば，もっと数の多い振り子が同期する感応的共鳴の力の鮮烈なデモンストレーションを見ることができる）

神経活性化のパターンが互いに影響し合って高次の一貫性をもった全体をつくり出す総合システムは、ホイヘンスが病床から観察したシステムよりもはるかに複雑である。それでもなお、少し想像をはたらかせれば、感応する共鳴という同一の基本過程が、柔軟な全体論的直感的一体化が心的モデルをつくり出すメカニズムとなっている――そして、その心的モデルを、内的世界と外的世界から届く常に変化し続ける情報パターンに合わせて継続的に微修正し調整し続けている――ことがわかる。この過程が、多くの全体論的直感的な認識を特徴づける、経験への関与感を下支えしている。

共鳴・関与・一体化

知るものと知られるものの関係は、全

体論的直感的な認識と概念的な認識とでは、大きく異なる。概念支配的な（思考する）心において、私たちは、概念を経験に合わせるのにちょうどよい情報だけを取り込む。そして、その概念を使って作業する内的な心的世界に閉じこもる。その瞬間の経験と断絶し、見ている「対象」から分離したままになる。対照的に、全体論的直感的な認識では、相互に影響する現在進行形の関係性にある経験に関与する。このようにして自分の経験とともに「ある」ことによって、全体論的な心的モデルは、常に変化し続けるという経験の特性に合わせて、微妙に修正され調整され続ける。

柔軟な全体論的直感的一体化における認識の性質は、それが基づいている共鳴の基本的な過程を反映している。私たちはそれを「共鳴による認識」とよぶことにする。エッシャーの《描く手》に示唆される関係は、知るものと知られるものが互いに密接に連結している関係である。そこでは、一方は他方から、また、両者の関係性から継続的に影響を受ける、現在進行形の親密な関係を共有する。創造的な一体化への気づきのなかで、感応する共鳴は知るものと知られるものを、相互に影響しなめらかに作用し合う過程のなかで結びつける。刻々と新奇な心的モデルがつくり出されることによって、「内」と「外」が同期し調和し続ける。このとき私たちは、展開する経験にかかわり合い、関与し、満たされている感覚を覚える。

ある詩の全体論的直感的な意味を経験するためには、私たちはそれに十分に「参加する」必要がある。つまり、理想的には、詩を声に出して読み、言葉のもつ音、あるいは言葉が喚起するイメージや連想といったすべての経験に積極的に関与し、さらに、詩が身体にどのように影響するかを感じるようにする。もし詩を事実伝達するだけの文のように読めば――その事実上の意味の主旨を把握するために、ただ表面的にそれをざっと読めば――その全体論的直感的な意味は、私たちをすり抜けていくだろう。なぜ人は誰しも詩をむずかしく考えようとしたがるのだろうか。同じように、もし私たちが大画家の描いた絵をぱっと見て、そこに描かれているものやそれが象徴する物語にすぐ気づいたとしても、全体論的直感的な有意味さの可能性を十分に経験することはない。その可能性は、それに対する私たちの持続的で積極的な探究と密接な関与によってのみ顕わになるのだ。

ゆくゆく、関与・存在・関連性という性質がマインドフルネスや内なる目覚めといった認識の核となる特徴だということをみていく。それらは、人間の経験のそうした領域において基礎的な役割を果たす、根本的な処理パターンを反映している。

第五章では、その核となるパターンについて述べる。そしてその後の章では、マインドフルネスと内なる目覚めの本質的な特徴を理解するために、そのパターンが包含するものについて検討する。

第二部

マインドフルネス編

第五章　マインドフルネス

その中心的根本過程

驚くかもしれないが、マインドフルネスが実際に何を意味するのかについて、一般的な同意はない。このやっかいな事実は、マーク・ウィリアムズとジョン・カバットジンが共編した学術的な論文集につけた題名、『マインドフルネス：その意味・起源・適用に関する多様な視点（*Mindfulness: Diverse Perspectives on its Meaning, Origins, and Applications*）』（2013）に反映されている。次ページの囲み5・1に、これまで出されてきた多様な視点のいくつかを例示する。

この懸念される多様性を評して、スティーブン・ヘイズとケリー・ウィルソン[☆1]は、「マインドフルネスは、時に技法として、時により一般的な方法もしくは技法の集合として、時に結果を生み出す心理学的な過程として、時に結果それ自体として扱われる。これらすべてのレベルを統合する実際の原理は、概して特定されないままである」と指摘している（Hayes & Wilson 2003）。

最後の一文は、ともすると、多様な見方を調和させる力をもった共通の根本原理が存在するかもしれないという、かすかな可能性を喚起する。おそらく、マインドフルネスの現状は、伝統的な盲人と象〔群盲象を評す〕の

☆1　いずれもアメリカの臨床心理学者で、アクセプタンス＆コミットメント・セラピーの考案者。

囲み5・1　マインドフルネスについての見方

マインドフルネスの操作的な作業定義は，一瞬一瞬の経験の展開に対して，意図的に，今この瞬間に，価値判断せず，注意を向けることをとおして現れる気づき，である。

——ジョン・カバットジン（Kabat-Zinn 2003: 145）

マインドフルネスは，生得的なもので，鍛えることのできる，人間の能力である。それは，あらゆる経験に注意と気づきを向ける手助けとなる。それは，ある瞬間に存在するどんなものにも等しく開かれる。それは，好奇心・親愛・慈悲といった態度をもたらす。それは，識別力である。それは，苦しみを減らし，ウェルビーイングの喜びを増やし，意味と甲斐のある生活を送るためにある。

——クリスティーナ・フェルドマン，ウィレム・クイケン（Feldman & Kuyken 2019: 26）

マインドフルネスは，私たちがするべきことを思い出させ，物事を本当にありのままに見つめ，あらゆる現象の真の性質を見つめる。

——ヘーネポラ・グナラタナ（Gunaratana 2002: 142）

私はマインドフルネスを，めいっぱい存在し，めいっぱい生き，心と体が1つになる実践と定義する。マインドフルネスは，今この瞬間に起こっていることが何かを知る手助けをするエネルギーである。

——ティク・ナット・ハン（Nhat Hanh 2008）

私たちは，マインドフルネスの二要素モデルを提唱する。第一の要素は，注意の自己制御からなる。注意が当座の経験に向けて維持され，その結果，今この瞬間の心的な出来事の理解を促すことになる。第二の要素は，今この瞬間の経験に特別な志向性をもつことからなる。それは，好奇心・開放性・受容によって特徴づけられる志向性である。

——スコット・ビショップら（Bishop et al. 2004: 232）

話（囲み5・2）の状況に似ている。

マインドフルネスに関する各々の異なる見方は，——盲人と象の話と同じように——部分的で限定的な視点から眺めた同じ共通の根本的な現実を説明しているのだろうか？　説明レベルを根本的な過程のレベルに落とせば，一つにまとめる秩序を見いだせるのだろうか？

その可能性にまじめに取り組みたければ，日常言語で表現されるマインドフルネスに関する記述を超える必要があるだろう。そうした記述は容易に理解でき，非常に実践

囲み5・2　群盲象を評す

一群の盲人たちは，象とよばれる奇妙な動物が町に連れてこられたと耳にしたが，誰もその姿や形を知らなかった。好奇心から，彼らはこう言った。「私たちは，手で触ってそれを推測し識別しなければならない。それが私たちにできることだ」と。そこで彼らは象を求めて出かけ，それを見つけると手で探った。最初の人は，象の鼻の上に手を置いて，「この生き物は，まるで太いヘビのようだ」と言った。象の耳に手が触れた別の人にとって，それは扇のようなものに思えた。また別の人は，象の足の上に手を置いて，象は木の幹のような柱だと結論づけた。象の腹に手を置いた盲人は，「象は壁だ」と言った。別の，象の尻尾に触れた人は，象は縄だと説明した。最後の人は象の牙に触れ，象は固くなめらかで，まるで槍のようなものだと述べた。

的で使いやすいけれども、マインドフルネスの基本的な性質を正確に指摘することは今のところできていない。

認知科学や認知心理学の概念を使った記述であれば、もっと高い正確さを提供できる可能性がある。それらはまた、長年の心理学的な理論化や研究を経て蓄積された洞察に私たちを直接結びつける、大きな追加のおまけもつけてくれる。これらのより正確な用語で表される分析によって次の可能性が高まる。それは、十分な創意工夫をすれば、実証研究という試練のなかで自分の着想を検証するために、これまで十分に試されてきた心理学的な調査方法を用いることができる、ということだ。それは究極的には、人類がここまで発展してきたことの理解を広げたり深めたりする最も効果的な方法である。

ＩＣＳは、着想を認知科学の言葉で表現することのできる理論的な枠組みを提供する。はじめに、私たちがすでに行なってきた検討から浮かび上がるマインドフルネスについての見方をまとめることとする。次に、認知心理学から二つの鍵となる概念を紹介し、それらを使って着想をより正確に表現・説明することとする。次章以降では、その着想によって、私たちがマインドフルネスとよんでいる現象の多くの相や次元の理解が、いかに高まり、豊かになるかをみていくこととする。

囲み5・3　マインドフルネス：その中核的過程

マインドフルネスにおける中核的過程は，次々と現れる瞬間ごとの経験に関する，新奇でオーダーメイドな心的モデルを柔軟につくり出すことである。この過程は，全体論的直感的な認識に統制されていて，マインドフルな気づきの経験とつながっている。

マインドフルネスについての多様な見方は，つくり出される心的モデルの種類の多様性とともに，同じ根本的な中核的過程の多様な側面を反映している。

中核的な提案

囲み5・3に、私たちがこれまで行なってきた検討から自然に浮かび上がるマインドフルネスの中核的な過程についての、導入的な概要を示す。

この着想については、ティク・ナット・ハン[☆2]が彼の古典である『〈気づき〉の奇跡：暮らしのなかの瞑想入門（*The Miracle of Mindfulness*）』（Nhat Hanh 1987〔2014〕：5）で書いている出来事でもって説明することができる。

> 私は数年前のことを思い出す。ジムと私が一緒に初めてアメリカを旅していたときのこと、私たちは木の下に座ってタンジェリン〔みかん〕を分けていた。彼は、私たちが未来に何をしているだろうと話し始めた。魅力的で心揺さぶるような計画について考えるときはいつも、ジムはその話に夢中になりすぎて、字義通り、現在していることを忘れていた。彼は口の中でタンジェリンの一房を破り、中身を咀嚼し始める前に、次の一房をまた口の中で破るために放り込んだ。彼は、自分がタンジェリンを食べていることにほとんど気づいていなかった。私はただ、「君は、先に口の中に入っているタンジェリンの房をまず食べるべきだ」と言うしかなかった。ジムは、ハッと驚いて自分がしていることを自覚した。
>
> それはまるで、彼がまったくタンジェリンを食べていなかったかのようであ

る。もし何かを食べていたのなら、彼は未来のプランを「食べていた」のだ。

タンジェリンは房に分かれている。もし一つでも房が食べられるなら、おそらくそのタンジェリンをまるごと食べられるだろう。だがもし一つの房も食べられなければ、タンジェリンは食べられない。ジムは理解した。彼はゆっくりと手を降ろし、口の中にすでに入っている房の存在に集中した。彼は考え深げにそれを咀嚼してから、次の房に手を伸ばして口に入れた。

ジムが未来の計画を熟考するとき、概念的な認識（第二章）によって統制された内的な心的ループがジムを心の時間旅行の旅へと誘う。つまり彼は、そうした計画が何を達成するだろうか、それがどうやって達成されるだろうか、と考えるのである。こうした思考中、自動的な一体化は、出来合いの、多くの過去経験から蒸留された、一般的な問題解決方略を備えた全体論的直感的な心的モデルを利用する。こうしたモデルはすでに存在していて、記憶のなかに貯蔵されている。こうして概念的に駆動された目標志向的な処理は、狭く排他的な注意集中を含む（第二章で論じたゴリラ実験のそれのように）。タンジェリンの味や見た目や匂いのような、その状況の別の側面に関するあらゆる情報は、意識の外に押し出される。要するにジムは思考に夢中になりすぎて、「字義通り、現在していることを忘れていた」のである。

心の実行資源（これについてはのちほどすぐ論じる）は、概念に基づいた未来の計画立案に完全に注力されているので、タンジェリンを実際に食べることの管理を自動的な過程が行う。概念的な認識も全体論的直感的な認識も、こうした側面の経験を処理することに関与していない。つまり、ジムの食事は「自動操縦（automatic pilot）状態」ということだ。

そこでティク・ナット・ハンは、ジムの注意を今起こっていることに引き戻し、自分の現在の経験に気づくよう

☆2　ベトナム出身の禅僧・平和運動家・詩人。

に促した。このとき、概念的な認識から全体論的直感的な認識へと主導権が移る。全体論的直感的な認識は、未来の計画に関連する観念ではなく、今の感覚的な経験（第三章）から直接得られる情報――タンジェリンの見た目や味や匂い、タンジェリンの房がジムの口に放り込まれて噛まれたときの物理的な感覚――に焦点を合わせる。常に変化し移りゆく経験へのはっきりとした鮮やかな気づきは、ある瞬間から次の瞬間へと微妙に変化する新たな心的モデルの柔軟な生成に反映される。このダイナミックな一瞬一瞬の創造的一体化は、ジムの経験の別々の要素すべてを切れ目なく一つに結び、一貫性をもった全体や豊かな経験を生み出す。つまり、一つひとつ過ぎゆく瞬間、ジムはマインドフルとなる。

先に私は、認知科学からの二つの鍵となる概念が、囲み5・3に示した概要的な提案の詳細を補完するのに役立つ、と示唆した。今こそ、その概念の一つ目を紹介するときがきた。第四章で私は、柔軟な一体化が内的な心的作業を必要とする、と示唆した。その作業を記述するより正確な心理学的概念を、われわれは今ようやく用いることができる。それは、統制的処理（controlled processing）である。

統制的処理

認知心理学において、統制的処理はしばしば、自動的処理と対比して説明される。「自動的処理は、長期記憶に貯蔵されている学習された一連の要素の活性化であり、適当な入力によって駆動し、その後は主体的な統制がなくとも自動的に進行し、システムの能力の限界を気にしたり、必ずしも注意を必要としたりしない。統制的処理は、素早く容易に立ち上がるが注意を必要とする一連の要素の一時的な活性化であり、（通常は連続的な性質をもつ）能力には限界があり、主体によって統制される」（Schneider & Shiffrin 1977: 1）。

統制的処理は特に、意識的な注意を必要とする新奇なもしくは困難な状況と関連している。一方、自動的処理は、既存のよく反復された心的な習慣によって的確に操作され、しばしば意識的な気づきもほとんど必要ない、慣れ親しんだ状況とより関連している。

認知の中央エンジン

ＩＣＳの枠組みでは、統制的処理とは、概念的な認識と全体論的直感的な認識との間の双方向的な相互作用が表に現れたものである。

認識と意味づけという二つの方向性は、根本的に異なっていて、異なる経験世界をつくり出すとしても、それらはまた密に相互に関連していて、各々がお互いに影響しうるようになっている。概念的な意味のパターンは、全体論的直感的な心的モデルの生成に重要な寄与をしている（図３・３☞p.64）。たとえば、地下鉄の話でいうと、たった一つの新しい概念的な情報（「彼らの母親が一時間前に亡くなった」）は、コヴィーの心的モデルをすっかり変容させた。同様に、全体論的直感的なモデルは、概念的な意味を生成する。心的モデルは潜在的知識が豊富である。この潜在的知識によってわれわれは、推論を行なったり、含意を汲んだり、重要なところでは、異なる行為の結果や次に何が起こりうるかを予測することができる。

地下鉄の逸話において、母親の死という知らせを聞いて生み出された心的モデルの潜在的知識は、「子どもたちは、たった今母親を失ったから、感情的になっている」といったような思考（概念的な意味）を生み出す。この新しい考えは次に、新しく、わずかに異なる心的モデルを形成しうる。このモデルは続いて、さらなる概念的意味を生み出しうる……そのように、継続する往復的交換によって、その状況についての幅広い理解が促され、その状況への反応の仕方が開拓されることになる（図５・１）。

ＩＣＳが示唆するのは、図５・１に示される双方向的な相互作用――ダイナミックな「会話」――は、人間の

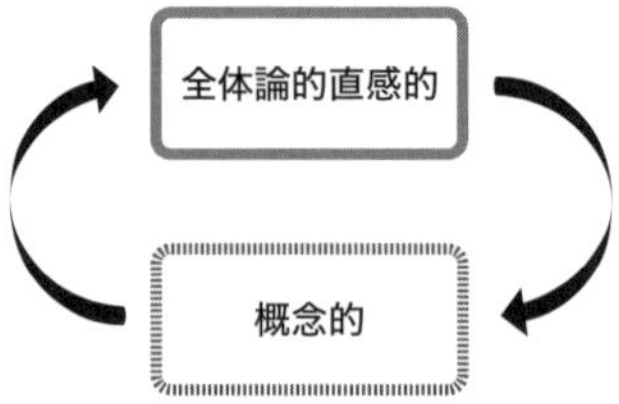

図5・1　認知の中央エンジン。「会話する」全体論的直感的認識サブシステムと概念的認識サブシステム。

心における統制的処理のあらゆる形態を下支えしている、ということだ。この鍵となる役割を考慮して、フィル・バーナードと私は、このダイナミックな自己統制パターンを「認知の中央エンジン（central engine of cognition）」とよんだ。このパターンが果たしている機能は、ほかの心理学的なアプローチが「中央実行系（central executive）」あるいはいわゆる「実行資源（executive resource）」に割り当てているものである。

◈二種類の統制的処理

どんな会話でも、認知の中央エンジンにおける交換の結果は、どちらのほうが主導しているかに大きく依存することになる。ＩＣＳは、二つの異なる統制的処理があることを示唆している。第一の処理では、概念的な認識が会話を「担って」いる。この配置だと、全体論的直感的な一体化はその大部分が自動的である。つまり、記憶のなかにすでに存在する出来合いの心的モデルを利用している。第二の処理では、全体論的直感的な認識が会話を「担って」いる。この配置では、全体論的直感的な一体化は柔軟で創造的である。つまり、新奇な心的モデルをつくり出すことができる。

どちらの認識形式も特定の情報の流れを処理することを担っていないとき、心は、その情報に関する限り「自動的に」作動している。

図5・2には、二つの認識方法が相互作用する三つの異なるパターンの概略を描いてある。

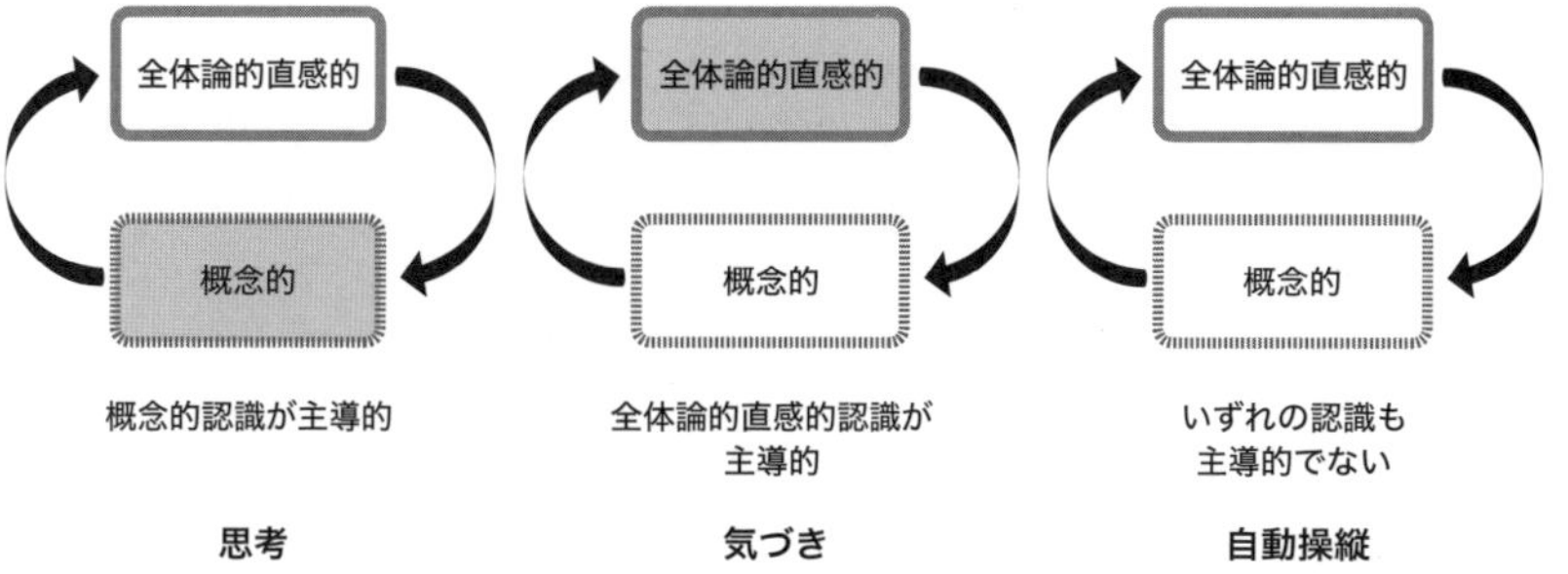

図5・2　認知の中央エンジンの3つのモデル。グレーの網かけは，処理の主導権をもっているサブシステムを示している。

図5・2はまた、異なる会話パターンと二つの異なる主観的な経験との間のつながりも示唆している。統制的処理が意識とつながることは、心理学者の間では広く同意されている。ICSはさらにその先へいく。ICSは、概念的な統制的処理と全体論的直感的な統制的処理を、意識経験の異なる性質に関連づける。つまり、概念的な認識が統制的処理を仕切っている場合、私たちの経験は思考している状態にある。一方、全体論的直感的な認識が統制的処理を担っている場合、意識は豊かな経験への気づきをもっている。そして、どちらも統制的処理にかかわっていない場合、心は自動操縦状態で情報を処理している。そこでは、経験の諸側面への意識はほとんどない（この違いについては、より詳細に第七章で論じることとする）。

概念的な統制的処理と全体論的直感的な統制的処理との間の違いは、ワーキングメモリ――私たちの説明を豊かにし深める、認知心理学からの鍵となる概念の二つ目――における違いと密につながっている。

ワーキングメモリ

ワーキングメモリは心のなかの作業場であり、限られた量の情報を短時間保持することができ、同時に情報がそこで作業される（処理される）。ワーキングメモリでは、別々の情報（部分）が一緒になって新しくより広いパターン（全体）が生まれる。それは、別々の部分の合計とは違う、より大きな性質を備えている。こうした新しいパターンは、新しい理解や行為を形成することになる。たとえば、この文章の単語は、一度に一単語ずつ処理をすれば、各々が独立していて、非常に限られた意味しか伝達しないだろう。一方で、同じ単語が、ワーキングメモリに保持され、一緒のものとしてみられてより広い情報パターンを生み出せば、より豊かな意味を運ぶことができる。

ワーキングメモリは、この瞬間の情報、最近の情報、（長期記憶からの）過去の情報を統合して、一貫性をもった全体を生み出すことができる。たとえば、小説を読む際、ある瞬間における理解は、たった今読んだ文に含まれる単語のみならず、数分前に読んだ同じ章のほかの文の単語も、また、先週読んだ前の章の文の単語も反映している。こうした情報の全体パターンは、一貫性をもった全体を生み出すためにワーキングメモリに一緒に保持されながら、豊かで多層的な意味や理解を伝える。

◆異なる種類のワーキングメモリ

ＩＣＳは、多くのさまざまな種類のワーキングメモリを区別していて、[1]それぞれが異なる種類の情報を扱うことに特化している。重要なこととして、そのような特化が意味するのは、各々のワーキングメモリは一種類の情報しか扱うことができず、各々の異なる情報はそれ自身に特化したワーキングメモリでしか処理されない、ということだ。

私たちにとって最も興味深いワーキングメモリは、心がもつ二つの異なる認識方法を処理するワーキングメモリである。

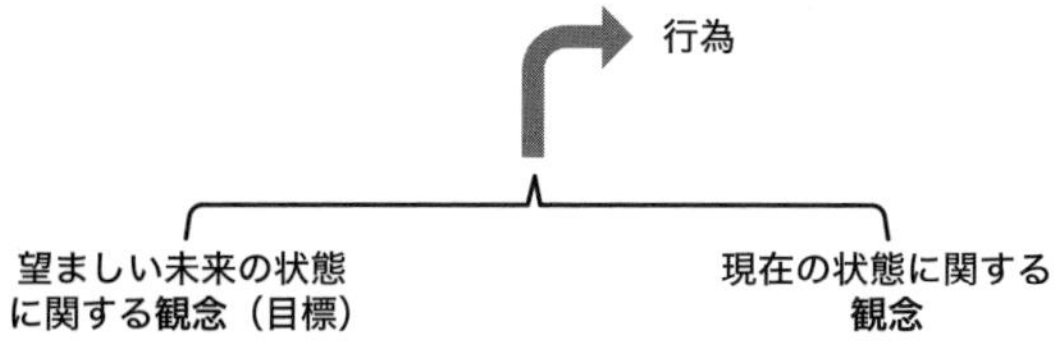

図5・3　概念的なワーキングメモリは，実際の状態に関する観念と望ましい状態に関する観念が比較される場所を提供する。

○概念的なワーキングメモリ

概念的なワーキングメモリでは、異なる概念や観念にかかわる情報パターンが一緒に同時にまとめられる。これによって、異なる観念の間の関係が、もしその観念が互いに独立して別々に処理されるのであればできなかったようなやり方で、評価されるようになる。この能力は、柔軟な目標志向的処理にとって重要である（第二章）。つまり、ここでは、物事の現在の状態に関する観念と未来の目標に関する観念とを比較することによって、行為が導かれる（図5・3）。

この比較によって、もしこれら二つの観念を別々に考慮したら単純にはできないようなやり方で、両者の間のギャップを減らす方向に行為が導かれる。こうした理由から、概念的なワーキングメモリの積極的な関与は、目標を達成するための概念的な方略にとって本質的である。それはまた、どうあるかという観念とどうあるだろうかあるいはどうあるべきかという観念とを比較すること――たとえば、第一章で議論したセルフ・ディスクレパンシー理論で浮き彫りにした比較のようなもの――で決まるほかの方略にとっても本質的である。

○全体論的直感的なワーキングメモリ

全体論的直感的なワーキングメモリでは（図5・4）、さまざまなパターンの全体論的直感的情報を見渡す能力によって、別々のパターンをより広い全体へと統

▼1　ＩＣＳは実際、ワーキングメモリというよりもむしろ、メモリーバッファ（memory buffer）あるいはイメージレコード（image record）という概念を使うが（Barnard 1999）、ただ、ここでの目的に照らせば、それらの用語は互換性のあるものである。

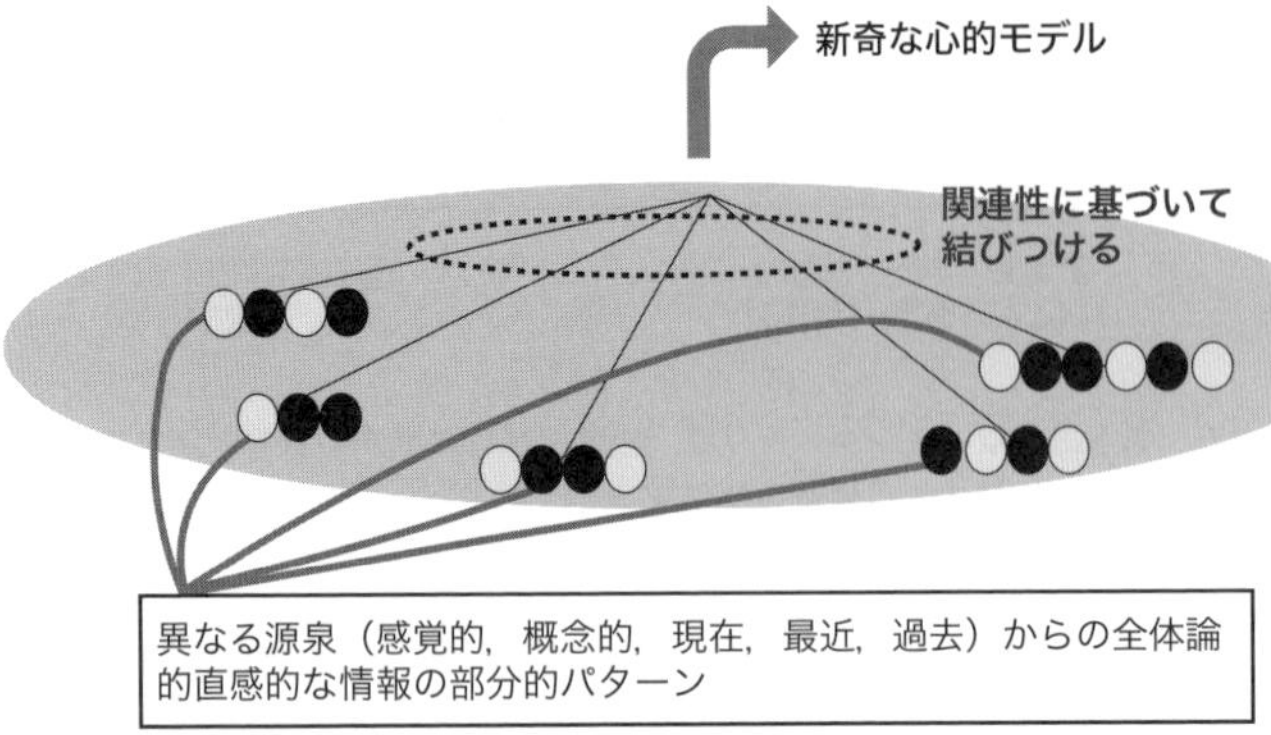

図5・4　全体論的直感的なワーキングメモリは，柔軟な一体化をとおした新奇な心的モデルの生成にとって本質的である。

合する――その結果、新奇な心的モデルを形成する――道が開ける。

全体論的直感的なワーキングメモリの作業場では、さまざまな源泉――今現在の感覚的入力と概念的入力、最近処理された心的モデル、長期記憶からアクセスされる貯蔵された心的モデル――から得られる全体論的直感的情報の断片が一つに結び合わさって、瞬間ごとに届く情報に最も合う一貫性をもった心的モデルを生み出す。それは、色のついたガラスの別々の断片すべてが最も気持ちよくまとまったパターンへと落ち着くまでの万華鏡に少し似ている。ここでの一体化の過程は、より大きな一貫性と結びついたポジティブ感情によって自己誘導されていく（第四章）。

ワーキングメモリにおいてさまざまな情報の断片を一つに結び合わせる過程は、創造的な全体論的直感的一体化の核心に位置する。第八章でみていくように、この過程は、苦しみを生み出す心的モデルを変えることによって苦しみを癒す方法を提供する。もし全体論的直感的情報が互いに独立して別々に処理されるのであれば、柔軟な全体論的直感的一体化も苦しみの癒しも起こりえない。全体論的直感的なワーキングメモリの積極的な関与は、全体論的直感的な統制的処理にとって、また、柔軟な一体化をとおした新奇な心的モデルの生成にとって、本質的である。

◆ワーキングメモリと主観的な経験

多くの心理学者は、ワーキングメモリは意識的な気づきと関連していることを示唆してきた。つまり、どの瞬間も私たちは、ワーキングメモリで今まさに処理されている情報によく気づく、ということだ（たとえば、Baddeley 2000; Baars & Franklin 2003）。ＩＣＳはさらに、私たちが何に気づいているかばかりでなく、それをどのように意識しているか、つまり、私たちの主観的な経験の性質にも、ワーキングメモリが影響することを示唆している。各ワーキングメモリは異なる種類の情報を処理するので、どの瞬間の主観的経験の性質も、その時点で活動し主導しているワーキングメモリを反映していることになる。先に議論した、概念的な統制的処理と全体論的直感的な統制的処理の質の違い（図５・２）は、概念的なワーキングメモリが活動していて前者で「営業している」か、あるいは、全体論的直感的なワーキングメモリが活動していて後者で「営業している」か、といった事実を反映している。

この考えは、かなり重要な含みをもっている。それは、その瞬間の背景で心がどのような形態かを示す指標として、主観的経験を用いることができる、ということを意味している。鮮やかにかつ豊かに今現在の経験――見た目、音、匂い、味、身体感覚、感情、フェルトセンス、（経験の側面としての）思考――に気づいていることは、全体論的直感的なワーキングメモリと全体論的直感的な統制的処理に関与していることをさしている。一貫性をもった柔軟な一体化がある程度の時間持続しているときは、ポジティブ感情をともなう（第四章）。

一方、思考しているという主観的な経験――特に、思考に埋没・没頭している感覚――は、概念的なワーキングメモリと概念的な統制的処理が関与していることを示している。じき論じる理由から、心がこの形態だと、柔軟な全体論的直感的一体化は不可能である。

経験の側面に、もしまったくのところ、ぼんやりとしか意識が向いていない自動操縦で生きているといった感覚ならば、それは、そうした経験の側面に関して自動的に情報を処理している、ということを物語っている。

こうした考えを説明するために、地下鉄の話を用いることができる。子どもたちの手に負えない行動に対するコヴィーの最初の反応は、概念的なワーキングメモリが支配した統制的処理を反映していた。子どもたちの喚き暴れる行動は、父親の明らかな無関心と合わさって、概念的なワーキングメモリにおけるディスクレパンシー（食い違い、ズレ）を生み出した。つまり、一方には、家族の行動を描写する観念があり、もう一方には、彼らがどう振る舞う「べき」かの基準を反映した観念があった。

このディスクレパンシーは自動的に、「社会的規範の侵害／お粗末な育児」に関連した、長期記憶にもともと存在する心的モデルを活性化した。こうしたモデルの活性化は、公正な裁きや苛立ちといった感覚を引き起こした。それはまた、「安全で平和な」理想的自己を維持したいという願いに対する脅威が持続することを予測させた。概念的な目標志向的処理は次に、この脅威をいかに避けるかに対処することに切り替わった。つまり、コヴィーが、いかにして家族に「すべき」ように振る舞わせることができるか、一方同時に、自分自身が「理性的」で「行儀よく」あるべきだと求める、彼の義務自己の要求に反しないように、である。このことが意味するのは、たとえば、立ち上がって父親に怒りの言葉を浴びせようとする、自動的に駆動されたどんな衝動も抑制しなければならない、ということだ。

十分概念的に熟慮したのち、コヴィーは「並はずれた忍耐と自制だと感じるものをもって」行為した。つまり彼は父親に、彼のやり方の間違いを諭し、彼のわがまま放題の子どもたちについて何かするよう示唆した。

この概念的に支配されたモードでは、コヴィーの心は、現実―理想と現実―義務のディスクレパンシーとそれについてすべきことに関する観念に、排他的に焦点を合わせていた。この狭い焦点が、状況のより広い側面――なぜその家族はそのように振る舞っているのだろうかに関する手がかりのようなもの――へのいかなる気づきも排除した。この異例な状況を理解するための新奇な心的モデルをつくり出すよりもむしろ、コヴィーの心は、すでに記憶のなかで手に入る、公正な裁きや非難に関連した古い心的モデルを利用したのだ。

もちろん、コヴィーの介入が「彼らの母親が一時間ほど前に亡くなった」というきわめて重要な新しい情報を引き出した途端、この状況は一変した。この新しい情報は、新しいモデルの生成を早急に行う必要性を促した。そして、それによって心の形態の転換が必要となった。つまり、全体論的直感的なワーキングメモリが主導している形態への転換だ。そこで柔軟な全体論的直感的一体化は、過去と現在の、関連するあらゆる情報源を利用し、その異例な状況の詳細に合わせたオーダーメイドの新奇な心的モデルをつくり出すことができた。おそらく、このとき初めて、コヴィーの心はその時点で全体論的直感的なワーキングメモリに現れたその特別なモデルをつくり出した。この新しいモデルは、その状況のすべての側面を、一貫性をもった全体へと変化させた。それは、全体のもつ重要性へのはっきりとした気づきや、思いやりのある共感的な感情や行動の自発的な高まりを、直接的にもたらした。「自分の態度や行動を統制する心配の必要もありませんでした。私の心は、その男の感じている痛みでいっぱいでした。共感と慈悲の感情が勝手にあふれました」。全体論的直感的なワーキングメモリが主導している状態でのこうした反応の、注意深いけれど自発的な性質は、衝動的な「内臓レベル」の自動的な反応（立ち上がって父親を怒鳴り散らすこと）や、概念的認識が担っている計算的で統制的な問題解決アプローチと、著しく対照的である。

◆一時には一種類のワーキングメモリだけ

ワーキングメモリに関するＩＣＳの視点には、強調すべき最後の決定的な側面がある。これは、概念的な認識が統制的処理を担って心が作動している場合には、心は新奇な心的モデルを生み出すことはできない——心は、すでに記憶に貯蔵された現存するモデルに依存しなければならない、という点だ。

この制限は、心のはたらき方に関するＩＣＳの見方のなかの基本的な前提を反映している。つまり、概念的な

囲み5・4　マインドフルネス：その中核的過程

マインドフルネスにおける中核的過程は，次々と現れる瞬間ごとの経験に関する，新奇でオーダーメイドな心的モデルを柔軟につくり出すこと（あるいは，現存する心的モデルを微調整すること）である。この柔軟な一体化の過程は，全体論的直感的な統制的処理に基づいている。それは，マインドフルな気づきの経験とつながっていて，全体論的直感的なワーキングメモリが活動し主導する心の根本的な形態に依存している。

マインドフルネスについての多様な見方は，この同じ根本的な中核的過程と心の形態の多様な側面を——つくり出される心的モデルの種類の多様性とともに——反映している。

ワーキングメモリと全体論的直感的なワーキングメモリは、両方が同時に「はたらく」ことができない、ということだ。この基本的な作用原則は、概念的な統制的処理がある方向の目標に向かって作動する場合に生じる行為と、全体論的直感的な統制的処理が競合する方向へと促す行為との間に葛藤が生じる問題を防ぐために必要である。重要なのは、これが、概念的なワーキングメモリが目標志向的処理や拡張された言語的概念的思考を管理するのにかかわっているときに、柔軟な全体論的直感的一体化のために全体論的直感的なワーキングメモリが利用できない、ということを意味する点である。別の言い方をすると、幸福を達成するための目標志向的なアプローチに携わることで、柔軟な全体論的直感的一体化ができなくなるのである。つまり、目標志向的アプローチは非効果的で逆効果であるばかりでなく（第一章）、新奇な心的モデルをつくり出す柔軟な全体論的直感的一体化の可能性を積極的に阻むことになる。

マインドフルネス：その根本的中核過程

統制的処理とワーキングメモリの概念を導入することで、私たちは今、マインドフルネスに関するＩＣＳの視点をより正確に記述するところにきている（囲み5・4）。

次章からは、この中核的なＩＣＳの視点がマインドフルネスの実践と使用をいかに説明するかをみていくこととする。第六章では、この視点によってマインドフルネスをどのように育むかを理解する手助けとなる方法について検討することから始める。

第六章　マインドフルネス
その方法

第五章では、マインドフルネスとは何かに関する意見の一致はほとんどないことが示唆された。一方、マインドフルになるために私たちがすることについては、広く同意されている。そのため、マインドフルネスの涵養は、ＩＣＳの視点についてさらなる探究を始めるよい地点となる。

マインドフルネス訓練は、私たちがいかに心の形態を自由に変えることができるかを教えてくれる。私たちは、心の習慣的な形態――そこでは、概念的な統制的処理か自動的処理が支配している――から、全体論的直感的な統制的処理が支配的なパターンである形態へと転換する方法を学ぶ。私たちの心の形態と私たちの脳の活動パターンの密なつながりを考えれば、心の形態を変えるために学ぶスキルはまた、私たちに脳の活動を変える力を与えてくれる（たとえば、Farb et al. 2007; Wheeler, Arnkoff, & Glass 2017）。

マインドフルネス訓練によって私たちは、新奇でオーダーメイドな心的モデルの構築を支える形態へと心を徐々につくり変えていくスキルが身につく。マインドフルネス訓練はまた、より健全な心的モデルを育てる方法を提供する。私たちは、違う角度から注意を払うことを学ぶことで、この両方を実行するのである。

意図的に、今この瞬間に、価値判断せず、注意を向ける

よく知られているように、ジョン・カバットジンは、マインドフルネスとは「ある特別なやり方で、つまり、意図的に、今この瞬間に、価値判断せず、注意を向けること」(Kabat-Zinn 1994: 4) だと述べている。この手引きをもっとよくみてみると、全体論的直感的な統制的処理を促す技法についての驚くほど簡潔で正確な処方箋であることがわかる。

処方箋は、「意図的に」注意を向けることの示唆から始まる。「意図的に」という表現は、統制的処理の関与を直接的にさしている。というのも、あらゆる心理学的な枠組みが、目的をもった意図的な行動はそうした処理に依存することを認めている。ただ、ここで関与しているのは、概念的な統制的処理なのだろうか、それとも、全体論的直感的な統制的処理なのだろうか？　処方箋の残りの部分がはっきりと示しているのは、マインドフルネス訓練が、特には全体論的直感的な統制的処理を促す方法である、ということだ。

まず、ジョン・カバットジンの教示は、「今この瞬間に」注意を向けるよう私たちをいざなう。感覚入力と密につながることをとおして、全体論的感覚的な認識が今ここに接地し錨を降ろす。一方、概念的な認識は、今現在の感覚入力と直接的なつながりはない。それは漂流し、勝手に心の時間旅行に浸って、過去や未来についての観念を旅する。このため、「今この瞬間に」注意を向けるという教示は、概念的な統制的処理よりも全体論的直感的な統制的処理を促す可能性がはるかに高い。

「価値判断せず」注意を向けるという助言は、全体論的直感的な統制的処理の関与をさらにいっそう強く示している。この文脈において、価値判断しないということは、評価的な判断をしないということを意味する。それは、物事が今どのようにあるかについての観念と、それがどうあるべきか、あるいは、それがどうなってほしいかに

ついての観念とを比較すること——セルフ・ディスクレパンシー理論において中心的に描かれる、現実—義務もしくは現実—理想のディスクレパンシー〔食い違い、ズレ〕に基づいた判断のようなもの——である。こうした判断はある観念と別の観念との比較に基づいているので、概念的なワーキングメモリの関与が必要となる。価値判断せず注意を向けるためには、概念的なワーキングメモリや概念的な統制的処理に従事せず、その代わり、全体論的直感的な統制的処理を作動させるのである。

ICS視点のレンズをとおしてみれば、マインドフルネスに関するジョン・カバットジンの一九九四年の独創性に富んだ記述は、自動的処理や概念的な統制的処理ではなく全体論的直感的な統制的処理を促進する可能性の高い注意の向け方についての、正確な処方箋を提供している。

ICSの視点はまた、カバットジンの処方箋に従って最善を尽くす際にしばしば「問題」だと思われていることについて、異なる見方を私たちに与えてくれる。正式なマインドフルネス瞑想の教示は通常、息が体を出たり入ったりするときの身体感覚の変化パターンのような、ある特定の対象に注意を集中し維持するよう促す。すると、遅かれ早かれ（通常は早々に）、注意が漂い始め、マインドワンダリング（心のさまよい）あるいは全般的な気づきの消失のなかに迷い込んでいる、ということに気づくことになる。大概、これは何度も何度も起こる。概念的な目標志向的処理に備えた心の視点からすると、こうした反復的な心のさまよいは「失敗」である。つまり、呼吸に注意を向け続けるという目標に届かなかった、ということである。ICSの分析は、もっと希望的な見方を提供する。そこでは、注意がさまようたびに、心の形態を変化させることを実践する貴重な機会が与えられているのだ、としている。そうした「失敗」は私たちに、概念的な統制的処理から離れ、全体論的直感的な統制的処理へと転換するスキルを身につける機会を次から次へと与えてくれているのである。これはまさに、苦しみを変容させ（第八章）、内なる目覚めの道をたどる（第十四章）ために必要なスキルである。

気づきを保つ

マインドフルネス訓練は私たちに、どのようにすれば意図的に心の形態を変えることができるかを教えてくれる――それはかなり力強く、本当にとてもすぐれたものである。こうしたスキルの学習に限っていえば、「意図的に、今この瞬間に、価値判断せず」にどこに注意を集中するかは、あまり問題ではないかもしれない。鍵となるのは、私たちがマインドフルにあることを学ぶ、ということである。

ただ、自らのマインドフルネスを微調整する必要があるときや、特定の経験領域にマインドフルネスを適用しそこでそれを維持する方法を知る必要があるときには、時間もかかる。たとえば、マインドフルネスのもつ癒しや解放のパワーを身体的な痛み――背中に感じている、強く、刺すような感覚――のような問題領域に集中させたいと願うことがあるかもしれない。あるいは、感情的な痛み――胸のあたりに経験する、喪失の重たいフェルトセンス――に集中させるかもしれない。こういう場合に、気づきを保つスキルの学習が真価を発揮する。この実践においては、（今この瞬間に、価値判断することなく）関心をもった思いやりのある注意を、問題となっている経験面に丁寧に向けて、その集中を静かに維持する。そして――矛盾しているようにみえるかもしれないが――なんとしても変化したいとか不快な経験を一掃したいとか思わずに、できる限りそれを続けるのである。

ＩＣＳの視点は、この実践を、気づきと全体論的直感的なワーキングメモリとの間に存在する密な関係の巧みな応用と理解している。第五章で述べたように、認知科学者は一般的に、経験に関する意識は、関連する情報がワーキングメモリ内に保持され処理されている証拠とみなす。さらにＩＣＳは、私たちが経験する意識の種類は、関与しているワーキングメモリの種類によって決定される、ということを示している。つまり、マインドフルな気づきに特有の主観的性質は、全体論的直感的なワーキングメモリにおいて関連情報が処理されている、という

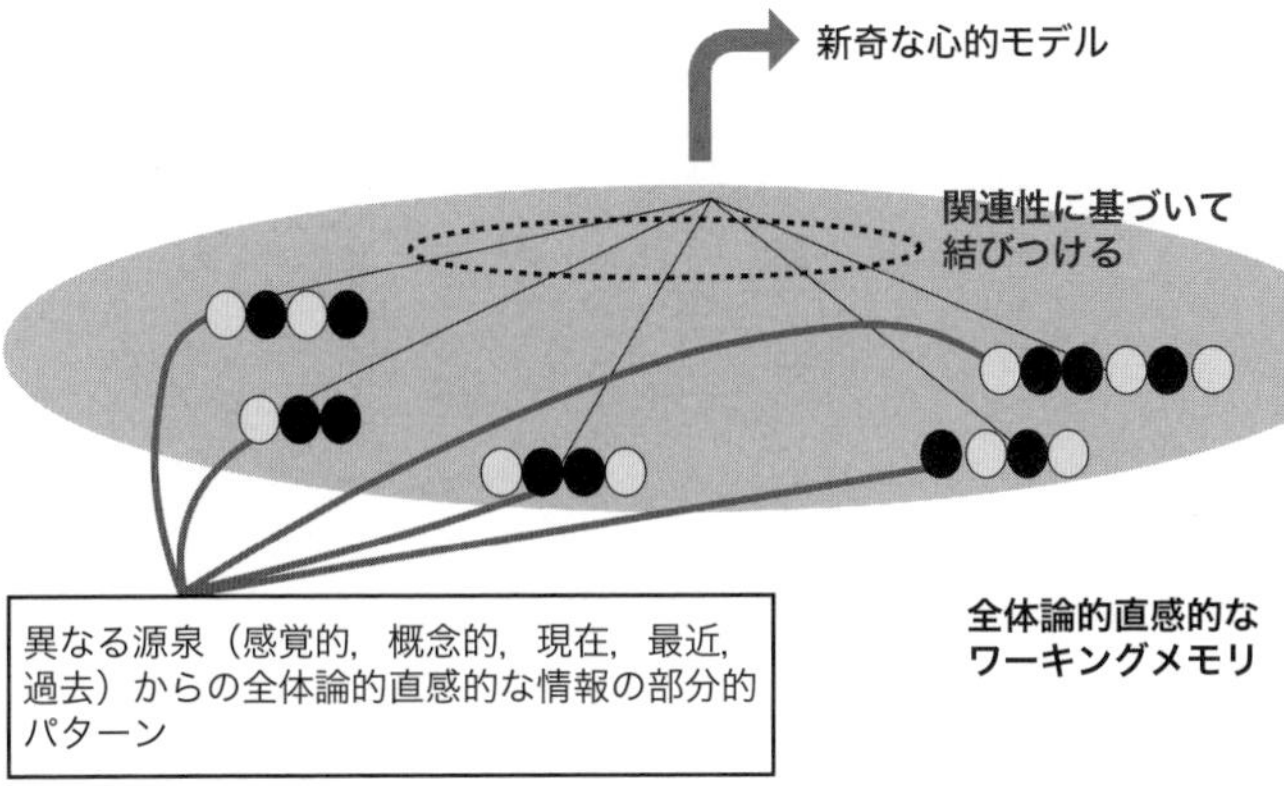

図6・1　気づきを保つこと。全体論的直感的なワーキングメモリにおける新奇な心的モデルの生成。

ことを特に示しているのである。

この視点から、私たちは、経験に関するマインドフルな気づきは、そうした経験の関連情報が全体論的直感的なワーキングメモリで処理されているという、一つの目印――言うなれば、旗――だと考えることができる。経験にマインドフルでいることは、経験に関連する情報パターンを全体論的直感的なワーキングメモリの作業場に丁寧にもっていくための、巧みな方法である。そこでは、一体化へと向かう心の内在的な能力が、情報の部分的パターン間の関連性のつながりを見いだしたり生み出したりして、それらを新しい心的モデルという全体へと統合するのである。経験をマインドフルな気づきに保持している間、一体化は新奇な心的モデルを構築する。そのモデルによって私たちは、困難な、あるいは、望まない経験を新しい方法で――たとえば、行ったり来たり、満ちたり欠けたりする、非永続的で非個人的な出来事として――見つめることができるようになる。こうしたモデルによって私たちは、より大きな受容とやさしさでもってそうした経験とともにあることができるようになる（図6・1）。

「私たち」がこうした一体化をするのではない。それはすべて、一体化へと向かう心の内在的な能力をとおして「自ずと」生じる。ジョン・カバットジンは同じ過程を次のようにより色彩豊かに描いている。「気づきは、あらゆるかけらを入れた鍋であり、まるでニンジンやサヤエンドウやタマネギなどを切り刻んで全部放り込んで、調理して一つの全体、つまり、スープそれそのものをつくるスープ鍋のようである。しかし、それは魔法使いが使うような魔法の鍋である。なぜなら、それは何もすることなく調理するからだ。下に火をつけることさえしない。気づきはそれ自体、継続する限り、調理をしていることになる。気づきを保っている間、かけらをかき混ぜていればよいのである。心と身体に起こることはなんでもその鍋に入って、スープの一部となる」(Kabat-Zinn 1994)。

「私たち」がこの一体化をするわけではないのだが、それでもなお、私たちは全体論的直感的なワーキングメモリのなかで生み出される心的モデルの種類に影響を与えることができる。重要なのは、この可能性によって私たちが、苦しみを変容させたり(第八章)、心と身体を目覚めさせたりする(第十三章)心的モデルを形成することができる、ということである。

気づきのなかに困難な、あるいは、問題のある経験を抱えている際に、しばしば、それらがどのように身体に現れているかにマインドフルでいることをすすめられる。同じことがほかの多くの経験にもいえる。これはなぜなのか?

なぜ身体なのか?

このように、身体に関して、彼[☆1]は内面的に身体をじっと見つめ続ける、あるいは、外面的に身体をじっと見つめ続ける、あるいは、内面と外面の両方の身体をじっと見つめ続ける。彼は身体の中で立ち上がってくるものの様子をじっと見つめ続ける、あるいは、身体の中で消えていくものの様子をじっと見つめ続ける、あるいは、身体の中で立ち上がってくるものと消えていくもの両方の様子をじっと見つめ続ける。「身体がある」というマインドフルネスが、ありのままの知と持続的なマインドフルネスのために必要な程度に、彼

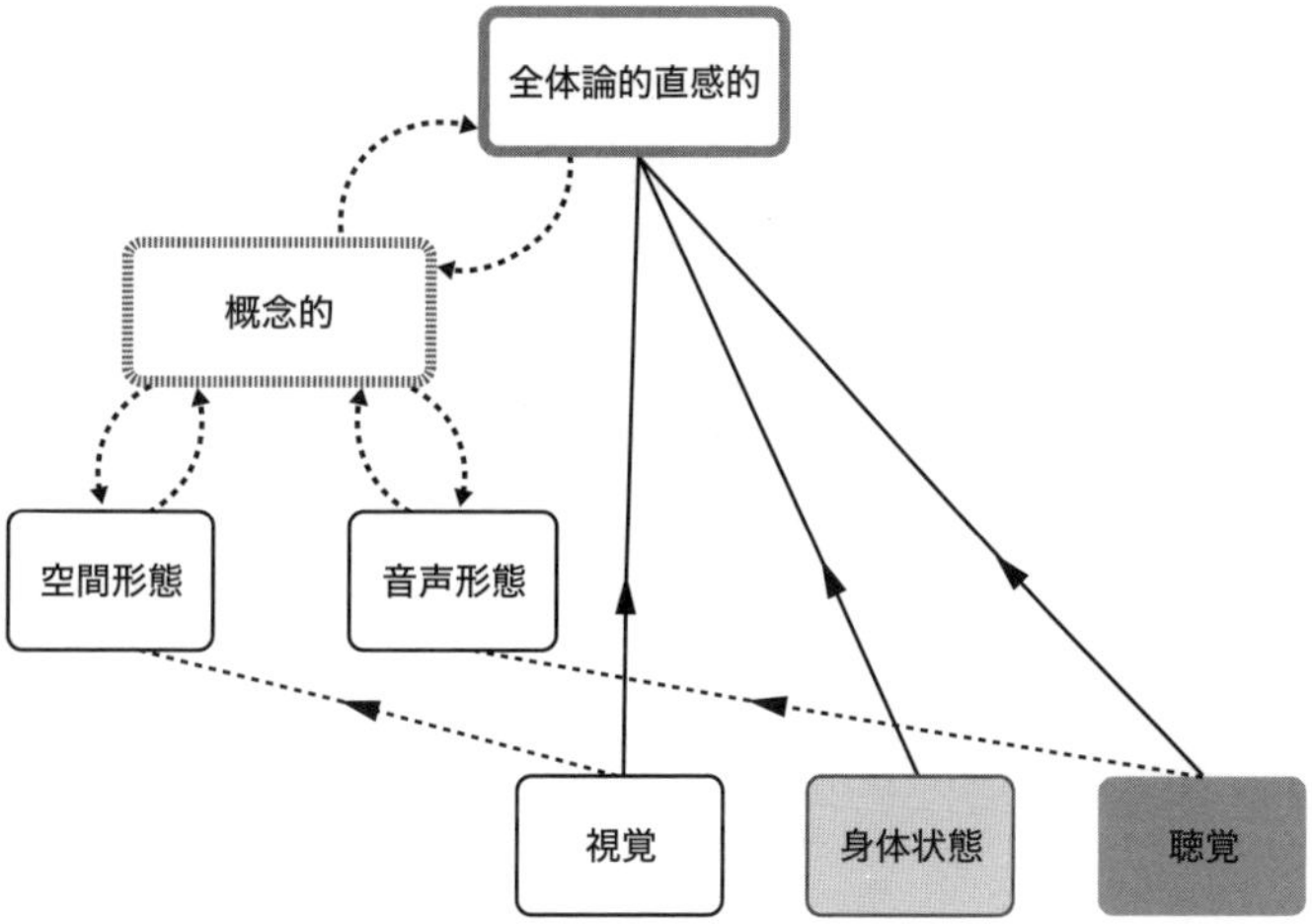

図6・2　人間の心に関するICSの概略図。情報が感覚系サブシステムから全体論的直感的サブシステムへと通じる直接的な経路（実線）と間接的な経路（破線）を示す。

のなかにでき上がる。（念処経[▼1]より）（Anālayo 2003: 4）

マインドフルネスの訓練や実践へと向かうあらゆるアプローチが――少なくとも最初は――身体のマインドフルネスを中心的なステージに据える。そのような最も重要な地位を与えられる身体にはどんな利点があるのか？

身体感覚は、視覚や聴覚と同じように、今――この瞬間に――しか起きないので、「今この瞬間に」注意を向けるにはうってつけの焦点を提供する。この点で、身体は目や耳のようなほかの感覚源と特別異なるわけではない。

しかし、ＩＣＳの分析では、身体に独自な、鍵となるさらなる利点があり、それは人間の心の進化的な歴史から直接導かれることが示唆されている。図6・2は、人間の心の全体像を表す。

図を注意深く見てみると、身体的な情報は身体状

☆1　実践者。

▼1　ブッダが彼の弟子に与えた、マインドフルネスを養うための、もともとの教示。

態系サブシステムから全体論的直感的サブシステムに一つの経路——直接的な経路——しかもっていないことがわかるだろう。対照的に、視覚と聴覚は二つの経路をもっている。一つは直接的な経路で、身体状態系サブシステムのものと同じである。もう一つは間接的な経路で、まず、言語関係と空間関係を扱う情報の中間レベルを通り、さらに、概念的認識のレベルも通って、最終的な全体論的直感的サブシステムに到達する。

これらの間接的な経路は、私たち霊長類の祖先が社会集団のなかで巧みな手作業を管理できるようにした心の発達の遺産である。そうした仕事は、視覚的情報と聴覚的情報を処理するための洗練された能力を発達させる必要があった。重要なのは、そうした仕事は、身体状態系サブシステムによって処理される身体情報のようなものに対応する能力を発達させる必要はなかった、ということである（Barnard et al. 2007）。このため、身体状態系サブシステムからの情報は、視覚系サブシステムや聴覚系サブシステムからの情報と違って、全体論的直感的サブシステムへと向かう唯一の、直接的な経路しかもっていないのだ。この点、身体的な情報の処理は、霊長類以外の哺乳類がもつ心の簡潔さを多分に受け継いでいる。

この配置は、身体情報が、聴覚関連の情報や視覚関連の情報と違って、全体論的直感的サブシステムに到達する前に概念的処理の段階を通らない、ということを意味する。このため、身体情報は、マインドワンダリングや白昼夢といった内的な心的世界を生み出す概念的サブシステムを中心とした内部ループに呼びとめられ、向かわされ、絡め取られる可能性は低い。心をかき乱すそうした影響から自由なため、私たちが身体を、全体論的直感的なワーキングメモリやマインドフルな処理へと向かう直接的な「王道」とみなすのは当然だろう。

全体論的直感的な心的モデルに埋め込まれた意味を形成するのに身体感覚が寄与していること（第三章）は、正式なマインドフルネス訓練において身体感覚を強調することのいっそう強力な理由である。たとえば、マインドフルネス瞑想の教示は、まっすぐ堂々とした姿勢をしたり、半分笑っているような表情をしたりするよう促すことが多い。このようなやり方で身体を整えることで、私たちは、心のなかに形成される心的モデルの種類を決める簡潔かつ直接的な方法を得る。すなわち、堂々とした態度を身体化することで、同じような態度をそうしたモデルのなかに組み込み、また、微笑むことで、思考や感情や行為を形づくるモデルのなかに親善や友好といったテーマを育むのである。

また、身体感覚へのマインドフルな気づきによって私たちの心は、この情報源をより意識的かつ効果的に用いることができるようになる。第三章において私たちは、身体からの情報が重要な人生の決定や判断に強い影響力をもっていることをみた。身体からの情報はまた、感情障害を持続する自己永続的な循環において重要な役割を果たしている（第八章）。たいてい、私たちはこうした影響にまったく気づいていない。このせいで私たちは、自動的な一体化をとおして身体感覚によって記憶から発動される、貯蔵された心的モデルのなすがままになっているのだ。こうしたモデルは、役に立たないことが多い。身体感覚へのマインドフルな気づきは、こうした自動的な一体化から私たちを解放することができる。それは、創造的で柔軟な一体化が、不確かな感覚を概念的な情報と統合することによって、新奇な、より適応的な心的モデルをつくり出すことを可能にする方法を与える——そのモデルによって私たちは、自己永続的な感情の循環から解放され、また、より賢明な人生決定ができるようになる。

初心者の心

マインドフルネス訓練は、違ったやり方で注意を向けることを学ぶものである。私たちは、「意図的に、今この瞬間に、価値判断せず」注意を向けるようすすめられると同時に、また、ある特定の性質の態度を注意に染み込ませるよう促される。この性質は、つくり出される心的モデルの種類に強く影響する。それほど明らかになっていることではないが、こうした性質はまた、心の形態におけるより一般的な変化も促す。「初心者の心（beginner's mind）」をもつよう奨励することが、ここで私が示すことの例となる。

「初心者の心」は、全体論的直感的な統制的処理が次々と現れる瞬間ごとに新奇でオーダーメイドな心的モデルをつくり出す際に私たちが期待するような主観的経験を、驚くほど正確に描く。私たちは、新奇な経験世界が瞬間から瞬間へとつくり出されるとき、一瞬ごとに生命が新たに展開する感覚を期待する。この可能性は私たちすべてに開かれている。たとえ、技術的にみて、実際の初心者からはかけ離れている人でさえも、である。

「初心者の心」という語句は、鈴木俊隆禅師[☆2]の「初心者の心には多くの可能性があるが、熟達者の心にはほとんどない」(Suzuki 1970: 21) からきている。彼の言葉は、次の二つの対比を見事に簡潔に描写している。それは、(1)「初心者」の心につくり出され、新しくなじみのない反応の仕方とつながっていて、新しい情報に照らして常に調整され洗練される、新奇な心的モデルと、(2) 習慣的で限定的な反応の仕方とつながっていて、「熟達者」の心のなかで自動的な一体化によって利用される、すぐに入手可能な出来合いの心的モデルである。

マインドフルネス実践の教示は、そうした初心者の心が必要とする新奇なモデルの形成にかかわるよう、やさしく説得する。マインドフルネスストレス低減法(ＭＢＳＲ)やマインドフルネス認知療法(ＭＢＣＴ)といったプログラムのはじめに行うことの多いレーズンエクササイズは、参加者が「まるで以前にそんなものは一度もみたことがないかのように」レーズンに関心を向けるよういざなう。ブッダによって示されたもともとのマインドフルネスの教示は、呼吸——生きている間中ずっと知っているもの——という非常になじみのある経験に、新しくなじみのないやり方で関心を向けるよう求める。すなわち、「長く吸っているとき、『私は長く吸っている』と彼[☆3]は知り、長く吐いているとき、『私は長く吐いている』と彼は知る。短く吸っているとき、『私は短く吸っている』と彼は知り、短く吐いているとき、『私は短く吐いている』と彼は知る」(Anālayo 2003: 4) ということである。そして、より最近の教示ではしばしば、唯一無二の、二度と起こらない経験として、各々の呼吸に関心を向けるようすすめられる。こうした教示はすべて、必要とされる新奇な心的モデルを生み出す唯一の方法として、私たちの心が全体論的直感的な統制的処理を採用するよう促す、穏やかな挑戦の機会を提供する。

感情と動機づけ

マインドフルネスは、中立的なあり方でも、無なあり方でもない。本当のマインドフルネスには、あたたかさと慈悲と関心が染み込んでいる。この関与的な注意という明かりの下で、私たちは、真に理解するものだとか人だとかを嫌ったり恐れたりすることは不可能であることを発見する。

——クリスティーナ・フェルドマン（Feldman 2001: 173）

西洋における洞察瞑想の先導的指導者の一人は、この賢明で愛のある言葉で、マインドフルネスにおける健全な感情や動機づけがきわめて重要であることを強調する。あたたかさと慈悲と関心は、たんなる心地よい任意のおまけではない——それは、「本当の」マインドフルネスにとって本質的なものである。この現代的な教えは、二千年以上も前に、歴史上の人物であるブッダ、すなわちゴータマ・シッダールタによって提供された教えと、直接的にこだまする。ブッダは、「正しい」マインドフルネスは、中心的な構成要素として健全な（「賢明な」）意思、つまり、慈愛（loving-kindness）・慈悲・手放し（出離）の涵養をも含む、より広く統合された訓練の道を形成する、と教えた。MBSRとMBCTもまた、親切と慈悲が、任意の追加物というよりもむしろ中核的な構成要素であると認識している。そして、その三つ目の賢明な意思——出離（renunciation）——は、ジョン・カバットジン（Kabat-Zinn 2013: 21）によって強調されている七つの「マインドフルネス実践の柱」のうちの三つである、が

☆2　アメリカで禅を広めた曹洞宗僧侶。
☆3　実践者。

んばらないこと・受け容れること・手放すことといった態度的性質の基盤となっている。

健全な感情と動機づけは、それ自体、明らかによいものである――私たちの大半は、今よりももっとそれらを身につけたいと思うだろう。ただ、ICSの視点は、なぜそれらはマインドフルネス実践においてそれほど重要な側面なのかについて、より根本的な洞察を提供する。この見方によれば、私たちが健全な感情を養おうとするのは、それら自体がいいからだけでなく、それらがマインドフルな心の形態への転換を強力に支えるから――そして、そこにとどまる手助けとなるから、ということになる。

第三章で私は、私たちの心は二つの根本的に異なるモードではたらくことを示唆した。一方のモードでは、道具的感情（欲しいものを手に入れようと動機づける、もしくは、欲しくないものを避けたり取り除いたりしようと動機づける感情）、狭く排他的な注意焦点、概念的な認識方法による支配、分離からなる原子論的な心的世界が、互いに結びついて集まっている。他方のモードでは、非道具的感情（より長期的な見返りをもたらす資源を構築する感情）、広く包含的で受容的な注意、全体論的直感的な認識方法による支配、関連性からなる相互連関的な心的世界が、互いに結びついている。私は、もしそれらの互いに結びついた要素のうち一つでも変えれば、ほかの要素も変わる可能性が高い、ということを示した。

マインドフルネスは、概念的な認識によって主導されているものから、全体論的直感的な認識によって主導されているものへと、心の形態を転換することを含んでいる。私たちはその変化を、（1）全体論的直感的な認識とつながっている（慈しみ、慈悲、楽しみ、といったような）非道具的感情を涵養したり、（2）概念的な認識とつながっている道具的感情を離したりすることによって、強力に支えることができる。親切や慈悲を涵養するために試行錯誤をくり返してきた実践は、これらの方略のうち一つ目に役立つ着手しやすい方法だ――そして、マインドフルネスに対して全般的により遊び心のあるアプローチを取り入れることには、ある種のはっきりとした魅力がある。二つ目の方略は、私たちの大半にとってよりむずかしい挑戦となる。ここでは、受け容れること、許すこと、がんばらないこと、価値判断しないこと、手放すこと、ありのままにしておくこと、煩悩から離れること（出離）などを涵養することが求められる。ＩＣＳの視点は、ここに含まれているものをわかりやすく明確にすることができる。先ほど述べた三つの「マインドフルネス実践の柱」――がんばらないこと・受け容れること・手放すこと――に立ち戻ることによって、それを説明することとする。そのいずれも、やり方は少し違うが、概念的な目標志向的処理から離れることにかかわっている。

◆がんばらないこと、受け容れること、手放すこと

○がんばらないこと

ＩＣＳの視点からすると、ある目標（ある望ましい未来の状態という観念）を達成するために探求心という基本感情によって突き動かされた状況に近づくとき、私たちはがんばってしまう。つまり、「瞑想するために坐って、『私はリラックスするか、悟りを開くか、痛みを統制するか、よりよい人間になるつもりだ』と思考すれば、自分がどこにいるべきかという観念を頭に取り入れてしまったことになる」（Kabat-Zinn 2013: 26）。がんばらないという態度は、マインドフルネス実践においてきわめて重要である。なぜなら、そのようながんばる瞑想は、失敗することを自らお膳立てした目標へと至る道となるからだ。つまり、概念的なワーキングメモリに主導権を与え、その結果、マインドフルネスが立ち上がるのを妨げるような心の形態をまさしくつくり上げてしまうのである。がんばらないこと――「刻一刻と経験する何もかもすべてが、ここにあることを許すこと」（Kabat-Zinn 2013: 26）によって、概念的な目標志向的方略を捨て去ること――によって、心は、全体論的直感的なワーキングメモリに主導権を与え、マインドフルネスが立ち上がることのできる形態に再構成されるのである。

○受け容れること

受け容れることとは、マインドフルネスに関して最も誤解された側面の一つであろう。あまりにも頻繁に、受け

容れることは（その、許しや手放しや忍耐との近しい関係から）、受動性、ストイックなあきらめ、物事に耐えること、いやいやながらの忍耐、カモフラージュされた嫌悪と同一視される。要するにそれは、本当のところ物事は違っていてほしいのだけれど、そうなるようにしようとする衝動を抑圧しなければならないと感じている心の状態、ということだ。あるいは、受け容れることを、目標を達成するための賢い方法として用いようとするかもしれない。つまり、物事というものは受け容れて初めて変化すると聞いているために、私たちは、そうすることでその物事が去っていくことを密かに期待しながら、困難かつ不要な経験と「ともにある」ために最善を尽くすのである――しかし、これはもちろん、たんにもう一つ別の、より巧妙な形の、目標へと向かう努力である。

ジョン・カバットジン（Kabat-Zinn 2013）にとって、「受け容れることとは……あなたが物事を実際に今あるがままにみようとする意欲をもつに至った……ということを単純に意味する」（Kabat-Zinn 2013: 27）。ここでの鍵となる単語は、意欲である。つまり、私たちが自分の経験のあらゆる側面に開かれることを積極的に認める、ということは、心の形態に重大な転換が起きたことを示している。私たちの心は、回避したり逃避したりする必要に駆られた形態から、接近したり探索したりするよう積極的に動機づけられた形態へと再構成されるのだ。この転換にともなって、私たちが注意を向ける方法に根本的な変化が生じる――探求心という基本感情と概念的な認識という狭い道具的焦点から、非道具的な感情と全体論的直感的な認識という開かれた感受性へと移り変わるのだ。こうした変化によって、私たちの心は、新しく創造的なやり方で反応する、つまり、断片的ではなく全体的でいられるようになる。

概念的な統制的処理の目標志向的なレンズをとおして状況をみるとき、私たちの追い求めている目標に直接関係した側面だけしか心に残らない。ちょうど第二章で述べたゴリラ実験のように、私たちは単純に、その状況の残りの部分をみていない。私たちは、当面の目標を追い求めるなかで、経験の諸側面を接近すべき「よいもの」か、あるいは回避・排除すべき「悪いもの」として分類するのにちょうど足りる情報だけを取り込む――そして、ほかにはまったく興味を示さない。心は単純に、新奇でオーダーメイドな心的モデルをつくり出すのに必要なより広い範囲の情報を入手できない。そうしたモデルは、心を一体化し、困難な状況に対してより巧みに反応する力を私たちに与えてくれるのにもかかわらず、である。

こうした困難は、目標志向的な努力によって私たちが不快な情報を避けたり、脇に追いやったり、関与し損ねたりすると、ますます強くなる。もし全体論的直感的なワーキングメモリに情報が入ることを歓迎しなかったら、マインドフルになって、違った形で状況に反応するということを可能にする新しい心的モデルの生成へと、その情報が組み込まれることはない。

一方、マインドフルネスの全体論的直感的な統制的処理では、注意の焦点が広い。つまり、全景を――「物事を実際に今あるがままに」――みる。より広い範囲の情報が全体論的直感的なワーキングメモリに入ることを歓迎するのである。そうすることで、新奇な心的モデルと、より健全で適切な反応の仕方が生まれるのだ。

たとえば、身体に痛みを感じているとしよう。もし概念的な心優位で（痛みから解放された快適な自己であるという長期的な目標をともなって）痛みの感覚に注意を向けたら、排除すべき「悪いもの」としてその感覚を分類するのにちょうど足りる情報だけを取り込むだろう。すると、私たちの心は目標志向的な処理の自己永続的な循環にはまることになる。それは、私たちがどんなに一生懸命がんばっても、意志の力では痛みを排除できないために、失敗することが運命づけられている。この循環は、私たちの苦しみを強めるばかりでなく、より適応的な心的モデルをもたらすように状況の「現実」を心に刻み込むことを妨げてしまう。

一方、探求心という基本感情から離れれば、つまり、「経験において何を感じ、考え、見る『べき』か、という観念を押しつけないようにし」(Kabat-Zinn 2013: 28)、その代わりに、開かれて包容力のある全体論的直感的な心でもってその感覚に近づけば、非常に違った見方を得ることができるかもしれない。もはや痛みの経験をたんに「悪いもの」――「痛みのなかにいる自己」という持続的なアイデンティティの、内在的な一面――としてみることはないだろう。むしろ、私たちの心は、複雑で常に変化する身体感覚・感情・思考のパターンとして痛みを経験する心的モデルを発展させることで、より大きな一体性へと向かうかもしれない。こうしたモデルによって提供されるレンズをとおして、私たちは痛みを「私ではない、私のものではない」として、そのうち勝手に過ぎ去る経験として、そして、自分の身体をもっと気にかける必要があるかどうかを確認するきっかけとして、みるようになるかもしれない。

ＩＣＳの視点からは、「あなたは、あなた自身をあるがままに受け容れて初めて、本当に変化できる」とする。なぜなら、そうした受け容れがなければ、「本当の変化」やより大きな一体性の基となる新奇な心的モデルを生み出すことがたんに不可能だからだ。

○手放すこと

ＩＣＳの用語では、手放すことは、目標志向的概念的な統制的処理から離れることを意味する。それは、マニュアル車の駆動装置を離すためにクラッチを切るのに少し似ている。手放すという態度――より伝統的な言葉では「出離」――は、マインドフルネスを涵養するのに重要である。それがなければ、心の形態は、概念的な統制的処理から全体論的直感的な統制的処理に転換することができない。手放すことは、快の感覚・思考・感情・対象・状況に接近するよう駆り立てられた努力と、不快な感覚・思考・感情・対象・状況を回避したり排除したりするよう駆り立てられた努力から、心を解放することを意味する。

では、どのように手放すのか？　私たちの習慣的な目標志向的な心は即座に、手放すことを達成されるべき目標とみなし、それをがんばって達成するよう持ちかける。しかし、もちろん、このアプローチは失敗することが運命づけられている。私たちは、私たち自身を目標志向的な処理から解放するために、目標志向的な処理を使うことはできないのだ！　それでもなお、――厚い尊敬を受けているアメリカ生まれの僧アジャン・スメドゥホのような――のちのち瞑想の導師となる人でさえも、そういうやり方から始めてしまうので、手放す「やり方」をなんとか見つけようと何週間も格闘し続けるかもしれない（囲み６・１を参照）。

手放すために私たちが学ぶのは、――ちょうど眠りに入るときにするように――それが自然に起こるようにする

囲み6・1　手放すアジャン・スメドゥホ

私は，瞑想を始めた最初の年に，手放すことに関する最初の洞察を得た。私は，すべてを手放さなければならないのだと頭で理解し，やがてこう考えた。「どうやって手放すのか？」と。何もかも手放すことは不可能なように思えた。私はじっと考え続けた。「どうやって手放すのか？」と。すると，自分で「手放すことで手放すのだ」「よし，では，手放そう！」と会話し，やがて「だがまだ手放せていないぞ」「どうやって手放すのか？」「ただ手放せ！」と会話するのだった。私はそんなふうに続けて，ますますイライラしてきた。しかしついに，何が起きているのかがはっきりした。手放すことを詳細に分析しようとすると，事態を非常に複雑にするのに巻き込まれてしまうのだ。手放すこととは，もはや言葉で理解できるものではなく，実際にするものだったのだ。だから私は，ただそんな感じで，一瞬をただ手放したのである。（Sumedho 2020: 56–57）

条件を整えることである。ＩＣＳの視点からみると，こうした条件には，——慈しみ，親切，軽やかで遊び心のある心といったような——ほかの非道具的な基本感情の涵養と同時に，重要なのは，達成しようとする目標が，儚く消え去り，満足を与えることのない性質をもつものであるということについての洞察が含まれる（第一章）。

現代の聡明な指導者であるシンシア・ブルジョは，あらゆる瞑想の道において手放すことがきわめて重要であることを指摘している。「あなたがどんなスピリチュアルな道を追い求めていようと，変容の要点は結局，まったく同じにみえるようになる。それは，降伏，無執着，慈悲，許し，である。あなたがクリスチャンであろうと，仏家であろうと，ユダヤ教徒であろうと，イスラム教神秘家であろうと，ヒンズーの托鉢僧であろうと，あなたの本当の心があるところへたどり着くために，やはり同じ針の穴を通ることになる」（Bourgeault 2003: xxi）。洞察瞑想の伝統のなかで非常に影響力のある師であるアジャン・チャーもまた，同じ重要なメッセージを表明している。「少し手放せば，少しの平穏が得られる。たくさん手放せば，たくさんの平穏が得られる。完全に手放せば，完全な平穏が得られる」（Chah 1994: 116）。手放すことは，第十四章で再び検討することにする。

ＩＣＳの視点に関する私たちの探究は，第七章でも続く。そこで私たちは，マインドフルネスの「中身」を検討する。ＩＣＳは，私たちがマインドフルネスそれ自体の性質を理解するのに役立ちうるだろうか？

第七章　マインドフルネス

その中身

ＩＣＳの視点は、マインドフルネスの中核的な特徴をどのように説明するのか？　それは、私たちがすでに知っていることと一貫しているのか？　それは、私たちの理解の質を高めるのか？　それは、さまざまな見方に折り合いをつけるのか？

本章は、マインドフルネスのいくつかの定義的な側面に関連させながら、これらの疑問について検討する。

気づき

マインドフルネスに関する最もよく知られている記述の一つで、ジョン・カバットジン（Kabat-Zinn 2013）は、「マインドフルネスの操作的な作業定義は、一瞬一瞬の経験の展開に対して、意図的に、今この瞬間に、価値判断せず、注意を向けることをとおして現れる気づき、である」というように、気づきをその中核的特徴として選び出している。

マインドフルな気づきに対するＩＣＳの視点について探究を始めるために、私たちは、ティク・ナット・ハンと彼の友人であるジムの会話（第五章）に戻ることとする。ジムは、未来の計画について考えることに深く没頭している間、自分が食べているタンジェリンについてほとんど意識的に気づいていなかった。しばらくしたあと、彼はその経験にありありと気がついていた。主観的な経験におけるこのあからさまな対比を支えている、心と脳の決定的な違いは何だったのか？

その問いに答えるために、認知科学者や神経科学者は、参加者が——まさにジムのように——物事に気づいているときと気づいていないときに関する実験を考案してきた。それらの研究は、意識的な気づきの経験を特徴づける二つの主要な性質を割り出している。すなわち、（1）そうした経験には統制的処理（実行資源）が含まれていて、（2）経験と関連する広く分散した多様な情報パターンの間に一貫性がある、という点である。たとえば、ウォルフ・シンガー（Singer 2013）は、「サブシステムの内外に広く分散する情報が処理されて実行系機構につながるだけでなく、そうした情報が、一貫性のある、包括的で、局所的でなく分散的なメタ表象へと結びつけられている場合にだけ、意識的な経験が立ち上がる」と結論づけている。ほかの研究者も同じような見方を提示してきた（たとえば、Crick & Koch 1990）。

認知神経科学のこうした見方は、ＩＣＳの視点と非常にうまく合わさる。ＩＣＳは、マインドフルな気づきを、全体論的直感的な統制的処理が背景で行われていることの反映とみている。そこでは、一貫性をもった心的ホラーキーによって広範囲のさまざまな源泉からの情報が一つに寄せ集められる。柔軟に一体化しようとする実行資源が、そうした別々の情報の要素を束ねて新奇な心的モデルをつくり出すのだ。そうして、全体の、広範囲に分散した、変化し続ける情報パターンは、部分を全体へと統合する根本的中核的な原動力によって、一つにまとめられる。

図７・１は、マインドフルな気づきをもってタンジェリンを食べているときのジムの心がどんな様子だったかについて、ＩＣＳの視点から描いたものである。

この状態のとき、一貫性をもった心的ホラーキーは、段階的により高次のレベルで一体化させるために、多く

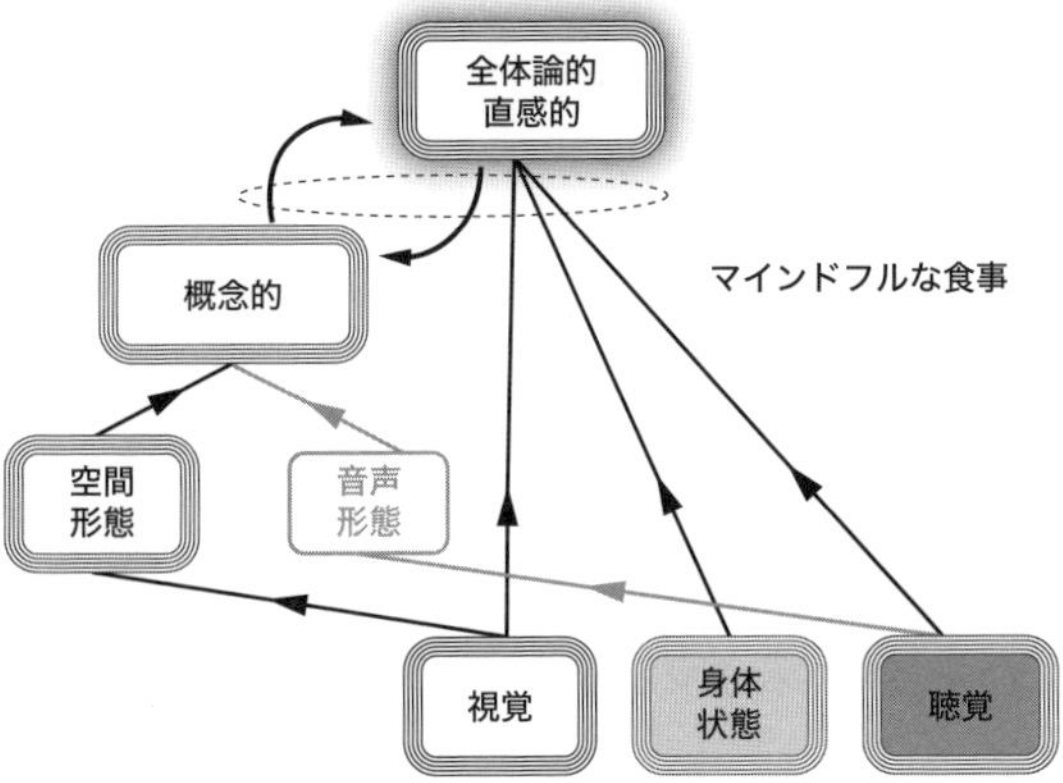

図7・1　マインドフルな気づき（統一された心）。同じ枠線のサブシステムは，関連する情報を処理している。全体論的直感的サブシステムのまわりの発光模様は，そのワーキングメモリが主導的であることを示している。

の異なる関連情報のパターンを一つにまとめていく。最も高いレベルにおいて、統制的処理（意識的な気づきにとって最初に必要なもの）は、統合された全体論的直感的な心的モデルを生み出す。重要なのは、このようなとき、一体化は多くの異なる経験相を反映する情報間に一貫性を生み出す、ということだ。その経験相は、心のなかで広範囲に分散している（研究によって確かめられている、意識的な気づきの第二の特徴）。多くの別々の部分を一つにして一貫性をもった全体（ゲシュタルト）を生み出すことは、もちろん、全体論的な認識方法の中心的な特徴である。

対照的に、図7・2は、未来の計画について考えることに深く没頭して、タンジェリンをマインドレスに食べているときのジムの心がどんな様子だったかを描いたものである。

図は、断片化して分裂した心を示している。三つのサブシステムが概念的な統制的処理を支えて、内的な心的世界をつくり出し、そこでジムは未来のプランをくり返し描いている。それとは別のサブシステムがタンジェリンを食べることを管理している。そして、その他の心は、いずれの活動にもまったく関与していない。この構造は、

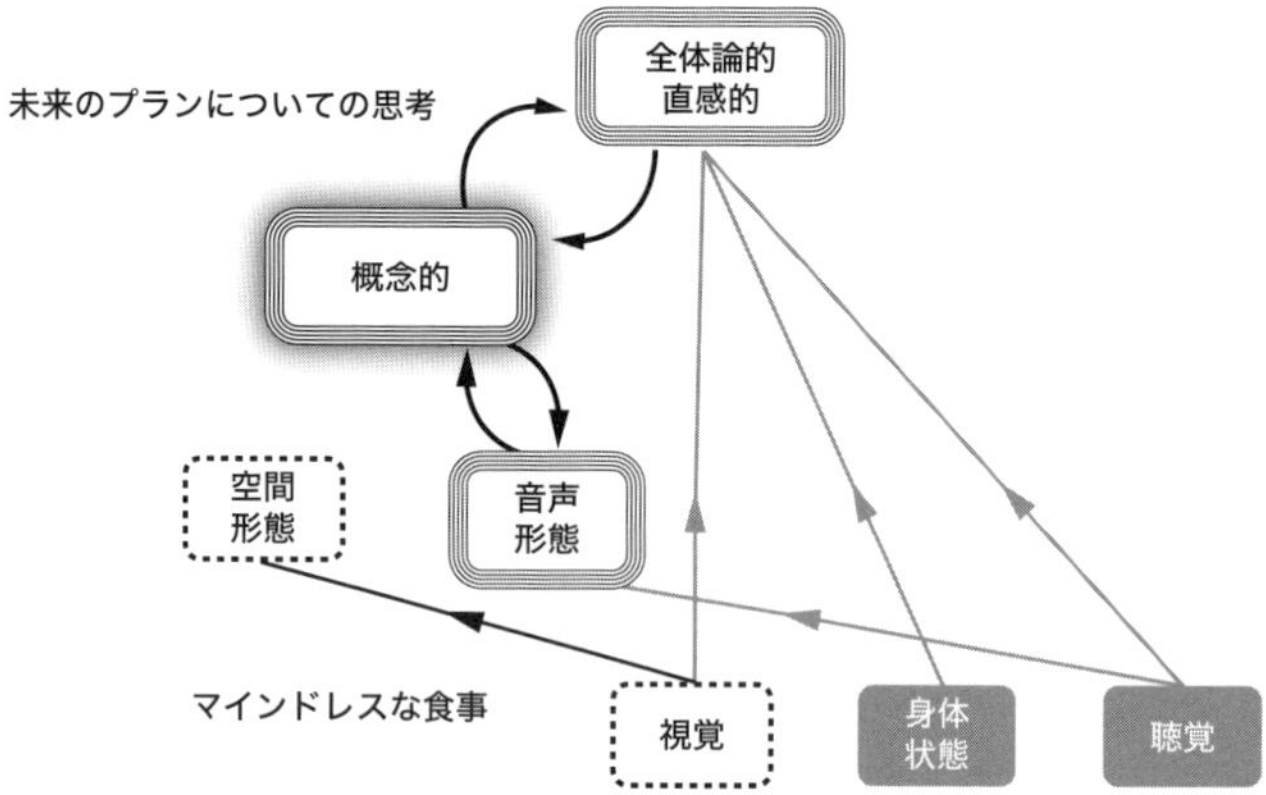

図7・2　思考という内なる世界に迷い込んでいるときのマインドレスな食事（分裂した心）。同じ枠線のサブシステムは，関連する情報を処理している。概念的サブシステムのまわりの発光模様は，そのワーキングメモリが主導的であることを示している。

統制的処理（気づきにとって最初に必要なもの）を含んではいるが、はっきりとした意識的な気づきが寄って立つ広範囲に分散した一貫性（気づきにとっての第二の条件）を欠いている。そして、統制的処理はタンジェリンを食べるという側面にいっさい関与していないので、ジムは自分の生におけるこの側面にまったく気づいていない。

豊かで多次元的な気づき

マインドフルな気づきに関するこうした視点の直接的な魅力は、マインドフルネスがどのようにして私たちの経験に新たな活力を与えるのかを理解する道筋を提供する、という点にある。ＭＢＳＲとＭＢＣＴのプログラムはしばしば、レーズンをマインドフルに食べることで始まる。このエクササイズに対する参加者の一般的な反応は、決まってだいたい「おお！　私は今まで知らずにいた。レーズンを食べるほど簡単なことがこんなに驚くべきことだとは」である。第九章で深く論じるつもりだが、より一般的にいえば、マインドフルネスは、習慣的に知り損ねている「生の奇跡」に心を開かせるのである。

私たちがタンジェリンを食べていることにマインドフルに気づいているとき、統一された心的ホラーキーと心的モデルは、幅広い種類の源泉から得られた情報を一貫性をもった全体へとまとめる。情報とは、その色、その形、その空間的位置、その匂い、「タンジェリン」という概念、そして、食べるというより広い文脈を反映している。この全体は時間をとおして広がり、共鳴という絆によって一つにまとまる。その結果としての主観的な経験は、その状況の何かしら一つの側面それだけの処理よりも、ずっと豊かで、多面的で、多層的である。

ある類推がここでは役立つかもしれない。解剖学の教科書にはときどき透かし図が載っていて、それらは身体の特定の側面を示している。つまり、骨格、消化器系、神経系、筋肉組織、などである。個々の透かし図は、身体についての限定的部分的な見方を提供する。しかし、対応する部分を並べて、それらをすべて重ね合わせれば、全体としての身体についてのより豊かで充実した感覚を得る。同じように、ジムがマインドフルにタンジェリンを食べていたとき、彼の経験する豊かで深くて多面的な意識は、心的ホラーキーをとおして同期した、多くのさまざまな側面と関連した情報が処理されていることを反映していたのである。情報パターンは共鳴することで、一貫性のある、広く分散し、調和した全体をつくり出したのだ。

そのような全体は、主観的な経験に、豊かで多次元的な深さと質感を与える。

狭くも広くもある気づき

気づきについてのＩＣＳの視点はまた、マインドフルネスと――マインドフルネスとしばしば混同される――集中との間の違いを明確にする。

ある昔のインドの王様は、模範的な統治者でもありヨーガの導師でもあった。この稀な結びつきを理解しようと、ある臣下は彼のもとで学びたいと申し出た。王は快諾すると、その男に、熱い油の入った壺を頭の上に乗せて、一滴もこぼさないようにして宮殿のすべての部屋を通るように指示した。

男はこの課題を達成し、その成果を報告した。「すばらしい！」と王様は言った。「では聞くが、宮殿のなかで何が起きているか――政治的な陰謀だとか、政変だとか、情事だとか、暗殺計画だとか――私に話せるか？」弟子としてその男は、油を一滴もこぼさないことに集中しすぎてまわりの世界を観察できなかったと答えた。すると、偉大なる王様はこう言った。「ならば、その油の壺を頭の上に乗せて、宮殿内を歩き、一滴もこぼさないようにして、何が起きているかを教えなさい」(Rosenberg & Zimmerman 2013)

瞑想指導者であるラリー・ローゼンバーグとローラ・ジンメルマンは、この伝統的な話を使って、マインドフルネスと集中の決定的な違いを説明した。集中は、ある単一の対象に狭く排他的に注意を焦点化することを要する。一方、マインドフルな注意は、「一点に向けられていると同時に、開放的で受容的でもある」(Feldman 2001: 177)。

マインドフルネスも集中もともに、選択的注意を含んでいる。それは、ある特定の経験面にほかを排して焦点を当てる過程である。しかし、含まれる選択的注意の種類が、この二つの実践では大いに異なる。集中は、選ばれた対象に焦点を当て、同時に、積極的にほかのすべての情報を抑圧し抑制することでその他のあらゆるものを気づきから排除し、――チャブリスとシモンズの古典的なゴリラ実験（第二章）と同じような――一意専心をめざす。対照的に、マインドフルネスでは、関心のある情報は、ほかの情報と比較して活性化を増進させることで、顕在性が高まる。広範囲に分散して結びついている、マインドフルネスの心的ホラーキー（図7・1）のなかで、主要な情報がホラーキーの特定の側面に注目されることで強調されると同時に、ほかの情報は気づきのなかに背景的に含まれ続ける。ダライ・ラマとシャロン・サルツバーグの出会い（第三章）は、この形式の注意を説明している。つまり、ダライ・ラマの慈悲深くマインドフルなあり方の広範で受容的な気づきが、大勢の群衆のなかに一人の苦しんでいる個人の存在への注意を彼に喚起するのである。彼はその苦しみに的を絞って、彼のすべての注意を注ぐ。と同時に、彼のまわりで起きているほかのどんなことにも気づき、注意を払い続ける。

集中とマインドフルネスの選択的注意の違いは、私たちが日常生活でそれらをどのように使うかという点で、重大な帰結をもたらす。私たちは、困難な状況においてバラバラになった心を安定させ一つにするために、つまり、「自分を見失って」いる——葛藤する思考や感情がごちゃごちゃの状態で、ある方向に引っ張られたりまた別の方向に引っ張られたりして、落ち着きなく、動揺して、困惑した心の状態を生み出している——ときに自分を取り戻すために、両方とも用いることができる。集中という方法は、壁のなかのある特定のレンガのような、経験のなかのある別の側面に強く注意を向けることによって、望まない思考や感情を気づきから締め出すことである。グナラタナ[☆1]（Gunaratana 2002: 149）は、集中とは「心を一つの静止した点にとどめること」であると述べている。これは、短期的には効果的であることがわかっている。しかし、それにはコストがかかる。第一に、このように注意を狭く焦点化している間、私たちはほかに何もすることができない。第二に、集中は強制的に「無関係な」情報を排除するので、困難な状況（第八章）に対応するような、より永続性の高い変化をもたらす新奇な心的モデルを育むのを妨げてしまう。結果として、張り詰めた注意の焦点を緩めるとすぐに、困惑させる思考や感情が、隠れていた場所から現れて、私たちを悩ませ続ける可能性が高い。

一方、マインドフルネスは、より永続性の高い変化の可能性を生み出す。第一に、そのより包含的な視野によって、より広い範囲の情報の統合と、より効果的で適応的な心的モデルの発達が可能となる（第八章）。第二に、あまり心をかき乱さない情報に注意の焦点を転換するとともに、マインドフルネスはまた、心の形態も変化させ、全体論的直感的な統制的処理に主導権を預ける。これによって、一体化は、共鳴的で弾力的で統合された全体を

☆1　スリランカのテーラワーダ仏教僧。

つくり出すために、心のなかにある別々の情報の束を一つにまとめる力を得る。私たちは（呼吸といったような）経験の一つの側面にだけマインドフルに焦点を合わせ、注意がさまよったらいつでもその焦点にくり返し戻るだけかもしれないが、その効果は心を一つの全体に統合することにある。この統合によって、マインドフルネスにおける心のまとまりと落ち着きは、集中における心よりも強固で、汎化可能で、長続きする性質を帯びる。それによって私たちは、経験の一つの側面だけに排他的に集中するのに時間を割くことなく、生をまっとうすることができる。

ブッダは、心を安定させ、落ち着かせるマインドフルネスの力を、第四章でみた悪戦苦闘する六匹の野生動物を「丈夫な杭あるいは柱」につなぎとめることになぞらえた。動物たちはついに、争いをやめて、降伏し、横たわるのである（相応部第三五相応第二四七経）（Bodhi 2000）。この比喩のなかの錨となる杭あるいは柱は、具体的にいえば、身体のマインドフルネスである。つまり、私たちは常に自分の身体とともにあるので、落ち着きをもたらす一貫性をもった全体をつくり出すために、常に経験のほかの側面を身体への気づきと結びつけることができる。たとえば、「ともに呼吸すること」の実践では（Williams, Teasdale, Segal, & Kabat-Zinn 2007: 133）、その瞬間に注意を要する経験のほかの側面に焦点を合わせる際に、背景にある呼吸への気づきを保ち続ける。

マインドフルな心の、持続的な安定と落ち着きの性質は、ホイヘンスが、「振り子の振幅をばらばらにしてみると、三十分以内にそれらは常に調和した状態に戻り、放っておけばその後もずっとそのままでいることを発見しました」と記したように、共鳴する振り子のシステム（第四章）に内在する安定性に似ている。同じように、異なる情報パターン間の感応する共鳴は、マインドフルな心における統合を復元し維持する。ちょうど頑丈な柱に六匹の野生動物をつなぎとめた縄という絆のように、共鳴という絆は心を落ち着かせ統合し、内なる調和と落ち着きを確立する。

現在中心の気づき、それとも、過去の回想?

ＩＣＳの視点はまた、マインドフルネスに関する異なる見方どうしの――たとえば、重要だと考える時期についての――明らかな相違を説明することができる。現代的な見方では、マインドフルな気づきの現在中心的な性質が強調される。たとえば、第五章や第六章で議論したジョン・カバットジンのよく知られた定義のように、である。一方、仏教的な伝統では、マインドフルネスはまた、過去の重要な影響を反映している、と一貫して示唆されてきた。たとえば、ブッダ自身が、「比丘たちよ、マインドフルネスの機能とは何だと思うか? ここで、立派な弟子というのは……ずっと昔になされたことや言われたことを覚えていて回想する、そういう者のことだ」(Bodhi 2011) と教えている。また、通常の英語の使い方だと、マインドフルネスという単語はしばしば、意図を心に覚えておくことやとどめておくことを意味する。すなわち、私たちは、「自分の責任を意識して (mindful)」いるといったり、「注意深く歩みを進める必要性に留意して (mindful)」いるといったりする。

仏教学者のジョルジュ・ドレフュス (Dreyfus 2011) は、ワーキングメモリという考えがこうした明らかな相違を説明することができると示唆している。ＩＣＳの視点は、この有意義な示唆をさらにもう一歩先に進める。つまり、特に全体論的直感的なワーキングメモリがその問題を解決する手段になる、と指摘する。ＩＣＳが示しているのは、現在への気づきは、過ぎゆく瞬間ごとに全体論的直感的なワーキングメモリが活動している心的モデルを反映している、ということだ。第五章でみたように、このモデルは現在の状況から得られる情報と、重要なことに、直前の過去、最近の過去、そしてより遠い過去の記憶から引き出される情報とを一つに統合する。意識経験を形づくる心的モデルは、たった今、過去から思い出された情報の重要な影響を反映しているのだ。このように、ＩＣＳの視点は、現代的な説明と伝統的な説明によって深められてきた分析における両者の異なる強調点を調和する。
ワーキングメモリは、作業場を提供する。そこでは、過去に聞いた賢明な教えや、過去に行われた健全な意図が、現在における理解や行動に強力な影響を及ぼしうる。だが、そうした利益を享受するためには、私たちはその教えや意図をたんに思い出す以上のことをしなければならない。変容するためには、私たちの心は、現在の心的モデルを形成するために過去の情報と今の情報を積極的に統合することが求められる。重要な過程は、回想と、より広い全体への統合、である。この考えを、私の個人的な話（Teasdale & Chaskalson 2011a）で説明してみせよう。

私は、苦しみは不快な感情そのものからというよりもその感情への反応から起こる、という着想——第一章ですでに書いた二本の矢という着想——に関する講演の準備をしている真最中だった。私はこの着想について多くのことを考え続けていた。ある朝の早い時間、私は気がつくと自分がベッドのなかで、困難さそのものよりもむしろ、その困難さと関係している苦しみが心のなかに浮かぶ原因について考えているほどだった。そしてそのとき私は、いくぶん苛立ちながら、自分がもうすっかり目が覚めていたことを実感した。私の心の即座の反応は、「ああ、まいった、私はここで何時間も目を開けて横になっていたいわけじゃない、眠りに戻る方法を見つけなくては」であった。問題は経験そのものではなく、その経験との関係である、という着想についてまさに考えていたにもかかわらず、自分が目を覚ましていることに対する私の即座の反応は、自分がそれといかに関係しているかを眺めるというよりもむしろ、それをどう取り除くかを考え出すことであった！

幸運にも、この着想についてまさに考えていたという事実は、次のことを思い出すのにそれほど時間がかからないことを意味していた。「ここでの問題は、目覚めていることそのものではなく、目覚めていること——これはいやだ——から逃れたい欲求（できるだけ早く不快な経験を取り除きたいという欲求）である」。その教えの記憶に導かれ、私は、マインドフルな気づきでもって、その瞬間における身体の緊張と不快さを——重要なのは、「これはいやだ」という認識に沿って——精査した。こうしてつくり出された心的モデルによって私は、私の苛立ちのもとは目が覚めていることに関する焦りであって、眠りに戻るよう駆り立てられた欲求である——そして、皮肉なことに、それが私を目覚めさせ続けている主な原因である、ということを非常にはっきりと感じることができた。そうしてはっきりみることで、焦りと、目が覚めていることを解決したい欲求とを、非常に自然になめらかに手放すことができた。私は意識的に目が覚めていることと打ち解けて、数分のうちに再び眠りについた。

苦しみの源泉についての概念的な情報を思い出すことは、それ自体、必ずしも解放をもたらすわけではない。ただ、マインドフルネスにおいて、過去のそうした概念的理解が現在の情報——特に身体や感情からの情報——と統合されるとき、すべてが変わる。そのとき概念的情報は、全体論的直感的な新しい心的モデルをつくり出す解放的な融合体における、不可欠な構成要素となる。そのモデルとは、それまでと異なる、より健全で有益なやり方で物事をみて経験することのできる新しいレンズである。

判断しない気づきか、識別への欲求か

現代的なアプローチと伝統的なアプローチの間のもう一つのはっきりした相違は、判断に関するものである。現代的なアプローチはしばしば、マインドフルネスを判断しない気づきと表現する。しかし、「マインドフルネスを『判断しない』と無制限に強調することは……心のあらゆる状態はとにかく同等の価値をもっていて、欲望は無執着や怒り、あるいは親愛と同じぐらいよい……と暗に示しているようにみられるだろう」(Gethin 2011)。同様に、

ナザレのイエスは、「他者を裁くな、自分が裁かれないために」（マタイ伝第七章第一〜三節）と教えたが、彼はまた、他者への行為やかかわりについて、あるやり方は身につけるべきだがほかのやり方はやめるべきだ、ということをはっきりと示している。

ＩＣＳの視点は、この明らかなパラドックスについて、一つの単純な解決を示す。人間の心は二つの異なる認識方法をもっていて、それぞれの認識方法は状況や行為を評価する独自の方法をもっている――それは非常に異なる結果をもたらす。概念的な認識は、「判断すること」によって評価する。それは概念的なワーキングメモリを使って、「ありのままの」人・行為・感情・状況に関する観念と、それらがどうある「べき」かの基準・目標・参照値に関する観念、あるいは、自分がそれらにどうなってほしいかに関する観念とを比較する。これは、セルフ・ディスクレパンシー理論の中核的な過程であり、そこでは、現実自己に関する観念が義務自己や理想自己に関する観念と比較される。ディスクレパンシー（食い違い、ズレ）は不快な感情を引き起こし、第一章で私たちは、いかにこの種の判断が苦しみの強力で広範な源泉となりうるかをみた。スピリチュアルな伝統は私たちに、この種の評価的な判断を控えるよう促す。なぜなら、それは私たち自身に、他者に、そして、他者との関係に、損害を与えるからだ。

同じくらい重要なことに、この種の評価的な判断を生み出す心の形態――概念的なワーキングメモリが支配的な心――は、私たちの心が熱望する内なる自由・一体性・つながり・平和を達成することを不可能にしてしまう。そうした健全な状態は、全体論的直感的なワーキングメモリが積極的に関与している心の形態に依存している。つまり、私たちが「判断する心」に支配されると、より深い幸福や目覚めへと至る道筋をたどることがたんにできないのである（第五章）。

全体論的直感的な認識も評価はするが、それは、判断というよりは識別とよぶような過程をとおして行われる。全体論的直感的な認識は、過去の経験に基づいて行為の結果を予測することを可能にする心的モデルでもって、状況の重要性を識別する（ここでいう経験には、さまざまな行為や心の状態による実際の結果についての個人的な経験はもちろん、尊敬に値する信頼できる源泉からの助言も含まれる）。マインドフルネスにおいて、このように予測される結果は、何が「正しい」か「間違っている」か、何が「いい」か「悪い」かについて社会的に構築された観念と比較するよりもむしろ、行為の「賢明な」選択のための基礎となる。

賢明に識別した選択は、微調整された心的モデルによって導かれているので、健全な結果をもたらす。なぜなら、私たちの住んでいる世界では、そうした選択は私たち自身や他者に幸福をもたらすよう「作用する」行為だからである。行為とその結果の関係は、潜在的な知識に反映され、過去の経験に基づき、モデルのなかに貯蔵される。ブッダは、彼の重要な教えのなかで、その智慧の骨子をはっきりと表現している。

もし不純な心で話したり行なったりすれば、荷車の車輪が（荷車を引く）雄牛のひづめを追うように苦しみが追ってくる。

もし純粋な心で話したり行なったりすれば、けっして離れることのない影のように幸福が追ってくる。（法句経第一～二偈）（Sangharakshita 2008）

伝統的な教えは私たちに、あるやり方で行為することをすすめ、ほかのやり方で行為することを控えるようすすめる。それは、ある行為が本質的によいとか悪いとか、あるいは、正しいとか間違っているとかだからではなく、ある行為は幸福をもたらし、ほかの行為は不幸をもたらすからである。それがまさに物事のありようなのだ。

自動操縦を越えて

マインドフルネスは、自動操縦で生きることへの対抗手段として特徴づけられることが多い。自動操縦とは、私たちが何をしているのか、どこにいるのかについての意識的な気づきをほとんどもたず、私たちの行為は熟慮した意識的な選択というよりもむしろ月並みな習慣によって統制されているような心の状態である（「自動操縦」という表現は、慣れた道を運転しながら、考え事にふけっていて、やがて「意識が戻る」という誰にでもある経験からきている。ここから、道路状況やほかの車のことには少しも気づかずに何キロも運転してきたかもしれないとわかる――それはまるで、ほとんど飛行機の自動操縦のように、意識的な心がなんらかのほかのシステムに運転を委譲したかのようである）。

「反応すること」と「応答すること」との間の対比もまた、マインドフルネスの議論においてしばしば強調される。「反応すること」というのは一般的に、感情的な状況においてどちらかというと自動的、衝動的、即時的な振る舞い方を記すときに用いられる。たとえば、誰かに批判されたときに怒って反応するときだとか、嫌いだったり恐ろしかったりする状況から即座に逃れなければならないと感じるときだとか、である。一方、そうした状況で「応答すること」というのは、立ち止まって、より広い文脈と自分の行為がもたらす意味や結果とを考慮した、より熟慮的で意識的な対応を含むだろう。

自動操縦と意識的な気づきや熟慮的な選択との対比に、あるいは、反応することと応答することとの対比に、第五章で論じた自動的処理と統制的処理の違いが現れていると思うのは自然である。しかし、ＩＣＳの視点は、統制的処理における二つの異なる形式を理解するうえで、マインドレスネスと自動的処理を、マインドフルネスと統制的処理を、単純に等式で結ぶことに対して釘を刺す。ＩＣＳの視点が示唆しているのは、マインドフルネスは、特に全体論的直感的な統制的処理によって特徴づけられる、ということだ。私たちが概念的な統制的処理に従っている――たとえば、未来の行事の詳細を計画することや、三〇一から七ずつ逆算することに没頭している――とき、私たちは厳密には、自動操縦状態でもなく、自動的に「反応している」わけでもない。ただ、その一方で、必ずしもマインドフルではない。そのために、全体論的直感的な認識が統制的処理を「担う」必要があるのだ。

ＩＣＳはまた、反応することと応答することとの間の違いについて、より豊かな視点を提供する。それは、反応することは自動的な一体化を反映する、ということを示唆している。つまり、現在の状況における全情報パターンのうちのいくつかの主要な断片が、記憶に貯蔵された関連する心的モデルの想起を引き起こすのである。この自動的な過程は、素早い感情的応答を可能にする。しかし、それは現状の事態の一部にのみ基づいているために、引き起こされた感情的反応は、現状の複雑さへの最も有意義な、あるいは適切な応答ではないかもしれない、という可能性は十分ある。この手の一体化は、概念的な統制的処理が「担って」いるときか、心が「自動操縦状態」にあるときに優勢である。

対照的に、応答することには、新奇な心的モデルをつくり出すことをもたらす柔軟な一体化の過程が含まれる。そのモデルは、現在の（常に固有な）状況に特化した細部に合わせたオーダーメイドである。このようにつくり出されたモデルは、現在の文脈の微妙さやニュアンスを反映することができるので、その特別な状況で求められているものに対して微調整された、より有意義で適切な感情的応答が可能となる。これが、マインドフルネスの生み出す可能性である。

マインドフルネスは、たんに意識的意図的に行為すること以上のものなのだ。

認識すること

マインドフルネスに関するブッダのもともとの教え（Anālayo 2003）は、現在のマインドフルネス実践の基礎である。その教えは何度も何度もくり返し認識するための教示をくり返す。すなわち、「長く吸っているとき、『私は長く吸っている』と彼[☆2]は知り、長く吐いているとき、『私は長く吐いている』と彼は知る。短く吸っていると

☆2　実践者。

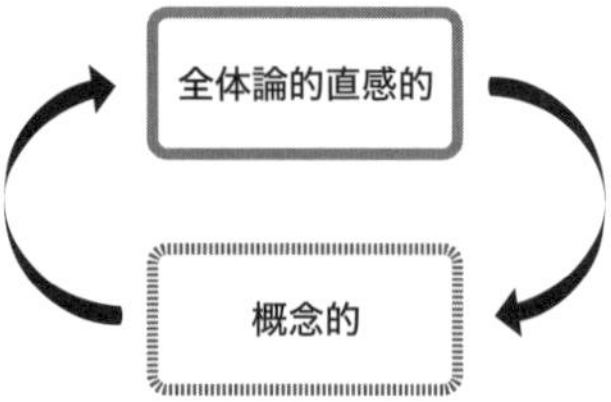

図7・3　認知の中央エンジン。「会話する」全体論的直感的認識と概念的認識。

き、『私は短く吸っている』と彼は知り、短く吐いているとき、『私は短く吐いている』と彼は知る」のである。同様の教示は、認識することの必要性を説きながら、ブッダの教えが取り上げているマインドフルネスのあらゆる領域でくり返される。そこでの教示は常に、直接的即時的な経験に基づいた認識を指摘している。

もちろん、こうした経験的認識の強調は、全体論的直感的な認識がマインドフルネスを担っているという考えからまさに予想されるものである。しかし、マインドフルネスは、ある非常に特別な経験的認識を含んでいる。それは、「あなたがしていることを、それをしながら認識すること」である（Kabat-Zinn 2013: 16）。それは、「心が、心のなかで、直接的に心を経験する」認識である（Nhat Hanh 1987: 40）。

ＩＣＳの視点は、この自己言及的な認識——メタな気づき（meta-awareness）、受け止め直し（reperceiving）、二重注意（double attention）、目撃（witnessing）などさまざまにいわれる認識——を理解する有益な方法を提供する。

心を知る心：メタな気づき

メタな気づき——心を知る心——は、人間の独特な能力である。二つの異なる認識をもつことのすばらしい利点の一つは、一方の認識方法を使って他方の認識方法を知ることができる、という点だ。認知の中央エンジン——全体論的直感的サブシステムと概念的サブシステムの間の現在進行形的会話（図7・3）——は、

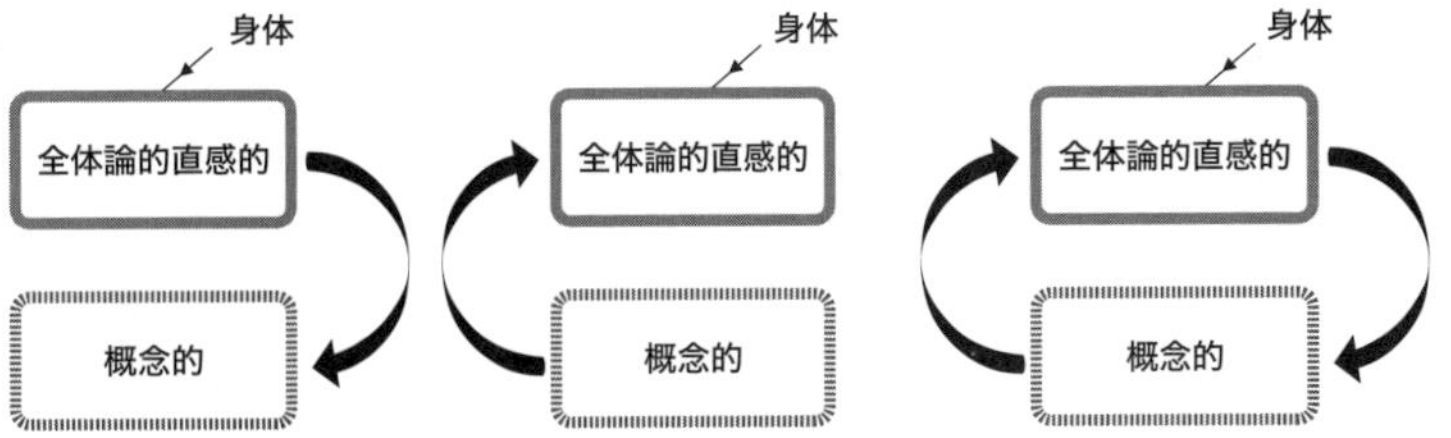

心的モデルが概念的な「ラベル」を生成する（たとえば,「長く吸っている」）。

A

関連する全体論的直感的な情報パターンが送り戻され，新しいモデルの一部として**組み込まれる。**

B

新奇な心的モデルの生成によって，循環するごとに更新される自己認識。

C

図7・4　呼吸のマインドフルネスにおけるメタな気づき

この自己言及的な認識において重要な役割を演じている。

呼吸のマインドフルネスを使って、これがどのように作用するのかを説明することができる。息を吸うという行為は、それに関連した、身体からの感覚情報パターンを生み出す。そうしたパターンは、それと一致した、全体論的直感的な情報パターンへと変容する。次にそれらは、全体論的直感的なワーキングメモリへと伝えられる。そこでそれらは、今の呼吸に関する心的モデルの生成を方向づける。このモデルは、過去の経験に基づいた潜在的な知識に富んでいるだろう。その知識から、モデルは概念的な意味――言うなれば、ラベル――を生み出す。意味とは、そのモデルを生み出した呼吸の種類のことをさす（たとえば、「長く吸っている」）（図7・4のA）。

循環の次の段階（図7・4のB）は、そうした概念的な意味から全体論的直感的な情報パターンを生み出し、それを全体論的直感的なワーキングメモリに送り戻す。そこにおいて、一体化がそれを、身体からの新鮮な入力情報とともに、呼吸の現在の状態に関する改変され更新された心的モデルへと組み込む。この改変されたモデルは、更新された概念的ラベルを生み出す。そうして、全体の循環的でダイナミックな過程が続いていく（図7・4のC）。このように、中央エンジンにおける情報交換によって、自己認識は、常に変化している呼吸の状態に合わせて更新され続ける。

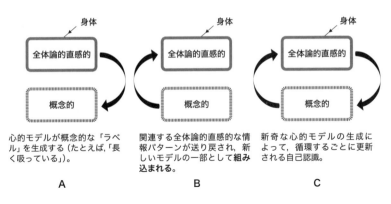

この自己認識の重要な特徴は、全体論的直感的な心的モデルという、より高次の全体の一部に結びつく（組み込まれる）とき、概念的な寄与を顕在的に思考する「風味」が「消える」、というところにある。これは、あなたがこの文章を読んでいるとき、文章内の単語をつくっている個々の文字の固有性にはもはや気づかない、というのとほとんど同じように起こる。概念的な情報が、ある心的モデルのより大きな全体へと組み込まれるとき、概念的な認識の顕在的な性質は、全体論的直感的な認識の潜在的で「無音」な様相へと変容する。私たちがこのことを経験する様子は時に、「認識は気づきそれ自体のなかにある」と表現されることがある。

とはいえ、個々の文字が、構成する単語に重要な貢献をしているように、概念的なパターンも、全体論的直感的なワーキングメモリで形成される心的モデルに非常に重要な貢献をしている。私がこの点を強調するのは、ＩＣＳの物事の見方が、マインドフルな気づきは非概念的認識だという広く行き渡った特徴づけに、異なる光を投じているからである。

マインドフルネスは、非概念的な気づきである……それは、思考や概念に巻き込まれることはない……最初に何かに気づいたとき、それを概念化する前に、それを同定する前に、束の間の純粋な気づきがある……その束の間の、やわらかく焦点を当てた、純粋な気づきの瞬間が、マインドフルネスである。(Gunaratana 2002: 138, 140)

マインドフルな気づきはたしかに、概念的に統制された心の思考とは非常に異なるように感じる。しかし、この認識的な気づきは、概念的に駆動された情報から、かなり情報を得ていて、多くの利益を得ている――たとえば、以前に議論した、望まない目覚めについての私の経験のところでみたように。

自己言及的な認識――メタな気づき――によって、私たちはどの瞬間の心と身体の状態も知り続けることができる。それは、まさに今ここで経験している思考、感情、心の状態、身体感覚、である。メタな気づきは私たち

囲み7・1　マインドフルネス：存在と関与

マインドフルネスの特質とは，関与である。そこには関心があり，自然で非強制的な注意が続く。(Feldman 2001: 173)

（マインドフルネスとは）しなやかな心の状態であり，そこで私たちは，現在に積極的に関与する。(Langer 2000: 220)

マインドフルネスは，識別力と好奇心とやさしさでもって，等しくあらゆる出来事や経験とともに存在しようとする意志と能力である。(Feldman 2015)

悟るというのは，あらゆる物事と親しくなる〔万法に証せらるる〕ことである。(13世紀の禅師・道元からの引用)

（強調は筆者による）

に、このきわめて重要な情報を与える。よりいっそう重要なのは、メタな気づきは、自分の経験のそうした側面とのかかわりにおける転換を含んでいる、ということである。それは、しばしば脱中心化とよばれる転換のことだ。メタな気づきのこの側面についてさらに語る前に、マインドフルネスにおける知るものと知られるものの関係に関するICSの視点について、より一般的に語るのが有効だろう。

経験とともに存在する／関与する

マインドフルネス（と、悟り）（囲み7・1）では、私たちは経験に関与し、経験とともに完全に存在する。

関与と存在のこうした性質は、全体論的直感的な認識の、共鳴による認識の特質（第四章）を反映している。

概念支配的な（思考する）心において、私たちは、概念を経験に合わせるのにちょうどよい情報だけを取り込む。そして、その概念を使って作業する内的な心的世界に閉じこもる。その瞬間の経験と断絶し、見ている「対象」から分離したままになる。知るものと知られるものの関係の様子は、とても離れたところにいながら、望遠鏡で遠くの景色を眺めている客観的な観察者のそれのようだ。

しかし、経験的に――全体論的直感的に――知るためには、常に変化する経験に対して微妙に修正され調整された心的モデルを保ち続けなければならない。そうするために、私たちは、相互に影響し合う現在進行形の関係のなかで経験に関与する。つまり、経験とともに「存在する」ということだ。第四章において、私は、エッシャーの《描く手》の絵が、全体論的直感的な認識における知るものと知られるものとの間の関係を説明する方法を提示していることを示唆した。この関係では、それぞれの側は、相手側や両者の関係性によって、継続的に変更を加えられる。ここでは、分離した同一性の感覚はますます弱まり、強固な境界線はますます薄らぎ、関連性が強調される。同様に、マインドフルな気づきでは、知るものと知られるものは、互いに影響しなめらかに相互作用する過程のなかで密に結合する。両者の間に、かかわりのある密接な関係が生まれる。刻一刻と新奇な心的モデルがつくり出されることによって、「内」と「外」の同期と調和が保たれる。つまり、展開する経験に関与し、完全にともに存在する感覚をもつのだ。

脱中心化

私たちの大半にとって、思考・感情・身体感覚との関係は、視覚や聴覚との関係とは異なる。私たちは、見るものや聴くものを、「外にある」だとか自分自身以外のものだとして経験する。一方、思考・感情・身体感覚は、「ここのなかにある」「私である」「私のものである」「私そのものである」と経験する。つまり、私たちは、経験のこうした側面に同一化してしまう。脱中心化は、この関係における根本的な転換を含む。すなわち、思考・感情・身体感覚を自己存在の中心として経験することをやめて、その他の経験とかかわるのと同じようにそれらとかかわるのである。そこでは、感情や思考と、受動的にではなくむしろ能動的に、かかわることを学ぶ。「私」や

囲み7・2　思考に関するメタな気づきを育む

心に浮かび上がってくる思考に気づくようになるために，今，ちょっとばかり時間をとりましょう。自分が映画館で座っているところを想像してみてください。あなたは何も映っていないスクリーンを観ていて，まさに思考がやってくるのを待っているところです。思考がやってきたとき，正確にそれが何なのか，それに何が起こっているのか，見えますか？（Segal, Williams, & Teasdale 2013: 305）

意識のなかを漂う思考の流れの観察者となりましょう。流れる川を眺めながら川のほとりに座っている人のように，心のほとりに座って眺めるのです。あるいは，森のなかに座って飛んでいく鳥の飛跡を眺めている人のように，ただ座って眺めるのです。あるいは，雨空と動く雲を眺めている人のように，心という空のなかで動く思考という雲を，思考という飛ぶ鳥を，思考という流れる川を，同じようにただ眺めるのです……あなたはただ，観察者となるのです。（Osho 1998）

「私のもの」というよりもむしろ、——移り変わる心的な出来事である——思考は思考として、また、感情は感情としてかかわるようにする。加えて、思考を「現実」と一緒にしない。私たちは、「あなたの母についての考えは、あなたの母ではない」ことはわかっているのだから（第二章）。

マインドフルネスにおけるメタな気づきの涵養は、脱中心化をもたらすきわめて貴重な機会を提供する。経験の特定の側面に意図的に注意を向けて、それを（顕在的にあるいは潜在的に）「ラベリング（labeling）」するという行為は必ず、少し距離を置くことを含んでいる。つまり、自分の経験のそうした側面を、「私」といった、より全般的に広がった感覚と区別する、ということである。また、適切な教示をもってすれば、（「私」ではなく）思考を思考として、感情を感情としてみるほうへと転換することを手助けすることができる（囲み7・2）。

そうした教示によって私たちは、「私ではない」と思う経験の側面に関心を向けるのとちょうど同じように、思考に関心を向けるようになる。それは、映画のスクリーンに映る像や、土手に座っているときにそばで流れる川や、空を飛ぶ鳥などのように、である。そうした教示は、その「私ではない」という視点を反映する（記憶に貯蔵された）心的モデルの断片を、全体論的直感的なワーキングメモリの作業台にもたらす。すると、一体化によって、そうした断片は今の思考経験のほかの側面を反映するパターンと結びつき、「私でない思考」という視点を統合した新奇な心的モデルをつくり出す。

囲み7・2の教示は、観察者（observer）や見る（watching）といったような単語を使っている。そうした単語は、メタな気づきや脱中心化が知るものと知られるものの間にいくぶん距離を置いて離れた関係を築く、ということを示しているだろう。これは、以前に私が示した、全体論的直感的な認識とマインドフルネスを特徴づける「展開する経験に関与し、完全にともに存在する」親密な感覚とは、ずいぶん違った関係である。この明らかな食い違いはどう理解すればよいのだろうか？

差し当たり、マインドフルネス――あるいは、ほかの瞑想的な気づき――の実践を重ねていくと、知るものと知られるものの間の関係が漸進的に転換する、ということを指摘できる。実践し始める前は、私たちの習慣的な心の形態は、道具的な探求心という基本感情によって突き動かされた、目標志向的な概念的統制的処理の一つである。この形態の場合、私たちは、世界を主体と客体に分割する心的モデルのレンズをとおしてみることになる。私たちは、この二重性の主体的な側、つまり「私」のどちらかというと未分化な側面として、思考・感情・身体感覚と同一化する。私たちは、思考や感情などなのである。さらに私たちは、自分の思考が「現実」を正しく反映したものだと思っている。

しかし、マインドフルネスを実践し始めたり、メタな気づきを涵養し始めたりすると、経験の個々の側面に注目する過程や、それを概念的にラベリングすることによって、私たちはそうした側面と「私」という残りの部分とを区別できるようになる。心がマインドフルな形態になると、全体論的直感的な統制的処理と非道具的な感情が主導権を得る。こうした心の形態によって私たちは、概念的な統制的処理に没入することなく、概念的な情報の原子論的な構造を利用することができる。つまり、「現実」の側面として感情や思考について評価・判断・思考することに没頭することなく、はっきりと区別できる注意の対象としての思考や感情と能動的にかかわることができるのだ。

このより分別のある視点から、一体化はより脱中心化した視点を取り入れた心的モデルを生み出す。つまり、私ではなくはっきりと区別できる経験の側面としての思考や感情に気づくようになる。そして、重要なのは、概念的な認識の特に「思考する」特徴が、概念的な寄与が全体論的な心的モデルに統合されるときに失われるように、概念的な認識の分離や断絶といった感覚もまた弱まる点だ。思考・感情・身体感覚といった経験と、関与し、密にかかわり、完全にともに存在するのである。

まず、脱中心化は、概念的な認識の二元（主体と客体）的な特徴をある程度まだ残した心的モデル生み出す。私たちは思考や感情を、はっきり区別された気づきの客体としてみる。そして、ほかの経験の側面――たとえば、気づきそのもの――を、思考や感情を経験している主体、つまり、「私」として同定するだろう。しかし、適切な訓練をすれば、生み出された心的モデルは最終的に、二元（主体と客体）的関係のすべての感覚をなくすことができる。すると、目覚めた心のますます非二元的なレンズをとおして見始める。この時点で、禅師ティク・ナット・ハンがいうように、「心が、心のなかで、直接的に心を経験する」ことになる。あるいは、キリスト教の瞑想家であるシンシア・ブルジョが述べているように、「〜への注意」から「〜での注意」へと転換する（Bourgeault 2016: 96）。

意図と目標

マインドフルネスは困難でも複雑でもない。
マインドフルでいるのを忘れないことが大きな課題だ。

――クリスティーナ・フェルドマン（Feldman 2001: 167）

マインドフルネスの実践を継続しようと試みた人なら誰でも、この名文句の真理がわかるだろう。では、どのようにしてマインドフルでいようとする意図を維持し、それを心のなかで最重要とし続けるのか？　根本的な変容へのあらゆる道（第十四章）の基礎である、やさしく、慈悲深く、貪欲にならないでいようとする健全な意図をどのようにして維持するのか？

これらの主な疑問に答える前に、ICSの枠組みにおける意図と目標の違い——そして、何もしなければ不可解なパラドックスのようにみえるものを解くのにいかに役立つか——についてもう少し話しておくのが有益だろう。たとえば、ジョン・カバットジンは、MBSRコースの参加者がどのように言われるかを述べている。「プログラムのなかで取り組みたい三つの目標を定めるように言うのだが、その後、しばしば彼らが驚くように、私たちは彼らに、八週間、その目標に向かって少しも前進しようとしないようすすめる」（Kabat-Zinn 2013: 27）。参加者は、当然のことながら、困惑したようにみえる。明確な目的と方向性をもっているようにみえるプログラムのなかで、一方では、目標に向かって取り組もうとしないように言われ、他方では、少なくとも一日一時間のマインドフルネス実践に心を込めて携わるよう求められるのだから。

日常生活において、私たちはしばしば、目標と意図という単語を意味の区別なく使っている。しかしICSは、両者を区別するのが重要だとしている——その区別は、私が今述べた二つの異なる教示の間の葛藤もしくはパラドックスの感覚を解消するだろう。

ICSでは、目標とは出来事の未来の状態に関する概念的な観念——まだ起きていないこと——であり、それに向かって私たちは努力したり、それに対して私たちはどのくらい前進しているかを測ったりする。一方、意図とは、私たちが選んだり価値を置いていたりする方向へと動かす可能性の高い行為傾向や、まさに今なしうる行為と関連した全体論的直感的な情報パターンである。一体化によって、意図に関連したそうしたパターンは、現状に関するより広い側面を反映したほかのパターンと結びつけられる。生み出された心的モデルはその後、より広い文脈への鋭い感受性をともなった行動を導き、動機づける。目標が結果に焦点を当てているのに対して、意図は過程に焦点を当てている。つまり、私たちができることや、私たちがとりうる態度は、概して、私たちが価値を置いている方向に事が運ぶ可能性を高める、ということである。

もし私が一つの呼吸ごとにマインドフルであることを目標に瞑想しようと坐りながらも、心がほかのことをあれこれ考えている状態に終始したら、私はその結果を失敗とみなすだろう。そして、なぜ失敗したのか、どういうことなのかと思考することが、呼吸からさらに遠くへと私を運ぶだろう。あるいは、もし私が落ち着いたりリラックスしたりすることを目標に坐りながらも、緊張している状態に終始したら、私はそれを失敗とみなすだろう。そして、そのことが私を失望させ、落胆させ、苛立たせ、ますます落ち着きやリラックスから遠ざけるだろう。しかし、もし私が「できるだけ」注意を呼吸に注ごうと意図して瞑想しようと坐れば、その意図は、刻一刻と起こることを形づくる全体論的直感的パターンすべてのたんなる一側面として組み込まれることになる。そのとき、もし私が呼吸にマインドフルでなくなっていることに気づいても、それは失敗とはみなされないだろう。なぜなら、私は、概念的なワーキングメモリのなかに、出来事の望ましい将来の状態という観念——目標——を設定していないからである。むしろ、この気づきは、「できるだけ」注意を呼吸に注ごうという意図をやさしく思い出させてくれるものとしてはたらく——そのため、次の瞬間には実際にそうする可能性を高めるだろう。

ＭＢＳＲプログラムの参加者である、ピーターの話（囲み7・3）は、目標と意図の違いをさらによく説明していて、目標よりもむしろ意図から作業することの賢明さを強調している。

概念的な目標志向的モードで、「今日中にしなければならないことをすべてした自己であること」という目標に焦点を狭めて「固定」して作業していたので、ピーターは、この観念をより広い文脈、つまり、自分が疲れていること、時間も遅くなっていること、車は別の日にも洗うことができること、なども含めた文脈に当てはめることができなかった。しかし、「距離を置く」——概念的な統制的処理から全体論的直感的な統制的処理へと切り替える——ことができたとき、車を洗おうという意図は、全体論的直感的なワーキングメモリにおけるより大きなパターンのたんなる一要素、つくり出された心的モデルのたんなる一因となった。より広い範囲の情報という恩

囲み7・3　ピーター

もしあなたが，今日中に一定数のことをしなければならないという考えを抱き，それを1つの思考と認識せずに，それがまるで「真実」であるかのように振る舞うとしたら，その瞬間にあなたは，それらのことをすべて今日中にしなければならないと心から信じている1つの現実をつくり出したことになる。

以前に心臓発作を起こしていて，二度目は避けたいと思っていたピーターというある患者は，ある晩，このことを劇的に理解するに至った。それは，道路で投光器を照らして夜中の10時に自分の車を洗っていることにふと気がついたときだ。こんなことをする必要はなかったのにという事実が彼を襲った。それはまさに，今日中にしなければならないという思いにすべてを当てはめようと費やした1日の，必然的な結果だった。自分のしていることがわかったとき，彼は同時に，今日中にすべてをしなければならないというもともとの確信の真実性に疑問を挟むことができなかったこともわかった。なぜなら，彼はすでに完全に，そう信じることにとらわれていたからである。

一方，そうした思考に陥ったときに，もしそこから1歩引いてはっきりそれを眺めることができたら，物事の優先順位をつけて，本当にしなければならないことについての分別ある決定ができるだろう。あなたは，その日のうちのやめ時を知るだろう。(Kabat-Zinn 2013: 66–67)

恵を受けて，そのモデルは，その日はもうやめるという「賢明な」選択を生むことができた。

ＩＣＳにおける目標と意図の違いは，いかにマインドフルな行動が，はっきりと動機づけられ方向づけられるか，同時に，目標駆動的な行動が生み出す苦しみから自由であるか，を知る手立てを与えてくれる。

そこであらためて，私たちはどのようにして，幸福かつ安楽に生きる助けとなる健全な意図――マインドフルに，やさしく，慈悲深くあろうとし，願望対象に執着することを手放そうとする意図――を維持できるか，を理解するという課題に戻ろう。ここでは，全体論的直感的なワーキングメモリが重要な役割を果たす。

ワーキングメモリの最も簡単な例として，私たちは電話番号の記憶の活性を保つのに，大きな声でも小さな声でもよいから，それを何度も何度もくり返す。私たちがそれをしているときは，数字に関連したパターンが，調音・音声・音韻と関連した情報――や，その過程を継続するのに必要な最小限の実行資源――を含む自立した循環のなかで，心のなかをぐるぐると回る。

同じように、全体論的直感的なワーキングメモリを含む循環は、私たちが健全な意図に関連したより高次の情報パターンの活性を保つ手助けをしてくれる。私たちは、「私はマインドフルでいるだろうか」「思いやりをもてているだろうか」「生きとし生けるものすべて幸福だろうか」「私は手放せるだろうか」などといった自己陳述をしながら、そうした循環を開始し自立させようとするだろう。ただ、重要なのは、その循環には関連する全体論的直感的意味のパターンも含まれる、ということだ。さもなければ、そうした循環は、電話番号の反復とあまり変わらないものへと簡単に成り下がってしまう。身体に関する気づき——全体論的直感的意味への重要な一因（第三章）——は、そうならないための一つの手立てを提供する。たとえば、キリスト教正教会における心の祈りでは、祈りの言葉が一日をとおして継続的にくり返される間、心臓周辺の身体部位への気づきが維持される（Bourgeault 2016: 100; Savin 2001）。健全な意図と関係する行為に従事すること——日常的な活動のマインドフルネスを実践することや、やさしさや慈悲でもって行為すること（第十四章）——はまた、マインドレスな反復ではなく、意図にしっかり固定された心のなかで情報パターンが循環し続けることに役立つ。

重要なのは、こうした循環は、私たちがマインドフルにかつやさしくあることを忘れないよう手助けすると同時に、マインドフルにかつやさしくあるよう私たちを動機づける。仏教学者のルパート・ゲシン（Gethin 2011: 270）が、これの意味するところを説明する。

していいるべきことは呼吸を思い出すことだ、ということを思い出さなければならない。この思い出すということには、「今何をしているべきか」という表現を私が使うことで、さらなる次元があることを示唆している。それは、古い仏典がマインドフルネスの実践を想定している特別な文脈にある。つまり、呼吸を思い出すべきであると思い出しているときには、瞑想実践しているべきであることを思い出しているのだ。そして、瞑想実践しているべきであると思い出しているときには、自分は仏教僧であることを思い出しているのだ。そして、仏教僧であることを思い出しているときには、貪・瞋・痴を一掃しようとしているべきであることを思い出しているのだ……古い仏典は、マインドフルネスであるということを、自分が何者なのか、自分にとっての価値とは何なのかを、私たちに思い出させる効果があるものと解している。

したがって、マインドフルネスにおいて思い出すということの焦点は、たんに（日々の瞑想実践をすることを思い出すといったような）特定の行為ばかりでなく、重要なのは、そうした行為への動機づけを与えるより広い文脈に当てられている。私たちの動機づけを生き生きとした、新鮮な、活性状態のまま保つために、そのより広い文脈は、意図を持続する循環のなかでつくり出され更新される心的モデルに反映されていなければならない。これが意味するのは、たとえば、私たちがマインドフルでいることを望む背景的な理由を探って明確にしたうえで、一時的に心を込めてマインドフルであることに傾注する——新年の抱負のように——というのでは不十分だということである。そうではなく、そうした理由を具体化したうえで、できる限り、それらの理由をあらゆる文脈のなかでダイナミックに活性化し続ける心的モデルを構築するのだ。たとえば、慈愛の意図を涵養するブッダ自身の教示（Karaniya Metta Sutta〔慈経〕）は、「立っていても歩いていても、座っていても横になっていても、眠気から覚めて、（やさしさを全世界に注ぐために）この思い出しを維持するべきである」と示唆している（Amaravati Sangha 1994）。

では、マインドフルネスの実践を維持する動機とは何であろうか？　多くの人にとっての動機は、毎日の生活の質を向上したいという願望だろう。第九章では、マインドフルネスが、そのように生活を向上させる別のあり方をいかに提供するかを探究する。感情的な苦しみを変容させるためにマインドフルネスを実践する、という人もいるだろう。それが第八章の焦点である。

第八章　感情的な苦しみの変容

昔々、自分自身の影が見えることに悩んで、それから逃れようと決めた男がいた。彼の選んだ方法は簡単であった。ただ立ち去り、置いてきぼりにする、というものだ。何歩か進んでから、彼は振り向くと、影はまだそこにあった――断固として彼についてきた。どうみても十分速く歩いていなかったのだ、と彼は思った。だから彼は歩く速度を上げた。しかし、まだ影は彼のうしろにあるままだった。だから彼は走り始めた。しかし、振り返ってみるといつも、影はまだそこにあって彼についてきた。どんなに速く走ろうとも、影は遅れずについてくることができるようだった。すべての精魂をかき集めて、彼はもう一度奮い立ち、逃げるための最後のがんばりにすべてを捧げることに決めた。彼はもっともっともっと速く走り、いっさい止まることなく、そしてとうとう――彼は最後にばったりと倒れて死んでしまった。

日陰に入って休んで落ち着くだけでよかったのだと彼が知ってさえいれば、なんの余分な努力も要せず影は消えただろうに。

この伝統的な寓話が示唆するのは、私たちが好まない経験の側面から逃避したり回避したりしようとするのは、そんなにいい発想ではないかもしれない、ということである。心理学者は、望まない経験に関連したこうしたやり方のことを、体験の回避（experiential avoidance）、とよんできた。

体験の回避

体験の回避は、概念に基づいたアプローチが感情的な苦しみに対処するためにとる方法である。幸福の概念的な追求は、痛みをもたらしたり脅威をもたらしたりする外の世界の対象を取り扱うのとまったく同じように、内なる不快な経験を取り扱う。まるで、直接的な意志的行為でもって逃避したり、回避したり、取り除いたりする悪いもののように、である。この方略は、魅力的な単純さを備えている。つまり、原因と結果との間に明快な一対一の関係があることを前提としている。そこではまず、苦しみの原因が見定められる。次に、その原因を取り除くと信じられる行為のうち、実行可能なものが取り上げられる。そうすれば原理上、行為の結果が相対的に早くわかることになる。

このアプローチの不都合な点は、それが常にうまくいくわけではないところだ。望まない思考・感情・身体感覚を強引に追い出そうとしても、あるいは、それらから急いで走り去ろうとしても、私たちは回避することはできない。さらには、回避しようとすることが、事態を悪化させるだけであることが多い。

スティーブン・ヘイズらは、体験の回避を、「人が、特定の私的な経験（たとえば、身体感覚、感情、思考、記憶、行動的な傾向）と接したままでいるのをいやがり、そうした出来事の形態や頻度だとか、それらを引き起こす文脈だとかを変えるための処置を講じるときに起こる現象」と述べている（Hayes, Wilson, Gifford, Follette, & Strosahl 1996）。彼らは、多くの精神病理学的な形――物質乱用、強迫性障害、パニック障害、広場恐怖、境界性パーソナリティ障害、自殺――が、このようにして望まない内的な経験を回避しようとする不器用な試みを反映している、という説得力のある証拠を提出している。

逆説的だが、体験の回避はしばしば、それが除去しようとする内なる経験を居座らせてしまう。ダニエル・ウェグナー[☆1]の有名なシロクマ実験では（Wegner, Schneider, Carter, & White 1987）、シロクマについて考えないようにという教示によって、シロクマに関する思考がますます心に浮かんできてしまうようになった。シオフィとホロウェイの研究（Cioffi & Holloway 1993）も関連した効果を見いだしている。やたらと冷たい水に手を入れている間に痛みについての思考を除去するよう求められた参加者は、手の感覚に注意を向けるよう求められた参加者よりも、普段の快適なレベルに戻るのに時間がかかった。また、抑圧した（除去しようとした）参加者はその後、注意を向けた参加者よりも、大したことのない振動をより不快だと評定した。つまり、ある不快の源に関する思考を除去しようと試みた参加者は、ほかの経験にも敏感になったのである。

短期的には、望まない内的経験を回避したり取り除いたりしようとすることは、たんに機能しないし、逆効果なのは目に見えている。また、体験の回避は、より永続性の高い変化の可能性を摘み取ってしまう。上手な感情処理――感情的な反応の変容――に求められるのはその感情を実際に感じて経験することだ、ということを臨床家は長らく主張してきた（そして、広範な研究が今では確証している）。私たちは、『恐怖を感じ、とにかくそれをなんとかする』か、あるいは悲嘆という感情に、それがどれほど心地よくなく不快であっても、「向き合う」かしなければならない。ＩＣＳの視点は、なぜこれが必要なのかを理解する道筋を与えてくれる。

私たちの感情的な反応は、私たちの心が出来事の意味を理解するために使う心的モデルによって引き起こされる。もし反応の仕方に対して永続的な変化をもたらしたいと望むなら、このモデルが変わらなければならない。そうなるためには、このモデルが活性化され、全体論的直感的なワーキングメモリの作業台に持ち込まれる必要がある。そこでモデルが改造されるのである。その活性化と改造は必然的に、少なくとも部分的には、元の感情の感じをいくばくかは引き起こすだろう。この視点からみれば、そうした感情を経験するということは、私たちの心

☆1　アメリカの社会心理学者。

が「対応している」という印である。もし不快な感情を回避しようとすれば、感情的な癒しが拠って立つ内的な作業をうかつにも妨げてしまう羽目になるかもしれない。

体験の回避は、短期的な安心をいくらか与えてくれるかもしれないが、長期的な損失をともなうものだ。ほかのところで私たちは、体験の回避を、エンジンからガタガタギシギシと気になる音が聞こえるのに、それを聞かないようにするためにカーラジオの音量を上げる——その結果、道に出てすぐ完全に壊れる——自動車運転者になぞらえている（Williams, Teasdale, Segal, & Kabat-Zinn 2007: 119）。

別のアプローチ

ＩＣＳの分析は、仏教やほかの瞑想の伝統と共通して、より複雑な見方をする。そこでは、持続的で不快な感じや感情状態を、自存的な悪いものとしてではなく、通底する条件パターンの一時的な反映とみなす。こうした条件は、不快な感じや感情を刻一刻と活発に生産し、再生産する。

物事のこのような見方から導けるいい話としては、もしも苦しみが、瞬間ごとに、特定の条件によって活発に維持されるのであれば、私たちは、その条件を変えることでその苦しみを変容させることができる、ということだ。私たちは、直接的な意志的行為によって望まない心の状態を取り除こうとするのではなく、むしろ、それを維持している条件を変えることによって、それから解放されるのである。加えて、私たちは——単純な、一対一の、原因と結果の関係ではなく——複雑な非線形のシステムを扱っているため、ある条件の小さな変化が、非常に大きな効果をもちうることがある（よく知られた「バタフライ効果（butterfly effect）」である）。

このアプローチのマイナス面は、私たちの行為とその効果の関係が、間接的で、遅延的で、すぐにわかりにくい、という点だろう。もし、さまざまな条件にさまざまな介入をしなければならないとしたら、自分の行為の結

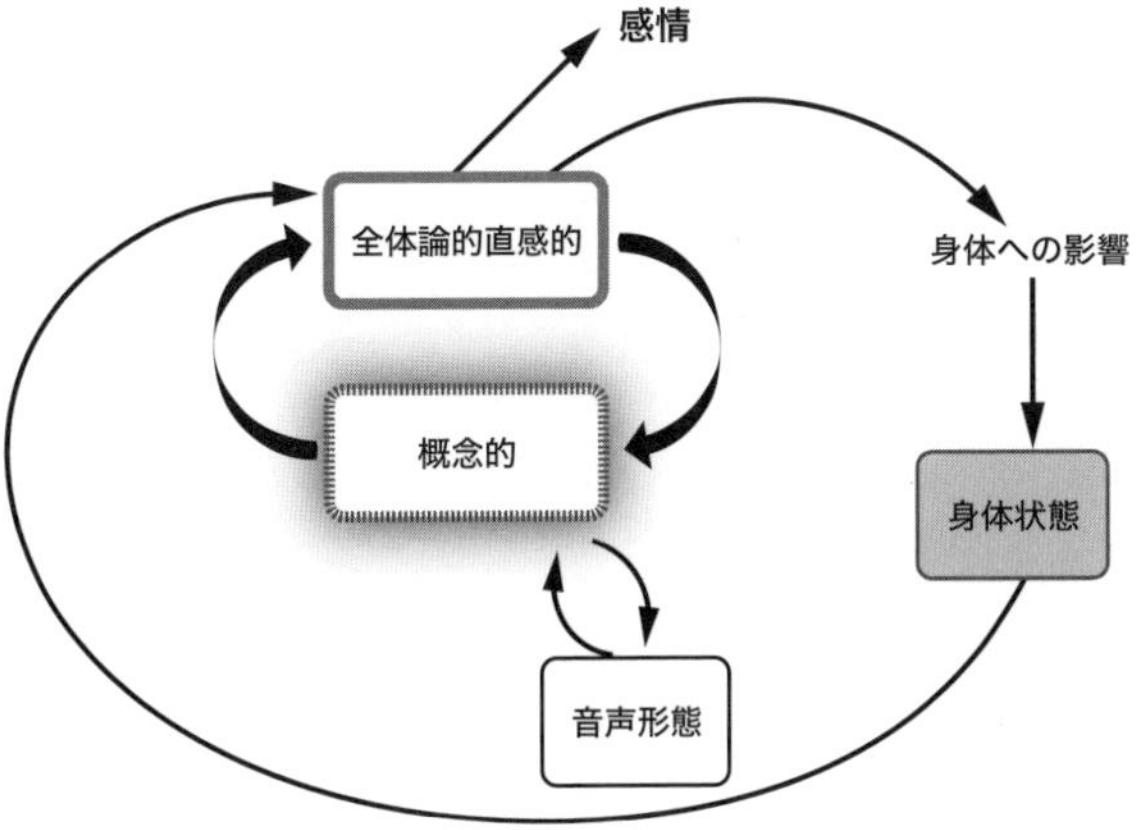

図8・1　ICSの見方。自己永続的な循環が，望まない感情状態を維持・強化するよう作動する（ボックスは異なる処理サブシステムを表している）。

果としてそれなりの変化をみる前に、かなりの時間と努力を費やさなければならないかもしれない。つまり、ただ信じ続けなければならないこともときどきあるかもしれない。

そうした信頼を育むために、私たちが取り扱う感情状態やマインドフルネスがそれを変容しうる方法についてよりはっきりと理解しておくことは、有効である。

自己永続的なシステム

相互に結びついたフィードバックループの複雑なシステムが、ストレスや不安や抑うつといった持続的な感情状態を維持している（図8・1）。

抑うつを例に用いて、このシステムがどのようにはたらくかを説明しよう。関連するICSの分析（Teasdale, Segal, & Williams 1995）は、マインドフルネス認知療法〔MBCT〕の最初の開発に主要な役割を担っていた（MBCTの開発に関する詳細な説明は、Segal, Williams, & Teasdale〔2013〕を参照）。同じ分析を、一般的な不安やストレスにも行うことができる。

再発したり持続したりする抑うつになりやすい人において、比較的軽い抑うつ気分は、自己に関する非常にネガティブな見方を含んだ心的モデルを再活性化させる（Miranda, & Persons 1988; Teasdale 1988）。こうしたモデルによって与えられたレンズをとおして、自己は無価値で、不出来で、無能で、愛されない、役に立たないとみなす。自己価値は、成功したり、好かれたり、他者からの承認を得たりすることに大きく左右されるとみなされる。

相互に結びついた数多くの経路は、こうした大局的にネガティブな自己モデルの持続的な活性化——そして、抑うつの持続——に燃料を加えて、それを維持するのだ。

ある経路では、進行中の経験について非常にネガティブに解釈することが、脆弱な人を抑うつに固定し続けることになる。脆弱な人の抑うつ気分によって再活性化されたモデルは、広い範囲の今の経験が失敗・喪失・拒絶といった観点で解釈されるような、自己に関する大局的にネガティブな見方（「私はまったく無価値であり、何の役にも立たない」）を含んでいる。さらに破滅的なことに、こうしたモデルは、抑うつの影響や症状それ自体を、不出来や無能さの証拠と解釈する。抑うつのときの活力の欠如が怠惰の印とみなされ、抑うつ的な苛立ちが、劣った親や劣ったパートナーの印とみなされ、集中することのむずかしさ——抑うつの共通の特徴——が愚かさの印とみなされる、などである。

日常生活における通常の浮き沈み——や、抑うつそれ自体の諸側面——を個人的な無能さの証拠と解釈する傾向は、脆弱な人がいったん抑うつになると、抑うつに巻き込み続ける継続的な経験の流れにさらされる、ということを意味する。

抑うつを効果的に取り扱うことに失敗すると、抑うつ的な人に、その人の無能さやその人の置かれた状況の希望のなさについてのさらなる「証拠」を提供することになる。抑うつのなかで再活性化された、自己に関する大局的にネガティブな見方は、ネガティブな気分を改善するかもしれない簡単な行為をしてみようとする動機を、悲劇的に弱らせる。たとえば、喜びや達成といった感覚を、たとえわずかでも感じさせる活動を、である。持続的な抑うつをいやがったり恐れたりすることはまた、抑うつを下手に取り除こうとするよう駆り立てるが、それは

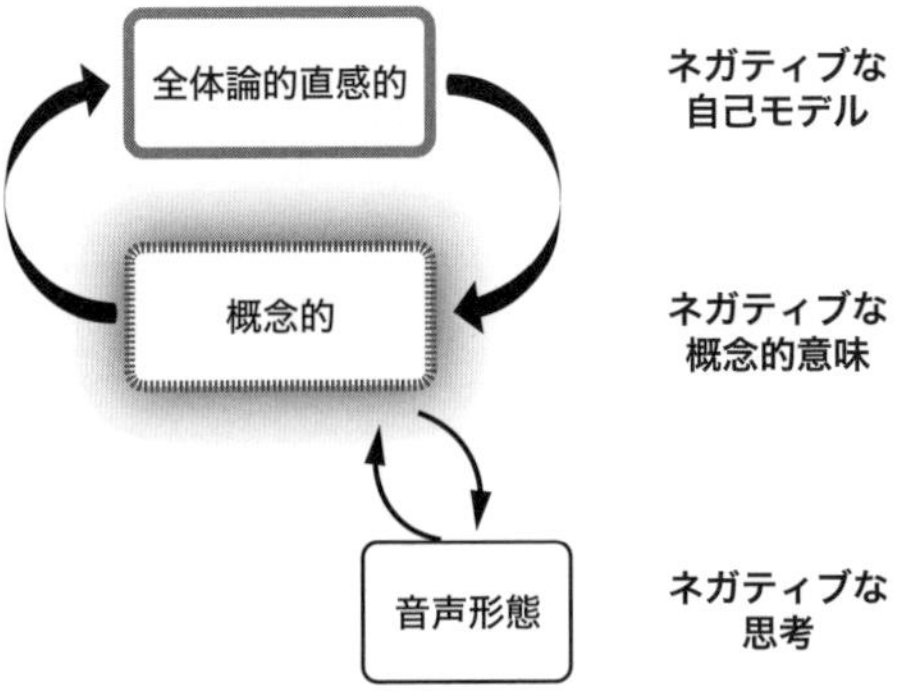

図8・2　ネガティブな思考の循環に閉じ込められた中央エンジン。概念的サブシステムのまわりの発光模様は，概念的なワーキングメモリが主導的であることを示している。

皮肉にも抑うつを維持するはたらきをするだけである。

進行中の経験をネガティブに解釈する影響に加えて、概念的処理サブシステム（第二章）を中心とした相互に結びついた心的ループは、抑うつが純粋な内部基盤を維持し続けるように作動する（図8・2参照）。こうしたループは、持続的な抑うつの特徴である、自己（「私はただの役立たずだ」）、世界（「すべてがむずかしすぎる」）、未来（「すべて望みなし」）に関するネガティブな思考の流れを生み出す。

体験の回避は――反すう（rumination）という形で――こうした内部のネガティブな循環を駆動する主要な力である。反すうとは、「苦悩の症状やそうした症状の考えられうる原因と結果について、反復的かつ受動的に注意を向けることを含む、苦悩への反応モード」である（Nolen-Hoeksema 1991）。ネガティブな認知スタイルの人は、反すうによって、軽度で一過性の悲しい気分であったはずのものを、より強い持続的な抑うつ状態へと変容させてしまう、ということを示す証拠がある（Nolen-Hoeksema, Wisco, & Lyubomirsky 2008）。

反すうは、不快感情を取り除くための、概念に基づいた方略を反映したもの、とみなすことができる。つまり、私たちは、抑うつから脱する問題解決の方法として、抑うつ感情やその考えられうる原因と結果について考えることに没頭するようになるのだ。手元の課題に関連する情報にだけ狭く焦点を当てるのは、いうまでもなく、概念的な目標志向的処理の中心的な特徴である（第二章）。昔の関連する状況の記憶を思い出したり、そこから今暗示されることをとおして考えたりすることもまた、この一般的な方略の重要かつ有効な側面である。たとえば、私の家のキッチンに棚をしつらえるとき、私は過去のＤＩＹの計画を思い返し、それによってどのような方針が考えられるかを確かめた。そして、考えられる行為によって生じうる未来の結果を期待することによって、私は、現在において壁に棚をしつらえることに至る最も効果的なアプローチを選択することができた。

悲劇的にも、これと同じ方略は、抑うつを取り除くために用いようとするとき、破滅的な逆効果を生む。今の抑うつ的な気持ちを避けたり遠ざけたりするための方法を見つけようとして、記憶のなかから、過去の個人的な失敗・拒絶・喪失をかき集めれば、かき混ぜられた思考や記憶は、パターン完成の過程をとおしてさらなるネガティブな自己モデルを引き起こすには十分である（第四章）。そして、考えられる行為の結果について心が考えるとき、大局的にネガティブな自己モデルは、絶望や悲観的な予測を生み出し、全般的に暗い未来の絵を描く。抑うつ気分という文脈において、こうした予測はさらに、パターン完成の過程をとおしてさらなるネガティブな自己モデルを十分引き起こすことになるだろう。

身体をとおして作用するフィードバックループは、内部の心的ループの影響を強化する（図８・１）。望まない感情――そしてそれに対する私たちの習慣的な反応――は、姿勢・表情・身体的覚醒・筋緊張などと関連する身体感覚の特徴的なパターンを生み出す。抑うつの場合、これらは、重苦しい感覚、猫背の姿勢、悲しいあるいは渋い表情を含むだろう――悲しみ、悲嘆、あるいは喪失といった感情に耐えるときに感じる、張り詰めたり締めつけられたりする感覚とともに、である。思考や記憶に加えて、身体に関連した情報の断片的なパターンは、パターン完成をとおして現存するネガティブな自己モデルを再活性化するようにはたらく。それはさらなる抑うつを引き起こす。

身体をとおして作用するフィードバックループと、心のなかの純粋に内部的なフィードバックループの複合的な影響は、長期間に及ぶ自己永続的なパターンを維持することになる。刻一刻と、この循環は活発に、恐怖、喪失、あるいは失敗というテーマに支配された感情状態や心的風景を生産し、再生産する。私たち自身の心が、こうした経験世界を生むのだ。しかし、その事実に気づかないで、私たちはまるでそれが「現実」であるかのようにそれに反応するのである。

変化のための方略

マインドフルネスは望まない心の状態から私たちを解放するが、それは、直接的な意志的行為によってそれを取り除こうとするのではなく、むしろ、それを維持している条件を変えることによってなされる。

このアプローチでは、マインドフルネス実践の特定の側面と、感情的な苦しみという側面において随伴する変化との間に、明確な関係性はほとんどみられない。時にはこの結びつきが明らかになるかもしれない――マインドフルに呼吸に集中することによって、ネガティブな思考を脱して切り替わるときのように――けれども、そうならないことのほうが多い。実践の初期段階では、以前に悩んでいた出来事に対して特別何かをしたわけでもないのに、それに対して自分が違った反応をしていることに気がついて驚くかもしれない。こうした経験の味わいは、「私はあまり動揺していない。なぜなら、私は今、不快感情をよりうまく扱っているからだ」というよりも「どういうわけか、私は自分が物事にあまり動揺していない感じがする」である。

この種の経験が生じるのは、マインドフルネスが、苦しみを永続させている全体の条件パターンを変化させることによって、そうした効果をもたらすことが多いためだ。このレベルでは、学んでいるマインドフルネス実践と経験している変化との間のつながりは、すぐさま明らかにはならないだろう。だから私たちは、自分に課された時間や努力の投資が必要なものなのかどうか、あるいは価値あるものなのかどうか、疑問に思うかもしれない。

信頼と希望をもって続けるかもしれない――あるいは、あきらめるかもしれない。マインドフルネスは苦しみが「自己治癒」するようになる条件全体をつくり出すようはたらくものであることを理解すれば、今までとは違うアプローチが手に入るのである。

マインドフルネスは、望まない心の状態を永続させる条件を変化させるための、相互に関連した三つの方略を私たちに与えてくれる（Teasdale & Chaskalson 2011b）。それは、（1）心が何に基づいて作業しているか、すなわち、含まれる情報の内容の変化、（2）その情報がどのように取り扱われているか、すなわち、作業している心のモードあるいは形態の変化、（3）何が作業されているかの包括的な見方、すなわち、現在活性化している心的モデルの変化、である。

もちろん、こうした方略のいずれも、意図して熟慮して使う場合、瞬間ごとの心と身体の状態を知っているかどうかに左右される。わかりきったことかもしれないが、苦しみを癒す最初の段階は、自分が苦しんでいることを知ることだ、ということを思い出すのは有益である。ここで、マインドフルネスで養われるメタな気づき――自分が経験していることを経験しているがまま知ること――は、どんな瞬間の心と身体の状態にも触れ続けるのにきわめて重要である。メタな気づきはまた、私たちが内なる経験をみたりそれに反応したりする方法を変容させる。つまり、メタな気づきによって私たちは、思考・感情・身体感覚を――私としてというよりもむしろ――思考・感情・身体感覚としてみることができる。

変化についての三つの方略を、順に考察していこう。

何に基づいて心が作業しているかを変化させる

望まない感情状態において、私たちの二つの認識方法の間の会話は、自分で自分に語る不幸な物語――と、そうした物語が予測する悲しかったり恐ろしかったりする結末を避けたり遠ざけたりするために立てた計画――でいっぱいになる。認知の中央エンジンのまわりを循環している情報を意図的に変化させることは、感情的な苦しみを永続させている最も明らかな条件の一つを変える単純な方法である。

中核的なマインドフルネス実践が私たちにすすめるのは、(1)呼吸の感覚に注意の焦点を維持すること、(2)心がこの焦点から離れてさまよったときを知ること、そのときは(3)やさしく注意を解放して呼吸に再び焦点を戻すこと、である。八週間のMBSRやMBCTのプログラムでは、参加者は一般的に、この手順を何百回、何千回とくり返す。

この実践は私たちに、ネガティブな思考のなかに迷い込んだことを知らせ、さらなるネガティブな思考を引き起こす可能性の低い今現在の経験面に向けて意図的に注意の焦点を再び合わせる力を与えてくれる。私たちは、ネガティブな思考の計画や物語から現在の経験へのマインドフルな気づきへと、心の焦点を切り替える方法を学ぶ。系統的な研究(Allen, Bromley, Kuyken, & Sonnenberg 2009)が示しているのは、参加者はこのスキルをMBSRやMBCTの主な利点の一つとみなしている、ということだ。たとえば、参加者の一人であるジェーンは、気分が落ち込み始めるときにすることとして、「いつもは犬を連れて、それから……木々の様子を見て、雨……雨の音、木々の間の風の音を、実際に丹念に聞いて、そして見るのです。風とか雨とかそういったものを、感じるのです。あるいは、露のしずくに太陽の光がどのように注いでいるかを。そしてまさに、街区のまわりや通りの上でも何でも、自分の歩いている道を積極的に見て感じるのです。それが、私にとっての、マインドフルな態度です」と述べている(Allen et al. 2009: 419)。

統制的処理を必要とするなんらかの課題に意図的に集中することは、ネガティブな思考から、それが続くために必要な実行資源を奪う。メラニー・フェネルと私は、一連の絵について詳細に述べるという課題が、抑うつ臨床群のネガティブな思考や抑うつ気分を有意に低減させる、ということを簡単な実験で示した(Fennell & Teasdale 1984)。しかし、第七章で記したように、こうした概念的に統制された気晴らしの効果は、一般的に長続きしない。

こうした課題は心の全体的な形態を変えたり、背景にある心的モデルを変容させたりすることはない。結果として、その人が気晴らしに従事するのを緩めるとすぐに、ネガティブな思考はしばしば戻ってくる。

対照的に、もし私がマインドフルに自分の呼吸に気づけば、中央エンジンによって処理される情報の流れの内容を変えるばかりでなく、心の全体的な形状、モード、あるいは形態を変えることになる。つまり、概念的なワーキングメモリではなく、全体論的直感的なワーキングメモリが今や主導権を握っているのだ。結果的に、マインドフルネスは心を「異なる場所に」置く——心はもはや、ネガティブな思考がすぐに戻ってくる可能性の低い形態になっている。言い換えれば、より大きな気づきと安堵とともに命の次なる瞬間を生きる可能性の高い形態である。

マインドフルネスの包含的な選択的注意は、情報の一つの流れを相対的に活性化させるとともに、より広い焦点のなかのほかの情報も含んでいる。私たちは、自らの経験の一側面——呼吸だとか、より全般的な身体の感覚だとか——にマインドフルになることができる一方、同時に、生命の残りの部分とも一体となることができる。たとえば、第七章で述べたように、「ともに呼吸すること」というマインドフルネス実践（Teasdale, Williams, & Segal 2014: 48, 128, 138）は、呼吸への継続的な気づきと、より広い気づきのなかでの今現在のほかの（しばしば困難な）経験面とを結びつける。そこで呼吸は錨としてはたらき、私たちを現在の経験へとつなぎとめ、ネガティブな思考、心配、反すうへと押し戻す可能性を低めるのである。

どのように心が情報に基づいて作業しているかを変化させる

つまり、マインドフルネスとは、心を認識するための間違いのないマスターキーであり、したがって、出発点である。心を形成する（*shaping*）ための完璧なツールであり、したがって、中心である。心の自由が達成されたことの気高い証明であり、したがって、最終点である。（Nyanaponika 1962: 24-25）（強調は筆者による）

マインドフルネス訓練は私たちに、心のモードあるいは全体的な形状――ニャナポニカ・テラが[☆2]「形（shape）」とよぶもの――を意図的に変える力を与えてくれる。私たちの学ぶスキルは、変化のための強力なレバーを与えてくれる。つまり、心のなかの全体的な条件パターンを変えることによって、私たちは、持続的な感情的苦しみが依存する自己永続的な循環を中断させるのである。

マインドフルネスでは、自動的処理と概念的な認識によって支配されている心のモードから、全体論的直感的な認識が支配する別のモードへと移行する。この転換における鍵となる要素は、「オープンしている」ワーキングメモリの変化であり、それが心の活動を制御する。物語、計画立案、ネガティブな思考の評価的な判断が依拠する概念的な作業場はクローズする。その場所で、全体論的直感的な作業場がオープンし、心のなかで利用可能な唯一の場所となり、そこでは、感情的な苦しみから長期的に自由になることを左右する新しい心的モデルの成長が促される。

第三章でみたように、心の主導権を担う認識の種類の転換はしばしば、感情・注意・世界観におけるより広範な変化と結びついている。マインドフルになるほど、動機は、体験の回避を駆り立てる道具的な探求心という基本感情から、接近や関与を促す慈しみや楽しみのような非道具的な感情へと転換する。注意は、目標志向的処理の狭く排他的な焦点から、より広範囲の、より包含的な焦点へと拡大する。そして、分離からなる原子論的な経験世界は、相互連結性と関連性からなる全体論的世界へと変容する。

☆2　ドイツ生まれのテーラワーダ仏教僧。

異なる認識方法と結びついたこうしたより広い影響が意味するのは、マインドフルになって心のモードを転換すれば、条件全体を変えることになる、ということだ。こうした条件の多くは、感情的な苦しみを持続する自己永続的な循環の本質である。つまり、マインドフルになって、私たちをストレス・抑うつ・不安の罠に捕え続けるダイナミックなパターンのプラグを抜くのである。

もし第一の目的が心の全体的な形態やモードを変えることならば、私たちが何に対してマインドフルであるかはそれほど問題ではないだろう。つまり、マインドフルネスの焦点が何であろうと、心は同じようにマインドフルなパターンではたらく、ということだ。ゆえに、ストレスや不安あるいは抑うつを低減することをめざしたマインドフルネスに基づくプログラムは、長い時間、日常の経験の諸側面——たとえば、歩いているときの足の感覚だとか、まわりの街の音だとか——にマインドフルになることを求めるのだ。それらは、感情的な問題と、たとえあるとしてもほとんど関係ないようにみえるかもしれない。こうした実践が、感情的な苦しみを維持している全体的な条件パターンを転換するための、より広範な共同作業の一部であるといったん理解すると、生活のあらゆる側面でマインドフルネスを実践する——マインドフルネスを、特定の感情的な問題が起きたときにそれに対処するためのたんなる方略というよりもむしろ、全般的な存在の仕方として、人生全体へのアプローチとしてみる——強力な誘因となる。

こうしたより広い視点を採用することで、予想外の劇的な効果が得られる。ＭＢＣＴのある参加者が言っていたように、「マインドフルネスは、まさにあらゆる面において私を変えた」（Allen et al. 2009）だとか、別の人の話では、「ここに来る前は、私はプレッシャーのない生活がどんなものなのかわからなかった。五歳のころには知っていたのだろうが、ほとんど思い出せない。別の方法を示されて、それはとても単純なことだとわかった」（Williams et al. 2007: 213）だとかである。

第七章でみたように、マインドフルネスによって心は、人生の浮き沈みに直面したときにバランスを保つようにできる、ダイナミックに安定した形態になる。そこで述べたのは、マインドフルネスの強固な集約的性質は、マインドフルネスのダイナミックな基礎となっている、共鳴によって結びつけられた、統合された心的ホラーキーを反映している、ということだ。呼吸や身体のマインドフルネスは、より一般的にいって、ダイナミックに安定した形状に心を保つ。それは、惑わせたりかき乱したりする影響からすばやく回復する心の形態である。正しく導かれた瞑想によって、こうした、地に足の着いた、安定した、揺るぎない性質が養われる。それは、たとえば、――嵐がこようと、季節が変わろうと、軽率な旅行者の大群が登ってこようと――不動で、堂々として、完全なる巨大な山のイメージを用いて行われる（Kabat-Zinn 1994）。

何が処理されているかの見方（心的モデル）を変化させる

感情的な苦しみを長く癒すには、全体論的直感的な新しい心的モデルを生み出すことにかかっている。こうしたモデルは別のレンズを提供し、そのレンズによって、問題となっている状況・思考・感情・身体感覚を新奇なやり方――感情的な苦しみの自己永続的で危険な循環の罠に捕らわれないようなやり方――でみたり関係したりすることが可能となる。系統的な質的研究は、見方のそうした転換に関する共通の証拠を示している。具体的には、「調査した大半の参加者が、ＭＢＣＴは物事を大局的にみる能力を高めてくれた、と述べた。彼らは、ＭＢＣＴをすることによって、結果的に『現実に戻って』（ダニエル）きた感覚をもって、『違った角度から物事をみる』（アニー）ことや『ちゃんと考える』（サム）ことが今ではできている、と述べた」というものである（Allen et al. 2009: 420）。

日常的な状況のなかで大半の時間、一体化へと向かう心の内在的な能力は、まとまりのある心的モデルを生み出すために、全体論的直感的なワーキングメモリにおける情報パターンを一つに結びつけている。しかし、ほかの状況――特に、困難だったり、不快だったり、あるいは体験の回避を含んだりする状況――では、一体化の過程はより困難なものになる。感情的な苦しみが変容する際、一体化は、感情的な自由が拠って立つ新しい心的モデルが生み出されるきっかけとなるほかの情報パターンが付加的に存在することを必要とするだろう。マインドフルネスの実践は、こうした変化を引き起こすパターンに対して重要な貢献をする。それも、潜在的、顕在的の両方で、貢献する。

◆マインドフルネスは新しい心的モデルを潜在的に育む

> マインドフルネスには、賢明な受容と歓迎という性質がある……マインドフルネスとは、あらゆる物事と親しいということである。そこには、私たちが最も恐れたり嫌ったりする人も含まれる……変容と智慧へと向かう最も直接的な道は、私たちが逃れたいと最も深く願うどんなものにも注意を向けることである。そうすることで、私たちは断絶・恐怖・無力感から解放される。(Feldman 2001: 172)

マインドフルネスにおいて、私たちは、関心と好奇心という態度でもって、不快で、困難で、恐ろしくさえある経験の諸側面へと意図的に接近する。私たちは、常に変化する経験にかかわりをもち、精査する。できる限り、過ぎ去っていく瞬間ごとに心と身体において起こっていることとはなんでも、親密な間柄を築く——それがたとえ痛みをともなうものであっても、である。望まない経験から顔を背けるのではなく、そちらに顔を向けるのである。

不快な思考・身体感覚・感情に、意図的で、価値判断なしの、今この瞬間の注意を向けることで、私たちは、回避ではなく接近と関係した情報パターンをつくり出す。その後、一体化はそうしたパターンを束ねて新しい心的モデルへとまとめる。そのモデルは、感情的な苦しみを持続する嫌悪や回避とは根本的に異なる姿勢をもっている。リッチー・デビッドソンら[☆3](Davidson et al. 2003)は、マインドフルネスが、回避に特徴的なパターンから接近に特徴的なパターンへと脳活動の方策を転換させる、ということを示した。このように、マインドフルネスの実践そのものが、体験の回避のもつ有害な影響を打ち消す力を有する新しい心的モデルをつくり出すのである。

マインドフルネスはまた、個人的な有効性というテーマを含んだ心的モデルも潜在的に涵養する。正式なマインドフルネス実践で「坐る」とき、私たちは、継続したマインドフルな気づきのなかで不快だったりつらかったりする経験を意図的に保持する力を育み、精神的にも身体的にも逃げ出したい衝動を手放すのである。このように、マインドフルネス実践は潜在的に、無効性（「私はこれに対処できないから、逃げ出さないといけない」）ではなく効力感（「私はこれとともにあり、いますぐこれに対処できる」）というテーマを含んだ情報パターンを育てるのである。その後、一体化はそうしたパターンをまとめてより適応的な心的モデルに統合する。そのモデルは私たちに、より大きな自信をもって困難へと向かう力を与えてくれる。つまり、「私たちはここからあることを学んだ。それは今や自分のなかにある。私たちはそれが二度と自分から離れることはないことを知っている……事実、今や私は、自分自身や出来事に対処することができる何かが私のなかにあることを知っている」（Williams et al. 2007: 214）ということだ。同様に、アレンら（Allen et al. 2009）は、ＭＢＣＴの参加者へのインタビューからみえてくる全体的なテーマの一つとして、統制感――「抑うつや抑うつに関連した思考や感情にかかわる個人的な主体性についての参加者の知覚と評価」――を指摘している。

第六章でみたように、マインドフルネス訓練は、がんばらないこと、受け容れること、手放すこと、価値判断しないこと、初心者の心であること、耐え忍ぶことなどといった性質の態度を涵養する。ちょうど接近と効力感をもつことと同じように、こうした性質を意図的に身につけることは、関連するパターンを全体論的直感的なワーキングメモリにある情報プールに加えることになる。そうしたパターンはそこで、つくり出された心的モデルのもつ癒しの力を高める用意と可能性を備える。

☆3　アメリカの神経科学者。

最も重要なことは、マインドフルネスの実践はまた、メタな気づきという視点を統合する心的モデルを潜在的に育む。それは、「事実」や「私」としてではなく、過ぎゆく心的出来事としての思考や感情（「思考としての思考」）とかかわる視点、である（第七章）。呼吸のマインドフルネスにおいて、心がさまよっていることに気づいたときは、いつでも立ち戻る。つまり、その瞬間に心にある思考だと認め（あるアプローチでは、それを「思考している」とそっとラベリングしたりもする）、その後、注意を呼吸にやさしく戻す。こうするとき、「私」として思考からかかわってくるというよりはむしろ、気づきの対象として思考へとかかわる。この核となる心の動きは潜在的に、くり返し、何百回何千回と、全体論的直感的なワーキングメモリにメタな気づきという視点を含んだ情報パターンの種をまく。こうしたパターンはその後、ネガティブな思考が生じたら、それについての見方を変容させるのに利用される。たとえば、「私はまったくよくない」という思考を、自分についての「事実」というよりもむしろ、たんに過ぎゆく心的出来事としてみるのである。するとその思考は、私にとってあまり苦にならない――さらに私は、抑うつを永続させるネガティブ思考の有害な循環からより簡単に離れられるのである。

マインドフルネスに基づいたプログラムでのメタな気づきの主要な役割を反映しているものとして、MBCTプログラムの参加者の半数が、「抑うつに関連した思考や感情を『そうした思考や感情は私ではない』とまとめられる視点」を獲得していた（Allen et al. 2009: 421）。パットというある参加者は、次のように言っている。「あなたの思考は、あなたが誰かを映し出したものでは必ずしもない、ということを理解するのは本当に重要だった。それは、気づきを得るという感じであり、自分自身のこうした面を知る……声を聴くようなものであり、それを私の思考とよぶけれど、実際には私ではない……それが本当に助けになったと思う」と。

正式なマインドフルネス実践は、身体への影響をとおして潜在的に癒しをもたらす。姿勢・表情・全般的な身体の状態は、全体論的直感的な心的モデルに重要な貢献をしている（第三章）。マインドフルな静座瞑想の教示は一般的に、「真っすぐ凛とした姿勢」で始めることを参加者に求め、明らかに丸まっていたり、緊張していたり、身体感覚的に身構えていたりするのを解き放つよう促す（ある瞑想ではさらに進んで、半分微笑んだような表情をするよう示唆する）。こうした教示は、打ち負かされたり、動揺させられたり、抵抗したりする感情状態とつながった情報パターンを、より健全な心の状態とつながったパターンに置き換えるよう、身体の状態をやさしく再調整する。すると、こうしたより健全なパターンは、感情的な苦しみを癒し、変容させる力をもった新しい心的モデルの成長に寄与することになる。

◆マインドフルネスは新しいモデルを顕在的に育む

正式なマインドフルネス実践はしばしば、より健全な心的モデルの成長を顕在的に支えるさまざまな瞑想が含まれている。三つに絞ってみていこう。

マインドフルネス実践の最初の教示――二五〇〇年前に提案されたもの――の多くは、経験の特定の相に意図的に注意を向けることによって、洞察を促進する。たとえば、（気づきのほかのあらゆる側面と同様に）身体のマインドフルネスに向けた教示には、[☆4]「彼は身体のなかで立ち上がってくるものの様子をじっと見つめ続ける、あるいは、身体のなかで消えていくものの様子をじっと見つめ続ける、あるいは、身体のなかで立ち上がってくるものと消えていくもの両方の様子をじっと見つめ続ける」というキーフレーズが含まれる。このようにして経験が立ち上がってきたり消えていったりすることへ気づきを向けることが、日ごとに、自由をもたらす新しい心的モデルを生み出すのである。そこでは、あらゆる経験が、分離して独立して存在する永続的なものというよりも、非永続的で常に転換する相互に結びついたパターンという観点からみられるようになる。そうした見方の転換によって心は、変わらない「モノ」や「自己」という根本的な見方に基づく概念的に駆動された努力（第一章）から自由になるのである。MBCTの参加者の一人であるダイアンの言葉でいえば、「実際に気分は悪いが、それは永

☆4　実践者。

遠に続かないだろう、という事実をただ受け容れる……そして、それは世界の終わりではないし……やがてよくなるだろう、と知る」ということである（Allen et al. 2009: 421）。

心的モデルを顕在的に形成する別のアプローチには、賢明な教えのなかに埋め込まれた、統合を促す概念的情報、というものもある。第七章において私は、真夜中に目が覚めたときの経験を用いて、概念的な知識を全体論的直感的な心的モデルに組み込むことがいかに感情的な苦しみを変容させうるかを説明した。その逸話の重要な点は、そうした知識が癒しとなるのは、それが——前から存在する孤立した概念的情報にではなく——その瞬間につくられた心的モデルに統合された場合に限られる、ということである。この例でいえば、嫌悪（体験の回避の下にある望まない経験を避けたり、遠ざけたり、追い払ったり、破壊したりしたいと思う基本的な動機）という概念的知識から引き出される全体論的直感的な情報の断片が、全体論的直感的なワーキングメモリにおいて利用可能な状態であった。そこで、それらの断片は、その瞬間のほかのパターンと結びつけられ、より適応的な心的モデルをつくり出すことができたのである。

伝統的なマインドフルネス実践では、マインドフルネス実践の過程で同様の困難が立ち上がったときに、さまざまな概念的ラベルを用いることが推奨される。嫌悪の場合であれば、マインドフルネス実践に関するブッダのもともとの教示（念処経）は、「もし嫌悪が彼（実践者）のなかに存在するとすれば、彼は『私のなかに嫌悪が存在する』と知る。もし嫌悪が彼のなかに存在しないとすれば、彼は『私のなかに嫌悪は存在しない』と知る」のだと示唆する（Anālayo 2003: 9）。この教えに関連する情報パターンを全体論的直感的なワーキングメモリで活かしておくことで、こうしたパターンは、私たちが遭遇するありとあらゆる不快な経験へのかかわり方を変容させるのに役立つ。私たちは嫌悪を——自分の個人的な無能さを示す証拠、あるいは、非友好的で思いやりのない世界で自分を守る必要性を示す証拠というよりも——男性も女性も全員が共有する心の普遍的パターンとしてみるようになる。

考慮に入れたい最後の例は、それ自体、厳密にはマインドフルネス実践ではない正式な瞑想と関係している。

ただし、それはマインドフルネス実践と並行して用いられることが多い（最も熟練すると、この関連する実践は、切れ目のない全体を生み出すために、マインドフルネス実践に統合される）。この実践は、健全で癒しをもたらす心の状態を系統的に涵養するよう組み立てられている。それは、慈愛、慈悲、あるいは、他者の幸福のなかに見いだす喜び、である。こうするために、この実践には、「生きとし生けるものが幸せでありますように。生きとし生けるものが心穏やかでありますように。生きとし生けるものが安心して健康に暮らせますように」といったような言葉を反復するところにその意図が込められている。（しばしば瞑想実践がそうであるように）毎日くり返し、また、培おうとするその意図を意識的に日常生活のなかに統合していくことによって、こうした実践は心を健全な方向へと「傾ける」のである。つまり、これによって、生活のなかで遭遇した状況に対して、やさしさ、慈悲、他者の幸福のなかに見いだす喜びでもって自然に反応する可能性が高まる、ということである。今の目でみれば、こうしたものを養う実践は、全体論的直感的なワーキングメモリのなかに、健全な情報パターンを置いて生かしておく上手な方法だとわかる。すると、たとえば、こうしたパターンは、悪意・自己批判・自己判断といったテーマを備えた心的モデルを、善意・やさしさ・自己受容といったテーマを備えた心的モデルへと変容させるのに利用されることになる。

第六章で私は、ジョン・カバットジンの、魔法のスープ鍋の色彩豊かな料理のイメージを、全体論的直感的なワーキングメモリにおける新奇な心的モデルをつくり出す過程の比喩として使った（pp.127-128参照）。

ここで私はその比喩を使って、私が提示した変化のための三つの方略の相互の結びつきを説明することとする。ICSの視点からすれば、刻んだ野菜というのは、新しく統合された心的モデルという一貫性をもった全体（スープ）を生み出すために一つに結びつけられる、全体論的直感的情報の部分パターンである。そして、料理というのは、そうした部分を一つに結びつける柔軟な一体化の過程である。そして、鍋——ここでのすべてのことが起こっている場所——は、全体論的直感的なワーキングメモリである。私たちが検討した変化のための第一の方略——心が何を処理しているかを変化させること——において、マインドフルネスは、スープをつくるために使う材料、つまり、心的モデルがつくり出される情報パターンを変化させる。第二の方略――情報がどのように処理されるかを変化させること――において、マインドフルネスは、料理に必要な条件をつくり出すために心のモードあるいは形態を変化させる。そして第三の方略――新しい心的モデルをつくり出すこと――において、材料と料理は一緒になって、新しい全体を形づくる。それはつまり、全体を形づくるために一つに結びつけられた部分情報の集まりとは違った、より大きな特性をもった全体である。

　本章での私たちの議論は主に、臨床的な抑うつのような、より深刻な形の苦しみの変容に焦点を当ててきた。しかし、感情的な苦しみに捕らわれたままになる心のパターンは、基本的に、私たちすべてにとって、より深く満足して生きる可能性の開花の前に立ちふさがる心のパターンと同じである。要するに、この章で論じてきた変容の過程はまた、小さな日常の不幸――物事がしっくりこなくて、なんとなく調子が悪い感覚――といったより普遍的な経験と大いに関係している、ということだ。これが第九章の焦点である。

第九章　マインドフルネス

その理由

人は普通、水上や空中を歩くことを奇跡だと思う。しかし私は、本当の奇跡は水上や空中を歩くことではなく、地上を歩くことだと思う。毎日私たちは、意識さえしていない奇跡に携わっている。青い空、白い雲、緑の葉っぱ、子どもの黒々とした好奇心に満ちた目——私たち自身の二つの目。すべて奇跡です。

——ティク・ナット・ハン（Nhat Hanh 1987〔2014〕: 12）

私たちの誰もが求めているのは人生の意味である、と人はいう……私が思うに、私たちが求めているのは生きているという経験であり、だからこそ純粋に身体的な次元での生活経験が自身の奥深くにある存在と現実とに共鳴するのであり、だからこそ私たちは生きているという歓喜を実際に感じるのである。

——ジョーゼフ・キャンベル[☆1]（Campbell 1988〔1991〕: 1）

私たちは、一体となるためにマインドフルネスを実践する。

☆1　アメリカの神話学者。

第八章において、私たちは、ストレス・不安・抑うつといった明白な感情障害を癒す（heal）マインドフルネスの力に注目した（healという語は、古英語のhælan［一体化する］に由来する）。今では、マインドフルネスに基づいた介入がストレスや不安を低減し、大うつ病の再発を防ぎ、関連する多くの利益を提供することを示す圧倒的な証拠がある（Keng, Smoski, & Robins 2011）。

本章では、明白な感情的苦しみに及ぼすマインドフルネスの効果から離れて、マインドフルネスがどのようにして私たちの生活のあらゆる側面に一体性をもたらすのかに注目する。マインドフルネスが――私たちを、私たちの心がもつ一体化への内在的な力に再接続することによって――生活のなかで展開する奇跡をいかに私たちに知らしめ、生きているという歓喜を実際に感じる力を私たちに与えるか、について検討することになる。普遍的なあり方としてのマインドフルネスを検討するのだ。

しかし、なぜ私たちの心は癒しが必要なのか？　なぜ心は一体化しなければならないのか？　どのようにして心は断片化され分割されてしまうのか？

マインドワンダリング

心がさまようとき、それらはわずかに断片化され分割される。つまり、あることをしているのに、ほかのことを考えている、といったように。私たちは、自分の生活を十分に経験し損ねている。なぜなら、多くの時間、私たちはそうするために実際ここにいないからである。思考のベールが、一体化することや存在することやその他の幸福へと向かう私たちの力と私たちとの間に立ちふさがっている。

今では古典になっている研究で、マット・キリングスワースとダン・ギルバート[☆2]（Killingsworth & Gilbert 2010）は、二二五〇人に一日のうち無作為な間隔で連絡をとり、どのくらい幸福か、何をしていたか、していたことに心がとどまっていたかどうか、を報告するよう求めた。していたこととは違うことを考えていた（心がさまよっていた）場合には、それが快か不快か中立的かを答えるよう求められた。

人の心は頻繁にさまよう（回答中の四七％）。驚くべきことではないが、人は、現在の活動に集中しているときよりも不快な思考へと心がさまよっているときにあまり幸福ではない、と評価した。驚くべきなのは、人は、中立的な内容に心がさまよっているときもあまり幸福ではなかった、ということである。快の内容に心がさまよっているときでさえも、現在の活動に従事しているときよりは、平均して、あまり幸福をもたらしていなかった。全般的にみれば、マインドワンダリングの量と質が、従事している活動の種類よりもずっと、参加者の幸福のばらつきを説明していた。キリングスワースとギルバートは、彼らの主要な発見を研究報告のタイトルに込めた。それは、さまよう心は不幸な心、である。

ほかの諸研究は、起きている時間のなんと三十～五十％もの間、私たちの心がさまよう――心は断片化され分割される――ことを確証している。そうした時間、私たちは単純に、生活の瞬間ごとの展開、あるいは、生きているという歓喜を経験するために存在していない――だからあまり幸福ではない――のである。

マインドフルネスは、私たちの生活のなかの広範囲のマインドワンダリングを低減し、心を一体化し、ひいては幸福を増進させる方法を提供する。研究を徹底的に概観した結果、「現在にマインドフルであることを促す実践は、現時点において、マインドワンダリングの破壊的な影響を最小限に抑える、実証的に最も有効な技法である」と結論づけられている（Smallwood & Schooler 2015）。マインドフルネスは私たちに、マインドワンダリングを低減させることによって、生きているという実際の経験に再接続するための命綱を投げるのだ。

この命綱を最大限に活用するために、マインドワンダリングの性質とマインドフルネスがそれを低減させる仕組みを理解しておくのは役に立つだろう。

☆2　いずれもアメリカの社会心理学者。

マインドワンダリングとマインドフルネス

マインドワンダリングを研究するために、研究者は主に二つの方略を用いてきた。一つは、背景にある脳のメカニズム（いわゆる「デフォルトネットワーク（default network: DN）」）（Buckner, Andrews-Hanna, & Schacter 2008）を明らかにするための神経画像研究であり、もう一つは、思考の内容を直接探る心理学的な研究である（Andrews-Hanna, Smallwood, & Spreng 2014）。両方略が合わさって示唆されるのは、マインドワンダリングは二つの重要な機能を果たす、ということだ。一つはシミュレーションである。つまり、まだ起きていない出来事を想像する能力である。もう一つは個人的なナラティブ――自分の人生の意味を理解するために私たちが自分自身に語る物語――の創造である。「要するに、私たちの心は、自分自身に関すること――私の思考、私の感情、私の人間関係、私のフェイスブックのページに載せた新しい投稿を気に入っているのは誰か――つまり、私たち自身の人生物語のあらゆる些細なことに向かってたいていさまようのである……そういう空想は、私を中心とする多くの断片からなる記憶・希望・夢・計画などからなる『自己』感覚を一つに結ぶ。私たちのデフォルトモードは、私たち一人ひとりがスターとなって、特にお気に入りだったりドキドキしたりするシーンを何度も再演する映画の脚本を、ひっきりなしに書き直す」ということである（Goleman & Davidson 2017: 151）。

神経科学者は、脳スキャン実験の「休憩」中に活性化する脳システムに、デフォルトネットワークという名前をつけた。脳は、実験者の視点からみれば特に何も起きていないときに、デフォルト的にこの活動パターンになる。その後の研究から、これと同じ脳システムがマインドワンダリングの土台となっている、ということがわかった。マインドワンダリングの引き込む力は通常とても強いので、脳スキャンという奇妙で新奇な環境にいるときでさえも、参加者の心はデフォルト的に、直接の経験よりもむしろ個人的なナラティブや計画を処理するようになる。

マインドワンダリングを、第一章で議論した幸福の概念的な追求の反映と考える相当な理由がある。DNに関する研究は、概念的な情報がマインドワンダリングにおいてきわめて重要な役割を果たすことを示唆している。すなわち、「私たちの知見は……貯蔵、検索、またあるいは概念的知識の統合を含む、概念的処理の諸側面にDNの各要素が関係しているとする……概念は、私たちの自伝的記憶や将来計画を含む、より複雑な自己生成的思考の基本的な構成単位となる」ということである（Andrews-Hanna et al. 2014）。

マインドワンダリング中に報告される思考の内容を調査したさらなる研究から、「成人は……自分の思考を目標志向的であり個人的に重要であると評価する……自己生成的思考は一時的な注目を得る傾向があり、うしろ向き（レトロスペクティブ）というよりは前向き（プロスペクティブ）なバイアスによって特徴づけられる」ということがわかっている（Andrews-Hanna et al. 2014）（強調は筆者による）。「目標志向的」で「個人的に重要」で「前向きで一時的な注目」を得る概念的思考ということは、いうまでもなく、まさに私たちが思った通り、マインドワンダリングは未来の目標を達成するための、概念に基づいた方略を反映している、ということである。さらに、マインドワンダリング中の個人的なナラティブが「私を中心とする」という事実は、当該の目標は異なる自己になるという目標であるという考えに、ぴったりはまる。この視点からみれば、マインドワンダリングのシミュレーション機能とは、その目標を達成するために考えられる行為の成り行きをオフラインでリハーサルしたり、また、古い自伝的記憶をあらためて思い出したりする方法を提供して、違う反応をしたら違う結果がどのようにもたらされるかを知るために再考させる、ということである。

概して研究知見は、マインドワンダリングが、通底する概念的な幸福追求の氷山の一角を反映している、という主要な考えを支持している。

いったんマインドワンダリングをこのようにみると、なぜマインドワンダリングが実際のところ私たちをより不幸にするのかがはっきりする。なぜなら、概念的な追求は私たちを、幻想であり、達成不可能であり、しばしば互いに矛盾し合う目標を常に求めて努力し続けるという踏み車につなげるからだ。現実自己と理想自己との間のディスクレパンシー〔食い違い、ズレ〕に注目することが苦しみを生むのである。そして、こうした努力を駆り立てる希望と恐怖の有害な組み合わせは、私たちを自己永続的なパターンに縛りつける。それは、そうした追求が緩和するはずの、不完全性・断絶・一体性欠如の感覚を強めてしまう。

では、マインドフルネスはどのように役立つのか？

マインドワンダリング・マインドフルネス・認知の中央エンジン

概念的意味のパターンと全体論的直感的意味のパターンの間の会話――認知の中央エンジン（図5・1）――は、あらゆる形式の概念的処理を下支えしている。それは、ほかの枠組みだといわゆる「実行資源」に割り当てるような役割をまっとうしている。そこでの相互作用をとおして、私たちは時間経過とともに外的な状況の理解を展開・発展させる。同様に、マインドワンダリングの発展と継続は、これと同じ実行資源にかなり依存している（囲み9・1参照）。

第五章において、私たちは、認知の中央エンジンが二つの異なるモードで作動することをみた。一つのモード（概念的な統制的処理）では、概念的なワーキングメモリがはたらいている。もう一つのモード（全体論的直感的な統制的処理）では、全体論的直感的なワーキングメモリがはたらいている（図9・1）。マインドワンダリングは、概念的な統制的処理、つまり、幸福の概念的な追求を下支えする心の形態を反映している。一方、マインドフルネスは、全体論的直感的な統制的処理を反映している。つまり、マインドワンダリングとマインドフルネスは、認知の中央エンジンの作業の、二つの異なるモードを反映している（図9・1）。

重要なのは、これら二つのモードはもともと互いに相容れない、ということだ。つまり、（1）どんなときでも一種類のワーキングメモリしか活動し主導することができず、（2）概念的な統制的処理と全体論的直感的な統制

囲み9・1　マインドワンダリングは実行資源に依存する

1980年代後半から1990年代初頭に，私たちは，一連の実験において，マインドワンダリングが実行（中央エンジン）資源に依存していることを明らかにした。その実験とは，その資源に対して数々の異なる要求を課すことがわかっているさまざま課題が，マインドワンダリングをどの程度妨げるかをみたものである（Teasedale et al. 1995）。たとえば，私たちは，不慣れな課題をすることは持続的にマインドワンダリングを低減することを見いだした。しかし，その課題を練習すること――それによって課題遂行がより自動的になり，その結果，中央エンジン資源の必要量が減ることになる――で，マインドワンダリングは3倍に増した。別の研究では，私たちは参加者に，1から10までの数を無作為に並べるよう求めた――この課題は，456や321のような，慣れ親しんだ無作為でない並べ方にする自動的な傾向に対して意図的に抵抗するために，概念的処理を必要とする。この課題において，生成された数列の無作為性は，実行資源が数字の生成にどのくらい注がれたかを示すよい指標である。もしマインドワンダリングがこの資源を乗っ取るのだとすれば，心がさまよっていないときよりもさまよっているときのほうが無作為性は低くなると予想される。これこそまさに私たちが発見したことである。加えて，生成している数字をあまり気にしていないと参加者が評価した場合をみると，より気にしていると参加者が評価した場合よりも，マインドワンダリングの程度は3倍大きかった。くり返せば，このパターンはまさに，マインドワンダリングが意識的な課題遂行に必要とされる概念的処理の資源を占領する，という着想から予想されるものである。

私たちの研究から得られた結論は，それ以後，ほかの多くの研究によって支持されてきた。

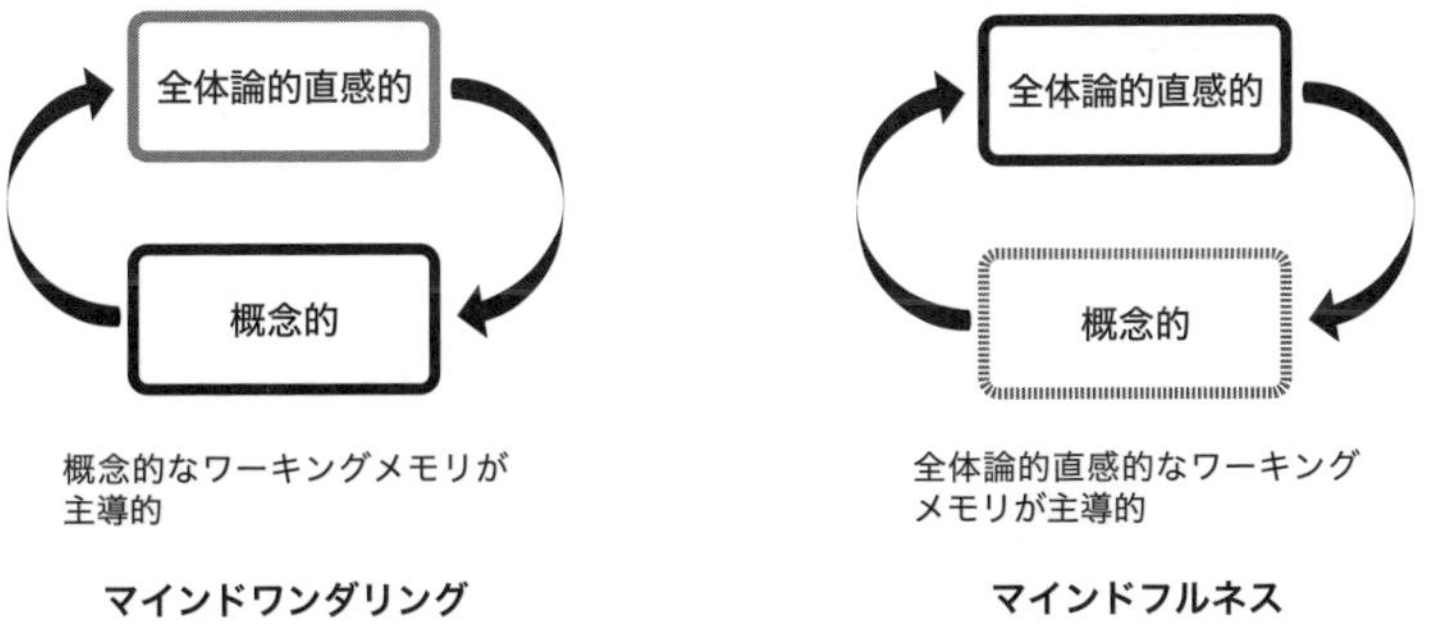

図9・1　2つのモードで作動する「認知の中央エンジン」。サブシステムを囲む太い枠線は，そのワーキングメモリが「オープンしている」ことを示している。

的処理の両方とも、認知の中央エンジンの資源に依存している——加えて重要なのは、そうした資源はきびしい制限がある（囲み9・1）。

マインドフルネスには、柔軟な一体化をとおして新奇な心的モデルを持続的に生み出すことが含まれる。その一体化は、実行資源と全体論的直感的なワーキングメモリ（新奇な心的モデルが育まれる、心のなかの唯一の場所）への接近との両方に依拠している。マインドワンダリングは、この重要な実行資源の柔軟な一体化を枯渇させ（囲み9・1）、全体論的直感的なワーキングメモリへの接近を妨げる。そのため、マインドワンダリング（仏教的な伝統における悪名高き「心猿」）が、マインドフルであることへの最大の挑戦として広く経験されるのは、不思議なことではない。

一方、マインドフルネスでは、柔軟な一体化が、認知の中央エンジンの実行資源を引き受け、概念的なワーキングメモリ（心が概念的な情報パターンを一貫したナラティブへと組み立てる唯一の場所）への接近を妨げる。マインドワンダリングは、そうした資源や接近がなければ維持されない。すると私たちの心からは、自分と生活経験の充実との間に立ちふさがって目隠ししている思考や白昼夢のベールが、きれいに取り除かれるのである。マインドフルネスは、一体化へと向かう私たちの内在的な力を解放するのだ。

（マインドワンダリングが依拠する）概念的な統制的処理と（マインドフルネスが依拠する）全体論的直感的な統制的処理との間の資源獲得競争は、生涯を通じて続く。マインドワンダリングの並はずれた広範さ（起きている時間の三十〜五十％）から示唆されるのは、日常生活において、特別な訓練や意図がなければ、マインドワンダリングは通常この競争に勝つ、ということである。つまり、私たちは習慣的に、概念的な心が幸福を達成しようと努力するところに「デフォルト」で戻ってしまうのだ。そしてそれは広い範囲で、私たちの日常の生活経験の質を決めることになる。

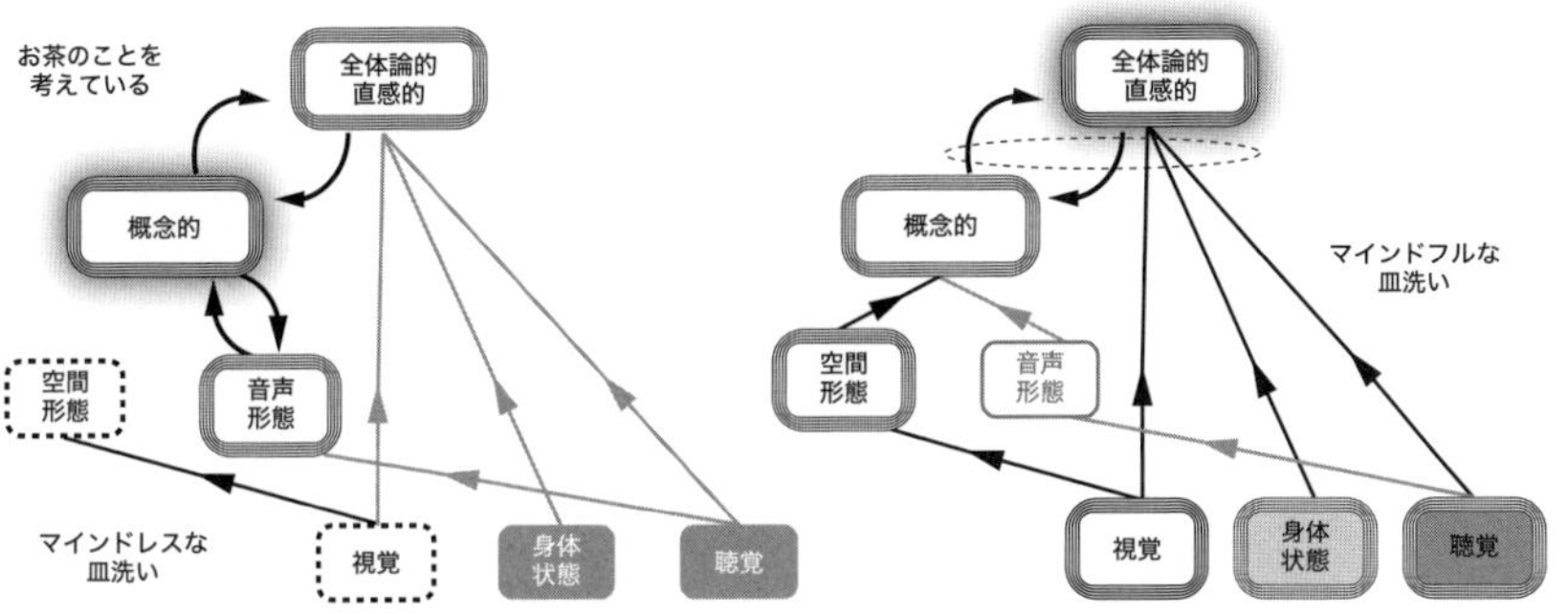

図9・2　マインドワンダリングのときの心の断片性（左）とマインドフルネスのときの心の統一性と一体性（右）。サブシステムのまわりの同じ枠線は，関連する情報を処理していることを示している。発光模様は，そのワーキングメモリが主導的であることを示している。

皿を洗う

皿の洗い方には二通りある。一つ目は、きれいな皿にするために皿を洗うものであり、二つ目は、皿を洗うために皿を洗うものである。

もし、皿を洗っている間、自分を待っているお茶のことだけを考えて、まるで邪魔物のように急いで皿を片づけようとすれば、それは「皿を洗うために皿を洗っている」ことにはならない。もっといえば、皿を洗っている間、生きていない。そうなると、流し台に立っている間の生命の奇跡を知ることなどまったくできやしない。もし皿を洗うことができなければ、おそらくお茶を飲むこともできないだろう。お茶を飲んでいる間、ほかのことを考えることしかせず、手に持っているカップに気づかない。こうして私たちは、未来に吸い込まれているのである――そうして、実際に人生のわずかな時間も生きることができないのである。（Nhat Hanh 1987〔2014〕: 4-5）

図9・2の左は、皿を洗いながら、待っているお茶のことを考えているときの、心がバラバラな状態を示している。図9・2の右は、

マインドフルに皿を洗っているときの、心が統合しまとまっている状態を示している。

進化に見合った理由から、私たちは、心が一体で、一貫していて、統合されているときに、ポジティブな感情を経験する（第四章）。このために、私たちは、心がさまよっているときよりも、自分がしていることに心がすっかり焦点化されているときに、幸福だと感じる。マインドワンダリング中は、心の一部しか現在の経験に焦点化されていない。つまり、概念的な統制的処理が、その心の時間旅行の力を使って、心の残りの部分をほかの時間や場所に関する思考へと連れ去ってしまうのである。

「流し台に立っている間の生命の奇跡」を知るために、私たちの心は統一されていなければならない。多様で常に転換する経験パターンは、統合された、重層的な、多次元的な、まとまりのある全体へと結びつけられなければならない。マインドフルネス――「皿を洗うために皿を洗うこと」――では、常に生き生きとした新奇な心的モデルが刻一刻と生み出されることがそうした一貫性をもたらし、生命が展開していく感覚、「実際に生きている」生命の感覚を与えるのである。

しかし、もし片づけようと皿を洗って、自分を待っているお茶のことだけを考えていたら、私たちはあることをしているが別なことを考えていることになる。つまり、私たちの心はさまよっていたことになる。そのとき、心は断片化していて、ちょっとした不穏さを経験する。この不穏さは、お茶を期待して感じるあらゆる喜びを弱める。キリングスワースとギルバートが見いだしたように、快の思考へとマインドワンダリングすることは、単純に今自分がしていることに気づいているだけという状態よりも、幸福なものとして経験されないだろう。

ティク・ナット・ハンは、私たちの目標が「皿をすっかりきれいにするために皿を洗うこと」だと、十分に生きているということを経験する機会も失う、と示唆する。こうした状況においては、心はそれほどはっきりと、二つの異なる活動に分かれてしまっているわけではない。ここでは、より微妙な種類の断片化を取り扱っている。皿をきれいにしてしまうために皿を洗うとき、私たちの思考は、出来事の未来の状態――すべての皿がきれいになっている状態――という観念に焦点を当てている。そして、もしこの観念が「現実」であるととらえれば、心は、一貫性をもった全体を生み出すために今この瞬間に届いた感覚情報とそれを結びつけようと奮闘するだろう。概念的な目標志向的アプローチ自体に内在する、こうした微妙な不一致と不調和がまた、望む目標を期待するときでさえも、不穏な感じをもたらす。

一方で、マインドフルネスでは、私たちの意図は、「皿を洗うために皿を洗う」ことである。ここでは、焦点はこの瞬間にしていること——未来の結果ではなく、現在の行為——に当てられている。洗っているという当座の状況のあらゆる視覚・嗅覚・聴覚・身体感覚のように、その行為は、今、起こっている。今起こっているという共通の特徴は、それらの間に結びつきを与え、それによって、一貫性をもった全体を生み出すために互いに共鳴し合うことになる。このとき私たちは自らの経験に生き生きと気づき、うまくいった一体化とつながったポジティブ感情で満たされ、十分に存在し生きていると感じるのである。

概念的に統制されたマインドワンダリングは、心を断片化して分割する一方で、全体論的直感的に統制されたマインドフルネスは一体性を回復する。

そして、概念的な認識から全体論的直感的な認識へと統制を転換させることで、自己に関する私たちの経験に根本的な変化がもたらされるのである。

物語的自己と経験的自己

マインドフルネスによって私たちは、マインドワンダリングという映画での主役の座を置き去りにする。その代わり、私たちは、違う方法で自己を経験する。それは、ジョーゼフ・キャンベルがいうような、「純粋に身体的な次元での生活経験が自身の奥深くにある存在と現実とに共鳴するのであり、だからこそ私たちは生きているという歓喜を実際に感じるのである」という可能性を生み出す方法である。

少なくともウィリアム・ジェームズの時代から、心理学者は自己の二つの異なる側面を認めてきた。ジェームズ自身、「知られる自己（me）」と「知る自己（I）」とを区別した。「me」は、「私たち各々が主役の映画」における中心的な登場人物である自己、という観念である。一方、「I」は、ある瞬間から次の瞬間へ、ある経験から次の経験へと持続するようにみえる、主観的に感じられる経験のある側面を描写する。

ジェームズから年月を経て、ほかの心理学者も同じような区別を提案してきた。たとえば、物語的自己（narrative self）と経験的自己（experiential self）（以下参照）だとか、記憶する自己（remembering self）と経験する自己（experiencing self）（囲み9・2参照）だとか、である。

心理学者に認められている（し、日常言語でも認められている）、自己の二つの異なる側面は、私たちの二つの異なる認識方法を反映している。「me」という自己――私たちが自分に語る物語の主要な登場人物であり、私たちの思考の大半における中心的焦点――は、概念的思考が生んだ虚構である。この物語的自己は、概念的に統制されたマインドワンダリングにおける私たちの経験を支配する。一方、「I」という主観的経験は、自己に関連する全体論的直感的な心的モデルを処理するときに私たちが経験するフェルトセンスである。これこそが、マインドフルネスにおいて自己を経験する仕方である。

物語的自己と経験的自己の区別は、通底する脳の活動の異なるパターンに反映される。ファーブら[☆3]（Farb et al. 2007）の神経画像研究では、二つの群の参加者について調査が行われた。一方は八週間のマインドフルネス訓練を受け、他方は何も受けなかった。脳をスキャンするとき、参加者は（自信に満ちた、憂鬱な、のような）パーソナリティ特性を示す単語のリストを読んだ。参加者は、あるときには、物語的な自己焦点化を行なった（これには、単語が自分のことを記述しているかどうかを考えること、単語が自分にとってどんな意味をもつかを解明すること、そして、「一連の思考の流れに巻き込まれてもそのままにしておくこと」が含まれていた）。また、別のときには、経験的な自己焦点化を行なった（これには、「刻一刻と物事がどうなっているかを知るというよりは、目的や目標を掲げずに、思考や感情や身体感覚」といった現実の経験を直接感じることが含まれていた）。

☆3　カナダの認知神経科学者。

囲み9・2　カーネマンの2つの自己

ノーベル賞受賞者ダニエル・カーネマンの，記憶する自己と経験する自己という考えは，結腸内視鏡検査という（現在では通常，麻酔をして行われる）医療処置中に経験される痛みの研究に刺激されたものである。患者は，60秒ごとに痛みの即時的な強さ（経験する自己によって感じられる実際の経験）を評定した。次に，処置が終わったあと，患者は，（記憶する自己によってなされる）回顧的な全体的評価として自分が経験した「痛みの総量」も評定した。カーネマンが驚いたのは，その回顧的な評定は，実際に経験した痛みの総時間にまったく影響されなかった点である。むしろ，その評定は概して，処置の一番きつい瞬間と処置の最後に報告された痛みのレベルの平均値を反映していた。同様な知見が，健常なボランティアの実験参加者が痛みを感じる冷水に手を入れ続けるよう求められる実験からも明らかになった。たとえば，そこで示されたのは，参加者は，60秒間の中程度の痛みだけを経験するよりも，60秒間の中程度の痛みのあとにさらに30秒間わずかに弱い痛みを経験するほうを好む――言い換えれば，全体的な経験として「ハッピーエンド」となるようなら，総量としてより大きな不快に苦しむほうを選ぶ――ということであった。

カーネマンは，この行動について，記憶する自己が紡ぐ物語においてハッピーエンドに執着している，という観点から説明した。この執着は，経験する自己が実際に遭遇する瞬間ごとの生活の質よりも，人生における決定をずっと強く支配しているようである。同様にカーネマンは，有名なオペラやドラマに共通するテーマは，1人の人間の人生全体の価値は，その人生のわずかな最後の瞬間に起こることにかかっている，という着想だと示唆している。つまり，死にゆくヒロインが，自分を見捨てざるをえなかった恋人がいまだに彼女のことを愛していることを知るか，あるいは，一緒にいた幸福なときはすべて，そのときは本当に楽しかったけれど，それはただの偽りだったと思いながら死ぬか，である。関連する実験研究では，ボランティアの参加者が1人の人間の人生の全体的な幸福度を評価したところ，とても幸福な30年間を過ごしたあとに突然自動車事故で亡くなる場合のほうが，とても幸福な30年間を過ごしたあとにそこまで幸福ではないものの間違いなく快適な5年間を過ごした場合よりも――そのほうが5年間余分に幸福を経験しているのに！――実質的に幸福度は高いと評価した。

記憶する自己によってなされるこうした判断は，判断される人生を実際に経験している経験する自己の視点からすれば，非常に非論理的にみえる。カーネマン（Kahneman 2012）は，「私は記憶する自己であり，私の生活を送っている経験する自己は私にとって他者のようである」（p.390）と結論づけている。

研究の結果、物語的な自己焦点化と経験的な自己焦点化の背景にある神経ネットワークにはっきりとした違いがあることが明らかになった。より重要なことに、脳スキャンはまた、マインドフルネスの訓練を受けた参加者は、「ワーキングメモリにおける心理的な現在についての非言語的な気づきを言葉で表現する力を高め……物語的な自己参照へとデフォルト的に向かう傾向を弱めるのに必要な……抑制的な統制（を高める）」ということを示した（Farb et al. 2007: 319）。言い換えれば、マインドフルネス訓練は、生きた経験としての自己についての瞬間ごとの気づきを高め、マインドワンダリングにおける物語的自己の支配を弱めるのである。

貧窮化した生活

マインドワンダリングは私たちを不幸にする。その物語的な自己焦点化はまた、私たちの生活の質を著しく貧窮化する。

「私（me）」の感覚は、「自己する」ことに依存している。私たちがそうありたいと望むような自己やそうあるべきだと思うような自己になることを求めるときの概念的な統制的処理は、実際のところ、マインドワンダリングという物語の主役である「私」という虚構に実在感を与える。しかし、それと同じ処理がまた、私たちの生活経験を著しく圧迫する。

幸福の概念的追求（とマインドワンダリング）を駆り立てる探求心という基本感情は、対象・人々・自分自身を、分離し独立に存在している、固有の性質をもったものとみなす世界観をもたらす。私たちは、こうしたものを、その分離やその性質を、「現実」だとみなす。探求心という基本感情はまた、注意の焦点を狭める。そこでは、手元の課題と直接的に関係のないものすべてが排除される。つまり、心は、現実自己と可能自己という観念と、両者の間のギャップを埋めるための行為に焦点を合わせる。「私と私の要求」にかかわる観念へのこうした排

囲み9・3　ダフィー氏

ダフィー氏は，「身体的な病気や精神的な病気の前兆となる何もかもを忌み嫌う」銀行出納係であった。その忌み嫌う気持ちは，体験の回避を彼の生活に広く行き渡らせることになった。ジョイスは，悲劇的に限定された孤独な生活という殺風景な絵を描く。つまり，「仲間も友人もいない」ダフィー氏の「冒険のない物語」である。彼はマインドワンダリングの世界に住み，「身体から少し距離を置いて」，キャンベルの「生きているという経験」のもつ，可能性に満ちた，多次元的で，多層的な豊かさから隔離されていた。ダフィー氏がたまたまある女性と社会的な友人関係を築いたときなど，彼女がより親密な関係に興味を示し始めるやいなや彼は唐突に関係を終わらせてしまった。4年後，夕刊紙を読んでいると，その彼女が，近づいてくる電車の線路内に足を踏み入れて死んだことを知った。

他的な焦点化は、自己概念という知覚された「現実」と混ぜ合わさって、つくり出された「私」という虚構に実体という幻想を与えることになる。

しかし、それは、ある一次元的な自己感覚でしかない。身体からの情報――キャンベルが「純粋に身体的な次元での生活経験」とよぶもの――は、正しい自己になるという目標とほとんど無関係であると（間違って）みなされてしまう。そうした理由から、物理的な身体感覚に関係する情報は、ほかの感覚からの情報のように、意識的な気づきからほとんど遮られてしまうのである。つまり、自分の追求と直接関係する情報だけに焦点を当てると、私たちの生活経験は狭くなるのである。私たちの生活は、豊かさや有意味さの重要な源泉が剥ぎ取られたものになるのである。結局は、ジェイムズ・ジョイスの『ダブリン市民（*Dubliners*）』の登場人物の一人であるダフィー氏のように、身体から「少し距離を置いて」生活することになる（囲み9・3参照）。

ダフィー氏の物語は、いかにして体験の回避が、「身体的な病気や精神的な病気の前兆となる何もかも」に対処しようとする試みとして始まるのか、しかし最後には生活経験全体をどれだけだめにしてしまうのか、を例証している。

マインドワンダリングしているとき、私たちは「頭のなかで生きている」。つまり、私たちはただの、自分自身に関する観念、「私」、自分自身に話す物語の登場人物、概念的な思考にすぎないのだ。カーネマンが痛切に述べているように、「私は記憶する自己であり、私の生活を送っている経験する自己は私にとって他者のようである」(Kahneman 2012: 390) のだ。

マインドワンダリングは通常、慣れ親しんだパターンや月並みなやり方に沿う。私たちがつくり出す個人的な物語は通常、ほんのわずかな限られたテーマの亜型だ。私たちの心は一日に何千回もの思考へとさまようけれども、本当に新奇だったり創造的だったりするのはそのなかにほとんどない。マインドワンダリング中、私たちは記憶のなかにすでに貯蔵されている古い心的モデルに依存しなければならない。なぜなら、概念的な統制的処理をしているとき、私たちは全体論的直感的なワーキングメモリに新奇なモデルをつくり出すことができないからだ。私たちは、創造的に即興したり、自発的に行為したり、人生を豊かにする新奇な脚本に従ったりするよりも、古く、慣れ親しんで、よくリハーサルした役――「いつもの古い私」――を演じようとしがちである。実際に生活している私たちの経験は、ますますないがしろにされる。

それでもなお、私たちの心はしばしば、経験的な自己注目よりも、物語的な自己注目のほうを好むようである。物語的な視点からすると、「やっかいごとだらけ」(Kabat-Zinn 2013) の生活を実際に経験することは、あまりにも人を怖気づかせるだけにみえるときがある。だから私たちは、目一杯に生きて経験に心を開くことを遠ざけたり回避したりするための方法として、マインドワンダリングを頼りにしてしまう。

マインドフルネスは、逆の方法を提供する。それは、体験の回避に対する強力な解毒剤である(第八章参照)。それは、困難に直面したとき、心を落ち着かせ、奮い立たせる。それは、一体化と一体性へ向かう生来の力を解放する。それは、私たちが、望まない感情を、遠ざけたり回避したりする必要なく経験することを許容するような、新しい心的モデルを育む条件を生み出す。マインドフルネスでは、私たちの心は、広くさまざまな源泉――特に身体――から届いた情報パターンを処理する。こうした多様なパターンが結びつけられ、豊かで、新奇で、多次元的なモデルとなる。さまざまな種類や層の情報間の一貫性と共鳴性は、非常にきめ細かく、多面的かつ多層的な経験を生み出す。私たちは、刻一刻と途切れなく回復し更新する、「生きているという歓喜」を感じ、「初心者の心」を経験する。私たちの生活は、瞬間が訪れるままそれに反応するとき、新しく思いがけない方向へと展開していくのである。

マインドフルネスは、私たちの心を一つにし、感情的な苦しみを癒し、ただ生きているという喜びと私たちを結びつける。しかし、そこには常にリスクが内在している。正しく理解しなければ、マインドフルネス実践は、たんなる新しい技法として、私たちの生活を習慣的に形づくっている、概念的に駆動された広範囲の「自己改善」プログラムのなかに組み込まれてしまうだろう。そうなると、私たちは、こうした実践を、なりたがっていた落ち着いた自己、平穏な自己、マインドフルな自己となるための方法として価値づけ、マインドフルネスは結局、概念的に駆動された幸福プロジェクトの下請け業者の役割を演ずるようになる。なりたいと思っている自己やなるべきだと思っている自己になるためにマインドフルである限り、概念的な認識は、私たちの心を根本的に支配し続ける。悲劇的なことに、概念的な認識が編成する「よりよい自己」になろうとする追求は、永続的な幸福やそれが約束する一体性をけっしてもたらさない（第一章）。

一方で、もし私たちがマインドフルネス実践を、私たちの見方や、さらに、私たちが自分自身や他者や世界とどうかかわるかを抜本的に変えることを促す、より包括的な道へと統合すれば、私たちは、目覚めた心というより高次の幸福を経験することができる。

第三部

内なる目覚め編

第十章　目覚めた心

第五章から第九章において、私は、ＩＣＳの枠組みという視点からのマインドフルネスの理解を提示してきた。ここからは探究を広げて、それと同じ視点が、内なる目覚めを理解するのにどのくらい助けとなりうるかをみていくこととする。

私たちの最初の挑戦は、目覚めた心――しばしば言葉では描写できないものとして特徴づけられるもの――を、その性質を尊重しつつ、基本的には心理学的な探究に重点を置いたやり方で、描写することである。伝統的な描写は、当然のことながら、心理学的な用語では表現されてこなかった。本章で私は、理解しようとするものを描写するために、より伝統的で、非心理学的な言葉に切り替える。その後、続く章にて、段階的に、目覚めた心の心理学的な理解を展開していくことにする。

宗教的な伝統は、信仰や教義の点で根本的に異なることが多い。しかし、そうした伝統のなかに組み込まれている瞑想的な道によって引き起こされる変容は、著しく似ていることが多い。典型的には、こうした変容は、私たちが自分自身や他者をどのようにみるか、自分自身や他者とどのように関係するかにおける奥深い転換――物語的自己の物語や夢から私たちの目を覚まし、そうした物語が織りなす分離というトランス状態から解放し、命が展開するときのその現実味と豊かさに私たちをつなぐ転換――を含んでいる。

スピリチュアルで宗教的な伝統のなかで、この目覚めた心の描写には三つのテーマがくり返し出てくる。

・目覚めた心は、二元性と分離の知覚を超越する。
・目覚めた心は、高く価値づけられている。
・目覚めた心は、生きとし生けるものに対する無条件の慈しみ・慈悲・善意を内包する。

キリスト教やほかの有神論的な伝統では、目覚めや悟りのような語に言及することはほとんどない。ただ、ナザレのイエスの教えは頻繁に、天の王国や神の王国に言及する（天の王国は、マタイ伝だけでも二九回触れている）。シンシア・ブルジョやリチャード・ロールといった現代キリスト教の瞑想家は、イエスは、天の王国や神の王国（Kingdom of God）といった言葉を使って、――私たちが死後に住むかもしれない場所、あるいは、地上に現れるだろう未来の理想郷ではなく――さもなければ「目覚め」とよばれるようなものを使って、根本的に変容した意識状態をさしていた、と示唆している。こうした示唆と一致するように、イエス自身、一貫して「神の王国はあなたのなかにある」（ルカ伝第一七章第二一節）や「天の王国は手元にある」（マタイ伝第四章第一七節）と教えている。この解釈を受け容れ、私は、イエスの言葉、話、王国のたとえを、本書の探究に含むこととする。

目覚めた心は、二元性と分離の知覚を超越する

私たちは、目覚めた心のこの特徴を、三つの側面に分けることができる。

（1）目覚めた心は、主体―客体の二元性を超越する。主体―客体の二元性とは、私たちの意識は、「客体」で

ある意識とそれを「もっている」「主体」に分けられる、という知覚である（客体には――思考、感情、感覚などの――内面的なものと――「外にあるもの」のような――外面的なものがある）。

（2）目覚めた心は、自己―他者の二元性を超越する。自己―他者の二元性とは、他者と分離した自己という知覚である（「私―あなた」の二元性、つまり、「私（I）」は「こちら」にいて、「あなた」や「彼ら」は「あちら」にいる分離した存在だ、ということである）。

（3）（有神論的伝統のなかでは）目覚めた心は自己―神の二元性を超越する。自己―神の二元性とは、神と分離した自己という知覚である（「神は上のあちらにいて、私は下のこちらにいる」二元性である）。

知覚されるこれらの二元性すべてを通じて共通する点がある。それは、自己を独立して存在する分離した実体だと根本的に（間違って）知覚している、ということである。

主体―客体の二元性を超越する

この二元性は、目覚めを求めるバーヒヤにブッダが与えた、次の教えに詳しく説かれている。

見られたものには、見られたものだけがあり、
聞かれたものには、聞かれたものだけがあり、
感じられたものには、感じられたものだけがあり、
思われたものには、思われたものだけがある。
だから、実際のところ、こちらには何もないことがわかるはずだ。

バーヒヤよ、こうやって自分を鍛えなければならない。
バーヒヤよ……こちらには何もないことがわかれば、
実際のところ、あちらにも何もないことがわかるだろう。
あちらには何もないことがわかれば、
おまえはこちらの世界にも、あちらの世界にも、またその間のどこにもいないことがわかるだろう。
これこそが、苦の終わりである。(自説経［Udana］第一章第十経)(Amaro 2003)

この言葉を聞くと、バーヒヤは即座に悟った。これは幸運であった。なぜなら、そのほんの数秒後に彼は、逃げ出した牛に殺されてしまうからだ。仏教の伝統のなかで、彼は、「最も速く教えを理解した弟子」という称号を授かっている。

バーヒヤははっきりと悟ったが、私たちの大半は、これらの言葉を理解するのがかなりむずかしいと思う可能性が高い。現代のイギリス人仏教僧であるアジャン・アマロ(Amaro 2003)は、ヒントとなる次のような説明をしている。

「あちらには何もない」と言うとき、何を意味するのか? それは、客体の世界について話しているのである。つまり、それは、私たちが「見られたものは、ただ見られたものだけである」ことを認める、ということを意味する。そういうことである。形式・形態・色彩などはあるけれども、あちらには何もないのだ。本物の実体としても、固体としても、自立した現実としても、存在しない。あるのは、経験という性質それ自体である。それ以上でもそれ以下でもない。ただ、見ること、聞くこと、感じること、思うことだけがある。そして、それらを「法堂という場所」「アジャン・アマロの声」「『私はこれを理解しているか?』という思考がここにあり、今度は『私はこれを理解していないのか?』という別の思考がある」などと名づける心もまたすべて、別のただの経験である。

見られたり、聞かれたり、味わわれたりするものなどはあるけれど、こうした経験が参照する客観的実在性、あるいは、確固たる独立した実体はない。

この洞察が熟せば、私たちは、「あちらに」は何もないということを理解するばかりでなく、「こちらに」も確固たるものはなく、経験者という独立した不変の実体もないということを理解する。

無所住（non-abiding）の実践は、客体と主体の領域を空っぽにする過程であり、客体と主体の両方とも本質的には空っぽである、ということを真に知ることである。もし私たちが主体と客体の両方とも空っぽであることを知れば、また、現実の「こちら」や「あちら」はないのならば、私というものの感覚それ自体はどこにあるのだろうか？　ブッダがバーヒヤに言ったように、「こちら（主体）の世界にもあちら（客体）の世界にも、またその間のどこにも、自己を見つけることはできない」のである。……物事のこうした見方は、私たちの標準的な参照枠を断ち切り、その支えを取り除き、そして何より、それを大刷新する。（Amaro 2003: 20）

八世紀の中国の詩人である李白は、主体と客体の二元性や分離が脱落するときがどのような感じかを描いている（Hamill 1987）。

衆鳥高飛尽　（衆鳥高飛《しゅうてうかうひ》し尽《つ》くし）
孤雲独去閑　（孤雲《こうん》独《ひと》り去《さ》って閑《かん》なり）
相看両不厭　（相看《あひみ》て両《ふたつ》ながら厭《あ》かず）
只有敬亭山　（只《た》だ敬亭山《けいていざん》有《あ》るのみ）☆1

主体―客体の二元性の超越を記述するもう一つの方法は、親密さという言葉にある。私たちはすでに、十三世紀の禅師である道元[☆2]による、この簡潔な表明に出会っている。

悟るというのは、あらゆる存在と親しくなる〔万法に証せらるる〕ことである。

より経験豊かな瞑想家が、静寂なリトリート中、主体―客体の二元性が消えていくのを何度も垣間見ることは少なくない。

目に見えるものすべてが含まれる、広く澄み渡った空間としての気づきの知覚は、自然に現れ始めるだろう。「あちらに」ある対象のほうへと向けられた、なんとなく「こちらに」ある（おそらく頭のなかにある）習慣的な意識感覚と対照的に、意識は今や、空の広々とした空間のように、あまり局在することなく、より広範囲にわたるようにみえてくる……気づきの静けさと空間はまた、立ち上がるすべてに広がって浸透し、あらゆるものは、気づきと同じ「物」、気づきと同じく空気のような「物質」でできているようにみえてくる……こうして内的なものと外的なものの間や現象と気づきの間に知覚される差異が減ると、自然に一如（*oneness*）の感覚、あらゆるものが統一された感覚が、この時点で、おそらく徐々に現れるだろう。（Burbea 2014: 193-194）

自己―他者の二元性を超越する

私たちの意識の通常モードでは、私たち一人ひとりは自己完結的で、独立して存在する人間の単位（「私」）であり、ほかの自己完結的で、独立して存在する人間の単位（「あなた」あるいは「彼」「彼女」「彼ら」）と、一緒にいるけれども本質的には分離している、という感覚をもっている。私たちは、こうした単位と相互作用するかもしれないが、基本的には分離したままである。この習慣的なものの見方があまりに深く染みついているので、私たちの大半は、たいてい、それを知覚的な習慣――数多くある可能なものの見方のうちのたんなる一つ――だとはみなしていない。むしろ、「あるがままに」ものをみているだけだと、私たちは当然のように思っている。

アルバート・アインシュタイン[☆3]は、最もよく引用される著述の一つのなかで、こうした核となる知覚と見方の妄想的な性質を指摘している（Calaprice〔2005〔2006〕〕も参照）。

> 人間は、私たちが「宇宙」とよんでいる全体の一部であり、時間と空間に制約された一部である。人間は、自分自身や自分の思考や感情を経験する。自分以外のものとは分離したものとして、意識におけるある種の視覚的な妄想として、自分自身や自分の思考や感情を経験する。この妄想は私たちにとって監獄のようなものであり、個人的な願望や最も身近な数名の人に対する愛情に、私たちを縛りつける。私たちの課題は、あらゆる生き物と自然全体をその美しさのなかに包み込むように慈悲の輪を広げることによって、この監獄から私たち自身を解放することでなければならない。（Sullivan 1972）

二十世紀で最も高く評価されているキリスト教の瞑想家の一人であるトマス・マートン（Merton 1966）は、自己と他者の分離の感覚が剥がれ落ちたときの、彼自身の経験を記述している。それは、その後の彼の人生におい

☆1 『李白』（漢詩大系 第八巻）（青木正兒他編、集英社、一九六五年）より。
☆2 日本曹洞宗の開祖。
☆3 ドイツ生まれの理論物理学者。

て、ほかのあらゆる人間との結びつきに関する見方を変えた。

ルイビルの、四番街とウォルナット通りの角にある商店街で、私は突然、私はここにいるすべての人々を愛していて、彼らは私のものであり、私は彼らのものであり、私たちはまったく見知らぬ者どうしでもお互いに相容れないわけでもない、という認識に圧倒された。それはまるで、分離の夢から、偽りの自己隔離の夢から覚めたようだった……

この、幻の差異からの解放の感覚は、私にとって、大きな声で笑いだしそうなぐらいの安堵と喜びであった……それは人間という種の一員となる輝かしい運命である。たとえそれが、多くの不条理に心血を注いだり、多くの恐ろしい間違いを犯したりする種だとしても。しかし、それもすべてひっくるめて、神自身が、人間という種の一員になることを誇りとしたのだ。人間という種の一員に！　そう思うに、そうした当たり前の認識というのは、唐突に、宇宙規模の宝くじの当選券をもっているというニュースのようになるのだろう……

私がひとりだと感じるのは彼らがいるからだが、私がひとりだと感じるとき、彼らは「彼ら」ではなく私自身の自己なのである。なぜなら、私は彼らとともに一つだからである。見知らぬ人など誰もいないのだ！

(Merton 1966: 153)

マートンのひらめきは、かすかに感じられる慢性的な悲嘆（第一章）を下支えする分離の感覚を超越したときに放たれる、桁はずれの癒しの力をはっきり示している。

自己と他者の非二元性という感覚に親しむこと——そこでは、喜びのなかで、分離の感情が薄れ、他者との親密な結びつき・非分離を感じる——は、めずらしいものではない。目覚めた心において、そのように非分離を知覚することは、例外というよりはむしろ、標準となる。

自己―神の二元性を超越する

私たちが習慣的に、ほかの人々との関係において自己―他者の分離の感覚を経験するのとちょうど同じく、有神論的な伝統では、神との関係に根本的な二元性が含まれることが多い。つまり、「神は上のあちらにいて、私は下のこちらにいる」である。

内的な目覚めの経験のなかで、宗教的な瞑想家は、こうした自己―神の分離の感覚を超越する。十三世紀のキリスト教神秘家のマイスター・エックハルトは、この点についてはっきりと強調している（Huxley 1985）。

知る者と知られる者は一つである。平凡な人々は、まるで神があそこに立ち、自分がここに立つかのように、神をみるだろうと想像する。これはそうではない。神と私や私たちは、一つの知である。（Huxley 1985: 29）

もっと劇的には、ある日水たまりのなかに自分の姿を見たときに神と非分離であると突然感じた、ジェノヴァの聖カタリナ（1447–1510）が、通りを走っていって、聞こえる人みんなに大声で叫んだ。

私の最も深い私が神だ！

非二元的な視点は根本的に、神との関係の質を変える。求道者はそのとき、「あちらにいる、ほかの」ものへのあこがれというよりもむしろ、「神を求める神」という過程であると理解する。アッシジの聖フランチェスコによるとされる教えは、この非分離の感覚を優雅な簡潔さで表現している。

私たちが探しているのは、
私たちである。

また、（Bourgeault［2008］に引用されている）マイスター・エックハルトは、同じメッセージを表している。

あなたが神を見ているその眼は、神があなたを見ているその眼である。（Bourgeault 2008: 44）

このように、神秘家や瞑想家が、神との非分離という名状しがたい、言葉で表現できない経験を、従来の言葉で表現するために全力を尽くしてきた。悲劇的なことに、こうした試みは、文字通りの考え方をする宗教的な正統派によって、神との同一視という主張として誤解されてきた。正統派の二元的な「神は上のあちらにいて、私は下のこちらにいる」視点からすれば、当然ながら、これは究極の冒涜的行為である。キリスト教の伝統とイスラム教の伝統の両方で、このように（誤）解された冒涜的行為は、無情にも罰せられてきた。詩――全体論的直感的認識の言葉――は、神との非二元的な関係の緊密さを語る別の伝達手段となる。アルフレッド・テニスン卿[☆4]は、彼の詩『より高き汎神論（*The Higher Pantheism*）』のなかで、こう述べている。

彼は、呼吸よりも身近で、
手や足よりも近い。

また、十五世紀の詩人で、神秘家、聖人でもあったカビールも、同じようなイメージをみていた。

カビールいわく。弟子が私に、神とは何かと、聞く。
彼は、呼吸のなかの呼吸である。(Mitchell 1993a: 72)

これより近いものがあるだろうか?

独立して存在する分離した実体としての自己という経験を超越する

私たちが議論してきた知覚される二元性のすべて——自己と対象の二元性、自己と他者の二元性、自己と神の二元性——に共通する点は、独立して存在する分離した実体である自己という根本的な(誤)解釈である。あらゆるスピリチュアルな道が、目覚めには、なんとかしてこの根本的な誤解を超越する必要があることを認めている。仏教において、自己についての観念の本質的に「空な」性質への洞察は、永遠に分離した自己という知覚が超越される主な手段である。なんとかして仏道は、無我(anattā)——経験のあらゆる側面における「非自己」の性質——への洞察を涵養する。すなわち、「これは私のものではなく、私がこれではなく、これは私自身ではない」というものである(相応部第二二相応第五九経)(Bodhi 2000: 902)。偉大な禅師である道元は次のようにいっている。

仏道をならふといふは、自己をならふなり。
自己をならふといふは、自己をわするるなり。

☆4　ヴィクトリア朝時代のイギリスの詩人。

自己をわするるといふは、万法に証せらるるなり。[☆5]

一方、有神論的な瞑想の伝統における強調点は、洞察をとおした自由ではなく、自己を手放そうとする意欲を直接育てることをとおした自由にある。心が神と完全につながるために――その言葉がどのように解釈されようとも――神の愛のために自己を捨てるのである。

そうした意欲には、自己の完全な服従あるいは降伏が含まれる。これは自己犠牲（self-sacrifice）であり、その真の意味はmaking holy（神聖になること）である――ラテン語が語源で、*sacer*はholyであり、*facere*はmakeである。

イスラム教のスーフィー（実際にアラビア語で服従を意味する語）の伝統では、服従は、愛する降伏の道を通じて自己放棄という形式をとる。つまり、小さく誤った自己は、より大きなもの、すべてを包み込むものに降伏することによって、吸収され、超越されるのである――「水に溶ける砂糖のように、自己は本当になくなってしまうのではなく、吸収されるのである」(Helminski 1992: 179)。自己への執着を捨てる過程は、徹底的な謙虚さから始まる。それは、ヘラートのアブドゥッラー・アンサーリー[☆6]によって論じられている（Huxley 1945/1985）。

あなたは、愛への道をいく巡礼者となるだろうか？
第一の条件は、あなた自身が、ちりと灰（のようにつまらぬもの）だと謙虚になることである。（Huxley 1945/1985: 119)

また、それは、アブ・ヤジド[☆7]が述べているように、神との合一において自己から解放されることで頂点に達する。

ヘビが脱皮するように、私は自己を脱皮した。そうして、私は自分自身をのぞき込むと、私が彼であることがわかった。(Mitchell 1993b: 75)

自身への執着をなくすことや徹底的な謙虚さの必要性と同様のテーマは、イエスの教えの中心である。

誰でも私についていきたいと願うなら、自分を置いていかなければならない。(マタイ伝第一六章第二四節)

自分の命を救おうと思う者は誰もがそれを失い、
自分の命を失う者は誰もがそれを救うだろう。▼1(ルカ伝第九章第二四節)

徹底的に「自己を空にすること」(神性放棄[kenosis])は、イエスがその人生と教えのなかで体現している解放への道の基本である。その結果として生じる状態は、スピリチュアルな貧窮、あるいは魂の貧しさといった状態として描かれる(ここでの貧窮は、低い自尊心のようなものというよりも、分離した自己という感覚が減少し、

☆5 『正法眼蔵』「現成公案」巻より。
☆6 イスラム教神秘家・詩人。
☆7 別名バーヤズィード・バスターミー、イスラム教神秘家。
▼1 現時点で聖書の大半の版が含んでいる、「私のために(for my sake)」という句を削除するにあたって、私はシンシア・ブルジョ(Bourgeault 2003: 127)に従っている。ブルジョは、この句はあとになって加えられたもので、もともとの教えの一部ではない、という多くの聖書学者の見方を引用している〔訳注:現在、聖書では、「自分の命を救おうと思う者は誰でもそれを失い、私のために自分の命を失う者は誰でもそれを救うだろう」となっていることが多い〕。

最終的に消滅することを意味する）。この貧窮状態において、自己の不在が目覚めた心に対する十分な開放と受容をもたらす。

魂の貧しい人々は祝福されている。天の王国は彼らのものである。（マタイ伝第五章第九節）

目覚めた心は高く価値づけられている

目覚めた心（天の王国）は、宝——しばしば、隠された宝——にくり返したとえられる。たとえば、イエスの示した二つの小話などである（マタイ伝第十三章第四四〜四六節）。

天の王国は、畑に隠してある宝のようである。人はそれを見つけるとまた隠し、うれしくなって持ち物すべてを売り払いに行って、その畑を買う。

また、天の王国は、きれいな真珠を探している商人のようである。高価な一個を見つけると、持ち物すべてを売り払いに行って、それを買う。

こうした比喩は、目覚めた心に与えられた最上級の価値を強調するものである。それはまた、さらなる特徴をさし示している。つまり、より大きな褒美を得るために、より価値の低いその他のものをあきらめなければならない、ということである。

十三世紀のスーフィーであるルーミーは、『つるはし：私は隠された宝であり、見つけられるのを望んでいたことについての回想（*The Pickaxe: Some Commentary on 'I was a hidden treasure, and I desired to be known*）』

(Barks 1996: 114) において、同じ隠された宝のイメージを用いている。彼は、普通の人間が生きている状況を、小さな店を借りて、破れた服に新しい当て布をしてやっとのことで生計を立てていることにたとえる——しかし、床の下には、カーネリアン（紅玉髄）の鉱脈が二本、通っているのだ。床からたった一枚の板を引き剥がしさえすれば、暗闇のなかに輝く宝を目にすることになる。

ここでルーミーは、隠された宝の比喩に潜む重要なメッセージを強調する。それは、内なる目覚めの可能性は、私たちのすぐ手の届くところにあり、これまでも常にそうであった、ということだ。私たちはたんに、私たちに本来備わっているこの潜在的な可能性に気づいていなかっただけなのである。

それと同じメッセージは、主に非宗教的な読者に向けられた、エックハルト・トール[☆8]の数百万部のベストセラーである『さとりをひらくと人生はシンプルで楽になる（*The Power of Now*）』（Tolle 1999/2005〔2006〕）の冒頭に出てくる寓話にもみられる。「さとり／それは何か?」という見出しで、彼はこう書いている。

一人の物乞いが、三十年以上にわたって道端に座っていた。ある日、一人の流れ者が歩いてきた。物乞いは「お金を恵んでくだされ」とぼそぼそ言って、古びた野球帽を機械的に差し出した。「あげるものは何も持っていない」と流れ者は言った。すると彼はこう尋ねた。「あなたが座っているそれは何ですか?」と。「何でもないさ」と物乞いは答えた。「ただの古い箱だ。私は、覚えている限りずっとこれに座っているよ」流れ者は「今まで中を見たことは?」と聞いた。「ない」と物乞いは言った。「そんなことをして何の意味がある?中には何もないよ」。流れ者は「ちょっと中を見てみなさい」と言い張った。物乞いは、箱の蓋をなんとかこじ開けた。すると、驚きと信じられなさと高揚とともに彼が目にしたのは、金貨でいっぱいの箱だった。

私は、あなたにあげるものは何も持っていないが、あなたに中を見てみるように言うつもりの流れ者であ

☆8　ドイツの作家。

る。ただし、この寓話のようになんらかの箱のなかではなく、もっとずっと近いところだ。それは、あなた自身のなかである。（Tolle 1999/2005〔2006〕: 9）

仏教の伝統では、ブッダ自身は、目覚めた心が実際にどのようなものなのかについて、驚くことに、ほとんど語っていない。彼は、目覚めの性質について話し合ったり討論したりすることを、彼が教える道の真の目的から逸れたりはずれたりさせるものだと考えていたようである。真の目的とは、彼の聴衆が、自身の心を解放し、自身のために真理を知る力をもたらす実践と理解を授けることであった。

その後の仏教の伝統では、こうした真相に対する制約はより少なくなった。大乗仏教における古典的な教えのなかで、八世紀の学僧シャーンティデーヴァ〔寂天〕も、失われた宝という比喩を用いて菩提心（bodhicitta）（目覚めた心）を表現した（Shantideva 1979）。

ちょうど盲目の人が
ゴミの山のなかに宝石を見つけるように、
同じく、偶然にも、
目覚めた心が私のなかに生まれたのだ。
それは究極の神饌であって
死の支配に打ち勝ち、
それは無尽蔵の宝であって
世界の貧困すべてを撲滅する。（Shantideva 1979: 23）

シャーンティデーヴァの宝の比喩の使い方が加えているのは、私たちは、自分自身の意志的な行為の直接的な結果としてというよりもむしろ、「恩恵」による贈り物として――「偶然にも」――目覚めた心を受け取る、という鍵となるさらなるテーマである。目覚めとは、「私が、私自身の努力によってこれを実現させた」という意味ではない（ただし、もちろん、私たちは、いつでも手に入れられる贈り物と恩恵を受け取る可能性に備えてより開かれた条件を整えておく必要はある）。

伝統と師の教えをとおして、目覚めた心は高く価値づけられている。ただ、これはたんに、こうしたあり方や見方が、ポジティブ感情の日々の源泉――気持ちいい感覚的経験という快楽、他者から褒められたときの得意な気持ちの高まり、あるいは、友情のうれしさのようなもの――に、より強く、より頻繁に、より長く遭遇するからではない。むしろ、目覚めた心のよさは、そうした経験によって与えられるような、過ぎ去っていく喜びとは質的に異なる。この根本的に変容した意識状態には、その瞬間の過ぎ去っていく経験が有する特定の内容には依存しない、本質的にポジティブなものがある。

目覚めた心は、生きとし生けるものに対する無条件の慈しみ・慈悲・善意を内包する

サム・ハリス[☆9]は、彼の（表向きは無神論的な）著書である『目覚め（*Waking Up*）』（Harris 2014）を、彼の人生を変えることになったある経験の話から始めている。彼が十九歳のとき、彼と親友は（そのときはほとんど知られていなかった）ドラッグのＭＤＭＡ（エクスタシー）を摂取して、一緒に静かに話をしていた。

私は突然、私が友人を愛しているという思いに打たれた……私は自分が彼を愛していると感じることがで

☆9　アメリカの著述家・神経科学者・哲学者。

き、この感じは道徳的な意味をもっていて、唐突に深遠に思えた。私は彼が幸福であることを願った、という今から聞けばありふれた言葉だけれど。

……その洞察は、私の心を再構築するようにみえた。たとえば、ねたみへの可能性はまるで、跡形もなく消失した精神疾患の症状のようであった……彼が幸福であることを真に願うことによって、彼の幸福が私の……その後、いかに人間の命というのはすばらしいかに関する感覚を不可逆的に変容させる洞察が訪れた。私は、私の親友の一人に無限の愛を感じていて、もしある見知らぬ人がその瞬間にドアを通って歩いてきたとしても、彼もしくは彼女はこの愛にすっかり含まれるだろう、ということを唐突に理解した。愛は、心の底から非個人的であった——つまり、どんな個人史が説明するものよりも深かった。事実、取引のような愛の形——私はあなたを愛している。なぜなら……——は、もうまったく意味をなさなかった。

視点のこのような最終的な転換について興味深いことは、感覚的な変化で引き起こされるものではない、ということだ……洞察は、もっと幾何学的証明のような特徴をもっていた。つまり、それはまるで、一組の平行線の特性を一目見て、突然それらに共通するに違いないものをすっかり理解したようなものである……

ただ明らかなのは、愛や慈悲、そして他者の喜びのなかに感じる喜びは、制限なく広がるということだった。その経験は、愛が成長するということではなく、愛がもはや覆い隠されることはない、ということだった。愛は——遠い昔から神秘家や狂人によって喧伝されてきたように——存在している状態であった。（Harris 2014: 4–5）

私が本項を紹介するためにこの一節を選んだのは、それが薬理学的な助けを借りた経験について述べられているのであっても、なんらかの特定の宗教的あるいはスピリチュアルな伝統に特化していない言葉でもって、目覚めた心の主な側面を雄弁かつ詳細に描写しているだからだ。私は、サム・ハリスの描写する愛の三つの側面に注目する。それは、長年にわたるそうした伝統の教えと大いに響き合うものである。

・この愛は、無限である――それは、生きとし生けるものに広がる（ハリスはそれを「無限」と述べ、「制限なく」広がると述べている）。
・この愛は、無条件である――それは、その人が誰なのかだとか何をなしてきたかだとかは関係ない（ハリスは「取引のような愛の形――私はあなたを愛している。なぜなら……――は、もうまったく意味をなさなかった」と述べている）。
・この愛は、感情的なものというよりは、認識的なものあるいは知覚的なものである（ハリスは、「視点のこのような最終的な転換……は、感覚的な変化で引き起こされるものではない、ということだ……洞察は、もっと幾何学的証明のような特徴をもっていた」と述べている）。

無限で、無条件で、認識する愛

目覚めた心の愛という無限で制約のない性質は、あらゆる伝統において広く証言されている。仏教では、慈悲（愛）と智慧（洞察）は、目覚めた心の両翼として広く認められている。つまり、自由に飛びたければ両方とも必要、ということだ。ダライ・ラマは、彼の好きな格言の一つに示される、愛についての基本的な立ち位置を支持している。それは、「私の宗教はやさしさである」というものである。そして、その愛の境界のない無条件の性質は、愛とやさしさを涵養するブッダ自身の教示である慈経において、強調されている（Amaravati Sangha 1994）。

喜びと安全のなかにあることを願って、
生きとし生けるものが安穏でありますように。

命ある存在が何であろうとも、
弱くても強くても、いっさい排除せず、
長く大きいものでも、中くらいでも、短く小さいものでも、
見たことがあるものもないものも、
近くにいるものも遠くにいるものも、
生まれているものもこれから生まれてくるものも――
生きとし生けるものが安穏でありますように！

まるで母親が命がけで
わが子を、たった一人のわが子を守るように、
無限の心で
あらゆる存在を大事にしなさい。
そして、世界全体にやさしさを発しなさい。
天まで高く、
海底まで深く、広げなさい。
外へ向かって限りなく、
憎しみと悪意から自由になって。
……これが、梵住（sublime abiding）といわれているものである。

イエスは、彼のすべての教えの本質を、核となる次の教示に結実させている。

魂を尽くし、力を尽くし、思いを尽くして主なる神を愛し、自分を愛するように隣人を愛しなさい。（ルカ伝第十章第二七節）

ここで私たちにとって重要な句は、「自分を愛するように隣人を愛しなさい」である。「隣人とは誰か？」と尋ねると、イエスは、善きサマリア人のたとえで答えた。この寓話の核となるメッセージは、第十三章でもみるように、私たちの隣人とはこの瞬間に慈しみを捧げる相手すべて――たとえその者が天敵と考えられる文化からやってきたものでも――である。

その他の教えで、イエスは、彼の語る愛の無条件で無限の性質をより明確にしている。

敵を愛しなさい、そして、迫害するもののために祈りなさい。そうすれば、天にいる父の子となるだろう。というのも、天の父は、悪い者の上にも善い者の上にも太陽を昇らせ、正しい者の上にも正しくない者の上にも雨を降らせるからである。（マタイ伝第五章第四四～四五節）

認識は、この愛の重要な側面である。瞑想経験に関する幅広い概観から、オルダス・ハクスリー☆10（Huxley 1945/1985）は、次のように結論づけた。

愛は認識の一つのモードであり、その愛が十分に公平無私かつ十分に強ければ、その知識は結合に役立つ知識となる。（Huxley 1945/1985: 110）

☆10　イギリス生まれの著述家。

重要なのは、こうした愛の認識が非分離の洞察を含むことである。四番街とウォルナット通りの角でのマートンのひらめきでは、本質的に、目に入るすべての人——知っている人は誰もいない——への愛が彼の非分離の感覚の始まりと結びついていたようにみえる。その愛や結びつきは、他者に関する彼の見方の根本的かつ人生を変容させるほどの変化と密接に関係しているようだった——他者はもはや見知らぬ者ではなく、各々が、今のままで、果てしない価値と美しさをもっているようにみえた。彼の説明は、自己—他者分離の超越と「他者」への無限で無条件の愛は密接につながっている、ということを示唆している。つまり、見方の転換は私たちがそのように愛することを引き起こさねばならないが、しかし同様に、私たちは見方の転換が起こるようにそのように愛さなければならない。おそらく、自己と他者の二元性を超越することと無条件の愛とは、まさに同じコインの両面なのである。

スピリチュアルな導師の教えは、そうした見方と合致するようにみえる。「自分を愛するように隣人を愛しなさい」(マルコ伝第一二章第三一節、マタイ伝第二二章第三九節)というイエスの核となる教示はしばしば、「自分と同じぐらい隣人を愛しなさい」というように聞こえる。しかし、シンシア・ブルジョ(Bourgeault 2008: 31)は、「実際には、そこに『と同じぐらい』とはなっていない。それはただ『自分として隣人を愛しなさい』——まさにあなた自身の存在の延長として——である。それは、隣人はあなたであると完全にみなすことである」と指摘する。

ひらめきについてのマートン(Merton 1966)の説明が示唆するのは、結合に役立つこの愛の知識を得た経験はまた、彼が会うありとあらゆる人のなかの果てしない美と価値のようなものの感覚をともなうか、おそらくそれによって下支えされているだろう、ということである。

するとそれはまるで、人々の心の密かな美しさ、罪や欲望や自己認識では届かない人々の心の深さ、人々の生きる現実の核心、各々が神に見守られていることが、突然わかったかのようであった。人々がみな、ま

> さにあるがままに自分自身を見さえすれば。私たちがいつもそのようにお互いを見さえすれば。そうすれば、もはや戦争も、憎しみも、残虐さも、欲望もなくなるだろう……私が思うに、大きな問題は、私たちがお互いに平伏し崇拝し合ってしまう、ということだ。（Merton 1966: 153）

クエーカー[☆11]の創始者であるジョージ・フォックスは、同じような密かな美しさを「神のそれ」と称した。彼は、ローンセストン刑務所に投獄されている間に追従者たちに向けて、次のように書いて呼びかけた（Nickalls 1952）。

> 世界中を元気よく歩き、あらゆる人のなかにある神のそれに答えるのだ。（Nickalls 1952: 263）

キリスト教徒として、マートンとフォックスは、神の言葉を使って、出会ったすべての人のなかに感じた尊い核について述べた。しかし、同じテーマが、無神論的な伝統において異なる言葉で表現されていることがわかっている。二十世紀の曹洞宗の禅師である鈴木俊隆（Suzuki 1970）は、仏性（Buddha nature）を使って、目覚めた心のこうした側面について述べ、その洞察を広げて自然のあらゆる側面を包み込んだ。

> そして、彼（ブッダ）が自分自身をわかったとき、彼は、存在するあらゆるものが仏性をもっていることがわかった。それが彼の悟りであった。（Suzuki 1970: 28）

鈴木の言葉は、マイスター・エックハルト（1260–c.1328）の言葉と力強く共鳴する。

☆11　プロテスタントの一派であるキリスト友会。
☆12　ドイツのキリスト教神秘家。

人がただ理解するのはいつなのか？　私は、「あるものは別のものと分離していることを知ったとき」と答える。では、人がただの理解を超えるのはいつなのか？　私がいえるのは、「すべてのなかにすべてをみたとき、人はただの理解を超える」ということである。（Huxley 1945/1985: 84）

こうした言葉はまた、マクデブルクのメヒティルト[☆12]（1212–1282）の言葉とも共鳴する（Rohr 2019）。

私の魂が目覚めた日は、神のなかにすべてを、すべてのなかに神を見た、と見知った日であった。（Rohr 2019: 203）

こうした概観をまとめると、目覚めた心の三つの側面が、さまざまな宗教的でスピリチュアルな伝統で示されている記述のなかに、くり返し出てくる。それは、目覚めた心は二元性と分離の知覚を超越すること、目覚めた心は内在的な価値を有すること、そして、目覚めた心は無限で無条件の愛と慈しみを具現すること、である。これらの三つの側面は相互に関係していて、そのすべてはある共通する核心――おそらく、「すべてのなかにすべて」をみる力――となんらかの方法でつながっているだろう。

ＩＣＳは、統合的統一的な説明のなかで目覚めた心の三つの特徴を理解するための手段となる。第十一章は、このアプローチの探究から始めることとする。

第十一章　フローから学ぶこと

金・権力・名声・快楽の追求に支配されているはずの世界で、よくわからない理由でそうした目標すべてを犠牲にするある一定の人々がいるのは、驚くべきことである。たとえば、ロック・クライミングで命を危険にさらす人々、芸術に人生を捧げる人々、チェスをすることにエネルギーを注ぐ人々、などである。なぜ彼らが、楽しいと思う行為をするという摑みどころのない経験のために、喜んで物質的な報酬を投げうとうとするのかを理解することによって、日々の生活をより意味のあるものにすることができる何かを学べればよいと思う。

——ミハイ・チクセントミハイ（Csikszentmihalyi 1975〔2000〕: 1）

チクセントミハイ[☆1]（Csikszentmihalyi 1975〔2000〕）の革新的な著書『楽しみの社会学（*Beyond Boredom and Anxiety*）』は、こうした言葉から始まる。この書は、フロー——「ゾーンに入った状態」——に関する彼の研究について書かれている。それは、何世紀もの間知られていたが今まで系統的に研究されることも、特別な名前が

☆1　ハンガリー生まれの心理学者。

与えられることもなかった経験のことである。

フローは、（明らかに）内なる目覚めと同じではない――しかし、目覚めた心のある主要な側面、特にその内発的な喜びに関する洞察を与える。それはまた、比較的なじみがあってよく研究されている領域の経験であり、私たちのさらなる探究のために役に立つ出発点となる。

フロー

チクセントミハイは、絵画制作がうまくいっているとき、その芸術家が一心になって、空腹・疲労・不快感を度外視していること――しかし、完成するとすぐに芸術的な創造に興味を失うこと――に心を打たれ、芸術家の創造的な過程を研究していた。このような心のモードにおいて、絵を描くという経験は、その活動それ自体のために価値があった。歴史的な話では、ミケランジェロは、システィーナ礼拝堂の天井画を同じように一心に描いただろう、とされている。彼は、一度に何日間も描き、制作に熱中し、気絶するまで食事や睡眠のために中断することはなかった。彼はすぐに描くのを再開し、再び完全な熱中状態へと入った。

チクセントミハイ（Csikszentmihalyi 1975〔2000〕）は、画家についての初期の研究のあと、内発的に報酬を得るほかの活動に従事する人々を含めるよう研究を広げた。それは、ロック・クライマー、チェス・プレーヤー、プロの作曲家、ダンサー、バスケットボール選手、外科医、などである。すると、ある印象的な一致がみえてきた。

ほぼ全員一致で、回答者は（作曲家やチェス・プレーヤーや外科医のような、活動に対する外発的な報酬を受け取っている人でさえ）、活動に対して時間と労力を捧げるのは、そこから特別な経験状態、「日常生活」では届かない経験を得られるから、と述べた。どのケースも、その活動を追求するための主な誘因として、内発的な報酬が外発的な報酬を見劣りさせるようにみえた。（Csikszentmihalyi 1975〔2000〕: 35）

チクセントミハイ（Csikszentmihalyi 1975〔2000〕）が「フロー」と名づけたのは、この「特別な経験状態」に対してであった。

> フロー状態のとき、行為者の意識的な介入を必要としないかのような内的な論理に従って、行為が行為に続いて起こる。行為者は行為を、ある瞬間から次の瞬間へと一つにまとまった流れとして経験する。そこでは、行為者は自分の行為を統制下に置き、自己と環境、刺激と反応、過去・現在・未来の区別はほとんどなくなる。（Csikszentmihalyi 1975〔2000〕: 36）

何によってフローは内発的に報酬となるのか？

> フローの目的は、フローであり続けることであり、絶頂や理想郷を得ようと求めることではなく、フローにとどまることである。（Csikszentmihalyi 1975〔2000〕: 54）

フローの目的はフローであり続けることである。そして、フローであり続ける理由は、それが本質的にいいと感じるからである。チクセントミハイ（Csikszentmihalyi 1991〔1996〕）によれば、その内発的な喜びとは、心の内面的な秩序と調和に根差している。

> 意識における秩序は、非常に特殊な経験的状態を生み出す。それは非常に好ましいので、人はできるだけ

> しょっちゅうそれを反復することを願う。この状態に対して、私たちは「フロー」という名前を与えた……フローは……意識の内容すべてが互いに調和したときに、結果として起きる……これは、私たちが快楽・幸福・満足・愉悦とよんでいる主観的な状況である。(Csikszentmihalyi 1991〔1996〕: 24, 29)

意識における秩序と調和が「快楽・幸福・満足・愉悦」を生むという考えは、うまくいった柔軟な一体化がポジティブ感情を生むというICSの主要な考えとよく適合する（第四章）。しかし、フローの（そして、これからみるように、目覚めた心それ自体の）内発的な喜びには、私たちがこれまで議論してきた種類のものとは異なる種類の一体性が含まれる。

これまで私たちは主に、ある特定の時点における一体性に焦点を当ててきた。異なる情報パターンが一緒になって、その瞬間に、一貫性をもった全体を生み出す、ということである。私たちはこれを、たとえば、「ジョンは学校に行く途中だった」エクササイズでみてきた。オーダーメイドの心的モデルで心が四つの文の意味を理解するとき、私たちは軽いポジティブ感情を経験し、静かに含み笑いをするだろう。そして、その柔軟な一体化はそこで終わる。

一方、フローと内なる目覚めは、より拡張した一体化を含む。つまり、刻一刻と、時間的に拡張する一体化である。この一体化が、フローにおいて展開する行動の仕方を下支えしている。

変化内持続性

私たちが欲しいものを得ようとするための概念的に統制された方略では、未来の目標という観念が行為を駆り立てる（第二章）。対照的に、フローでは、全体論的直感的な心的モデルと意図が行動を形成する。

二つ三つの例から、概念的（目標志向的）な行為形成の仕方と全体論的直感的な行為形成の仕方の違いがわかるだろう。シンシア・ブルジョ（Bourgeault 2001）は、「自我思考（概念的な目標志向的処理）」と「スピリチュアルな気づき（全体論的直感的な統制的処理）」との対比について、視界良好な日に航行することと霧のなかを航行することとの違いという比喩を用いて、述べている。

> 明るく晴れた日なら、自分から五マイル離れた陸地までの航路を設定し、それに向かって正しく航行することができる。しかし、霧のなかだと、自分のすぐ近くのものすべてに細心の注意を払って進むことになる。たとえば、開けた海に漕ぎ出せば、海の深い渦がうねり、陸地に近づけば、トウヒ〔唐檜〕の大枝の強い香りや活発な波のテンポが強まる。あなたは、まさに自分が今いるところに繊細かつ敏感につながることで、「ここ」があなたに届いてあなたを導くようにすることで、進む方向を知るのである。
> 自我思考が、あなたが今いないところを参照して——あちらの前方にあるものによって——航行するようなことだとすれば、スピリチュアルな気づきは、あなたが今いるところを参照して航行するようなことである。それは、あなた自身のもっとずっと内臓的なレベルで「考える」やり方である——通常の気づきのレベルで拾い出すには繊細すぎる存在の微妙な暗示に反応することである。ただ、その暗示は、あなたがリラックスして自分自身をその状況に深くなじませればすぐに、あなたという存在の海底から沸き起こる海のうねりのように現れる。（Bourgeault 2001: 49–50）

チクセントミハイ（Csikszentmihalyi 1991〔1996〕）は、（描いているときにフローを経験する）非常に独創的な芸術家と（フローを経験しない）あまり独創的でない芸術家の違いを述べることで、同じような対比を指摘する。

より独創的な芸術家とそうでない芸術家の違いは、前者が、自分の成し遂げたいことについて全般的でしばしばあいまいな着想で描き始める一方で、後者は、心にはっきりと視覚化された絵を抱いて始める傾向にある、ということである。このように、独創的な芸術家は、自分が描こうとしているものが何かを、描きながら発見しなければならないため、できていく作品からのフィードバックを利用して新たなアプローチを示すことになる。あまり独創的でない芸術家は結局、頭のなかにある絵を描くことになるので、成長や発展の機会はない。(Csikszentmihalyi 1991〔1996〕: 252-253)

フローには、最終的に望む結果に関する明確な観念――「自分から五マイル離れた陸地」や「心にはっきりと視覚化された絵」――は含まれない。そうした観念は、概念的な目標達成方略における主要な役割を果たす。フローにおいて行為は、瞬間ごとの全体論的直感的なワーキングメモリの情報パターンに支配されている。こうしたパターンは、常に変化し進化している。ある瞬間の情報パターンが行為を喚起する。その行為の影響は即座にさらなるパターンを生み出す。そのさらなるパターンは、次の行為のための条件を設定する、などである。画家が一筆振るう。新しくわずかに違う絵が生み出される。すると画家は、その新しい絵に反応してさらなる一筆を振るう……外科医が切開する。その下の臓器が最初に見える。そうして見えたものが次なる行為を引き起こす……ロック・クライマーが新しく手をかけるところまで自分の身体を引き上げる。岩肌の次の部分が視界に入る。それに対して、次に足をかけるところを探ることで反応する。こうした循環が、何度も何度もくり返される。

フローにおける行為を導くのに使われる方略は、心に内在する一貫性と一体性への傾向を反映している(第四章)。瞬間ごとに、心は、関連する心的モデルに貯蔵された潜在的な知識を利用して、現在の状況に対して起こりうる反応が心の一貫性に及ぼす即時的な影響を予測する。そうして、直近の未来の一体性を最適化すると予測される行為を選択する。実際、これは通常、現在の意図にきわめて合致した行為を選択することを意味するだろう。さもなければ、意図と期待された効果との間の一貫性がなくなってしまう。このようにして直近の未来の一体性を最大化することで、心は、行動を導く全般的な意図(行為傾向)に内在した運動方向へと行為の進路を導く。つまり、クライマーであれば、安全に山を登る方向に、画家であれば、よりすばらしい美しさや美的な調和を生み出すように、そして、何よりも、フロー経験を維持するように。

行為を統制するこうした方略は、全体論的直感的な心的モデルの潜在的な知識に依存している。貯蔵されたモデルは、クライミング・絵画制作・外科手術など（そのフロー作業がなんであれ）何百あるいは何千もの時間が基礎になっていて、それに従って心は、行為の短期的な結果を予測し、適切な行為を選択することができる。行為を形成するこうした方法の重要な特徴は、予測がかなり正確でなければならない、ということだ。意図的な行為の有効性に関する明確で即時のフィードバックは、フロー作業の本質的な特徴である（Csikszentmihalyi 1991〔1996〕: 54）。このフィードバックは、現在活性化している心的モデルが効果的に結果を予測し管理するかどうかを心に伝える。つまり、効果的な作業遂行を導くこととフローを維持することという二重の目的に適しているかどうか、である。さらには、うまく微修正し調整して、目下の作業のために使い続けられるかどうか、である。モデルが適切にはたらいている場合、予測される結果と実際に観察される結果との間の一貫性は継続するだろう。また、心的モデルの大きな変更はほとんど必要ないだろう。こうした状況において、刻一刻と形成される心的モデルは、変化内持続性というパターンを示すことになる。つまり、連続するモデルは、共通する核となるテーマ上で変動する、ということである。

変化内持続性は――クライマーが山を登りきったり、絵が完成したりして、フロー活動それ自体が新しい状況を生み出しても――時を経て持続する一体性、ということを反映している。この持続する一体性は、心に、「すべてはうまくはたらいていて、一体性のシステムが支配していて、心はこの作業に対処することができる」という隠されたメッセージを与える。進化的に理に適った理由から（第四章）、目的的な行為に従事しながらも、変化内持続性というこうしたパターンを生み出す一体化は、ポジティブ感情という経験と結びついている。

私たちは、瞑想・スピリチュアル・宗教の伝統における教えに、変化内持続性と関連したイメージや比喩を見いだすことができる。アチャン・チャー（マインドフルネス瞑想を西洋にもたらした多くの指導者に深く影響を与えた人）は、たとえば、「とどまって流れる水」というイメージに、変化内持続性のもつ潜在的なパラドックスを具体化している。

今までに、流れる水を見たことがありますか？　流れる水です。今までに見たことがありますか？　今までにとどまっている水は見たことがありますか？　もしあなたの心が平穏なら、それはとどまって流れる水のようなものです。今までに、とどまって流れる水を見たことがありますか？　［笑い］そこなのです！　あなたはただ、とどまった水と流れる水を見たことがあるだけなのです。あなたはとどまって流れる水を一度も見たことはないのです。まさにそこで、まさにあなたの思考があなたを連れていけないところで、心はとどまりつつも識（discernment）を養うことができるのです。あなたがあなたの心をみるとき、それは流れる水のようなものであり、かつ、とどまっているのです。それはとどまっているようにみえるし、流れているようにみえるし、だから、とどまって流れる水とよばれるのです。それはそういうものなのです。そこで識が立ち上がることができるのです。

だから、試しにやってみてください。（Chah 2013）

燃えていようともその形を保っている芝を見たモーセの話（出エジプト記第三章第一～十七節）は、これと同じパターンについて語っている。

フローからの一般化

変化に直面したときの心的モデルの継続性は、内なる目覚めを理解することの中心的な役割を果たす。フローは、そうした継続性に対する価値ある洞察をもたらしうる。しかし、フロー経験は、ある特定の条件に依存している（Nakamura & Csikszentmihalyi 2002）。そうした条件の限定的な性質が意味するのは、フローそれ自体が、内なる目覚めに含まれる広い範囲の継続性を生み出すわけではない、ということだ。道元禅師の「悟るというのは、あらゆる存在と親しくなる〔万法に証せらるる〕ことである」という表明は、内なる目覚めにおいて、変化内持続性が私たちの生活におけるありとあらゆる状況をとおして継続することを求めるものである。

より高次の心的モデルが、そのようにして継続性をより広く拡張する際に重要な役割をいかに果たしているかについて、手短に論じよう。まず、フローから引き出される重要な学びがさらに二つある。

第四章において私は、進化は、自動的な一体化ではなく柔軟で創造的な一体化に起因する一貫性と全体性に対して特定的にいい感情を結びつける、と示唆した。その考えと一貫して、私たちがみたフローでの変化内持続性——柔軟な行為、創造的な過程、内的な心的作業から立ち現れるもの——は、強いポジティブ感情と結びついている。一方、私たちが受動的になじみの音楽を聴くとき、私たちの心はどちらかというと自動的に、作曲家によってその音楽に書き込まれたテーマの継続性に身を委ねることになる。私たちは快を経験するかもしれないが、それはフローの強い喜びと同じではないだろう。第十二章において目覚めた心のもつ内発的な喜びについて探究することを今から楽しみにしつつも、予想できることは、そこでもまた、変化内持続性に関連した喜びが、心そのものの柔軟で創造的な内的作業にかかっているだろう、ということだ。

ここまで追ってきた推論の線から考えて、柔軟に生み出された変化内持続性は、どんな形でもポジティブに経験されるだろう、ということが示唆される。しかし、フローの内発的な喜びは、ほかの形のものとは質的に異なる部類に入っている。フローは、二つの別個の——しかし相互に結びついた——意図を含んでいる。一つは、山を登る、美を創造する、上手な外科手術をするという全般的な意図と関連している——はっきりと目に見えるフロー作業は何でもよい。もう一つのあまりはっきりと目に見えないが最重要な全般的意図は、継続するフロー状態をそれ自体のために経験することである。フローを「非常に特殊な経験的状態」（Csikszentmihalyi 1991〔1996〕:

29)、すなわち、「特別な経験状態、『日常生活』では届かない経験」(Csikszentmihalyi 1975〔2000〕: 35)にしているのは、この第二の意図である。

フローでは、山を登ったり美を創造したりしようとする意図を心が実現するその仕方が、心の奥で持続する一体性と一貫性のパターンを生む。続いて、変化内持続性のそうしたパターンが、フローを経験しようとする意図の焦点であるポジティブ感情を生む。この状況において、ある人の選んだフローを経験しようとする意図は、フロー作業それ自体を実現する一体化と一体性の最適化の過程と、正確に同期しまとまる。ここで私たちは、結果と過程の――いかにそこへたどり着くかとどこにたどり着くかの――全体的な融合に至る。その状況は、A・J・マスティ[☆2]の有名な言葉である「平和への道などない。平和は道そのものだ」と響き合う。

このようにして結果と過程が融合するところで、ポジティブ感情のループは、一体性と結びついたポジティブ感情のわずかな兆しさえも素早く増幅、増大させ、内発的な強い喜びという状況をつくり出すだろう。この状況は、望む結果に近づいていく過程と連合した「興奮と多幸感をともなう期待」と、その過程の結果が達成されるとすぐに経験される穏やかな満足の両方を反映している(囲み3・3を参照)。その結果は、平穏でダイナミックな喜びという状況である。重要なのは、先に引用した「もしあなたの心が平穏なら、それはとどまって流れる水のようなものだ」という明らかに矛盾したイメージをアチャン・チャーが示したのは、こうした状況をあえて記述するためであった。

フローにおける過程と結果の関係をよく調べれば、きわめて重要な結論的メッセージが出てくる。それは、私たちは、自分が探し求めるもの(フロー経験)を愛し、その探し求める過程そのものが愛するものを生むとき、過程と結果は融合して一つの自立的で内発的な喜びの経験となる、ということだ。その内発的な喜びは、第十二章で目覚めた心を理解するようになるときに、表舞台に現れるだろう。

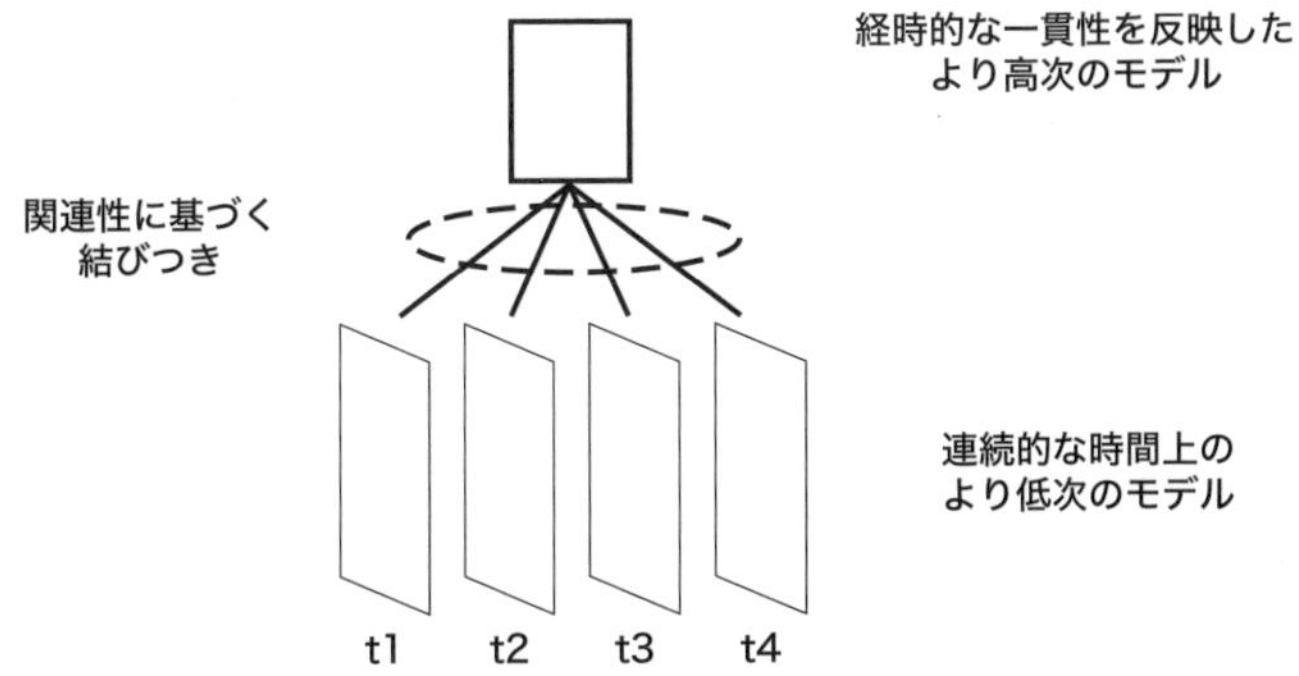

図11・1　より高次の心的モデルは，より低次のモデル間の経時的な関係性を反映している。

☆2　アメリカの平和運動家。

より高次の心的モデル

前に私は、より高次の心的モデルが、目覚めた心の変化内持続性を生み出すのに重要な役割を果たすことを示唆した。今こそ、その示唆をさらに探究する期が熟した。含まれる考えになじみがないかもしれないので、順番に、段階を追って示すこととする。

第四章において私たちは、進化的な理由から、人類は、より高レベルの複雑さで関連性の結びつき（秩序）を探し出し、かつ、それをつくり出す内在的な傾向をもっている、ということをみた。より大きな一体性へと向かうこの内在的な傾向が、より高次の心的モデルの生成をもたらす。このモデルは、より単純な心的モデル間における関連性の結びつきを反映している。より複雑な心的モデル（上位のモデル）でさえも、より高次の心的モデル間における関連性の結びつきを反映している。

より高次のモデルについての探究を始めるために、フローにおける変化内持続性を反映する心的モデルに着目しよう。こうしたより高次のモデルによって心は、フロー作業中に間を置いて次々と生み

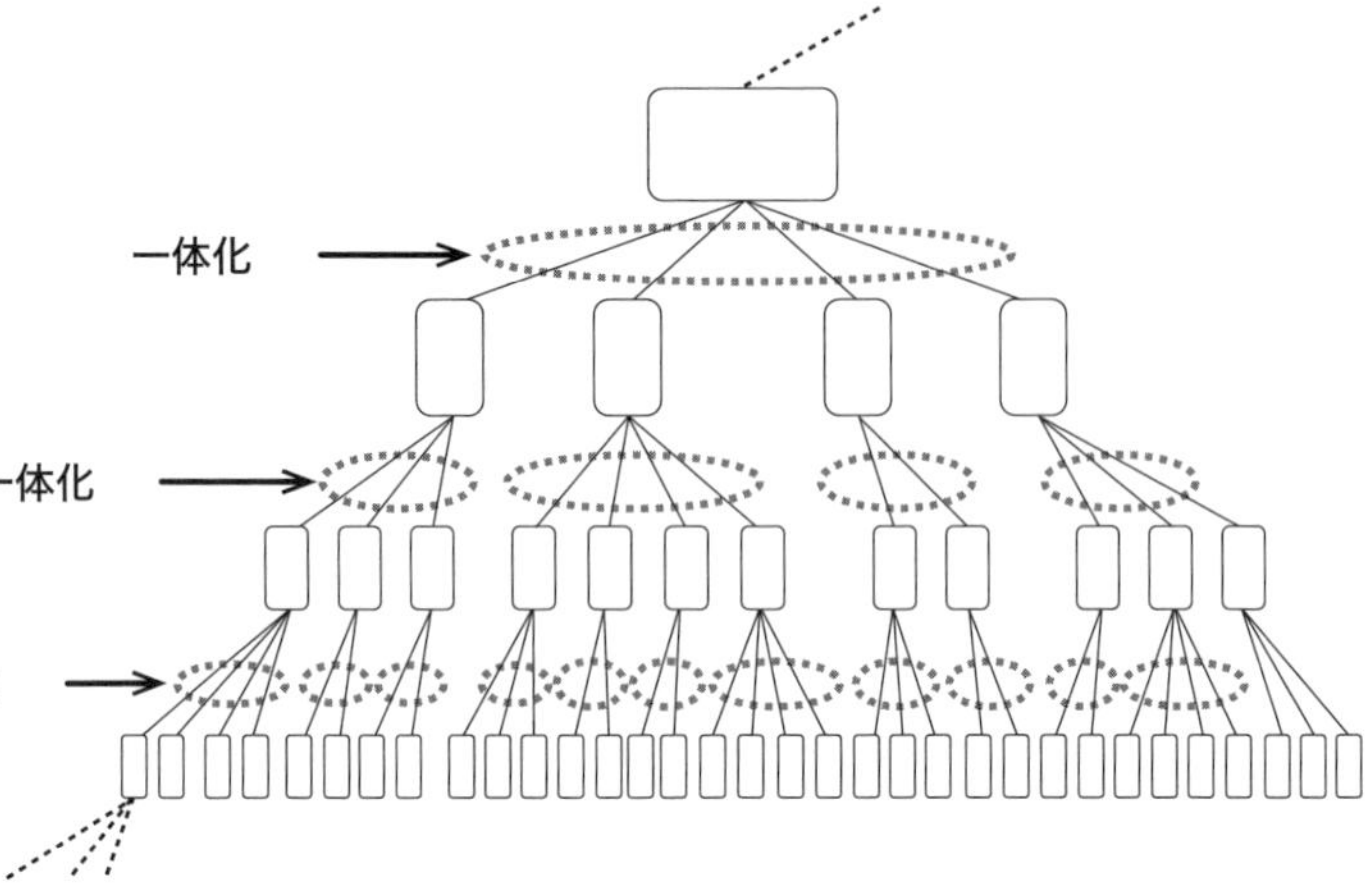

図11・2　心的ホラーキー。ボックスは情報パターンを示している。より小さいボックスはより単純なパターンを示していて，より大きなボックスはより複雑なパターンを示している。各ボックスが示す情報の射程と複雑性は，ホラーキーの階層が上がるにつれて増加する。

出される心的モデルを「見渡す」手段を与えられる（図11・1）。たとえば、画家の場合、それは、連続する筆の運びの期待した効果と観察した効果の間の一貫性や、そうした行為を経時的に導くモデルの一貫性を反映しているだろう。

フロー活動が円滑かつ効果的に展開するとき、より高次のモデルは、より低次のモデルを跨いだ変化内持続性というパターンを反映することになる。こうしたより高いモデルが処理されるとき、私たちは、付随して主観的な経験をする——それがフロー経験である。

こうした考えをより大きく広げるために、心的ホラーキーという全般的な考えを紹介した概略図を再考することが助けとなるだろう（図11・2に再掲）。図は、心的ホラーキーのある重要な特徴を説明している。それは、より高いレベルは、より複雑なパターンのより広い情報領域を順次反映している、ということである。心的モデルに関していえば、これは——図11・1にあるように——各々のより高次の心的モデルが数多くの異なるより低次のモデルからの情報を統合している、ということを意味する。ただ、重要なのは、より高次のモデルが、より低次のモデルが共通に有するものを反映するとき、より低次のモデルがそれぞれどう異なるのかということは反映しなくなる、ということだ。つまり、各々のより低次のモデルを独自なものにしているすべてが一体化の過程で失われるのである。

　より高いレベルの心的モデルのこうした特徴は、目覚めた心を理解するうえで最も重要になってくる。私はそれを、第三章でみた*Takete-Ulumoo*エクササイズに戻ることで例示することができる。そこでは、変化率というより高い次元が、ギザギザの形と関連した視覚的な情報と*Takete*という音と結びついた聴覚的な情報といったまったく異なるより低次のパターンに共有される共通の特徴を反映していた。しかし、それらが共通してもつものを反映する際、そのより高い次元はもはや、一方は視覚的なパターンで他方は聴覚的なパターンであるという事実は反映していなかった——そして実際、これまでみた通り、そのより高い次元は、そのうち嗅覚的なパターン（匂い）の変化にも同様によく適用されることになるだろう。

　そこで今、こうした考えを心的モデルやフロー活動に含まれるより高次のモデルに適用してみれば、私たちはフローや目覚めた心を経験するときにしばしば報告される時間消失の感覚——もはや時間というものがなくなり、「今」だけがある感覚——を理解する手段が手に入る。図11・1のより低次のモデルはそれぞれ、ある特定の期間（t_1, t_2, t_3など）に固定されている。対照的に、主観的なフロー経験の基礎にあるより高いレベルのモデルは、そうした（低次の）モデル間の関係性——それ自体、特定の時間とは独立している性質——に焦点を当てている。この時間の消失した性質に焦点を当てている際、こうしたより高いレベルのモデルはそれ自体、いかなる特定の時間にも固定されていない。こうしたモデルが処理されるとき、私たちは時間消失の感覚を経験するのだろう。

　そして、第七章のマインドフルな気づきとの関連で議論した心的ホラーキーのある側面に立ち戻れば、さらにもっと話を進めることができる。そこで私が示唆したのは、マインドフルネスを下支えする心的ホラーキーの相互関連的・統合的・分散的な性質は、ある経験の一つの次元に主に気づきつつも、同時にまた、ほかの次元にも気づくことができる、ということであった（例として私が示したのは、ある賢明な王様が弟子に、熱い油の入った壺を頭の上に乗せてバランスを保ちながら宮殿内を歩き回り、同時にまた、宮廷の噂を拾ってくるように指示した話である）。あらためて図11・1に戻るとわかるのは、注意の向いているモデルの次元によって、そこでみえてくる体系は時間に縛られたものか、時間の消失したものか、あるいは、時間に縛られかつ時間の消失したもの――時間消失と時間が交わった感覚――として経験される、ということである。

ここまで、私たちの議論は主に、いかにより高次の心的モデルがより低次のモデルの関連性を反映しうるかに注目してきた。次の段階は、より高次のモデルがまたそうした関連性のパターンをいかに積極的に生成しうるかをみていく。私たちの最終的な目標は私たちが「あらゆる存在と親しくなる〔万法に証せらるる〕」目覚めた心を理解することなので、親密な人間関係におけるより高次の心的モデルの創造的な役割をみることで、それについての探究を始めることとする。

親密な関係

関係の質というのは、親密な友人関係のほうがその他の関係よりも、さまざまである。私たちが多くの関係に接するときには、私たちやその他の参加者たちがいかに振る舞うかについての、心のなかにすでにあるモデルあるいは「スクリプト」をともなう。このときその関係は、そうしたスクリプトに非常によく従っていて、相互作用が進むのに合わせて心がそのモデルを調整する必要はほとんどない。別の関係のときには、私たちがその関係から得たいと思っていることに関するはっきりとした考えをもつ。たとえば、その人の心持ちを変えたい、自分を好きになるあるいは自分をよく思わせたい、何かを売りたい、などである。こうした関係はスクリプト化されてはいないかもしれないが、少なくとも一方の参加者は[☆3]、その関係がどちらの方向にいってほしいかについて、潜在的な計略や目標をもっている。そうした関係には、潜在的に道具的な性質がある（第三章）。

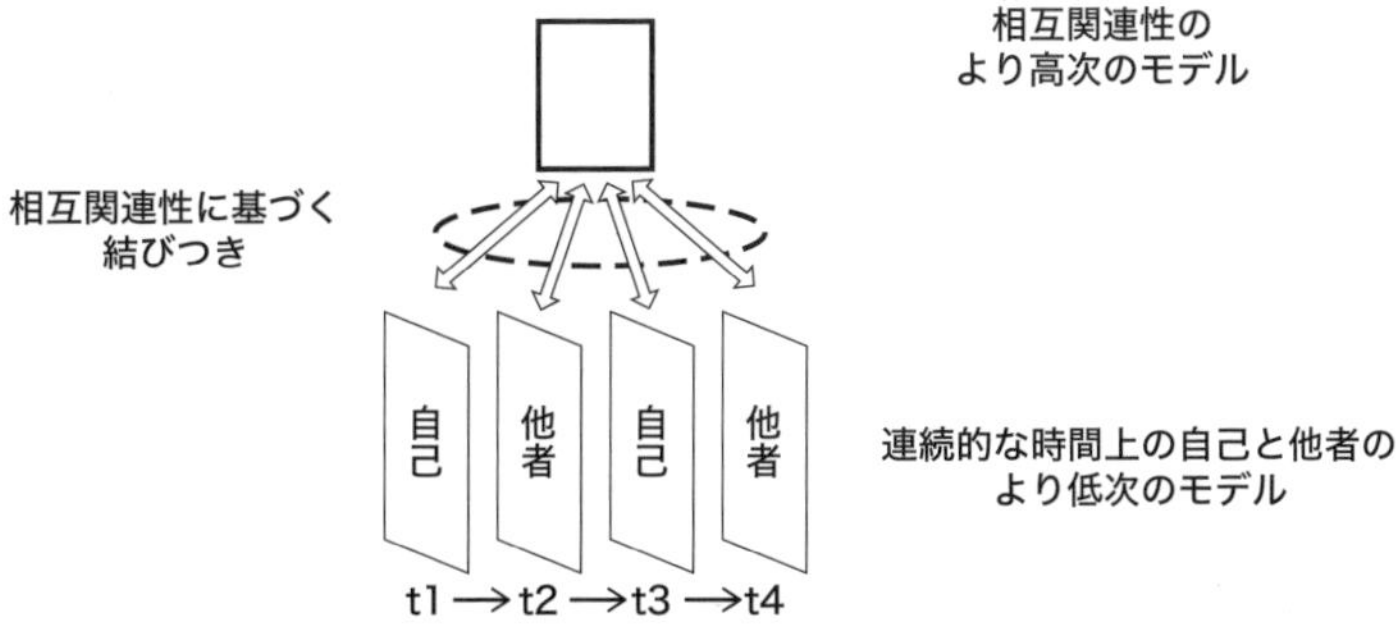

図11・3　親密な関係におけるダイナミックな相互関連性。より高次のモデルとより低次のモデルをつなぐ両矢印は，より高次のモデルが自己と他者の相互関連性を反映し，かつ，生成することを示している。

対照的に、親密な関係は、フローのように、スクリプト化してもいないし目標に駆られてもいない。参加者はその関係に、それそのもののために、「あてもなくしゃべること」という内発的な喜びのために関与する――自由奔放に動き、有機的に発展する非道具的な交換に関与する。そうした関係の注目すべき性質は、参加者の行動の密な相互関連性である。つまり、ある人があるやり方で話したり行動したりすると、別の人はその特定の行為に対してその特定のタイミングで絶妙に繊細な「スクリプト化されていない」やり方で反応する。そして、同じことが逆にも起こる。瞬間ごとに一方の行為と他方の行為が互いに引き起こされたり引き起こしたりするこのパターンは、フローにおいて行為が展開する仕方を思い起こさせる。

親密な関係がもつ展開の性質は、お互いがもっている分離したより低次な心的モデルや、その相互作用に関してもともと存在するモデルによって、生み出されたり表現されたりすることはない。そうではなく、心が、参加者の行為の間の相互関連性というダイナミックなシステムに関するより高次のモデルを生み出すのである。このダイナミックなシステムモデルは、参加者どうしの関係を反映し、かつ、形づくる。そうしたモデルは、

☆3　当の人間関係を構成する一人。

参加者の行為がそのモデルによって促されたり導かれたりして時間とともに展開するのに合わせて、継続的に改変され更新される（図11・3）。

親密な関係において、自己と他者との間の結びつきは、両者に共有された、同じようなダイナミックなシステム（全体）に対する積極的な関与に依存している。この種の結びつきは、共有される共通のアイデンティティの感覚から立ち上がる結びつき――たとえば、同じサッカーチームのサポーターであることなど――とは大いに異なっている。

アイデンティティの知覚は、どちらかというと静的で永続的な性質をもっている。対照的に、共有された関与に基づいた結びつきは、よりダイナミックな「その場その場で生じる」性質をもっている――それは、参加者間の関係が時間の経過とともに発展するにつれて、瞬間ごとに、積極的に生成され、再生成されなければならない。スペインの詩人アントニオ・マチャード（Machado 1973）は、それを、次のような言葉で述べている（Varela, Thompson, & Rosch 1993）（第十一章も参照）。

歩いて旅する人にとって、道は足跡であって、
それ以上の何ものでもない。
歩いて旅する人にとって、もともと道はなく、
道は歩くことでつくられる。
歩きながら、道はつくられるのであり、
振り返って見れば、
道は見えるが、
二度とその道を歩くことはない。
歩いて旅する人にとって、もともと道はなく、

あるのはただ海上の航跡のようなものだけである。

歩くことによって、道をつくる。つまり、親密にかかわることによって、現在進行形の親密な関係という結びつきをつくる——そしてつくり直す——のである。

ちょうどフローと同じように、親密な関係に継続的に関与するには、より高次の心的モデルを刻一刻と調整して、それをダイナミックに展開する状況と同期し続けることが求められる。親密さでもフローでも、変化内持続性（持続する一体性）が示しているのは、心的モデルがうまく微調整されていて、行為を効果的に導いている、ということである。フロー活動において、主観的なフロー経験は、そうした持続する一体性を反映している。親密な関係において、変化内持続性は近さと親密さという快適な感覚をもたらす。

そして、ある特定の状況において、私たちは、近さの感覚を下支えする関連性のもっと微妙な次元に気づくことになる。

あなたが瞑想で開放されるとき、主体感や統制感から離れて心をリラックスさせるとよい。心がもっともっとリラックスするにつれて、開放がとても広範で親しみやすいものになっていくにつれて、あなたは自分が、内面と外面の両方の気づきに落ち着いていることを知るだろう。もしもう一人の人といるならば、その人が言っていることとあなたが考えていることとの間にそれほど厳密な相違はないことに気づくだろう。両者はただ立ち上がり、ただ知られるのである。内と外で、それほど大した違いがあるわけではない。このことに心地よくなるにつれ、あなたは自己と他者との間に関係が現れるときにその間それ自体、その関係それ自体に気づき始めるだろう。主体である私と客体であるあなたあるいはそれは、かかわる瞬間に、つながるのである。休止によって、開放のこうした私—神の性質が明らかになる。（Kramer 2007: 135–136）

「開放」と「休止」とは、グレゴリー・クレイマー☆4（Kramer 2007）によって開発された「洞察対話」の段階である。

「内面と外面の両方の気づき」すなわち「主体である私と客体であるあなたあるいはそれとは、かかわる瞬間につながるのである」。こうした経験は、ダイナミックな相互関連性というシステムに関するより高次のモデルそれ自体を反映している。前に述べたように、より高いレベルの心的ホラーキーは、パターンが共通してもつものに注目するために、特定のパターンに固有の特徴を捨象する。親密な関係において参加者どうしの関係に注目する際、より高次のモデルは、各々の人に固有の特徴が除かれて「純化」される。つまり、相互関連性というダイナミックなシステムとなるとき、こうしたモデルは分離・個性・二元性といったいずれの感覚をも超越するのである。通常、私たちはこうしたより高次のモデルに気づかない。それは「隠された」ままである。しかし、もし、前述の洞察対話瞑想のように、概念的に駆動された心を静めて、より高いレベルの心的ホラーキーに注意を調整し直せば、私たちはその感覚を得ることができる。つまり、私たちは、「間（between）」あるいは「私―神」という、不思議でやや神秘的な感覚を経験するのである。

同じようなことがフローでも起こる。

> フロー状態のとき……行為者は……一つにまとまった流れとして……経験する……そこでは、自己と環境、刺激と反応、過去・現在・未来の区別はほとんどなくなる。（Csikszentmihalyi 1975〔2000〕: 36）

> 最も挑戦的なレベルにおいて、人は実際、自己の超越を経験することを報告している（強調は原文ママ）……クライマーは、山、雲、太陽の光、岩を摑んでいる指の間を出たり入ったりする小さな虫と一体だと感じる。外科医は、手術チームの動きと一体だと感じる。そうして、調和的で個人を超えたシステムの美と力を共有するのである。（Csikszentmihalyi 1991〔1996〕: 33）

フローと親密な関係の両方において、非分離の感覚――より大きな全体の一部であるという感覚――は、フローや親密な関係を下支えしている統合されたダイナミックなシステムというより高次のモデルを反映している。そうしたモデルに注意を向けるとき、私たちは自分自身が、より大きくダイナミックな全体、すなわち、自己組織的・自己誘導的・自己統制的なシステムの不可欠な一部であると経験する。私たちは、「一体である」と感じ、興味関心をもちつつも基本的には分離した客観的な観察者として外側からではなく――密接に関与した一側面として――内側からそのシステムを経験する。

収穫・貯蔵・統合

私たちは、まったくの白紙状態で新しい人間関係に近づこうとして、ゼロからいかに親密さを発展させるかを考え出すことはない。そうではなく、関連性の結びつきを探し出し、つくり出し、表現しようとする心の内在的な傾向が、親密にかかわるという経験すべてに共通する核となるパターンを見つけ出す。次にそれは、そうした特徴を、関係性を維持するシステムという全般的でより高次の心的モデルへと蒸留する。続いて、その全般的なシステムモデルは、その場その場でつくられる、新奇でオーダーメイドなシステムモデルの成長を導く。そのシステムモデルは、それぞれの新しい特定の親密な関係を形成したり動機づけたりする。同様に、フローでも、それぞれの新しい状況における行為を導いたり動機づけたりするダイナミックなモデルは全般的なシステムモデルを適用したものであり、それは、クライミング・絵画制作・外科手術などのフロー活動において専門性を獲得していくなかで遭遇した多くの関連する経験から引き出されたものである。

☆4　アメリカの作曲家・瞑想指導者。

全般的なシステムモデルによって私たちの心は、以前の経験から収穫された恩恵を手に入れ、記憶内に関連する心的モデルとしてそれを貯蔵し、適切なタイミングで、関連した新しい状況にそれを統合することができるようになる。全般的なモデルは、各々の状況にうまく調整され、その場その場で、それらの状況の要素を一つにまとめるダイナミックなシステムをつくり出し、新しいダイナミックな全体をつくり出す。この、収穫・貯蔵・統合という基本的なパターンが、目覚めた心の継続的な気づきと一体性の基礎となる。

　第十二章では、私たちは、このような全般的なシステムモデルが、目覚めた心を理解するうえで重要な役割を果たすことをみていく。こうした上位のモデルがとらえる範囲は、今までフローや親密な関係でみてきた相互関連性のモデルよりもずっと広い。つまり、こうしたシステムモデルによって私たちは、あらゆる経験に親密に関与し、人生をとおして変化内持続性を維持することが可能になるのである。

第十二章　隠された宝

マチウ・リカール[☆1]（Ricard 2017）は、ニョシュル・ルントク[☆2]と彼の師であるパトゥル・リンポチェとの間で交わされた、人生を変容させるやりとりについて述べている。

しばしば、パトゥルとルントクは、ゾクチェン修道院の上にある高台の牧草地である、ナクチュン[☆3]へとつながる丘を登り、大きなモミの木の下まで行ったものだった。どの日も、パトゥルはいつもと違う離れた場所へと立ち去り、一人で瞑想実践をしていた。ルントクは松の木の根元に座ってそこで瞑想実践していた。そのうち、ルントクがお茶を淹れ、パトゥルが戻ってきてルントクとともに座るのだった……

ある日の晩、瞑想を終えたあと、パトゥルがこう言った。「ルントクよ、まだ心の本質を理解することができていないと、私に言ってなかったか？」

「はい、その通りです」

☆1　ネパールに住むフランス生まれの作家・僧侶。
☆2　「ゾクチェン（大いなる完成）」の導師。
☆3　ネパールの山岳地方。

「わからないものなど何もない。こちらに来なさい」

ルントクはパトゥルのそばに行った。

「こうやって横になって、空を見上げてみなさい」

パトゥルは仰向けになったので、ルントクも同じようにした。

「空に輝く星が見えるか?」とパトゥルが聞いた。

「はい」

「下のゾクチェン修道院で吠えているイヌの声は聞こえるか?」

「はい」

「私たち二人が話しているのは聞こえるか?」

「はい」

「うむ、それだけだ!」

ルントクはのちに、彼自身の弟子にこう語ったものだった。「まさにその瞬間、私は、素っ裸で何もない気づきという智慧に直接導かれたのだ! 揺るぎない確信が私という生命の奥深くから立ち上がり、私をいっさいの迷いから解放したのだ」と。彼の師の存在と彼自身の長年の瞑想実践が、その瞬間に幸運にも一致し、根源的な智慧、すなわち、不可分に合一した気づきと空性の深遠なる理解を生んだのである。(Ricard 2017: 39–40)

この邂逅で何が起こったのか? それはどのようにして、ルントクの人生にそれほど深遠で永続的な影響をもたらしたのか? ＩＣＳの視点は理解の助けとなりうるだろうか?

この問いに答える最初の段階は、前章で得た重要なメッセージを思い出すことである。

・心の柔軟な活動が持続する内なる一体性（変化内持続性）をもたらすとき、よいと感じる。こうした快感情がその活動に従事する主な理由となるとき、持続する一体性は平穏な喜びをもたらす。私が前に述べたように、私たちは、自分が探し求めるものを愛し、その探し求める過程そのものが愛するものを生むとき、過程と結果は融合して一つの自立的で内発的な喜びの経験となるのだ。
・心は、より高いレベルの複雑さで関連性の結びつきを探し出し、発見し、つくり出し、表現しようとする内在的な傾向がある。その傾向は、より高次の心的モデルの発達をもたらす。
・これらのより高次のモデルはより低次のパターンよりも広い範囲の経験に及び、そうしたパターン間の関係に焦点を当てる。このようにしてより低次のパターン間の関係に焦点を当てることで、より高次のモデルは、より低次のパターンがどう異なるかを反映しなくなる。その代わり、より高次のモデルは、より低次のパターンによって共有される共通の中核的な「本質」を反映する。
・ダイナミックなシステム――フローや親密な人間関係のようなもの――に関するより高次の心的モデルは、より低次のパターン間の相互関係を反映するばかりでなく、その場その場でそうした相互関係を積極的に生成する。
・変化内持続性は、より高次のシステムモデルが効果的に微調整され、瞬間ごとの経験へと統合される、ということを示す。
・私たちは、主観的な経験にそうした持続する一体性が反映されることに注意を向けるよう学ぶことができる。フローにおいて、私たちは、「ある瞬間から次の瞬間へと一つにまとまった流れ」を経験する。親密な人間関係において、私たちは、「私―神」や「間」といった感覚を経験する。
・収穫・貯蔵・統合のパターンをとおして、より高次のシステムモデルによって私たちは、関連する新規の状況において変化内持続性を涵養する力を得ることができる。

本章とこれに続く章で探究することになる主な考えは、目覚めた心において、柔軟な心的活動が、私たちの生活のあらゆる側面を包み込んだ、持続する一体性――変化内持続性――を有した心的モデルをつくり出す、ということである。その持続性は、きわめて高次の上位モデルが、収穫・貯蔵・統合のパターンをとおして、瞬間ごとの経験に統合されているものを反映している。これからみていくように、こうした上位モデルは、私たちの遭遇する世界のあらゆる側面に共通する核となる特徴を反映していて、すべてを包み込む統合的なダイナミクスをもっている。この上位モデルによって、目覚めた心は、展開する経験の多くの異なる相すべてを一つにつなげる共通の糸をつくり出すことができる――それは、細かくグレード分けされた真珠を糸に通してつないだようなものであり、時間とともに永遠に延びていく。

本章と次の二つの章で、そのような簡潔な要約のなかに含まれる考え方を、より詳細に紐解き、探究することとする。はじめに、パトゥル・リンポチェとニョシュル・ルントクが会話をしたナクチュンの牧草地に戻る。順を追って、ＩＣＳの視点が、見つけたものを理解するのにいかに役立つかを探究することとする。

気づき？

パトゥルはルントクに、空に星が見えるか、遠くで犬が吠えている声が聞こえるか、ずっと近くの自分たちの会話が聞こえるか、と次々に問うた。これらの問いをとおして、パトゥルは、それらの経験すべてに共有される性質にルントクが気づけるよう条件を整えている。そうしてパトゥルは、直接的にその性質をさし示すのである――するとルントクは、意識が根本的に解放されるような変容を経験する。

パトゥルがさし示しているものとは何なのか？　私たちが最初に思いつくのは、パトゥルが強調する性質とは、そうした経験それぞれの一面である気づき、ということだろう。少なくとも理屈のうえでは、私たちは、自分の経験におけるなんらかの側面に気づくことができる。そうやって気づきは、目覚めた心におけるあらゆる経験をつなぐ共通の糸を提供するのかもしれない。すぐに私たちは、これは全体像のほんの半分でしかないことを知るだろう。それでもなお、気づきは、非常にとらえにくいことの多い考えについて探究するにはよい場である。

　気づきそれ自体と常に転換する気づきの内容との区別は、実際のところ、多くの瞑想修行において一際目立っている。たとえば、アチャン・チャー師は、若いころ、崇敬されている老僧のアチャン・ムンとの短い邂逅でこのきわめて重要な区別に対する洞察を得た。その洞察は、アチャン・チャーの人生と瞑想実践への向き合い方を変容させた。今度はチャーが、多くの指導者に深く影響を与えた。彼らは、西洋においてマインドフルネスへの関心が沸き起こるのをけん引した。

　教えのなかでチャーは、別のものなのに分離不可能なほど混ざっている気づきとその内容の性質に関する単純な比喩として、水と油——同じ瓶に一緒に混ぜても、常に分離して別なまま——のイメージを用いた。ほかには、空と、空を通り過ぎる鳥・雲・天気との間の関係が用いられてきた。何が通り過ぎようとも、空は空のまま変わらない、ということである。同じように、比喩が示すのは、気づきは、たとえその内容が常に変化しようとも、一定のままである、ということだ。そして実践では、その微妙で不変な性質をもつ気づきについてマインドフルになることを学ぶのである。つまり、気づきそのものに気づくようになる、ということだ。その性質は、鳥の歌声でも、レーズンの濃淡のパターンでも、コーヒーの香りでも、内なる思考や感情でも、私たちが気づいているあらゆる経験で同じである。

　ただ、気づきだけが、パトゥル・リンポチェが強調した性質ではない。気づき単独では、不十分なのである——ウ・テジャニヤ☆4が、同じタイトルの彼の著書『気づきだけで足りない！　その気づきの性質を知り、智慧があるかどうかを知らなければならない（*Awareness alone is not enough! You also need to know the quality of that*

☆4　ミャンマーにあるシュエウーミン瞑想センターの長老。

awareness and you need to see whether or not there is wisdom)』（Tejaniya 2008）で強調しているように。智慧についての同じ必要性を示すように、ニョシュル・ルントクも、ゾクチェン修道院の上にある牧草地で「素っ裸で何もない気づきという智慧」（強調は筆者による）への目覚めについて述べていた。

気づきと空性という智慧

マチウ・リカールは、ニョシュル・ルントクが理解した性質を、「根源的な智慧、すなわち、不可分に合一した気づきと空性」と述べた。ここで空性という語は、ブッダが存在に関する普遍的特徴としてみたものをさしている。分離し独立して存在するいかなる実体（「モノ」）も存在しない、ということである。私たちが見たり、聞いたり、存在したりすることは単独では成立しない。そうではなく、あらゆるものは一つの、切れ目なく、常に変化し、相互に結びつき、相互に依存した全体の一部なのである。目覚めた心の智慧は、その根本的な相互関連性と相互依存性と、本来的に分離したアイデンティティの不在を「見る」のである。

内在的で永続的な特性をもっている「現実に」分離したものという観念は、もちろん、概念的な認識方法や概念に基づいた目標達成方略のまさに基礎である（第二章）。物事の本質的な空性を深く知る力を私たちに与える智慧は、幸福の概念的な追求を即座に打ち切る。正しい自己になるという魅力的な目標は幻想に基づいているということを心がひとたびはっきりわかれば、なぜこの当てのない追求を続けようか。

気づきと空性の智慧は、一つのコインの両面が実際のところ何なのかに関する洞察を含んでいる。それはつまり、私たちがまさに議論してきた空性と、それと密接に関連した、縁起（dependent origination, dependent co-arising）である。「ブッダが目覚めたとき、彼は何かに目覚めた。心が静まり、執着がなくなると、彼は縁起を悟り、自由を手に入れた。この洞察こそ、彼がその後に教えたほかのあらゆることの基礎である」（Fronsdal 2009）。

ブッダ自身、縁起を非常に簡潔に述べている。


これあるとき、かれあり。

これ生ずるより、かれ生ず。

これなきとき、かれなし。

これ滅するより、かれ滅す。（自説経第一章第三経）（Ṭhānissaro 2008: 9）

これは最初とても単純に思えるので、ブッダの従弟で信頼のおける侍者のアーナンダは感動して、「すばらしいです、いやはや、驚きました。この縁起というのはどれくらい深いのか、見たところどれくらい深いのか、私にはまだわかるところしかわからない感じなのですが」と叫んだ。しかし、ブッダは彼をすぐに、「そう言ってはいけない、アーナンダよ、そう言ってはいけない。たしかにこの縁起は深く、見たところも深い。でもそれは、こうした生滅がもつれた桛糸や玉になった糸、絡まったイグサやアシのようだというこの法（ダルマ）を、理解したり見通したりしないからである」と戒めた（長部［Digha Nikaya］・大縁経［Mahanidana Sutta］第十五章第一経）（Ṭhānissar 2013a）。

アメリカ人僧侶のアチャン・ツァニサロ（Ṭhānissaro 2008: 20）が指摘しているように、ここでのブッダの教えは、けっして線形の因果関係を単純に述べているのではなく、複雑な非線形のシステムにおける二つの原理の相互作用を反映しているのである（天気は、複雑な非線形システムの身近な例である。グリック［Gleick 1988］がさらなる例をあげている）。一つの原理は、時間を前後する出来事をつなげる。つまり、「これ生ずるより、かれ生ず／これ滅するより、かれ滅す」である。もう一つの原理は、今現在の出来事をつなげる。つまり、「これあるとき、かれあり／これなきとき、かれなし」である。ブッダの基本的な洞察は、存在するすべてが相互に結びつき、相互に依存し、常に転換し続ける広大で複雑なシステムをこれら二つの原理が一緒になって下支えしている、ということであった。

ティク・ナット・ハン（Nhat Hanh 1993〔2019〕）は、この宇宙規模で相互に依存したダイナミックな全体について、彼の詩『私を本当の名前で呼んでください（*Please Call Me by My True Names*)』のなかで言葉にしている。

深く見つめてほしい　一瞬ごとに私はここに着いている
春の枝先の芽ぐみとなり
出来立ての巣でさえずりはじめた
まだ羽根生えそろわぬ雛鳥となり
花芯に棲む芋虫や
石の中にひそむ宝石となって

この胸の鼓動は
生きとし生けるものすべての
生と死をきざむ

私は蜻蛉
川面で脱皮しようとする
そして私は鳥
舞い降りてその蜻蛉を飲みこむところ

私は蛙
澄んだ池の水の中をのびのびと泳ぐ
そして私は草蛇
蛙をひと飲みしようと忍び寄る

私の喜びは春のよう
その暖かさで　世界中の花を開かせる
私の痛みは涙の川のよう
溢れかえって　四つの海を満たす

私を本当の名前で呼んでください
私のすべての嘆きと笑いが
一度に聞こえるように
私の喜びと苦しみがひとつであると
わかるように

私を本当の名前で呼んでください
私が目覚め
このハートのとびらが開け放たれるように
慈悲という名のとびらが[☆5]（Nhat Hanh 1993〔2019〕: 72）

あらゆる存在の本質的な空性と相互依存性を知るというのは、即座に感激をもたらすようには聞こえないかもしれない。ただ、ジョン・ブレーム[☆6]（Brehm 2017）がいっているように、「あらゆるものが変わるということを十分にわかって生きることは、あらゆるものを変える。それは、摑んでいるものを手放し、世界が真にあるがままになる、驚きと歓びのもとになるようにする」のである（Brehm 2017: xvii）。彼は、寒山[☆7]（Hinton 2002）を引用して、こう続けている。

> この浮遊する人生は完全なる変化の幻影であることをいったん理解すれば、
> ハッと息をのむことになる——無限に自由にさまようことの、この天然の喜びに。（第二〇五節）

そして私たちは、イエスの内なる「永遠の命へと湧き上がる（生きる）水の泉」（ヨハネ伝第四章第十・十四節）を、その常に更新され、変化し続ける、あらゆるものを包み込んだダイナミックな全体に密接に関与した感覚——いうなれば、自分が不可欠な一部である宇宙的な「フロー」の経験——とみるだろう。

空性／縁起はあらゆる存在の基本的な性質であることから、それを知覚することは、すべてを内包して展開し続ける世界で私たちが出会うあらゆるものをつなぐ共通の糸となる。

また、気づきだけでは十分でないけれども、気づきは実際、ここで一つの役割を担っている。ニョシュル・ルントクの目覚めにおいて、マチウ・リカールは、「不可分に合一した気づきと空性」を指摘している（強調は筆者による）。同様に、ウ・テジャニヤは、その性質を知り、そのなかに智慧があることを知れば、気づきは重要な役割を担う、と強調している。

特に、気づきの非道具的な形は、心を目覚めさせる基礎となる。

道具的な気づきと非道具的な気づき

第十一章での人間関係に関する議論で、私たちは、道具的な関係（そこでは、少なくとも一方の参加者が、その関係に関して潜在的な目標や計略をもっている）と非道具的な関係（そこでは、参加者たちはその関係そのもののためにそこにかかわっている）を区別した。同様に、道具的な気づき――そこでは、気づきは目標へと向かう手段としての機能を果たす――と、非道具的な気づき――そこでは、私たちは持続する気づきの経験そのものに価値を置く――を区別することができる（カバットジン［Kabat-Zinn 2005］は、関連して、道具的瞑想と非道具的瞑想を区別している）。

金目のものを狙って住居に侵入する空き巣は、貴重品の存在に注意を怠らず、ありうる障害のどんな兆候も見逃さないよう、高められた気づきを維持しているだろう。しかしこの道具的な気づきは、単一の目標、すなわち、盗品でいっぱいに膨らんだ袋を担いで誰にも見つからずに立ち去る自己であることへ向けられた、より広範囲の概念的に統制された心的活動パターンの一部である。同じように、私たちは痛みや不快の感覚を、そこから抜け出そうとする潜在的な道具的計略の一部としてのマインドフルな気づきのなかで、もってしまうかもしれない。もう少し細かくいえば、私たちは、概念的に駆動された自己改善計画、つまり、落ち着いた自己、リラックスした自己、マインドフルな自己――さらには「完全に目覚めた自己」――になるための追求の一部としてマインドフルな気づきを涵養してしまうかもしれないのである（囲み12・1参照）。その自己になればようやく、その後ずっ

☆5　『ティク・ナット・ハン詩集：私を本当の名前で呼んでください』（島田啓介訳、野草社、二〇一九年）より。
☆6　アメリカの詩人・エッセイスト。
☆7　中国唐代の詩僧。

囲み12・1　ルシアナ：道具的な気づきのケース

大人になってからの生活の大半を，ルシアナは，彼女の望む種類の人間になることに精を出してきた。それは，成熟し，落ち着いて，尊敬され，バランスがとれていて，人生の浮き沈みに対して平静を保てる人間である。彼女は自分の気分状態を一日中注意深く監視した。毎晩彼女は，その日がどのように過ぎたか，そこからどんな学びがあったかを振り返って反省した。彼女は，心配，パニックになる微妙な兆し，彼女が言った恥ずかしくなるような物事の侵入記憶，資産についての不安な「もしも」，を識別する術を身につけてきた。彼女は，そうした領域の「弱さ」を識別し，隔離し，根絶するための方法を見つけ出すことを固く決意していた。

努力を続けながら，彼女は数年にわたり「正しい」方向に変化するのをみてきた――しかし，その変化は十分ではないという感覚がいつもあった。やがて，彼女はマインドフルネスを発見した。やっとここに，新鮮なアプローチ――新しい道具袋，と彼女はみていた――が加わった。それは，彼女の人生を悩ませてきた問題に対処するための別の方略を提供するものだった。彼女は，常にマインドフルであり，完全であり，非の打ちどころがない状態になることを目標に設定した。さまざまなマインドフルネスアプリを聞いて，彼女は，落ち着きやリラクセーションのますます深い状態に到達することができた。それはもっと広がり，彼女はますます不満な様子や駆り立てられた様子でなくなった，と友人たちが評した。

しかし，腹立たしいことに，ルシアナは，彼女の「現実」生活の大半で，途切れのないマインドフルネスや気づきを維持することが不可能であることがわかった。つまり，彼女は，古い反応パターンが表層からそれほど深くないところにあるのを，いまだに感じていた。

やがて彼女は，マインドフルネスのリトリートを発見した――のどかな田舎の平穏で静寂な環境で，日常生活の要求やプレッシャーから解放されている間，彼女は，何時間も邪魔されることなく，マインドフルネスを実践することができた。ここに至ってようやく，彼女は，求めていた平穏と落ち着きを経験することができた。しかし，今でも，「現実」の世界に戻るとほどなく，とても大切にしていた美しい心の状態がゆっくりと消えていくようだった。指導者たちは，こうしたことは起こるものであって，持続する変化には，リラックスをもたらすマインドフルネスをより深くより長くすること以上のものが必要である，と警告していた。しかし，ルシアナは，それはちょっと複雑すぎるので必要ない――マインドフルでリラックスした状態になるようもっと努力しさえすれば，きっと最終的にはそれが「定着」して，ずっとなりたいと思っていた，落ち着いて平穏な自己になれるだろう，と思った。

とうとうルシアナは，ある程度の受容と自己への許しに至り，侵入思考や将来に関する心配からある程度離れたところに立てることを学んだ。彼女は，自分自身の努力とがんばりによって何事かを成し遂げたことを誇りに感じた。つまり，彼女は，ベルトに穴をもう1つつくることができたのだ。彼女のアプローチは，常に課題に基づいていて，目標に焦点が当てられたままだった。そして，彼女がその方向のアプローチを追求する限り，彼女は微妙に不満足で，努力の歳月に対する本当の褒美からいくぶん裏切られたままなのだった。

と、より幸せに生きられる、と私たちは（かなり間違って）信じている。

道具的な気づきは通常、選択的で時間限定的である。つまり、それは――金になる盗品を担いで犯行現場から退散するというような――目下の目標と直接関連する経験の側面に関心があるだけである。いったん目標が達成されれば、気づき続ける動機はほとんどない。道具的な気づきはまた、長期的な目標に焦点を向けた心が抱くその他の計略によって、逸らされる危険に常にさらされている。つまり、物事が困難になると、その不快さから逃れようとする方法として、私たちは概念的な問題解決や体験の回避へと切り替わってしまう。快経験を求めて、私たちは、それを追求するための「その場に合わせた」概念的な目標達成方略を使うのである。そうして、大したことが起こらなければ、概念的に駆動されたマインドワンダリングや白昼夢が私たちの心を占めることになる（第九章）。

道具的な気づきは、目標の追求へと常に第一に向けられた心を反映している。第一章と第二章で議論した概念的な目標達成方略は、概念――特に、目標という観念――が、ある意味「現実」であり、かつ、それ自体の永続的な特性と独立した存在性を有する分離した実体を反映している、という前提に基づいている。もちろん、こうした前提は、概念の本質的な空性や縁起の相互依存的な性質といった洞察と正反対である。これによって、空性の智慧を道具的な形式の気づきへと統合することを、単純に不可能ではないけれども、恐ろしく困難なものにしている。

対照的に、非道具的な形の気づきは、そうした統合を可能にするばかりでなく、気づきという心的活動それ自体が、持続的で、すべてを内包し、ダイナミックに進化する一体性に含まれるような状態で、その統合を積極的に支えるのである。

道具的な気づきは、概念的に駆動された幸福の追求という目標のために尽くすことが多い。つまり、求める自己になること、恐れる自己になるのを回避すること、そして、なっている自己を守ること、である（第一章）。そうした目標は、統制したい欲求あるいは必要性、曖昧さや不確かさに関する不寛容、漠然とした恐ろしさの感覚、あるいは信頼性の欠如をもたらすことが多い。

道具的な気づきに通底する目標志向的な追求と恐怖の性質と違って、美しい夕日、荘厳な滝、あるいは愛する人をじっと見つめたときに自然に起こる非道具的な気づきは、そのすばらしいものや愛する人が目に入ることで、労せず、喜びとともに、私たちのなかから引き出される。この非道具的な気づきは、心がもたらすものと心が見つけるものとの間の、内発的な報酬価をもつ持続的な関係のなかで維持される。まず、その場面が心の注意を「招く」。そこで心が探究を始めると、探究の焦点は心の新しい相を顕わにする。するとその相がさらなる探究を招く。このようにして、親密な「会話」が展開するのである（第四章の「共鳴・関与・一体化」を参照）。遊びに完全かつ幸福に没頭する、あるいは、ついさっきたどり着いた新しい世界の不思議さを探究する、小さな子どものころの気づきは、これと同じ性質をもっている（その子がやがて概念的な認識を伸ばすと、その不思議さと関与の感覚は、より表層的な経験の「ラベリング」に置き換わり、その後、転換し続ける現実の微妙な細部へ関与しなくなる傾向がある。この後発の認識方法は、先ほどのより「会話的な」関係形式における何度も見直すという点が欠けている。「見直す［look again］」というのは、敬意［respect］の語源的意味の一つである）。

こうした状況すべてがもつ「ソフトな魅惑」（Kaplan 1995）は、注意を鷲掴みにするスポーツイベントや映画やテレビ番組のより疲れる「ハードな魅惑」や、道具的な気づきのもつ目標奉仕的な注意とは、著しく対照的な形で私たちを惹きつける。レイチェル・カプランとスティーブン・カプラン[☆8]（Kaplan & Kaplan 1989）の注意回復理論（attention restoration theory）は、（今、広くいわれている）自然のもつ回復効果や治癒効果に特に重要なのがソフトな魅惑である、ということを示唆している。非道具的な気づきにおいて、私たちは気づきそのものに——持続する一体性に内在するポジティブ感情に——価値を置く。そのとき、私たちの心は、進行中の経験すべてに開放される。つまり、「マインドフルネスの特質とは、関与である。そこには関心があり、自然で非強制的な注意が続く」（Feldman 2001: 173）ということである。

フローや親密な人間関係といった経験では、システムモデルが、持続的な一体性を維持するダイナミックな相互関連性のパターンを生み出す。どちらの場合も、こうしたシステムモデルの中核的な循環的特徴は、検出され蒸留されて、より高次のシステムモデルとなる。そうしたより高次のシステムモデルは、その後、新奇な関連状況において、新しいより低次のシステムモデルを発展させるのに使われる。

本質的に同じことが、持続的な非道具的気づきの経験においても起こる。のちほどすぐみるように、ダイナミックなシステムモデルはそうした経験を維持する。また、そうしたあらゆる経験を下支えするシステムモデルが、ある一定の核となる性質を形づくる点をみていくこととする。より高いレベルで秩序を求め、つくり出し、表現しようとする私たちの心の内在的な能力は、その共通する本質を見つけ出し、それを、関連するより高次のシステムモデルへと蒸留する。こうした心的モデルは、私たちの生活のあらゆる側面から、持続的な気づきの経験という広大なパノラマを導き出す。その桁はずれの範囲と、気づきにおける全体論的直感的認識の重要性を反映して、私たちはこのより高次のモデルのことを、全体論的直感的システム上位モデル（Holistic-Intuitive System Supra-Models）——略してHOL-ISSMsとよんでいる。

全体論的直感的システム上位モデル（HOL-ISSMs）

非道具的な気づきの経験から引き出される上位モデルは、内なる目覚めを理解するうえできわめて重要な役割を果たすけれども、そうしたモデルは記述するのが簡単ではない。私たちは、一生涯のなかでの持続的な非道具的気づきの経験すべて——私たちが本当に見たり知ったりしてきた経験すべてと、それを理解しているという認識——を蒸留し純化した本質をどのように言葉で表し始めたらよいのかと当然思うだろう。私は、詩人キャスリ

☆8　いずれもアメリカの環境心理学者。

ン・レイン(Raine 2019)の、砂時計に砂漠の砂を流し込む、あるいは、水時計に海水を流し込む比喩を思い出す。

現時点において、私たちにとって、そうした上位モデルの感覚を得る最も簡単な方法は、それら上位モデルが目覚めた心の特徴をいかに形づくるかを知ることである。第十三章と第十四章では、この方法でそうしたモデルにますます通じるようになる多くの機会が提供されるだろう。ここでは、モデルの一般的な特徴のいくつかを概説することとする。

非道具的な気づきでは、概念的な認識ではなく全体論的直感的な認識が支配的である。ICSの視点からすれば、持続的な気づきは、(油や水のような)「モノ」の類ではない。あるいは、(空のような)物事の起こる空間や場所でもない。そうではなく、ICSは気づきを、心の基底にあるパターンの主観的な反映とみなす(第七章)。このパターンにおいて、全体論的直感的な認識は、分離して広範囲に分散した経験の要素をつなげて、時間をとおして延びるようなまとまりをもって展開する全体へと束ねる。私たちは、一連の断片的で断絶した「静寂」ではなく、切れ目なく持続する気づきを経験する。

道具的な気づきでは、全体論的直感的な認識がある瞬間から次の瞬間へとマインドフルな経験を形成するが、その心の長期的な方向性は、概念的な認識と、別の自己になるという目標志向的な追求に依存したままである(第一章)。一方で、最も重要なのは、――フローのような――持続する非道具的な気づきの経験においては、全体論的直感的な認識が、瞬間ごとの経験と心の包括的で長期的な方向性の両方を形成するということである。こうした心のパターン――それはまた、目覚めた心の中心でもある――では、全体論的直感的な認識が、いってみれば、二重の影響を与えるのである。

親密な人間関係では、システムモデルは、仲間の行為間の相互関連性のパターンを反映し、形成する。マチャードの「歩くことでつくられる」道のように、こうしたシステムモデルはその場その場でつくられる。つまり、参加者の間にモデルが築くつながりは、瞬間ごとにダイナミックにつくられ、また、つくり直される。いかなる特定の会話でも、より高次のシステムモデル――多くの以前の親密な関係に基づいている――は、瞬間ごとの関係に

囲み12・2　ベンとフレッド

ベンは，しばらくの間，古い友人のフレッドと会っていなかった。彼らは，会う約束をして，コーヒーを飲みながら近況を報告し合った。すぐにベンは，フレッドの表情から，うまくいっていないことを読み取る。困っているようにみえる友人にかかわるときの一般的なシステムモデルに導かれ，ベンは，どうしたのかと尋ねる。「大丈夫」というフレッドの答えは，ベンの心を，心に何か抱いているけれどもそれを話すには抵抗がある友人にかかわるときの関係モデルに調整するよう促す。ベンはしばらく引き下がって，自分自身の家族に関する最近の話をフレッドにする。ベンは，フレッドが上の空で関心のない様子だったが，ベンが自分の上の息子ビルが大学で抱えている困難について話すと，突然，フレッドが全神経を向けてもっと知りたがっていることに気づく。ベンの心は，フレッド自身の息子ジョシュについてあまりうまくいっていないかもしれない可能性に注目するために関係モデルを更新する。つまり，ベンの会話への寄与を導くシステムモデルがより特定的になる。過去の経験に基づいて，ベンの心のシステムモデルは――展開する会話によって形成され，かつ，展開する会話を形成しながら――考えられうる反応の範囲のなかから結果を予想する。そのシステムモデルは，その瞬間において，進化する2人のつながりを維持し深める可能性が最も高いと期待される反応を選ぶ。ベンは，フレッドの家族のほかの人について尋ね始め，ようやく，ジョシュについて尋ねる場面を整える。会話が発展するにつれて，ベンの心は，フレッドとのますます開かれた信頼に足る関係というシステムモデルを生み出す。やがてそうしたモデルは，ジョシュについてやさしく尋ねるのはいい結果を生むかもしれないと予測する。ベンの探索的な質問によって，フレッドは，ジョシュが大学で，かなりドラッグにはまっていると噂のグループとますます長い時間過ごしていることを深く懸念し心配していることを表明する。この情報を，更新され豊かになった2人の相互関係のシステムモデルに統合することで，ベンの心は，フレッドのために，両者の持続的で深まった親密さを最も育む可能性の高い，共感的な反応のようなものを予測する――そうして，会話は段階的に，新しく未知なる領域へと進化する（ベンの心を映し出す，相互関係についての補完的なモデルが，フレッドの心のなかで発達し，ダイナミックに進化する相互作用のフレッド側を導く）。

形を与えるより特定的なシステムモデルの発達を導く（囲み12・2）。

持続的な非道具的気づきにおいて、一体化は、心がもたらすものと心が見つけるものとの間のダイナミックな関係を支える（第四章）。ちょうど親密な関係のように、そうした関係は、その場その場でつくられる相互関連性のシステムモデルによって、瞬間ごとに形づくられる。そしてまた、親密な関係と同じように、より高次のシステムモデルは、多くの以前の関連する経験に基づいていて、そうしたシステムモデルの発達を導く。このHOL-ISSMsは、第十三章と第十四章で私が示す、目覚めた心を理解する枠組みの土台である。

持続的な全体論的直感的認識の数えきれない例から引き出されたHOL-ISSMsは、心が蒸留した一体化の力と方略のすべてを含んでいる。それは、そうした経験の背景にある相互関連性からなるあらゆるシステムモデルによって共有される統合的なダイナミクス――あらゆる特定的な経験の詳細を「純化」し、無駄を省いたもの――を反映している。HOL-ISSMsはまた、その統合的なダイナミクスがそうした経験を生み出すのを可能にするより広い性質を反映しているだろう。こうした性質に関して、最も重要なことは、空性と縁起の智慧、そして慈悲である。

第四章でみたように、持続的な全体論的直感的認識は、共鳴による認識を含んでいる。つまり、知るものと知られるものは、お互いに、相手や両者の関係によって変化をもたらす現在進行形の親密な関係を共有しているのである。知るものと知られるものが時を通じて同期し調和し続けるための一体化をするために、心が生み出す心的モデルは、心が受け取るあらゆる情報パターンの中核的な特徴である空性と縁起を必ず反映しているだろう（空性と縁起は、存在の普遍的な特徴である）。このように、空性と縁起は、持続的な非道具的気づきという経験のなかで、時を通じて心がつくり出すあらゆる心的モデルを結ぶ共通の糸なのである。

空性と縁起はまた、そうした心的モデルを生み出す、知るものと知られるものとの間で行ったり来たりする交換の内在的な特徴でもある。親密な人間関係のように、固定的で永続的なアイデンティティのいかなる感覚に対しても執着のないこと（「空性」）が本質的なのは、各々が、相手や両者の関係によって形成されることに開放的な場合である。また、そのように互いに形成し合い、常に相互に調整し合うのは、それ自体が、縁起の具現である。

こうして、空性と縁起は、持続的な非道具的気づきの経験すべてを維持するシステムの、反復的で中核的な特徴となる。したがって、こうした経験から蒸留された上位システムモデル（HOL-ISSMs）は、中核的な特徴として、空性の啓蒙的な智慧と縁起のダイナミクス――「不可分に合一した気づきと空性」――を具現化することになる。こうした経験から同様に蒸留される一体化する統合的ダイナミクスとともに、この智慧は、私たちの経験のあらゆる側面で時を通じて広がるダイナミックな絆を築くシステムモデルをHOL-ISSMsが形成するよう力を与える。つまり、空性と縁起の知覚が、あらゆる経験が共有する共通の糸を識別するのである。そして、統合的なダイナミクスが、持続的でダイナミックな全体のなかにあらゆるものをまとめて瞬間ごとに包み込む相互関連性のシステムを形成するのである。

第十三章と第十四章で私たちは、HOL-ISSMsが数多くのさまざまな状況を横断する一貫性をもった全体をつくり出すことを可能にする、さらなる二つの特徴、すなわち、慈悲と愛について探究する。HOL-ISSMsに内包される慈悲の性質によって、心は——苦しみから逃れたり離れたりしようとするよりもむしろ——苦しみに向かい、それに関与し、より広い全体のなかにそれを含む力を得る。HOL-ISSMsに内包される愛の性質によって、一体化は、そのなかに含まれるあらゆる側面の経験に積極的に手を差し伸べ、無条件に受容しようと動機づけられる。

さらに次のように続けることができるだろう。すなわち、HOL-ISSMsは、安全と安心という基本的な感覚を反映している。その感覚は、広範で興味津々で内発的に報酬をもつ気づきを、すべてうまくいっているか確認する保護的で防衛的なモードへと切り替える必要性を常に抱えることなく、非道具的な気づきが持続することを可能にする。つまり、HOL-ISSMsは、思考を思考としてみる智慧を反映している——そのために、思考は、「事実」の状態として孤立して別れたままではなく、経験のただのもう一つの側面として包含されることになる。HOL-ISSMsは、マインドフルネスの柔軟で創造的な一体化、すなわち、がんばらないこと、耐え忍ぶこと、受け容れること、手放すことを促進する（第六章で議論した）全般的な態度を反映している。

純粋な気づき：隠された宝

ゾクチェン修道院の上で目覚めたとき、ニョシュル・ルントクは、「根源的な智慧、すなわち、不可分に合一した気づきと空性の深遠なる理解」を経験した。その根源的な智慧を「純粋な気づき」とよぶ人もいる。マチウ・リカールは、純粋な気づきを「金塊」と述べている。それは「鉱石に、岩に、あるいは泥に深く埋まったままの金である。金はその本質的な純粋さを失うことはないが、その価値は十分に実現されていない。同じように、十分に発揮されるよう、私たち人間の可能性には適切な条件が整えられる必要がある」（Ricard & Singer 2017: 5）。

貯蔵された上位モデル——HOL-ISSMs——は、蒸留された本質、すなわち、持続的な非道具的気づきという膨大な範囲の経験の基礎となるシステムモデルから収穫された純粋な気づきを反映している。HOL-ISSMsの隠された宝は、明るみに出されてその価値が十分実現されると、目覚めた心のあらゆるものを包み込む一体性を支えるダイナミックな基礎を与える。

HOL-ISSMsは、すでに私たちすべての心のなかに存在する。生涯を通じて、知識や意図ももたず、私たちの心は常に、いっそう高いレベルで関連性の結びつきを発見し、育み、表現してきた。HOL-ISSMsは、その過程の自然な結実を反映している。それは、私たちが気づきそのものを楽しんできた経験すべてに内在する、統合的なダイナミクスと空性および縁起の智慧とを具現している。HOL-ISSMsは、私たちの人生のたんなる一部として生まれてきたのだが、私たちの経験のあらゆる側面を持続的な全体に統合する一体化（治癒）の力をもたらすために、常に利用することができる。それはまるで、人生のなかでめぐり合ったあらゆる花から花びらを集めて貯めて、精油と香料を抽出して香水にし、その香水を高価な小瓶に保存するようなものだ。私たちは、その小瓶を常に持ち歩くことで、それはどんなときにも開けることができ、どこにいてもその香料がその場の空気を満たすことができ、どんな状況や経験も変容させ活性化させるのに、常に利用可能となる。

HOL-ISSMsは、リカールが先に言及した、発揮されていない人間の可能性のきわめて重要な側面である。私たちは誰もがこの「深く埋もれた金」をもっているけれども、私たちのなかでそれを*realize*している者は少ない——それは、私たちがそれを自分自身のなかにもっていることを認識する（realize）という意味でも、それを実現する（realize）という意味でも、である。リカールが示唆するのは、十分に発揮されるよう、私たちの自覚〔実現〕していない可能性には「適切な条件」が整えられる必要がある。私たちは、第十四章にて、この条件を探究することとする。

今のところ、強調すべき重要な点は、HOL-ISSMsに含まれる統合的なダイナミクスは広く応用できる全般的なシステムモデルとなる、ということである。前に議論した収穫・貯蔵・統合のパターンをとおしたはたらきによって、HOL-ISSMsはあらゆる場面における一体化に力を与えうる。私たちが遭遇する経験が何であれ、HOL-ISSMsは、あらゆる経験の普遍的な特徴である、空性と縁起を知覚する。そして、その共通の糸と統合的なダイナミクスを用いて、一つにまとまって常に進化する持続的でダイナミックな全体へと経験のあらゆる側面を結びつけるシステムモデルを育てるのである。

私がある友人に親密にかかわるとき、親密な関係に関する全般的なシステムモデルが、両者の間の親密な絆を瞬間ごとに生み出すシステムモデルを形成する。同様に、目覚めた心では、HOL-ISSMsが、展開する私の経験のあらゆる側面どうしの相互関連性という絆を瞬間ごとに生み出すシステムモデルの立ち上がりを導く。このようにしてHOL-ISSMsは、私たちの求める、持続する一体性――普遍的な変化内持続性――に対する基礎を与える。内なる目覚めにおいてHOL-ISSMsは、経験のあらゆる側面を包み込み、心を一つにまとめるダイナミックな相互関係性という絆を築く。十三世紀の禅師・道元の言葉（囲み7・1）にあるように、私の心は、「あらゆる物事と親しくなる〔万法に証せらるる〕」のである。

第十三章では、その統合され、目覚めた心の主な特徴について探究する。

第十三章　目覚めた心の理解

目覚めは、心の持続的な一体性、すなわち、豊かで多様で困難な人生経験をとおした、変化内持続性という現在進行的パターンの案内役である。

HOL-ISSMsはその一体性の基礎である。この章で私たちは、それがいかにして、第十章で強調した目覚めた心の主な特徴を生むのかを探究する。その特徴とは、非二元性・内在的な価値・無条件の善意と慈悲である。まずは、そうしたより特定的な特徴それぞれの基礎にある、目覚めた心の一般的な特徴に焦点を当てる。

復帰する導師

イアン・マクギルクリストの著書『導師と特使（*The Master and his Emissary*）』（McGilchrist 2009）はそのタイトルを、フリードリヒ・ニーチェ[☆1]に由来する寓話からとっている。その話をここで要約してみる。

☆1　ドイツの詩人・哲学者。

ある賢明でスピリチュアルな導師はかつて、小さいが豊かな領地を統括し、領民に対する無欲の献身で知られていた。時が経つにつれ、領民は繁栄し、数も増え、小さな領地の境界が広がった。これが、信頼する特使に遠く離れた領地の責任を委譲する必要性を生んだ。そのため、導師は特使たちを注意深く育て、訓練した。やがて、最も頭がよくて野心的な特使が、自分自身こそ導師であると思い始め、自らの地位を使って自分自身の富と影響力を増やした。彼はますます、任務中に導師のふりをするようになり、導師を馬鹿にするようになった。最後には、この特使は導師の権力を奪い、領民は騙され、その領地は独裁国家となり、結局、崩壊し廃墟となった。

マクギルクリストは、特にこの五百年ぐらいかけて西洋において起きた、脳の二つの半球間の関係の転換についての寓意として、この話を出している。「話のなかの導師とその特使のように、脳の両半球は協同すべきなのに、両者はしばらく葛藤状態にあると、私は考えている。結果として両者の間の戦いは、哲学史に刻まれ、西洋文化史を特徴づけるきわめて重大な転換のなかで行われている。現在、その領地——私たちの文明——はその特使の手にあり、その特使は、たとえ才能があっても、実質的には、自分自身にとっての利益を考えている野心的な地方の役人である。その一方で、導師は、その智慧によって領民に平和と安全を与える者だが、連れて行かれて投獄されている。導師は、その特使に裏切られているのである」(McGilchrist 2009: 14)。

この話で私たちに関係するのは、第二章と第三章で述べたように、マクギルクリストが、脳の両半球と二つの異なる認識方法との間のつながりを結論として引き出している、という点である。彼は、左半球の活動(寓話における特使)が概念的な認識方法を主に下支えしている一方で、右半球の活動(寓話における導師)が全体論的直感的な認識方法を主に下支えしている、と示唆する。この視点に立てば、(第一章で議論した)幸福の概念駆動的な追求によって課される苦しみは、特使によってかつては幸福だった領地にもたらされた崩壊に類似する。その苦しみからの救済や癒し——そして、賢明な指導者の統治のもとで享受されていた平穏で幸福で充足した生活への回帰——は、したがって、主要な影響力を全体論的直感的な認識のもとに返す転換に依存している。マインドフルネスと内なる目覚めは両方とも、そうした転換を含んでいる。そのような状態の心においては、概念的な認識ではなく全体論的直感的な認識が主導的である。つまり、導師が本来あるべき立場に復帰し、二つの認識方法の関係がバランスを取り戻し、私たちの心と世界に再び調和が戻る、ということである。

私たちの人生をとおして、概念的な認識と全体論的直感的な認識は、心の実行センター、すなわち認知の中央エンジンの支配権をめぐって争っている。持続的な非道具的気づきのあらゆる経験のなかで、全体論的直感的な認識はその競争に勝っている。つまり、この認識方法が、瞬間ごとの心的活動と、心のより長期的な方向性の両方を支配しているのである（第十二章参照）。こうした経験から抽出されるHOL-ISSMsは、もともとの全体論的直感的影響の有するパターンと同じものを含むことになる。そうした上位モデルが目覚めた心における瞬間ごとの経験を形成するとき、そのパターンは概念的な統制的処理から解放された心に反映される。そうした心において、物語的自己とマインドワンダリング——どちらも概念的な統制的処理に依存している——は、ほとんどなくなる（囲み13・1）。

「思考が止まったのだ」「あらゆる心のおしゃべりがやんだ」「過去と未来はいつの間にか消えた」「そこにあるのは、今……だけであった」など、ダグラス・ハーディング[☆2]が目覚めた心と初めて劇的に邂逅したときの、こうした印象的な特徴（囲み13・1）は、習慣的な物語的自己に特有のマインドワンダリングと心の時間旅行が存在しないことを反映している（第九章）。「そこにあるのは、今……だけであった」はまた、もちろん、即時的な現在という感覚、すなわち、『さとりをひらくと人生はシンプルで楽になる（*The Power of Now*）』でエックハルト・トール（Tolle 1999/2005〔2002〕）が強調した有名な「真如（suchness）」あるいは「あるがまま（isness）」と呼応する。

☆2　イギリスの神秘家・哲学者。

囲み13・1　頭がないことについて（つづき）

ありのままの無批判な注意であった。要するにそれは，まったく単純で簡潔で率直な，議論や思考や言葉を超えたものであった。そこでは，問いや，経験それ自体を超えるような言明が生じることなく，ただ，平穏と静かな喜び，そして耐えがたい重荷を下ろした感覚があるのみであった。(Harding 2000: 1–3)

物語的自己は、まさにその存在そのもののために、「正しい自己」になるための追求という概念的な統制的処理に依存している。目覚めた心では、概念的処理のそうしたモードから解放されているために、私たちは、「『私』から完全に自由で、誰からも見られずくつろいだ……私はどこにもいな」い心の「本当の奇跡であり、不思議さと歓喜」を経験するのである。

第一章と第九章でみたように、「私」という感覚は「自己する」ことに依存している。そうあることを望む類の自己やそうあるべきだと思う類の自己になることを求めるための概念的な統制的処理は、実際、分離した「私」の感覚を生む。その感覚は、この追求を下支えする物語的自己という（まったくつくり事の）観念に信ぴょう性を与えている。目覚めた心では、概念的な統制的処理の支配から自由であるために、分離した「私」であるという感覚は、「水に溶ける砂糖のように」より大きなもの、すべてを包み込むものへと変容する（第十章）。

常に進化的で基準比較的な価値判断は、幸福の概念的な追求の中心だが、これも消えてなくなる。目覚めた心は根本的に価値判断しないのだ。ハーディングは、「ありのままの無批判な注意」と述べている（囲み13・1）。中国禅宗の三祖・僧璨（Seng-ts'an 2001）は、このようにいっている。

偉大なる道（目覚めた心）は、好み（評価的な価値判断）のない者にとってはむずかしくない。愛と憎しみの両方とも存在しないとき、すべてははっきりとあからさまになる。しかし、ごく小さな区別をすれば、天と地は永遠に離れることになる。もしあなたが真実をみたいと望むのなら、何に対しても賛成もしくは反対の意見を

囲み13・1　頭がないことについて

私の人生最高の日――いわば，私が生まれ変わった日――は，私には頭がないことに気づいたときだった。これは文学的な策略，つまり，何がなんでも興味を惹こうと意図してつくられた洒落などではない。私はまじめにそう思っている。私には頭がないのだ。

私がその発見をしたのは，私が33歳のときだった。それはたしかに突然やってきたけれども，ある執拗な問いに対する反応としてそれは起こった。私は数か月の間，私は何者だ？　という問いにはまっていたのである。そのときたまたまヒマラヤ山脈を歩いていたという事実はたぶん，ほとんど関係ない。あの国では，普通でない心の状態が容易におとずれるといわれているけれども。それはともかく，とても穏やかに晴れた日，立っている尾根から見える景色，霧のかかった青い渓谷から延びる世界で最も高い山々は，最高に荘厳な光景に値する設定だった。

実際に起きたことは，ばかばかしいほど単純で地味なことだった。ただ，その瞬間，思考が止まったのだ。理性・想像・あらゆる心のおしゃべりがやんだ。このときに限り，言葉は本当に役に立たなかった。私は，自分の名前，自分の人間性，自分の物質性，私や私のものとよぶことのできるあらゆるものを忘れた。過去と未来はいつの間にか消えた。それはまるで，自分がその瞬間に生まれたばかりで，真新しく，分別もなく，記憶もいっさいないかのようであった。そこにあるのは，今，その現瞬間，そしてそのなかにはっきりと与えられたものだけであった。見るだけで十分だった。そして，私が見つけたものは，下に伸びたカーキ色のズボンが2つの茶色い靴で終わっているのと，横に伸びたカーキ色のシャツの袖が2つのピンク色した手で終わっているのと，上に伸びたカーキ色のシャツ前が――なんとそこには何一つなかった！　頭のところにはたしかに何もなかった。

この無，頭があるべきところにあるこの穴は，普通の空洞でもなく，たんなる無でもないことに気づくのに，まったく時間はかからなかった。それどころか，それはぎっしり詰まっていた。それは，広大に満たされた広大な虚空であり，全部埋め尽くされた無であった――それは，牧草，木々，陰になった遠い丘，そのずっと向こうには，青い空に浮かんだ1列の尖った雲のような雪山の峰々であった。私は，頭を失っていたが，世界を手に入れていた。

それはまったく，まさに文字通り，息を飲むものであった。私は，すっかり呼吸するのをやめていたようで，その与えられたものに心を奪われた。ここにあるのは，澄んだ空気のなかで明るく輝き，それだけで何の支えもなく，神秘的に虚空のなかにたたずみ，そして（これこそが本当の奇跡であり，不思議さと歓喜であったのだが）「私」から完全に自由で，誰からも見られずくつろいだ，このすばらしい場面であった。その全存在は私の全存在であり，身体であり，魂であった。空気よりも軽く，ガラスよりも透明で，自分自身からもすっかり解放され，私はどこにもいなかった。

しかし，この景色の魔法のような摩訶不思議な性質にもかかわらず，それは，夢でもなく，秘儀的な啓示でもなかった。まったく逆であった。それは，普段の生活で眠りから突然覚めたような，夢が終わったような感じであった。それは，このときに限りすっかり霞んだ心を一掃して清明にした，自ら輝く現実であった。それは，めぐりめぐって，まったく明白な啓示であった。それは，雑然とした人生史のなかの，明快な瞬間であった。それは，（とにかく子どものころから）私はいつも活発すぎたり利口すぎたりして見えていなかったものを無視するのをやめることだった。それは，最初からずっと私の顔――まったく顔のない私――を見つめていたものに対する，もってはいけない。嫌いなことと好きなことを対立させるのは、心の病である。物事の深い意味がわからなければ、心の根本的な平穏はかき乱されて無駄に終わる。

しかし、目覚めた心は概念的な認識（寓話における特使）の支配からは自由だが、この認識方法はそれでも、目覚めた生活を充実させるのに重要な役割を果たしている、ということを強調しておくのは重要である。第二章で私は、剣は誤って私たちを害する恐れがあるけれども、それ自体は剣を捨てる十分な理由ではないのであり、私たちの課題は剣の上手な使い方を学ぶことだ、ということを示唆した。同様に、目覚めの場合でも、心から概念的な認識が根こそぎなくなることはない――それは、進化によって人類に与えられた最も大切な贈り物の一つを、私たちから奪うことになるだろう。むしろ、目覚めの場合、私たちは、二つの認識方法の間のより健全な関係を復元する。つまり、特使（概念的な認識）が導師（全体論的直感的な認識）に行政権を戻し、両者がともにはたらき続けるのである。

その新しい関係の重要な側面は、何かの観念に誠実に関与すると同時に、それはたんなる観念であると知り続ける能力である。アジャン・アマロ（Amaro 2003: 9）は、こうした能力は西洋では特にむずかしいと思われているものだと示唆している。私たちは、何かをつかまえてそれと一体となるか、現実でないから意味がないと思ってそれを拒絶するか、のどちらかだからである。賢い別のやり方は、何かを現実である「かのように」扱いつつ、同時に、それには内在的で独立して存在するアイデンティティがないことを内心わかっている能力である。このように思考や観念を「本当に現実」だとみることからそれをより柔軟にみることへと転換することは、次節で議論するような、目覚めた心において厳格な二元的視点からより広く自由になることを反映している。

アジャン・アマロが述べている、ある仏教徒の集会で起きた事件は、厳格かつ柔軟な視点の好例を示している。あるチベット仏教のラマがいて、聴衆の一人に極端にまじめな学徒がいた。そのリンポチェ（崇敬されるラマの意）は、ターラ（チベット仏教の伝統における神）の視覚化と二一のターラに対するプージャー（祈りの実践）について教えていた。この教えの過程で、この学徒は、たいへんな誠実さでもって、手を合わせて次の質問をした。「リンポチェさま、リンポチェさま、私はここに大きな疑問を抱いています。ご存じのように私たちは一日中、二一のターラにプージャーをしていて、ご存じのように私はこの祈りに心血を注いでいます。私はあらゆる正しいことをしたいと思っています。ですがここに疑問があります。ターラは、存在するのでしょうか、それとも、存在しないのでしょうか？　本当のところ、リンポチェさま、ターラはいるのでしょうか、いないのでしょうか？　もしいるのなら、私は心をすべて注ぐことができます。しかし、もしいないのなら、プージャーをしたくありません。ですからどうか、リンポチェさま、結局のところ、ターラは存在するのかしないのか、教えてください」と。ラマはしばらく目を閉じたあと、「ターラは、自分が現実でないとわかっています」と笑って答えた。その学徒がどのように反応したかは記録されていない。（Amaro 2003: 9–10）

目覚めた心は二元性と分離の知覚を超越する

あなたは幻想と物事の上辺のなかで生きている。現実は存在する。あなたはその現実である。このことを理解するとき、あなたはあなたが何ものでもないことを知るだろう。何ものでもないということは、何ものでもあるということだ。そういうことである。

——カル・リンポチェ[☆3]（Goldstein 1983: 32）

☆3　チベット仏教カギュ派のラマ。

前節で私たちは、心による分離した「私」の感覚の構築が目覚めた心においていかに止まるかをみてきた。その分離したアイデンティティの感覚が弱まると、主体—客体、自己—他者、自己—神といった二元性の基本となる断絶の感覚も弱まる。

目覚めた心で起こるほかの変化はまた、二元性と分離の知覚を大きく弱らせる。内なる目覚めは、私たちの世界の見方とかかわり方を形成する上位モデルにおける根本的な転換を含む。上位モデルは、私たちが経験を知覚するレンズを形づくる背景的で深い鋳型となる。つまり、私たちがみる世界の構造を下支えしているのである。もし自分の優勢な上位モデルを転換すれば、私たちは根本的に異なる経験世界と現実を生み出すことになる。内的な目覚めは、概念的に支配された上位モデルから全体論的直感的に支配された上位モデルへの転換を含む。結果として、私たちは非常に異なるレンズで世界をみることになる——それは、ジョン・カバットジンが意識における直交回転とよぶ、知覚における劇的な転換である。私たちは非二元性の、非分離の、相互関連性の、一体性の世界を経験する——そしてそれはまるで、最終的には、「物事をありのままに」みているように感じられる。この世界では、あなたは「幻想から自由」であって、何ものでもない（no thing）（分離して自立した存在、でない）——そのため、やがてみていくように、あなたは何ものでもある。

概念的な認識方法は、私たちの習慣的な心のデフォルトモードを主導する。それは、思考とマインドワンダリングによって支配されたモードである（第九章）。この認識方法は、世界を解析して、内在的に一貫した性質をもつ、分離した実体（物事、目標、対象、など）にする。私たちはこうした概念を「現実」だと思う。そして、この世界に対して、私たちは使うという関係を結ぶ。概念的に支配された心的モデルは、経験を構造化するこのような方法を反映している。こうした心的モデルによって導き出された上位モデルは、分離・「物質性」・概念の「現実性」・有用性、といった中核的なテーマを内包している。

私たちの大半にとって、それは、遭遇するさまざまな状況を理解するときに私たちの心が生み出す心的モデルを通常「輝き通す」上位モデルである。それは、断絶・分離・二元性といった経験世界を生み出す（第一章および

囲み13・2　イアン・マクギルクリストの右大脳半球の世界

相互依存性の網，全体の形成と再形成，私たちが深くつながった世界……のちのち主観的だとか客観的だとか考えられるようになるものが，それぞれの潜在的な「電極」とその両極性を一緒に含む懸濁液のなかに入っている世界……「間性」のある世界。(McGilchrist 2009: 31)

物事は，永遠に流動する全体の一部として，その可変性と非永続性と相互連結性のすべてをともないながら，その具現化された特殊性のなかで私たちの前に現れる。この世界において，私たちもまた，その全体の一部である私たちの経験につながっていると感じ，客観的だとみられる世界から主観的に孤立した状態にとどまることはないと感じている……右半球は，自分以外に注意を払う。たとえそれが私たち自身からは遠い存在であっても，右半球は深い関係をそこに見いだす。右半球は，この自分以外との間に存在する関係や間性に深く惹かれ，活気づけられる。(同: 93)

この世界に対して，それは慈しみという関係のなかで存在する。(同: 174)

注）「慈しみ」は，マクギルクリストがここで使う場合，第1章で議論した，親類や同胞との関係を気にかけたり育んだりすることではなく，むしろ，生活のあらゆる側面に対するより一般的な気遣い的関心や注意のことをさしている（私信，イアン・マクギルクリスト，2016年9月）。それは，「他」を受け容れ，注意を払い，関与する意欲である。こうした類の気遣いや関心がないと――私たちが「気遣わない」あるいは私たちに提示された世界への注意を払わないとき――私たちの注意は，注意を維持するのに求められる統制的処理から撤退することになる。つまり，自動的な形の処理へと戻ってしまう。そして，私たちはもはや存在しなくなってしまう。

第二章)。このような経験の構築方法は非常に習慣的になるため、私たちはこの世界が「まさにこのような感じ」であり、私たちのみるものが「現実」である、と思うようになる。これが、(先述の)カル・リンポチェによって強調される「幻想と物事の上辺」からなる世界である。

しかし、私たちの心はまた、全体論的直感的な認識が心を支配しているときにも、心的モデルと上位モデルを生み出す(第十二章)。そのようなとき、私たちは、相互影響というダンスを踊る経験に身を委ねる。そのために、私たちの経験世界は、イアン・マクギルクリストの「右半球の世界」(囲み13・2および第三章参照)のようになる。

(マクギルクリストはここで、まるでそれが一つの持続的な経験世界であるかのように「世界(a world)」について語っているけれども、全体論的直感的な一体化は瞬間ごとの経験の世界をくり返し生成し再生成している、ということを覚えておくのは重要である。たしかに、こうした世界は持続性がある――しかし、それはダイナミックな生成であり、十全な形ですでに存在している「世界」が新たに現れてくるのではない）

　全体論的直感的な上位モデルは、全体論的直感的な認識によって生み出される世界の中核的な特徴を抽出する。こうした上位モデルは、心に設置・準備されると、特定の状況の意味を理解するために私たちの心が生み出す心的モデル群の鋳型となり、それらを「輝き通す」ために、「ちょうどよい条件に合わせる」。するとそれは、そうした特定の状況に調整され適合された、つながりと非分離からなる全体論的直感的な世界を再生成する。そうした世界では、「私たちもまた、その全体の一部である私たちの経験につながっていると感じる」（囲み13・2）。手短に、もう少し掘り下げてその世界を探究してみよう。

目覚めた心は高く価値づけられている

　第十章において、私たちは、隠された宝の比喩がしばしば、目覚めた心の内在的な価値を伝えるのに用いられることをみた。第十二章において、私は、マチウ・リカールが純粋な気づきを「鉱石に、岩に、あるいは泥に深く埋まったままの金塊である……その価値は十分に実現されていない」と述べていることを引用した。

　この宝――金塊――と、その内在的な価値が明かされ表現される方法については、多様な相があることがわかる。

◆目覚めることの愛

目覚めた心の内発的な喜びは、フローのそれのように、心における持続的な一体性――変化内持続性――を反映している。ただ、ちょうどフローのように、その喜びの強度と性質は、フローもしくは目覚めの経験がそれ自体で愛され価値づけられることに依拠している。第十一章で私は、これがはたらく様子を次のようにまとめた。「私たちは、自分が探し求めるものを愛し、その探し求める過程そのものが愛するものを生むとき、過程と結果は融合して一つの自立的で内発的な喜びの経験となる」。

私たちのなかに深く埋まっている宝の可能性を十分に実現するために、私たちは、それを認める必要があり、また、最も重要なのは、それをそれ自体として高く価値づける――愛する――必要がある。ちょうどフローのときのように、その愛は、持続的な一体性に結びついた快感情を目覚めた心の内発的な喜びへと変容させる、重要な特別の要因である。不思議なことに、私たちが探し求めるものへの愛は、真に私たちが愛するに値するものが成就するのに不可欠のようだ。そうした愛がなければ、私たちはけっして「高価な真珠」（イエスによる、天の王国についての比喩の一つ：マタイ伝第十三章第四五～四六節）を得ることはないだろう。

真珠が競売にかけられる。誰も買うお金がないので、真珠は自分で自分を買う。（Rumi; Salzberg 1995: 33）

求めるものへ身を捧げることが最重要であることは、アブラハムの宗教伝統では非常にはっきりしている。たとえば、イエスも、彼を試そうとしたユダヤ教の律法学者も、第一の、そして最上の戒律は、「心を尽くし、魂を尽くし、思いを尽くして、主なるあなたの神を愛する」ことである（マタイ伝第二二章第三五～四十節、本章後出の囲み13・3参照）、ということへの疑う余地なくその同意を共有していた。同様に、『不可知の雲（*The cloud of Unknowing*）』――キリスト教の瞑想実践の古典――の作者不明の中世の書は、そうした愛を、成就への本質的な鍵とみなしていた。

神は愛によって獲得され、把握されますが、思惟によっては不可能です。[☆4]

仏教の伝統でも、健全な欲の形である意欲（chanda）――私がここで愛とよんでいるものと同じ――が、同様に重要な役割を果たす。

> 仏教の教えについての西洋における説明では、苦は欲のせいで生まれるのだから、何も欲するべきではない、という理解に導かれることがしばしばであった。ところが実際、ブッダは二種類の欲について語っている。それは、渇愛（tanhā）――渇望――とよばれる、無知や妄想から生じる欲と、善欲（kusala-chanda）、法欲（dhamma-chanda）、あるいは最も簡潔に意欲（chanda）とよばれる、智慧や知性から生じる欲である。意欲はこれだけを意味するわけではないが、この特別な場合において私は、賢明で知的な欲や動機を意味するために意欲を用いていて、ブッダは、これが八正道（Eightfold Path）を実践することの絶対的な根本である、と強調した。（Jayasāro 2014）

一体性やより深い結合への愛それ自体がなければ、目覚めた心の最初の経験はけっして、現在進行形の存在の仕方としての内なる目覚めへと成熟しないだろう。たとえば、ダグラス・ハーディング（Harding 2000: 48）は、多くの他者（その数字は今や、五桁に達している）が彼自身の目覚めとの最初の邂逅と同じ経験をすることができる方法を開発した（囲み13・1）。その後彼が発見したのは、驚いたことに、彼らの大部分はこの経験をさらに追求することに興味を示さない、ということだった。「つまり、それは事実上まったくなんの効果もない」のであった（強調はハーディングによる）。

目覚めることの愛――あるいは、目覚めることの可能性――は、快感情を内発的な喜びに変容させる錬金薬であるとともに、目覚めた心を育て、維持するのに必要な内的な作業を動機づけるのに最も重要である。純粋な気づきは、フローのように、「恩寵」としてしばしば経験される。つまり、「ゴミの山のなかに宝石を見つける盲目の人のように」（第十章）、あるいは、無償で与えられる贈り物として、偶然めぐり合うものである。それでもなお、そうした恩寵を受け取る、あるいは、そうした経験を持続的な内なる目覚めへと変容させやすくしておく条件をつくり出すには、かなりの時間と努力が必要だろう。目覚めた心が贈り物らしきものとして浮かび上がる地点に達する前に、私たちが目覚めを知り、親しみ、育てることができるようになる心の条件や経験とかかわる方法を育てるのに、私たちはとても多くの時間を注ぐ必要があるかもしれない。第十二章でみたように、ニョシュル・ルントクの目覚めには、彼の師の存在と、純粋な気づきを知る用意ができるまでの長年にわたる瞑想実践の積み重ねられた成果が必要だった。

純粋な気づきの経験が一時的な奇跡以上の何かになるとするなら、心は、それをより持続的な内なる目覚めの状態へと変容させ維持する方法を見つけなければならない。目覚めの可能性である愛は、目覚めた心の自立的で自己強化的なシステムを確立するのに必要な内なる作業を動機づけ、かつ、促す。そうした内的な作業の中心は、瞬間ごとに目覚めの経験を形づくるHOL-ISSMsの持続的な統合である。

この内なる作業は、最初、持続的な意識的努力を要するだろう。しかしやがて、そうした努力の必要性がなくなり、その過程それ自体が命を宿す「引き返せないところ」に達することができる。このとき、瞑想時の状況は、月に向かって地球を離れる宇宙飛行士の状況と同じである。つまり、はじめは、地球の重力圏から離れるためにエネルギーを消費しなければならないが、やがて、月の引力が地球の引力に勝ち、その旅人は月へとますます近くますます早く、難なく引き寄せられていく点に達するのである。[▼1] 快感情は、私たちの進化の歴史によって心のなかの一貫性と結びついているので、内なる目覚めを難なく維持する内面的な活動パターンを導き強化する。つまり、目覚めた心は、現在進行形の存在経験と存在方式、つまり、ポジティブフィードバックの相互連関的循環

☆4 『不可知の雲』（奥田平八郎訳、現代思潮社、一九六九年）より。

▼1 サンガラクシータ〔訳注：イギリス生まれの僧侶・作家〕のこの教えに注意を向けさせてくれたキアラン・サンダース（別名ルチラケートゥ）〔訳注：ケンブリッジ仏教センターのマインドフルネス指導者〕に感謝する。

の内発的な平穏と喜びによって育まれ維持される切れ目のない全体として、生成・再生成されるのである。

◆回帰と再接続の喜び

先にみたように、内なる目覚めには、概念的な認識の中核的な側面を反映する上位モデルから、全体論的直感的な認識の中核的な側面を反映する上位モデルへの転換が含まれる。その転換によって、私たちは、ある経験世界に入る。そこでは、今まさに自分自身がより広い全体——ダイナミックな自己組織的・自己誘導的・自己統制的なシステム——の不可欠な部分であることを経験する。私たちはフローにおいて同じものをみた。そこでは、登山家は「山、雲、太陽の光、岩を摑んでいる指の間を出たり入ったりする小さな虫と一体」だと感じ、外科医は「手術チームの動きと一体」だと感じ、「調和的で個人を超えたシステムの美と力を共有する」。そして、決定的なのは、登山家も外科医も、関心を抱きつつも基本的には独立して分離した観察者として外側から経験しているというよりも、積極的に関与する一部として、そのシステムを内側から経験している、ということだ。

フローでは、私たちは、より広い全体、相互関係性のダイナミックなシステムの不可欠な一部に、密に参加していることに気づくことができる。しかし、その全体が占める範囲は、そのフロー作業の領域——山や手術室——を超えて広がることはない。対照的に、第十二章でみたように、目覚めた心では、私たちは、すべてのダイナミックなシステムに参加し相互につながることに気づくことになる。それはすなわち、「この胸の鼓動は／生きとし生けるものすべての／生と死をきざむ」のである（Nhat Hanh 1993〔2019〕）（強調は筆者による）。生きとし生けるものとあらゆる物事とのこの一如性の感覚——時空を超えて広がる広大でダイナミックで相互につながった全体の不可欠な一部であるという感覚——は、目覚めた心がもつウェルビーイングの内在的な感覚を、多様な方法で促進する。

最も明らかなのは、このつながりと関連性の感覚は、不穏さとかすかな悲嘆の慢性的な感覚に燃料を注ぐ分離と断絶の不快な感覚を一気に解消する。そして次にそれは、幸福への概念的な追求と、それが発生させるさらなる不要な苦しみすべてを停止する。異なる自己やよりよい自己になろうとする追求の裏にある駆動力は、社会的な集団からの分離あるいは拒絶への恐怖である。自分はより広いダイナミックな全体の不可欠な一部であるという気づきがあれば、私たちはつながっていて安全だと感じる。つまり、もはや、幸福への概念的な追求の必要性はない――私たちは、すでに十分受け容れられていて「家にいる〔くつろいでいる〕」ことを発見したのだ。その内在的な所属性の発見と概念的な追求の終わりでもって、私たちは、心からの安堵の感覚、分離の恐怖からの自由、そして、「耐えがたい重荷を下ろした」（囲み13・1）ことの喜びを経験する。

第十一章で、私たちは、親密な人間関係において他者と相互に関係するときの私―神という性質――その「間性」――に気づくようになるために、注意を再調整できることをみた。同様に、内なる目覚めでも、私たちは、生きとし生けるものやあらゆる物事との相互関係性に気づくようになるのを学ぶことができる。D・H・ロレンス[☆5]（Lawrence 1994）の短い詩である『白馬（*The White Horse*）』は、このときに私たちが発見するものを垣間見させてくれるだろう。

その若者は白い馬の方へ歩いていき、馬に頭絡をつける。
馬は若者を静かに見る。
若者と馬は黙ったまま、別世界にいる。[☆6]

すでに私たちの心に存在するHOL-ISSMsに反映される深い相互関係性をいったん感じてしまえば、私たちは

☆5　イギリスの小説家・詩人。
☆6　『D・H・ロレンス全詩集 完全訳』（青木晴男・大平 章・小田島恒志・戸田 仁・橋本清一編訳、彩流社、二〇一一年）より。

その一如性の感覚、それがもたらす安堵と、いつでも再接続するのを学ぶことができる。トマス・マートンが発見したように（第十章）、私たちは、たとえ物理的に他者と遠くに離れていたとしても、内在的な所属性を感じることができる。

私がひとりだと感じるのは彼らがいるからだが、私がひとりだと感じるとき、彼らは「彼ら」ではなく私自身の自己なのである。なぜなら、私は彼らとともに一つだからである。見知らぬ人など誰もいないのだ！

◆無条件の希望

イチジクの木は芽を出さず
ブドウの木に実はならず、
オリーブの収穫はうまくゆかず
田畑で作物はとれず、
囲いの中に羊はおらず
牛房に牛はおらず、
だが私は主を喜び、
救いの主である神をうれしく思う。

――ハバクク書第三章第十七～十八節（Bourgeault 2001）

ハバクク書という旧約聖書のなかの一つに書かれている、まったくの災難によっても消すことのできない内発的な喜びに関するこの類稀なる話によって、シンシア・ブルジョは、彼女が神秘主義的な希望とよぶものについての議論を始めている。彼女が示唆するのは、この性質は、「存在――未来のよい結果ではなく、間近に密接にあるものとの交わりのなかで遭遇し抱擁される直接の経験――と関係がある……それは、強さ・喜び・満足という感覚のなか、心理的なレベルで、私たちのなかで結実する。それは、『存在するという耐えがたいほどの輝き』である」（Bourgeault 2001: 9–10）。

中世の神秘家であるノリッジのジュリアンは、彼女の言葉でこれと同じ根本的な楽観を表現した（T・S・エリオット[☆7]の詩『リトル・ギディング（*Little Gidding*）』のものが最もよく知られている）。それは、「かくてすべてはやがてよし／あらゆるものはすべてよし」[☆8]というものである。こうした楽観は、物事は常に思い通りの結果になるだろう、というような甘い信念ではない。むしろ、それは、目覚めた心の内在的な一体性・安堵・喜びが、どんな状況でも常に手に入るという確信を反映している。ジュリアンは、その確信を、より広く慈悲深い全体に抱擁される感覚として経験したのである。

ＩＣＳの視点からすれば、目覚めた心の無条件の希望は、私たちがより広い全体の不可欠な一部であるという感覚と、目覚めた心の頑強な平静さへの信頼に基づいている。その感覚と信頼は一つとなって、私たちに、バランスを保ちながら人生の嵐や苦難を乗り越えることができるという深い確信を与える。目覚めた心は、クリスティアーン・ホイヘンスが振り子時計で観察した「奇跡的な」効果（第四章）に似た、内在するダイナミックな安定性をもっている。

そこでは、感応する共鳴が、どんな混乱のあとも「常に調和した状態に戻り、その後もずっとそのままでいる」システムのなかで、二つの時計を一つに結びつけた（同調させた）。目覚めた心も、感応する共鳴の緊密に織り合わされたパターンが、個々の要素を一貫性をもって持続する全体へと同調させる（第十二章）（Singer［2013］も

☆7　アメリカ生まれの詩人。
☆8　『詩』（エリオット全集第一巻、改訂版）（深瀬基寛・上田 保・二宮尊道訳、中央公論社、一九七一年）より。

参照)。ちょうどホイヘンスの時計のように、このシステムは、どんな混乱からも素早く回復し、目覚めた心に内在的なバランスと平静さを授ける。

さらに、目覚めた心のHOL-ISSMsが慈悲や無条件の受容といった次元を内包していることから、その内在的なバランスと平静さには、根底にある慈しみという性質が加えられる。この深く根差したダイナミックな一体性の、常に存在し利用できるという感覚は、目覚めた心に対して安堵とウェルビーイングという根本的な感覚を与える。目覚めた心において私たちは、私だとか概念に基づいた努力だとかとはまったく違う、内なる統合的な資源に気づくようになる。その資源は、心を統一し、私たちが不可欠な一部であるより広い一体性へと私たちを再接続させ、内なる平穏の感覚をもたらすのに常に役立つ。私たちは、世界が投げかけてくる苦境がどんなものであれ、愛に満ちたより広い全体、常に存在する「避難所または力、困難なときにまさに存在する助け」(詩篇第四六篇)に抱擁されていると常に感じることができる、と確信している。

無条件の慈しみ・慈悲・善意(愛)

愛という言葉は、多くの意味合いをもっている。最も一般的なレベルでは、それは無欲に価値づける関係をさしている。つまり、すべての全体論的直感的な経験世界を下支えする「慈しみ」や「間性」の関係に類似したものだ(囲み13・2)。ここで私は、ほかの生けるものに対する愛について、より特別に焦点を当てることとする。それはつまり、ほかの生けるものが健やかで、安全で、幸せであること——その生けるものに価値を感じ敬う関係——を望み、意図することである。ほかの生けるものの痛みもしくは苦しみという文脈において、愛は慈悲の形をとる。つまり、その生けるものが苦しみから自由になることを望み、意図する、ということである。

第十章では、目覚めた心における愛の三つの主要な特徴に注目した。

囲み13・3　善きサマリア人の寓話

ちょうどそのとき，イエスを試すためにある律法学者が立ち上がった。「先生，永遠の命を受けるために私がしなければならないことは何でしょうか？」と彼は言った。イエスは，「律法にはなんと書いてありますか？　そこに何が読めますか？」と彼に言った。彼は，「心を尽くし，魂を尽くし，力を尽くし，思いを尽くして主なる神を愛し，自分を愛するように隣人を愛しなさい」と答えた。するとイエスは，「正しい答えです。その通りにしなさい。そうすれば，そのように生きられるでしょう」と彼に言った。しかし，自分を正当化したくて，彼はイエスに，「では，私の隣人とは誰ですか？」と尋ねた。イエスは，「ある人がエルサレムからエリコに下っていく途中，強盗たちの手に落ちると，強盗たちは身ぐるみを剥ぎ，暴行し，半死半生の状態にしたまま，立ち去りました。すると偶然，ある司祭がその道を下ってきましたが，その人を見ると，彼は反対側を通り過ぎてしまいました。あるレビ人も同じように，その場所にやってきてその人を見ると，反対側を通り過ぎてしまいました。しかし，あるサマリア人が旅の途中でその人の近くにやってくると，その人を見て哀れに思い，そばに寄って傷にオイルとワインを注いで包帯をしてやりました。それから彼はその人を自分の家畜に載せ，宿屋に連れていって，介抱しました。次の日，彼はデナリウス銀貨２枚を取り出し，宿屋の主人に手渡し，『その人をよろしくお願いします。費用がもっとかかったら，戻ってきたときに，その分をまた支払います』と言いました。この３人のうち，強盗の手に落ちた人の隣人は誰だと，あなたは思いますか？」と答えた。彼は，「その人に情け深い心を示した人です」と言った。イエスは，「あなたも行って同じようにしなさい」と彼に言った。（ルカ伝第10章第25–37節）

注）この話の重要性を十分に評価するために，サマリア人とユダヤ人は，何世代にもわたって，お互いに憎しみ合い，蔑み合ってきた――そして，司祭とレビ人と強盗の被害者は，全員ユダヤ人である――ということを知っておくのは有効である。

・愛は、無限である。
・愛は、無条件である。
・愛は、感情的なものと同じぐらい（かそれ以上に）、認識的なものであり知覚的なものである。

けがをしたユダヤ人に対する善きサマリア人の反応に（囲み13・3）、私たちは、無条件で果てしない愛と慈しみについての印象的な例をみるのである――それは、異質の文化から来たまったく見知らぬ人にさえも与えられる。

善きサマリア人の寓話の本質的なメッセージは、隣人とは、「情け深い心を示す（show mercy）」人、ということである。シンシア・ブルジョは、『アメリカ・ヘリテッジ英語辞典』によれば、*mercy*という単語は（*commerce*や*merchant*といった単語と同じように）、交換や取引を意味する古代エトルリア語の*merc*に由来する、という有益な指摘をしている（Bourgeault 2001: 23）。そのため、「情け深い心を示すこと」とは、親密な関係をつくって維持するダイナミックで往復的な相互作用のようなものにかかわることとみなすことができる。ちょうど歩くことで道をつくるように、また、親密に関係することで親密さの感覚が生成・再生成されるように、私たちは他者に対して情け深い心を示すことによって、その人にとっての隣人になる。

では、善きサマリア人が傷ついた旅人の苦しみに関与し、その隣人になることができた――司祭やレビ人はできなかった――決定的な違いは何だったのか？

第十四章でみていくように、深い進化的な理由から、私たちはみな、無限で無条件の善意・慈しみ・慈悲への生得的な傾向を脳のなかに備えて、この世に生まれてきている。同じように正当な進化的理由から、誰にも備わっているこの愛は、ほどなく、自分自身と同種の類似した集団の一部である者、つまり私たちが「私たち」とみなした者にほぼ限られた、より選択的なものとなる。

HOL-ISSMsは、分け隔てのない無限の愛への潜在的で内在的な可能性に再接続する手段となる。HOL-ISSMsは、生きとし生けるものを含む「私たち」という輪を広げる（以下参照）。この上位モデルによって、善きサマリア人は、けがをした見知らぬ旅人と慈しみに満ちた関係に関与することができたのである。

HOL-ISSMsはすでに、私たちすべての心のなかにある。それは、私たちの心が人生をとおして静かにつくり上げてきた「隠された宝」である。しかし、私たちの大半は、通常、司祭やレビ人と同じく、善きサマリア人の無条件の慈悲でもって行為しない。より高次の心的モデル――HOL-ISSMsのような――は可能性として私たちの手の届くところに常にあるが、過ぎ去っていく瞬間ごとの知覚や行動のなかにそれが活性化されていたり反映されていたりするときに、私たちはその効果にやっと気がつく。より高次のモデルは、私たちの感情や行為にこのようなやり方で影響するようなら、いろいろなやり方でオンライン接続しておく必要がある（囲み13・4参照）。

善きサマリア人実験（囲み13・4）では、より高次のサッカーサポーターの心的モデルをプライミングすることによって、マンチェスターとリバプールのサポーターに共有される共通のアイデンティティが強調された。そう

囲み13・4 「善きサマリア人」実験

2005年に，心理学者のマーク・レヴィン，アミー・プロッサー，デイビッド・エバンス，ステファン・レイシェルは，善きサマリア人の寓話に大まかに基づいたある調査研究を報告した。2つの実験のうちの第一実験では，英国のサッカークラブであるマンチェスター・ユナイテッドのファンが，マンチェスターのサポーターであることについて尋ねる質問紙に回答した。この質問紙は，マンチェスターのサポーターとしてのアイデンティティに関連する心的モデルを活性化した（心理学の専門用語では「プライムした」），と仮定することができる。その後，実験参加者であるファンは，別の建物に歩いて移動した。道中，彼は，入念に仕組まれた出来事に遭遇した。それは，ジョギングしている人（サクラの俳優）が滑って転び，足首を摑んで，痛みで叫んでいる，というものだった。

その俳優がマンチェスター・ユナイテッドのシャツを着ている場合，参加者（彼自身はマンチェスターのサポーター）の92%が援助を申し出た。その俳優がリバプール（そのころの，マンチェスターにとっての最大のライバル）のシャツかあるいはブランドものでない無地のシャツを着ている場合，たった30%ぐらいしか援助しなかった。

第二実験でも，マンチェスターのサポーターは同じように質問紙に回答した。しかし，このときは，質問紙は一般的なサッカーへの愛（ほかのマンチェスターのサポーターとも，また，重要なのは，リバプールのサポーターとも共有できるもの）を強調するものであった。すると，参加者のうち援助を申し出たのは，俳優がマンチェスターのシャツを着ている場合は80%，リバプールのシャツを着ている場合は70%であったが，無地のシャツを着ている場合は22%だけであった。

これらの実験で観察された結果のパターンが示唆するのは，参加者と「けがをした犠牲者」の間の援助的なつながりは，両者を含みうる心的モデルの入手可能性に依存している，ということだ。第一実験において，マンチェスターサポーターのモデルは，参加者とほかのマンチェスターサポーターの両方を含んでいたが，第二実験における，より一般的なサッカーサポーターのモデルはリバプールサポーターも含んでいた。ただ，重要なのは，もしそうしたモデルに反映される包含的次元がつながりという絆を築くのだとしたら，それが活性化されて，参加者がその瞬間の状況を見てそれに反応する仕方へと統合されなければならなかった。つまり，サッカーサポーターのモデルは第一実験の参加者の心にもすでに存在するのだが，そのモデルが第二実験の適切な質問紙によってプライムされた場合に限り，マンチェスターサポーターばかりでなくリバプールサポーターも援助の輪に包含されることにつながったのである。

サッカーサポーターのモデルは，より高次の，より包含的なレベルの心的ホラーキーがその瞬間の即時的な状況に反応することに積極的にかかわるまで「隠されていた」ということができるだろう（第12章の，リカールとシンガーの「十分に発揮されるよう，私たち人間の可能性には適切な条件が整えられる必要がある」とこれを比較せよ）。

した絆やつながりの感覚が手がかりとなって、援助の申し出が促進された。第一実験では、マンチェスターのサポーターは、リバプールのシャツを着ているサクラの俳優[☆9]をライバルとみなし、援助を差し控えた。第二実験では、サッカーサポーターモデルのプライミングのあと、そのサクラはもはやライバルとみなされることなく、むしろ、援助を必要としているサッカー愛好家仲間とみなされた。

マーク・レヴィンの実験は、より高次の、より包含的なレベルの心的ホラーキーに注意を転換することによって、他者との関連性の感覚——と、他者の苦しみに対して慈悲的に反応しようとする意志——を広げることができる、ということを示唆する。そこには、私と他者が共有するものを反映する、より高次の心的モデルが存在する。このモデルが活性化される（プライムされる）とき、瞬間ごとの経験への統合は、その共有する性質を強調し、私たちをより広い同じ全体の一部として一つに結びつける。その全体は、（サッカーサポーターであるという）共有されたアイデンティティかもしれないし、親密なあるいは隣人的な関係における相互関係性というシステムかもしれないし（囲み13・3）、あるいは、のちほどすぐみるように、この瞬間の意識的な経験という私たちの全体世界かもしれない。

第十一章において、私たちは、以前の親密な関係から抽出された一般的なモデルが、各々の新しい関係におけるより特定的なシステムモデルの発達を導く青写真をいかに与えるか、をみてきた。一般的なモデルはこのようにきわめて重要な形成的役割を果たすけれども、私たちは通常、その活動に気づかない。それは、まったく意識の背景にあるままなのである。しかし、私たちは、それに注意を払うことを学ぶことができる——第十一章で議論した、洞察対話の開放段階のように。そして、私たちがそうするとき、その関係における私—神という性質——その他者からの分離という感覚が溶けて、その関係がより深いレベルのつながりへと質的に転換するときの、経験における顕著な変化——に気づくようになる。

私たちは、持続的な意識の経験にも同じパターンをみることができる。HOL-ISSMsは、それまでの持続的な非道具的気づきの経験すべてから抽出される中核的な特徴を反映している。それは、各々の新しい気づきの経験を育み維持する一体化のより特定的なシステムを導き力づける非常に一般的なパターンを与える。同じように、私たちは通常、その活動、あるいは、それが内包するダイナミックな統合・智慧・慈悲という次元に気づかない。しかし、ふさわしい条件のなか、適切な導きがあれば、私たちはそれが存在する心的ホラーキーの最も高いレベルに注意を払うよう学ぶことができる（第十四章にて、私は、このふさわしい条件についてさらに述べるつもりである）。このようにして活性化されることで、HOL-ISSMsは瞬間ごとの気づきの経験を形づくる一体化へと密接に統合される。こうして経験は、言葉では言い表せない性質で満たされる。それは、「純粋な気づき（pure awareness）」「あること（presence）」「今（the Now）」「静けさ（stillness）」「静寂（silence）」といったような名前がさすものである。

　HOL-ISSMsが活性化され、刻一刻と気づきを育み維持するシステムに統合されることで、あらゆる経験面での関係を大いに変化させる——そこには、私たちが出会うほかの生けるものも含まれる。活性化されたHOL-ISSMsは、その瞬間の経験のあらゆる側面にとって何が共通しているかを強調する。各々の側面は、私たちの持続的な意識経験を形成するダイナミックな相互関係性と相互関連性（「間性」）のより広い同じシステムの不可欠な一部である。そのようにともに参加することは、すべての生けるものとすべてのほかの経験面に私たちをつなぐ、普遍的な絆を築く。私たちは、そのつながりを直接的に知覚し感じ取る。すべての生けるものが「私たちの一部」となる。このようにして、私たちは、分け隔てのない無限の愛——私たちの前に現れる生きとし生けるものを慈しみと慈悲という輪のなかに受け容れ、包み込むよう動機づける愛——という生まれ持った才能に再びなじむようになる（ここでの状況は、親密な関係における状況に類似している。そこでは、同じダイナミックなシステムにともに関与しているという意識が、私—神という経験のなかにお互いを密接に結びつけ、分離の感覚を溶かす）。

　目覚めた心の経験世界では、自己と他者はより大きな同じ全体の不可欠な一部として密接につながっている——

☆9　実験協力者。

それはちょうど、私の手と足もまた、私の身体というより大きな全体の不可欠な一部として密接につながっているように、である。そして、私の手が私の手を「自然に」労わる——足が痛むときはそれをやさしくさすり、痛みを和らげる——のと同じように、ほかの生けるものを私自身というより広い同じ経験世界の一部とみなすとき、私もほかの存在を「自然に」労わるのである。▼2

　こうした視点から、カル・リンポチェの、ともすれば不可解な「何ものでもないということは、何ものでもあるということだ」という言葉は、まったく筋が通っている。つまり、目覚めた心では、分離して観察する私がなくなって（囲み13・1）、私たちの「私（I）」は瞬間ごとの経験からなる全体的で分割できない相互につながった世界でもあるために、私たちは何ものでもあるのだ。私はこの世界とその住人を、私自身のために思いやる——私は、（私の経験全体である）この世界に住むほかの自己も幸福で、健康で、苦しみから解放されて初めて、幸福になることができる。私は、私が安堵とウェルビーイングを感じられるように、ほかの自己の安堵とウェルビーイングを願う。私たちは、自分自身として隣人を愛する。なぜなら、この経験世界では、隣人は自分自身であるからだ。そして、私たちが他者に慈しみを申し出る——情け深い心を示す——とき、善きサマリア人の寓話のように、その申し出それ自体が、その瞬間、私たちの間の慈しみに満ちたつながりというよりダイナミックな絆を生み出し、強めるのである。

「すべてのなかにすべてを」みる

　人がただ理解するのはいつなのか？　私は、「あるものは別のものと分離していることを知ったとき」と答える。では、人がただの理解を超えるのはいつなのか？　私がいえるのは、「すべてのなかにすべてをみたとき、人はただの理解を超える」ということである。

──マイスター・エックハルト（Huxley 1945/1985: 84）

第十章において、私は、目覚めた心のあらゆる側面は、あらゆる経験の中心にある同じ大切な「何か」をみる能力に左右されると示唆した。すべてなるもの、変転する世界の静止点、みなに宿る神のそれ、仏性、などと時によばれる、この何か（それは物ではない）はきわめて美しく価値が高い。

HOL-ISSMsは、その「すべてのなかにあるすべて」とは何かを理解し始める手立てとなる。さらに説明するために、以前に第三章で体験した*Takete*と*Ulumoo*のエクササイズに戻るのは有益だろう。そこでは、変化率という背景的次元が、ギザギザの形は*Takete*という音あるいは*Ulumoo*という音とどちらにより類似しているかをいかにして私たちの心が素早く容易に判断するか理解する手立てを与えていた、ということが思い出されるだろう。心的ホラーキーのより高次のより包括的なレベルに焦点を当てることで、私たちの心は、より低いレベルではまったく違ってみえる視覚と聴覚のパターン間の「隠れた」類似性を発見することができた。

心的ホラーキーの各レベルにおいて、より高いレベルの全体は、その全体に寄与するより低いレベルの部分によって共有されるある側面を反映・内包している。HOL-ISSMsは、心的ホラーキーの最も高いレベルに座している。それは、広大な範囲からなるそれまでの持続的で非道具的な気づきの経験の基礎をなすあらゆるシステムモデルによって共有される、純粋でダイナミックな本質を有している。*Takete*と*Ulumoo*のエクササイズにおける変化率の次元のように、その共通の性質──すべてなるもの（the All）──は「隠されて」いて、心的ホラーキーのより低いレベルではまったく違ってみえるかもしれない形で現れる。ライナー・マリア・リルケ[☆10]（Rilke 1997）は、これと同じ根本的なパターンを暗示している。

▼2　同じような比喩は、伝統的な教えのなかで広く用いられている（たとえば，Shantideva 1979）。
☆10　オーストリアの詩人。

あなたは、あらゆるものの深い内面性であり、
けっして語りえない最後の言葉である。
私たち一人ひとりに、あなたは違った形で現れる。
船には海岸として、海岸には船として。（Rilke 1997: 119）

とはいえ、最も重要なのは、より低いレベルのシステムモデルすべてと、それが維持する膨大な種類の経験が、HOL-ISSMsに反映される同じ中核的な特徴を内包していることである。ルーミーは次のようにいっている。

あらゆる木々の枝はそよ風に吹かれて別々に動くけれども、
揺れているとき、
それは根っこでつながっている。（Bark 2001: 32）

HOL-ISSMsを活性化することによって、あらゆる持続的な気づきの経験を貫く共通の糸として、この基礎にある家族的類似性――「すべてのなかのすべて」――が強調される。その糸は、多くの異なる経験の相を一つに結びつけて、広大で相互依存的でダイナミックな全体にする。私たちはその全体を、前章で引用したティク・ナット・ハンの詩『私を本当の名前で呼んでください（*Please Call Me by My True Names*）』のなかに垣間見る――実際、私たちは、その詩の「私（I）」を、まさにすべてなるものの声としてみるだろう。

そして、すべてなるものの普遍的な存在を認識するとき、私たちはまた、どんな種類の経験の非道具的な気づきも、すべてなるものへの潜在的な入口として――背景に「隠れている」HOL-ISSMsにつながり、それを顕わにする機会として――みるようになる。図13・1は、あらゆる持続的な気づきの経験に含まれる心的ホラーキーの頂点にあるHOL-ISSMsの位置を図で説明している。

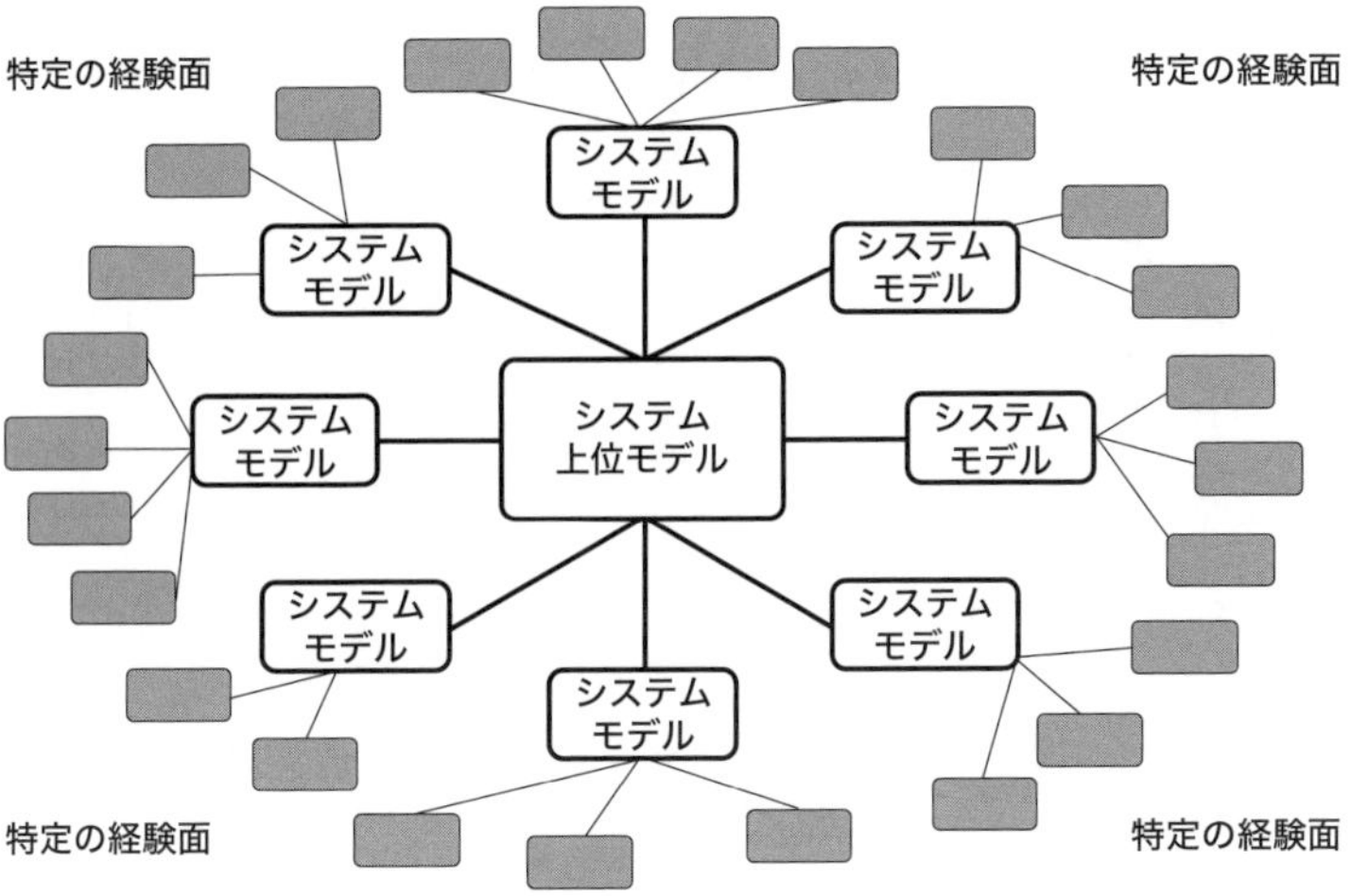

図13・1　全体論的直感的システム上位モデル（HOL-ISSMs）は，非道具的な気づきの経験を生み出すすべての心的ホラーキーの頂点に座している。その点を明確にするために，より低いレベルの心的ホラーキーは示していない。

あらゆる非道具的な気づきの経験は、最も高いレベルにあるHOL-ISSMsに含まれる、中核となるダイナミックなパターンを反映している。こうした経験のすべて――魅力的でなかったり、快くなかったり、楽しくなかったりするものでさえも――、純粋な気づきへ向かう可能性のある道、ヤコブが夢に見た天まで届くはしごを提供する。トマス・マートン（Merton 1966: 158）が発見したように、「天国への門はどこにでもある」。私たちの経験がどんなにみすぼらしく、悲痛で、あるいは、ありふれていようとも、私たちの隠された宝がそのなかに埋もれて待っているのである。禅師の龐居士は、「水を引き、木を切る」という「すばらしい活動」に彼の門を見つけた（Watts 1957: 133）。ニョシュル・ルントクは、空に輝く星を見ることに、吠える犬の声を聞くことに、そして、師の声を聞くことに、彼の門を見つけた。

しかし、それは私たちによくある経験ではない。

親密な関係において、私たちは、より高次の関係モデルの活動と結びついた私─神の微妙な感覚を、通常は経験しない。ただ、そうしたモデルに注意を払うことを学ぶことはできる──そうすることで、私たちは、その関係におけるより深いレベルの交わりを発見する。善きサマリア人実験において（囲み13・4）、より高次のサッカーサポーターモデルはすでに、マンチェスター・ユナイテッドのサポーターの心のなかに存在した。しかし、それは、プライムされた場合に初めて、リバプールサポーターへの援助の提供に導いた。そのときだけ彼らは、マンチェスターサポーターがリバプールサポーターをライバルというよりもむしろサッカー愛好家仲間としてみなすようにさせるレンズを着けていたのである。

同様に、HOL-ISSMsは背景にありながら、私たちがそうした上位モデルを瞬間ごとの経験に統合することを学ぶまで、私たちの生活に限られた影響しか与えないだろう。したがって、心を目覚めさせることで、私たちは、心的ホラーキーの最も高いレベルに反映される最も微妙な経験の質に気づくようになる。つまり、私たちは、HOL-ISSMsに含まれるダイナミックなパターンを感じるのである。私たちは、すべてのなかにすべてをみる。そして、喜びとともに、私たちは、そのすべてからなる普遍的なダンスに加わるのである。

加えて、私たちはすべてのなかにすべてをみることについて話しているかもしれないが、そのみることというのはそれ自体、ダンスのダイナミックな反映──「そこにある別のもの」の受動的な目撃というよりも、進化する全体の一部としての他者との積極的な関与──である。HOL-ISSMsは、持続的な気づきの経験から抽出された本質を反映する。その気づきの基礎は、もちろん、全体論的直感的な認識の共鳴による認識である。それは認識の本質的な関係形式であって、そこでは、知るものと知られるものがお互いに相手や両者の関係によって変化をもたらす。重要なのは、ジョージ・フォックスが仲間のクエーカー教徒に、「世界中を元気よく歩き、あらゆる人のなかにある神のそれに答える」（強調は筆者による）よう奨励した、ということだ。つまり、すべてのなかのすべてを知る方法は、それとかかわることである。感応する共鳴・関与・相互作用は、「類は友を呼ぶ」ように、すべてなるもののさまざまな反映を一つにまとめる。もっといえば、それは、この瞬間のすべてのなかにあるすべてを──見るというよりもむしろ──感じるという状態である。

私たちの大半にとって、HOL-ISSMsは、脳のなかで眠った状態にある。起きた状態にそれを目覚めさせる（プライムする）ことが、内なる目覚めの中心に位置するものである。HOL-ISSMsがオンライン状態になって瞬間ごとの経験に統合されるとき、それは私たちが知覚し関係する各々の経験をみるレンズ（心的モデル）を根本的に変化させる。このとき私たちは、この瞬間目の前にいる他者の内なる価値と美しさを――すべてのなかにすべてを――みる。私たちの大半の心は、このようにプライムされることなく、貴重な「あらゆるものの深い内面性」を見損ねている。

ＩＣＳの視点が示唆するのは、心を目覚めさせる道の根本的な目的は、HOL-ISSMsをプライムし、それをオンライン状態にし、私たちの内と外に広がる瞬間ごとの世界をみたり、それと関係したりする仕方にその解放する力を組み込むことでなければならない、ということだ。第十四章では、その視点から内なる目覚めへの道を探究する。

第十四章　目覚めへの道

私たちの存在の中心は、無という点である。それは、罪によっても幻覚によっても触れられない、純粋な真実の点である……それは、私たち自身の心の空想にも、あるいは、私たち自身の意志の残忍さにも近づかない。無というこの小さな点は……純正のダイアモンドのようなものであり、天の見えない光で輝いている。それは誰のなかにもあり、もし私たちがそれをみようとすれば、無数の光点が一つになって太陽のように輝き、人生のあらゆる暗闇と残酷さを完全に消し去るのをみるだろう……私はこうしてみるためのプログラムをもっていない。それは与えられるのみである。ただし、天国への門はどこにでもある。

——トマス・マートン（Merton 1966: 158）

あなたがどんなスピリチュアルな道を追い求めていようと、変容の要点は結局、まったく同じにみえるようになる。それは、降伏、無執着、慈悲、許し、である。あなたがクリスチャンであろうと、仏家であろうと、ユダヤ教徒であろうと、イスラム教神秘家であろうと、ヒンズーの托鉢僧であろうと、あなたの本当の心があるところへたどり着くために、やはり同じ針の穴を通ることになる。

——シンシア・ブルジョ（Bourgeault 2003: xvii）

これら二つの引用は、二つの非常に異なるメッセージを私たちに与えているようにみえる。一方で、トマス・マートンは、私たちの存在の中心にある純正のダイアモンドをみるようにするプログラムはないことを示唆する。このようにしてみるのは、ただ「与えられる」のみだと。他方で、シンシア・ブルジョは、「変容の要点」――降伏、無執着、慈悲、許し――はあらゆるスピリチュアルな伝統に共通している、と指摘する。それは、あなたの本当の心があるところへと至る針の穴を通る道を提供する、と彼女は示唆する。

ＩＣＳは、これら二つの一見矛盾する立場を調和する手立てとなる。マートンは、私たちの存在の中心にある純正のダイアモンドをみるプログラムがないと示唆するなかで、私たちの習慣的で目標志向的な方略をとおして目覚めることを実感するのは重要であるという事実を強調している。こうした方略――しばしば努力や「私たち自身の意志の野性」によって駆動される方略――は、注意深く計画立てられた段階的プログラムに依存していて、やることリストの項目を順に当たっていくように、私たちを一つの下位目標から次の下位目標へと導く。こうしたアプローチは、私たちの生活のほかの領域では非常に強力なのだが、この領域では、それが概念的な認識に頼っているという単純な理由から、失敗する運命にある――そして、そのような認識方法に頼ることが、内なる目覚めの最大の障害なのである。

一方、私たちは目標を達成するかのように目覚めを実現することはできないけれども、庭師のように、適切な条件――「降伏、無執着、慈悲、許し」――をがまん強く育てることはできる。それらによって、私たちの貴重な人間的可能性がそれ自体のちょうどよいタイミングで花開くことができるようになる。目覚めへの道によって私たちは、非常に巧みに目覚めることのできる方向へと導かれるのである。

私たちの道

人間は……自分以外のものとは分離したものとして，意識におけるある種の視覚的な妄想として……自分自身を経験する。この妄想は監獄のようなものであり……私たちの課題は，あらゆる生き物と自然全体をその美しさのなかに包み込むように慈悲の輪を広げることによって，この監獄から私たち自身を解放することでなければならない。

——アルバート・アインシュタイン（Sullivan 1972）

私たちは，内なる目覚めを育むことによって，分離という幻想の監獄から自由の身になる。ＩＣＳの視点が示唆するのは，実際のところこれは，眠っているHOL-ISSMsをやさしく起こし，できるだけ，瞬間ごとの経験の形成にHOL-ISSMsを統合するのを支える，ということである。

普段，HOL-ISSMsは，私たちが周囲の世界を経験したり，周囲の世界と関係したりする仕方にほとんど影響を与えない。しかし，HOL-ISSMsは，持続的で非道具的な気づきの経験すべての背景に存在し，発見されることを待ち望んでいる。これらの経験のいずれも——たとえ平凡だったり，魅力的でなかったり，快くなかったり，楽しくなかったりするものでさえも——内なる目覚めへと至る可能性のある入り口を提供する。つまり，「天国への門はどこにでもある」のである。心を目覚めさせるために，山の洞窟に引きこもる必要はない。原理上，どんな経験でも，正しくアプローチすれば，潜在的なHOL-ISSMsを起こし，私たちの精神を解放し，心を開放する機会となる。

では，眠っているHOL-ISSMsが目覚める条件とは何だろうか？　第四章の「ジョンは学校に行く途中だった」

エクササイズで、私たちは、貯蔵された心的モデルに関連する情報の断片が、パターン完成の過程をとおして全体のモデルを目覚めさせることをみた。同様に、善きサマリア人実験でも、関連した質問紙の情報に触れることが、記憶内にあるサッカーサポーターの心的モデルをプライムするのに十分であった。このモデルはその後、「けがをした」ジョガーへの反応を形成した。

同じように、HOL-ISSMsに含まれる全体的な情報パターンの部分的な側面だけを反映する状況は、HOL-ISSMsが私たちの生活により積極的に関与することを支える条件を生み出すことになる。そうした状況には、たとえば、概念的な認識よりもむしろ全体論的直感的な認識が心のなかで広範な影響力をもっている状況が含まれるだろう。つまり、愛・慈悲・つながり・非分離といったテーマが支配的な状況だとか、目標へと向かう努力、マインドワンダリング、自己没入のほとんどない状況だとか、である。こうした状況は、潜在的なHOL-ISSMsが目覚め、瞬間ごとの経験の形成に対してより積極的に関与するようになる可能性をもたらす。

物事をこのようにみると、つながった心・慈悲・愛・智慧は、目覚めた心の中核的な特徴というだけではない。それはまた、すでに私たちのなかに存在する内なる目覚めへと至る隠された可能性を現実化する方法をも提供する――それは、手段でもあり目的でもあるのだ。ここでの目覚めへの道と目覚めた心との関係は、いわゆる、外科医になる訓練をすることと有能な外科医であることとの関係とはだいぶ異なる。外科医の場合、関連する知識やスキルを獲得するために費やした年月は、やがて、効果的な遂行を導く広範囲にわたる心的モデルを組み立てる。その過程は、関連するスキル一式を段階的に構築していくものである。対照的に、目覚めの場合、HOL-ISSMsはすでに私たちの心のなかに存在する。たとえば、私たちが慈悲を涵養するのは、要素を集めて少しずつ目覚めた心を「構築」するための段階的なプログラムの一部としてではなく、むしろ、すでに存在しているHOL-ISSMsへの接近をプライムする上手な方法として、である。受容・慈悲・智慧を愛することもまた、私たちが遭遇する広く多様な範囲からなる状況に反応する仕方へとHOL-ISSMsを統合するのに主要な役割を果たす。

ICSの分析から、目覚めにおける基本的な過程はある意味で――目覚めた心を努力して段階的に構築するというよりもむしろ――私たち全員の心のなかにすでに存在する統合のダイナミクスを顕在化させることだ、ということが示唆される。それでもやはり、私たちは、人生におけるあらゆる状況にHOL-ISSMsを統合することによって、内なる目覚めを維持する方法を学ぶ必要がある。しかし、鍵となる過程はある種、すでに存在している才能を発見し、それぞれの新しい状況にそれを用いる最善の方法を探究することである。この過程は、目覚めた心を構築するための段階的プログラムのやることリストを黙々と苦労してこなしていくよりも、軽やかで、楽しく、喜びに満ちていると感じる。

ＩＣＳの分析はまた、目覚めた心をみてそれと関係する道が時に訓練なしでいかに開くか、を私たちが理解する手助けとなる。たとえば、ダグラス・ハーディングの、「頭がないこと」との最初の遭遇だとか、サム・ハリスの、ドラッグのＭＤＭＡを摂取したあとの無限の愛の経験だとか、臨死体験（Pennachio 1986）や瀕死体験（Sign 1998）だとか、あるいは、左側の脳卒中の後遺症（Taylor 2008）といったものさえもある。こうした状況において、どういうわけか、すでに存在しているHOL-ISSMsが活性化し、目覚めた心の諸側面と似たような経験を形成する。しかし、こうした種類の経験は、長続きしないか、その人の人生の残りの部分に一般化し損ねる傾向がある――そしてもちろん、幻覚剤を摂取すること、脳損傷に苦しむこと、あるいは、ほかの有害だったり有害な可能性があったりする経験を潜り抜けることは、心を開放する理想的な方法とはほど遠い。持続的ですべてを包み込む内なる目覚めを経験するために、私たちの大半は、潜在的なHOL-ISSMsがより活性化して日常経験のなかに統合されるようになる可能性が高い条件を意図的に整える必要があるだろう。こうした条件を涵養する方法を学ぶことは、目覚めへの道すべての中心にある。

異なる道は、HOL-ISSMsの異なる側面を強調するかもしれない。ある者は慈悲を強調し、ある者は智慧を強調し、ある者は献身を強調するだろう。同様に、個々人は、より強い個人的な親しみを感じる性質を強調する、あるいは、最も強く心に響く性質を強調する道に、自分自身が自然と惹かれるのに気づくかもしれない。しかし、ある鍵となる特徴は、すべての道を横断してくり返される傾向がある。ここで私たちは四つの共通する要素に焦点を当てる。それは、倫理的行動・手放すこと・慈悲・愛、である。目覚めた心を生じさせ持続させるのにそれぞれが寄与しているのを理解するのに、ICSの視点がいかに有効かを探究していくこととする。

倫理的行動

親愛なる友よ、私たちはともに歩むための規則あるいは形式としてあなたたちに物事を課すことはなく、物事はすべて、純粋で神聖な光という手段によって導かれるだろう。そのように光のなかを歩き、かつ、とどまるとき、そうした物事は霊（Spirit）のなかで成就するのであって、文字（letter）で成就されるものではない。文字は人を殺し、霊は人を生かす。（一六五六年にバルビー〔ドンカスター〕でのクエーカーの長老たちの会議によって出版された、「北の同胞」への書簡に対する追記）

——『クエーカーの教義と実践』（2013: Chapter 1.01）

経験は心に先行され、心に導かれ、心によってつくられる。もし不純な心で話したり振る舞ったりすれば、荷車の車輪が（荷車を引く）雄牛のひづめを追うように苦しみが追ってくる。

経験は心に先行され、心に導かれ、心によってつくられる。もし純粋な心で話したり振る舞ったりすれば、けっして離れることのない影のように幸福が追ってくる。[1]

——法句経第一～二偈（Sangharakshita 2008）

倫理的行動は、二つの側面に分けて考えるのが有効である。一つは、ある個人の顕在的な行動——実際にその人が言うことやすること——が倫理的な指針に従っているかどうか、である。文化的に合意された倫理的な指針は、私たちが調和的に共生するのに役立つ。それはまた、他者による有害な行為から個人を守ることになる。このレベルの倫理は、それが誰にでも重要であるのとまさに同じように、内なる目覚めを求める人にとっても重要である——特に、カリスマ的な「スピリチュアル」系の師による十分裏づけされた虐待に鑑みれば、それはその通りである。

しかし、「戒律の文字」を排他的に重視し注目することは、それ自体が問題となる。一六五六年にバルビーのクエーカーの会議で長老たちが記したように、「文字は人を殺す」のである。任意の規範や伝統への執着は、それに従わない人への厳しい評価的判断をともなって、人をだめにしてしまう独善性をもたらすことが多い。これは、さらなるスピリチュアルな発展を妨げたり、私たちとまわりの人とを断絶したりする。

ここで、倫理的行動の第二の側面——背景にある意図——が作用する。もし私たちが、瞬間ごとに自分の行動を動機づける意図に敏感に気づきながら倫理的な指針に近づくことができれば、それは強力な実践の道を提供することになる。私たち自身が、倫理的な指針や教訓と相容れないやり方で行動したり、あるいは、行動したいと思ったりすることに気づくことは、自分の心のなかで進行していることをもっと注意してみるための強力な警鐘となりうる。

非倫理的行為——言葉や行為で他者を害したり、自分のものでないものを盗ったり、虚偽を話したりするようなこと——は、欲望や悪意という背景的な意図、あるいは、自分が実際にしていることについての自己欺瞞的な知覚をさしていることが多い。そうなると、これらは、異なる自己になろうとする概念的目標志向的な追求が要求することを反映している可能性が高い（第一章）。こうした要求によって、私たちは——たとえコストがどれだけかかろうとも——自分と目標との間に立ちはだかる障害を取り除いたり、永遠の幸福という間違った約束を提

▼1　仏教の伝統において、「純粋な」心とは、貪・瞋・痴（greed, hatred, delusion）という「毒（defilement）」から自由な心ということである。純粋な心は、慈愛・慈悲・出離（手放すこと）という健全な意図をもっている。それは、物事をはっきりとみる。つまり、「ありのままに」みる、ということだ。

供する願望対象を手に入れて手放さないよう努力したりすることに駆り立てられるだろう。ひとたびそのような概念的に駆動された追求のなかで迷うと、私たちの心は、マインドフルネスや内なる目覚めの本質的な基盤である全体論的直感的な認識へと変わるのに苦労することになる。

私たちが常に倫理的な指針を「心の奥に」正しくもって「戒律の魂」――各々の教訓と関連する、背景にある健全な意図――に従えば、そうした指針は私たちの実践を力強く支えてくれる。受け容れられている倫理的な教訓と相容れない衝動や行為傾向にマインドフルに気づくことは、背景にある不健全な意図についての初期段階の警告システムとなる。そうした意図は、内なる自由や真の幸福の涵養に対する大きな困難をもたらす。つまり、「荷車の車輪が雄牛のひづめを追うように」苦しみがそれらを追ってくる。そうしたものの存在が警告されることによって、私たちは、そうした困難に対処するために適切な行為をとることができるのである。

また、倫理的な指針によって、私たちはより健全な意図を培う機会に注意が向くようになる。やさしく、寛容で、慈悲深いのは「いい」ことだという考えを心にとどめることによって、私たちは、そうした意図を育て行為で具現化する機会に敏感になる。すると、そうした健全な意図は、HOL-ISSMsをプライムし維持するための「適切な条件」を生み出す一部となる――そして、それによって、「けっして離れることのない影のように」「純粋な」心についてくる幸福を呼び起こす。ブッダは、彼の最も印象的な教えのなかで、寛容で倫理的な行為の卓越した力を明確に示している。

> 生けるものが、私の知るように、与えたり分け合ったりすることの結果を知っていれば、与えることなくして食べることはないだろうし、利己心という汚点が心を圧倒してしまうこともないだろう。たとえそれが最後の一噛み、最後の一口であろうとも、分け与えることなくして食べることはないだろう、もしその贈り物を受け取る誰かがいるのなら。（如是語経[2]第二六章）（Ṭhānissaro 2013b）

伝統的な道において、詳細に説明される倫理的な指針に従うという規律は、健全な意図を養い、不適切な意図を手放すことの価値――そして、何よりも、実践的な行為のなかにその意図を具現化する必要性――を常に思い出させる。（このあとすぐ議論する）慈愛の瞑想のような実践によって心のなかに健全な意図を新鮮に生き生きと保つのは有益である一方で、実際にそうした意図を行為に移すことは、関連するより広範囲で持続的な情報パターンを心と身体のなかに生み出すことになる。健全な意図と組み合わさることで、そうしたより幅広いパターンは、意図だけの場合よりも、HOL-ISSMsをプライムして維持するより大きな力をもつ。

倫理的な行為に対する規律的な誓約なしには、私たちはけっして、他者との関係という現実において、瞬間ごとに、健全な意図を維持できないかもしれない。つまり、私たちはけっして、これはするべきよいことだろうという一般的な観念の枠を超えないかもしれない。とりわけ、ダライ・ラマは、「この日一日の私の行為一つひとつが、生きとし生けるもののためにあらんことを」というように、その日をとおして倫理的な行為をとることを誓約することでその日一日を始める。

最後に、まさにマインドフルネスと同じように、倫理的行為への誓約は、「正しい自己」（第一章）になるために概念的に駆動された追求によって簡単に乗っ取られてしまうのを覚えておくことが重要である。このリスクは、目覚めへの道に含まれるあらゆる実践に内在している――ただ、その危険は、健全な意図を養うまい方法として倫理的な指針を用いる際に、特に知らぬ間に進行しているだろう。私たちの実践は、セルフ・ディスクレパンシー理論の自己指針によって規定された「よい自己」になろうとする追求に危険なほど近づく可能性がある――それが生み出すあらゆる苦しみをともなって（第一章）。

「自己改善」計画の一部として倫理的な指針に従うことは、「文字通り」倫理的な指針を観察することに誇りをもつ人に、自信満々で教条的な独善性を育てる肥沃な土壌を与えてしまう。すると、そういう人は、なんらかの理

▼2　如是語経（Itivuttaka）は、テーラワーダ仏教〔上座部仏教〕のパーリ仏典の一部である。

由でその基準を満たし損ねている「劣った」存在を見下すようになる。そうした独善性にともなう当然の嫌悪は、倫理的な指針の有効な活用という潜在的な力を限定的にしか理解しないことも相まって、実践における倫理的な次元に対する興味の欠如をもたらすだろう。批評家たちは、マインドフルネスの現代の主導者たち——特に、マインドフルネスのより実用的で実践的な応用に主として興味のある人たち——の間にそうした欠如がみられることを指摘してきた（Stanley, Purser, & Singh 2018）。

手放すこと

汝自身がしようとすることをあきらめよ（give over）、汝自身が走ろうとすることをあきらめよ、汝自身が何かを知ったり何かになったりしようと望むことをあきらめよ、そして、神が心のなかに蒔いた種へと身を沈め、それが汝のなかで育ち、汝のなかにあり、汝のなかで呼吸し、汝のなかで行為するようにせよ。そうすれば汝は心地よい経験によって、主がそのことを知り、そのことを愛し、そのことを認め、主の一部分である命の継承をもたらす、ということを知るだろう。

——アイザック・ペニントン[☆1]（『クエーカーの教義と実践』）（2013: Chapter 26.70）

手放すこと、そしてそれに近い関係にあるもの——執着しないこと、出離、降伏、許し——はすべて、心の形態における同様の基本的な転換を含んでいる。つまり、私たちは意図的に、概念的な統制的処理を握った手を放し、全体論的直感的な認識に管理を任せるのである。執着しないことと出離において、第一の焦点は、より幸福な自己になろうと駆動された追求から心を解除することにある。すなわち、私たちは、欲しいものを手に入れようとしたり、あるいは、恐れるものを一掃しようとしたりする努力を手放す、ということである。許しにおいて、その焦点は、物語的自己による過去のけが、裏切り、あるいはネグレクトなどについての痛みをともなう強迫的な反すうから、自分自身を解放することにある。「苦しみと憎しみが充満した生活を送るということは、燃えている家に閉じ込められているようなものだ……［許しとは］ドアの鍵を自分自身の手に持っているのを思い出すことである」（Feldman 2005: 64）。また、降伏においては、概念的な統制的処理である「私（me）」が、管理を「他者（Other）」へと「明け渡す（give over）」のである。有神論的な伝統では、この他者とはある種の高次の存在であり、無神論的な伝統では、この他者とはある形のより深い愛や智慧である。

手放すこと・許し・降伏を実践するとき、私たちは、概念的に駆動されて努力することや強迫的に物語ることといった要求からの緊急避難路となる意図とスキルを養う。私たちは、マインドフルネスや内なる目覚めの本質である内的な実行資源を解放する。そして、非道具的な気づきのときの心と似た形態の心を育むことによって、HOL-ISSMsをプライムする方法を見つける。HOL-ISSMsをプライムするこの方法は、渇望を手放した瞬間にいつでも手に入れられる。

自由への道には、出離の直接的な訓練と間接的な訓練が含まれる。倫理的行動がしばしば私たちに求めるのは、幸福への概念的な追求という視点から魅力的に映る目標を手放すことである。非倫理的な行動パターンを放棄することに関与することで、執着しないことや出離などの意図に磨きをかける果てしない機会が与えられる。手放すことの間接的な訓練はまた、マインドフルネス瞑想のまさに基礎構造のなかに組み込まれている。この実践によって私たちは、幾度となく、マインドワンダリングに夢中になることから心を解放し、呼吸といったような、選択した注意の対象に意図的に気づきを向け直すことが求められる。そのような注意の転換をするたびに、私たちは自分の「出離の筋肉」、すなわち、概念的な認識から全体論的直感的な認識へと支配権を転換することによって心を自由にする自分の意志や能力を強化しているのである。

☆1　クエーカーの初期の指導者の一人。

マインドフルネス瞑想は手放すことを間接的に養うが、ほかの形式の瞑想はより直接的に養い、概念的な統制的処理を握った手を放し、全体論的直感的な認識に管理を任せるスキルを鍛える。たとえば、センタリングの祈り（centering prayer）という現代のキリスト教における瞑想実践は、特定の対象への注意よりもむしろ、心を再形成する意図を鍛える。

（呼吸やマントラに）焦点化した注意の力を使うというよりもむしろ、それ（センタリングの祈り）は、注意の解放（あるいは、より正確にいうと、注意の再配置）に本質的に含まれる二つの性質を養うことにより関心があるようにみえる。その特性の一つ目は、キリスト教正教会において「心の注意」――安定した状態のマインドフルネス――という名のもとで広く語られてきた……それは、頭ではなく心から発せられるものであって、したがって、私たちを生活の直接性から引き離すようにみえる心のなかの手荒な「内なる観察者」の侵入から自由となる……二つ目は……対象のない気づきである。そこにあって気を緩めることはないが……注意は……特定のものに焦点化されない。（Bourgeault 2016: 2, 38–39, 129）

対象のない気づきは、チベット仏教の伝統での瞑想や、只管打坐、すなわち「ただ坐ること」という曹洞禅の実践での瞑想においてそれを涵養するのがよく知られている。それは、概念的に分離した対象のない非二元的な経験世界を、全体論的直感的に知る心の条件である。それは、注意のとどまる「モノ」がない世界である。全体論的直感的な上位モデルによって形成された、一つにつながっている世界である。

内なる目覚めに含まれる手放すことの絶大な大きさと広さは、心の優先順位における根本的な転換を要求する。第十章でみたように、寓話は目覚めた心を隠された宝だという。重要なのは、そうした寓話はまた、より大きな褒美を得るために、より低い価値のものをあきらめる必要性を指摘していることである。イエスの寓話では、高価な真珠を買うために、あるいは、宝の埋まっている畑を買うために、もっているものすべてを売らなければならない。ルーミーは、床下にある高価なカーネリアンの鉱脈を顕わにし取り出すために、自分の小さな店を取り壊すよう促す。

チベット仏教の聖人・ミラレパについてのある伝説的な話は、嫌悪と回避という深く染みついた習慣を手放すのに必要な勇気をわかりやすく説明している。それは、明晰さとやさしさで恐怖に対峙することである。そして、人生における失意と悲哀が、心を和らげ、心を開くようにすることである。

ある日、自分の洞窟に戻ると、ミラレパは、それが悪魔たちに乗っ取られているのを見つけた。即座に、彼は悪魔たちを追い出そうとした。しかし、彼が悪魔たちを追えば追うほど、ますます悪魔たちは頑として居座ろうとするようであった。そこでミラレパは、「改心させる」仏教の教えを施すことで、悪魔たちに去るよう説得しようとした。これによって悪魔たちは完全に動かないままとなった。とうとうミラレパは、悪魔たちが立ち去るように操ることはできないことを受け容れ、悪魔たちから学ぶこともあるだろうとさえ自覚した。彼は、各々の悪魔に順番にお辞儀をして、目で見て、こう言った。「私たちは、これからもここに一緒に住まなければなりません。私は、あなたたちの存在を受け容れ、あなたたちが私に教えてくれることはなんでも受け容れます」と。すると一匹の悪魔——最も大きく、最も残忍で、最も恐ろしい悪魔——以外のすべてが、すぐに消え去った。この悪魔に近づきながら、ミラレパはついに完全に降伏した。「お望みなら私を食べてください」。彼は、悪魔の口に自分の頭を置きに行った。彼がそうすると、その残忍な悪魔は深くお辞儀をして、空中に消えた。

第十一章において、私たちは、いかにしてフローそれ自体への愛が、かけがえのない存在の仕方として、「人々が……金・権力・名声・快楽の追求……を犠牲にし……ロック・クライミングで命を危険にさらし……芸術に人生を捧げ……チェスをすることにエネルギーを注ぐ」よう促すのかをみてきた。同様に、目覚めた心それ自体への愛は、内なる目覚めに必要な優先順位の根本的な転換を力づける。私たちは、敵意・仕返し・報復といった深く染みついたパターンを捨てて、その代わりに、「敵を愛し、呪う者を祝福し、蔑む者のために祈る」（ルカ伝第六章第二七〜二八節）ことを学ぶのである。そしてそれを私たちは、そうした行為が道徳的に「よい」からではなくむしろ、目覚めた心の一体性それ自体を育てるという非常に重要でかけがえのない意図を維持するのにそれが最も効果的な方法だから行うのである。

ただ、目覚めた心に関するいくつかの記述から、内なる目覚めの結果は実際に、心の優先順位における根本的な転換を必要とするほど価値のあるものなのかどうかと、私たちはふと立ち止まって思うかもしれない。初期の仏教伝統では時に、涅槃（〔パーリ語で〕nibbana）（〔サンスクリット語で〕nirvana: 目覚めた心）と、滅（nirodha）、すなわち停止あるいは無貪、を同一視する。瞑想指導者のダグ・クラフトは、これは次のようにみえると指摘する。つまり、「心地よい日を砂嵐のないこととして、あるいは、すばらしいキャンプの旅をレイプや略奪のないこととして表現しているようである。貪・瞋・痴のないことで、滅とは何でないのかはわかるが、滅とは何なのかはわからない」（Kraft 2017）。

概念的に駆動された渇望の停止はたしかに、絶え間ない幸福の追求（第一章）によって引き起こされた苦しみから解放された心の落ち着きと安堵をもたらす。ただ、重要なのは、ＩＣＳの視点からも、「貪・瞋・痴」のないことが、第十三章で探究した、目覚めた心の積極的な喜びへと常に開かれた入り口となる、ということが示唆される。私たちの人生をとおして、非道具的な気づきを続けるという経験は、渇望のないことと関係してきた。つまり、目標へと向かう概念的な努力が心を支配する瞬間、私たちはもはや非道具的に気づいていない。この一貫した関係を反映するように、渇望のないことは、HOL-ISSMsの中核的な特徴として組み込まれている。したがって、心が渇望から自由であることを能動的に認めることは、潜在的なHOL-ISSMsをプライムし、目覚めた心の積極的な喜びを引き起こすだろう。

ここでの重要な言葉は、能動的に認めること（recognition）、である。「貪・瞋・痴」から自由な心とそれに付随する落ち着き・平穏・安堵への意識的な気づき――マインドフルネス――がなければ、HOL-ISSMsがプライムされることも、目覚めた心が花開くこともほとんどないだろう。そのプライミングに不可欠な要素は、関連する全体論的直感的な情報パターンの生成である。そのパターンには、それ自体がより広い全体論的直感的な情報パターンであるHOL-ISSMsを刺激する力がある。心が貪・瞋・痴から自由であると認知的にただ記述するだけでは、関連する概念的な情報パターンをもたらすだけである。そうしたパターンが、対応する全体論的直感的な情報パターンとも関連しなければ、パターン完成の過程をとおしてHOL-ISSMsを活性化させることはできない。ジョン・カバットジンのような瞑想指導者は、再認知(re-cognition)の重要性を語ることによって、こうした要点を強調する。つまり、マインドフルな気づきというのは、たんなる認知(cognition)に比べて、経験へのより深い関与を意味しているのである。

実践に向けたブッダ自身の教示は、このように貪・瞋・痴の停止を能動的に認める必要性を強調する。ブッダの三番目の聖なる真理[3](Ennobling Truths〔聖諦〕)において鍵となる教示は、滅(Nirodha)は実感されるべきだ、というものである。私たちはこれを、「滅を起こす」というためのたんなる方便ととらえるかもしれない。しかし、ブッダの教えが私たちにいっているのは、本当のところ、停止が起こることを理解し(実感し)、積極的に味わい深めることによって「実際にやってみる」ということだ。ダグ・クラフトは次のように説明する。

> 私たちがこの文脈で滅を実感するということについて語るとき、「実感する」とは、「実体験をとおして理解する」というような意味で「実際にやってみる」ということを意味する。
> 滅を実感することには何段階もの深さがある。そのいくつかは、高度な実践のなかでしか現れない……滅

▼3　ブッダの中核的な教えは通常、四聖諦(Four Noble Truths)と称される。ここでは、私はステファン・バチェラー(Batchelor 1997: 4)にならうこととする。彼は、ブッダの教えは私たちに行為を求めているということを強調するために、それを四聖諦(Four *Ennobling* Truths)と称している。

> の最も軽い経験は、静かな瞬間を味わうことからくる。私たちが緊張を捨てると、緊張は弱まる。残った平穏さは非常に静かなので、私たちはそれに気づかないかもしれない。心は緊張へと引き込まれる。滅はなくなってしまった。つまり、気づきが滅とぴったりかみ合っていないのだろう。瞑想で坐っているときや森を歩いているとき、心はときどき、知らず知らずのうちにやわらかく明るくなる。私は、努力したり物事を解明したりすることに慣れてしまっている。平穏さは、飛び跳ねて、手を振って、「私に気づいて！　私に気づいて！」と叫んだりしない。時に私は、とても静かに光り輝いているものに気がつかない。
>
> 　最も軽い滅は、その静けさに気づき、それを味わう――それに執着し、それにしがみつくのではなく、リラックスしてそれを楽しむ――ことからくる。こうして私たちはそれが現実だと理解することができる――私たちは、滅を実感するのである。
>
> 　はじめのころは、滅を味わうというのはまさに、相対的な静けさのすばらしさを吸収する、ということを意味する。（Kraft 2017）

　クラフトは続いて、この実践を発展させ深めていくことについて述べている。願望の源をはっきりと見つめることで結果的にそれが消えること、いつ何時でも手に入るウェルビーイングの感覚への気づきが育つこと、そして究極的には、リラックスとともに知覚・感情・意識そのものが消えること、である。彼はこう結論する。「私たちが心の性質に気づかなければ、私たちは本当の深さを実感しないだろう――ただ味わわれることをここでいつでも待っている深さと高さを――」と。

慈悲

牛の指人形は、魅力的なおもちゃが入っている箱の蓋を開けようと奮闘している。もう四回失敗している。五回目の試みのとき、豚の指人形がその場面に入ってきて、四つの異なるシナリオのうちの一つを演じる。「上手な援助者」の豚は、牛が蓋を開けておもちゃを手に入れるのを助けるのに成功する。「下手な援助者」の豚は、牛が箱から蓋を取るのを手伝おうとするが、二人で力を合わせた努力やむなく、牛はおもちゃを手に入れられずに終わる。「上手な妨害者」の豚は、箱の上に飛び乗って、牛がおもちゃを手に入れるのを妨げる。「下手な妨害者」の豚は、箱の上に飛び乗って、牛がおもちゃを手に入れるのを妨げる――が、その後に飛び降りると、勢いよく蓋が跳ね上がって、牛はおもちゃを手に入れる機会を得る。

カイリー・ハムリン[☆2]（Hamlin 2013）は、この四つのミニドラマのなかから二つの組み合わせを、生後八か月の乳児に見せた。その後に乳児たちは、自分が見た二匹の豚の指人形のどちらか一匹を選んだ。三二名の乳児のうち、二八名は、牛が最終的におもちゃを手に入れるかどうかにかかわらず、妨害しようという意図をもった豚よりも、助けようというポジティブな意図をもった豚のほうを好んだ。このような大きな差がもっぱら偶然によって起こる確率は、二万分の一よりも小さい。

この注目に値する発見は、まだ話すことのできない乳児が、他者の意図をわかっているばかりでなく、他者を評価するにあたって結果への意図を考慮している、ということを示している。つまり、たとえその努力が叶わな

☆2　カナダの発達心理学者。

くても、助けようとする人に価値を置いているのである。関連する研究（Hamlin, Wynn, & Bloom 2007）は、中立的な役に比べて、援助者はポジティブに価値づけられ、妨害者はネガティブに価値づけられる、と示唆している。

成人の慈悲に関する実験は、乳児に関するこの手の研究を補完している。オルガ・クリメツキら[☆3]（Klimecki, Leiberg, Lamm, & Singer 2013）は、若い女性からなる二つの群に、訓練期間の前後で、苦しんでいる人々が映ったビデオ映像を視聴するよう求めた。一方の群は、伝統的な形式の慈愛の瞑想（Salzberg 1995）に基づく、慈悲を高めるよう設計された訓練を受けた。もう一方の群は、記憶を高めるよう設計された訓練を受けた。ビデオ映像によって喚起されるネガティブ感情については、両群の間で差はなかった。両群とも、訓練の前後で、目撃した人々の苦しみを同程度に共有していた。それに対して、二種類の訓練は、ポジティブ感情に対する効果が異なっていた。記憶の訓練はこうした感情にほとんど効果はなかった。その一方で、慈悲の訓練はポジティブ感情を有意に増加させた。参加者は、他者の痛みを、苦しみから自由になるよう願いながら見ることで、快の感情を経験した。たとえば、「あたたかみの感情」「他者の幸せを願う、すばらしい充実した感情」「愛・安全・保護といった感情」「ほかの人たちのことを考える……彼らにやさしくすること」「湧き上がる幸福の感情」などである。

この研究で明らかとなった、慈悲と結びついたポジティブ感情は、きわめて重要な社会的機能を果たす。それは、苦しんでいる同胞に反応する道を開く。私たちが苦しみを和らげようという意図で関係するとき、ポジティブ感情によって私たちは、苦しんでいる人に接近し、援助を申し出ようとするようになる。ある意味で、慈悲はそれ自体が報酬となるのである。そうした意図をともなわない場合、苦しみに対する共感的な反応によって喚起されたネガティブ感情によって、私たちはしばしば苦しむ人々を回避し、そうすることで彼らをさらなる被害の危険にさらすことになるだろう。

こうした実験や、乳児や成人を対象とした関連研究の一部で、困難を抱える他者に援助を提供する生得的な傾向を人間はもっている、ということを示す研究が増えつつある。つまり、人はそのような行為をするときにいい気分になり、慈悲的に行為する人に対してポジティブな敬意を示すのである（Warneken & Tomasello 2009; Warneken, Hare, Melis, Hanus, & Tomasello 2007; また、次を参照、Richard 2015; Gilbert 2009）。進化生物学者・霊長類学者・人類学者たちは、社会集団内で集合的な行為や協力行動を維持するために、そうした形式の「道徳的」行動が進化したことを示唆している（Alexander 1987; Cosmides & Tooby 1992; de Waal 2006; Henrich & Henrich 2007; Joyce 2006; Katz 2000; Price, Cosmides, & Tooby 2002）。そうした道徳的行為は、われわれの初期の祖先の生存にとっての莫大な強みを与え、そのため、私たちの心のなかに遺伝的な傾向として組み込まれている、と彼らは論じている。

◆慈悲：困難を抱擁する

慈悲によって私たちの心は、自分自身や他者の苦しみに直面したときに、一体性と気づきを保つことができる。幸福への概念的な追求による心の実行資源に対する切迫した要求は、持続的な一体性の経験に対して大きな障害となる。ポジティブな経験の場合、快の思考・感情・対象・状況を手に入れて、それにしがみつこうと切望することは、私たちの心を容易に誘惑し、はぐらかす。出離・手放し・無執着は、そうした切望に縛りつけられている実行資源を解放するための上手な方法となる。その後、そうした資源は、マインドフルネスや内なる目覚めを下支えする創造的な一体化のために利用することができる。

慈悲は、不快な状況との関連において、同じように重要な機能を果たす。慈悲と結びついたポジティブ感情によって私たちは、苦しみを身体的あるいは精神的に回避するよりもむしろ、苦しみに接近し関与するよう動機づけられる（第三章におけるダライ・ラマの話のように）。苦しみの不快さやそれを取り除くための方法に焦点を当て

☆3　スイスの神経科学者。

るよう駆動される代わりに、慈悲によって私たちの心は、より広い全体のなかに苦しみを含むようになる。そのより広い視点は、慈悲的な行為、一体性、そして心のなかの秩序と調和を育む——たとえ極度の苦しみに直面していても、である。私たちが苦しみに慈悲的に関与するときのこの内なる一体性は、私たちが苦しみに抗い、苦しみを避け、苦しみから逃れるときの心の断片化とは、まったく対照的である。さらに、嫌悪をあおる恐怖・怒り・悪意とは対照的に、慈悲はしばしば予期せぬ喜びを生じさせる。詩人たちは長らくこのパラドックスを言葉にしてきた。ルーミーはそれをこのように表現している（Akṣapāda 2019）。

私たちが抱擁するその苦痛は喜びとなる。苦痛を、それが変化しうるあなたの腕に招きなさい。（Akṣapāda 2019: 62）

ラシャニ・レア[☆4]（Rea 2009）は、こう書いている。

壊れているものがあって
そこから壊れないものが生じ、
砕けているものがあって
そこから砕けないものが開花する。
あらゆる悲嘆を超えた悲哀があって
それが喜びをもたらす。

慈悲は、他者の痛みに対してその他者が苦しみから自由になることへの望みと意図をもって反応するよう動機づける感情として、目覚めた心の最も美しい性質の一つである。それはまた、心のなかに潜在するHOL-ISSMs

を呼び起こす非常に効果的な方法となる。私たちの日常経験において、身体感覚・感情・行為傾向・慈悲の意図と関係する全体論的直感的な情報パターンは、苦しみに直面した際の気づきの持続性に、一貫して結びついてきただろう。重要なのは、それがまた、そうした気づきを支える全体論的直感的なシステムモデルと結びついてきただろう、ということだ。そうした結びつきやパターン完成の過程をとおして、断片化したパターンは、HOL-ISSMsにおけるより広い全体論的直感的な情報パターンを呼び起こす可能性を得る。

これまでみてきたように、貪・瞋・痴の停止はまた、全体論的直感的な認識の持続性とつながっていて、そのためにまた、HOL-ISSMsをプライムするようはたらく。しかし、ダグ・クラフトが観察したように、停止の問題性は、「残った平穏さは非常に静かなので、私たちはそれに気づかないかもしれない」という点にある。意識的な実感の支えなくして、私たちは、HOL-ISSMsをプライムしたり、心を目覚めさせたりするのに十分な停止を行うことはないだろう。対照的に、慈悲的な心の場合、注意は自然と苦しみに引きつけられ、特にそれが強いときにはなおさらそうなる。苦しみに対して慈悲的に反応することに備わっている心地よいポジティブ感情はまた、注意へのさらなる磁石としてはたらく。このようにして私たちは、停止よりも苦しみに気づく可能性が高い——それによって慈悲は、停止と結びついた平穏さの微妙な経験よりも、潜在的なHOL-ISSMsを利用する効果的な方法となることが多い。

こうした理由から、苦しみへの焦点化は、多くの変容への道における顕著な特徴なのだろう。長年の奉仕・研究・瞑想から、リチャード・ロールは、大多数の人々にとって、「偉大なる愛と偉大なる苦しみ（癒しと傷つきの両方）は、変容への普遍的な、そして、いつでも手に入る道である。なぜならそれらは、自我の防衛や見せかけを取り払うのに十分強力な唯一のものだからである。偉大なる愛と偉大なる苦しみは私たちを神のもとへと連れ戻すのである」と結論づけた（Rohr 2019: 112）。「やさしさ」という美しい詩のなかで、ネオミ・シーハブ・ナイ☆5

☆4　ハワイ在住の社会活動家・芸術家・詩人。

(Nye 1998) はこのように綴っている。

内側にある最も深いものであるやさしさを知る前に、もう一つの深いものである悲哀を知らなければならない。

慈悲は、愛と苦しみの両方を包含しているのである。

◆慈悲：HOL-ISSMsについた窓

HOL-ISSMsは、――慈しみ・慈悲・一体化への生来的な可能性といったような――私たちの進化的遺産である諸側面を、私たちがそうした才能を認識し、使いたいときに使うことができるようにして、私たちの心に取り戻す手段を提供する。私は、慈悲を用いて、ここでより一般的に意味していることを説明することとする。

上位モデルは、ずっと高いレベルの複雑さのなかで秩序を発見し保つ生まれながらの心の傾向の自然な結果として生じる。HOL-ISSMsは、持続する全体論的直感的な認識と気づきの経験のなかでくり返し現れる特徴を反映している。そうした特徴の多くは、私たちの遺伝的な素質の諸側面を反映しているだろう。

私たちは、ほかの存在を助け、彼らの苦しみを減じようとする、未分化な生得的傾向をもって人生を開始する。私たちは、生まれたあとに、慈悲を示すべき対象は何かを学ぶ。ジャーク・パンクセップは、恐怖との関係から次のように記している。「生まれたとき、人と動物は、わずかな特定の刺激に対してのみ、条件づけされていない、あるいは、本能的な感情反応をもっている……どの感情システムも、本質的には『対象なし』で生まれる……それらは、学習をとおして現実世界とつながるようになる……進化は、脳のなかに恐れを感じる可能性をつくり出したが、それは、私たちが恐れたり避けたりする必要のあるものについて私たちに知らせなかった（知らせられなかった)。実質的に、そのすべては学習される必要がある」(Panksepp & Biven 2012: 21, 176)。

こうして、私たちは自らの人生を「どちらかといえば差別のない利他主義者」(Warneken & Tomasello 2009: 466)として開始する。しかし、進化的な視点が示唆するのは、子どもの理解力が発達して経験を積むほど、「それはただ盲目的により多くの援助に至るのではなく、より多くの選択的な援助に至るだろう」(Warneken & Tomasello 2009)、ということである。特に、その選択的援助は、非血縁者よりも血縁者を、外集団よりも内集団を好む(Wynn, Bloom, Jordan, Marshall, & Sheskin 2018)。そして、これはもちろん、日常的な成人の人間関係における通常の状態でみられることである。

HOL-ISSMsは、私たちの心が、脳に組み込まれている無限の「差別なき」援助と慈悲の可能性に再接続する方法を与えてくれる。より高いレベルの心的ホラーキーは、より低次の各要素がどう違っているかよりも、それらが共通してもっているものに焦点を当てる。善きサマリア人実験(囲み13・4)において、マンチェスター・ユナイテッドサポーターの心的モデルは、男や女、若者や老人、富める者や貧しき者、健常者や障害者など、何千もの個人サポーターに共有されるクラブへの献身的愛情を反映している。モデルはこうした異なる個人すべてが共有するものを反映していると同時に、個人ごとに異なる多くの点を無視している。つまり、モデルは、「マンチェスターサポーターらしさ」の抽出された本質——共通の核——を反映しているのである。

同様に、慈悲についてのより高次の心的モデルは、私が他者の心配事に同情的に反応したり、けがした子どもの膝にやさしく包帯を巻いたり、捕まって怯えている動物を放したりする経験に共通するものを反映している。同時に、そうしたより高次のモデルは、かかわりのある個々の存在の特定のアイデンティティに関連する情報を捨象している。HOL-ISSMsは、この傾向をもち続けている。つまり、HOL-ISSMsは、かかわりのある個人の種類に参照されるものを完全に剥ぎ取った、「純粋な」慈悲という次元を反映している。このように、HOL-ISSMsは、

☆5 アメリカの詩人・小説家。

私たちがこの世に持って生まれた慈悲への生得的な傾向という、無限かつ無条件の性質のようなものを取り戻すのである。

HOL-ISSMsによって私は、無限の慈悲への原初的な生来の可能性を再発見し、それに再接続し、それを直接認識することができる。また、重要なのは、HOL-ISSMsによってさらに、この瞬間に直面している苦しみに対する反応の仕方にその力を統合することができる。同じことが、進化によって脳に組み込まれた生来の才能を反映しているHOL-ISSMsのほかの要素についてもいえる。それは、（のちほどすぐ議論する）無限かつ無条件の愛への力であるとか、心のあらゆるレベルで一体化を下支えしている関係性を発見し保つ力である。

無限かつ無条件の慈悲を今この瞬間の心が認識し利用できるようにすることで――幼児のときの心を、使わずに退化した遺物のままにしておくのではなく――HOL-ISSMsによって智慧（全体論的直感的な認識）が私たちの慈しみや慈悲の範囲を大きく広げられるようになる。仏教の伝統は、慈悲と智慧が「気づきの両翼」であると認めていて、自由に飛ぶにはその両方が必要だと主張している。

したがって、たとえば、ある特定の政治家に対する私の習慣的な反応が、疎外と偏見だとしよう。それは、けがをした旅人に対する司祭とレビ人の反応と非常に似ている（囲み13・3）。全体論的直感的なワーキングメモリは、HOL-ISSMsに反映される「純粋な」慈悲の要素をほかの概念的に引き出された要素と織り合わせることのできる作業場を提供することで、より賢明な反応を促進する。私の否定的な見方をもたらすなんらかの条件を認識することで、私は、私の「敵」を「無視」することに内在する苦しみをみるかもしれない。すると、そのようにみることによって、私のなかに慈悲の種が生まれるかもしれない――それによって私は、怒りや動揺をあまり引き起こさずに反応するようになり、最終的には、世界のなかでより建設的で融和的な活動をするようになるかもしれない。

智慧は、痛みに対してそれを和らげるような慈しみと願いをもって反応する私の生まれ持った力を、苦しんでいるあらゆる存在に広げる方法となる。智慧の目をとおして、私は、生きとし生けるものが幸せになることを望んでいることがわかるけれども、（ほとんど）すべてのものがさらなる苦しみをもたらすだけのやり方でそうした幸福を求めていることもわかる（第一章）。そうした普遍的な苦しみに敏感に気づくことで、私は、私の出会うすべての人の隠された悲嘆に対して慈悲的に反応する可能性を有している。私は、少なくとも理論的には、ダライ・ラマにならって、私の行為をとおして生きとし生けるものに利する意図をもって毎日の毎瞬間に接することができる。

愛

私はかつて、ジュネーブ司教（フランシスコ・サレジオ）に、完徳（perfection）を手に入れるためにしなければならないことは何かと尋ねた。「心を尽くして神を愛し（love）、自分を愛するように隣人を愛さなければなりません」と彼は答えた。

「私は、完徳がどこにあるのかを尋ねたのではなく、完徳をどのようにして手に入れるのかを尋ねたのです」と返答した。「愛（charity）です」と彼は再び言った。「それは、手段と目的の両方です。それは、私たちが完徳へと達することのできる唯一の方法であり、完徳とは結局のところ、愛（charity）そのものなのです」と。

「それはわかりました。しかし、私は、どのようにすれば、人は心を尽くして神を愛し、自分を愛するように隣人を愛することができるのかが知りたいのです」と私は言った。

「心を尽くして神を愛する最もよい方法、最も手短で最も簡単な方法は、すっかり心から神を愛することです！　……あなた以外にも、完徳に至るための方法や体系や秘儀を私に教えてほしいと望む多くの人がいます。私はその人たちに、奥義は神への心からの愛であり、その愛を手に入れる唯一の方法は愛することであると言うことしかできません……あなたは、話すことで話すことを学ぶのです……走ることで走ることを学ぶのです。ですから、愛することで神と人を愛することを学ぶのです……ただの初心者として始めなさい。そうすれば、まさに愛の力が、あなたをその道の達人へと導くでしょう」

――ジャン・ピエール・カミュ[☆6]（Huxley 1945/1985: 120）

この言葉のなかで、フランシスコ・サレジオ（1567-1622）は、目覚めへの道は「手段と目的の両方」だという重要な考えをくり返している。別の言い方をすれば、「愛への道というものはない。愛が道である」ということであり、あるいは、フィリップ・ブース[☆7]の詩の言葉にある「どうやってそこに行くのか、それこそがたどり着こうとするところだ」ということである。愛は、手段として、心のなかに潜在するHOL-ISSMsをプライムする。次にそれが、より広い目覚めた心の開花を導く。そうした心には、目的としての愛、最も美しく大切な性質の一つとしての愛が内包されている。そして、まさにちょうど私たちが生まれつき話したり、走ったりすることを学ぶ準備ができているように、私たちが愛するよう準備させる基本感情を生まれつきもっているのである（囲み3・2）（Fredrickson 2013）。幸運にも、愛を育てるにあたって、私たちはゼロから始めることはない。「適切な条件」でもって、私たちの生来の可能性が自ずと認識されることだろう。

目覚めへの伝統的な道は、こうした適切な条件を涵養する。たとえば、仏教徒の慈愛（metta）の瞑想（Salzberg 1995）は、愛することへの構造化された「実習」を提供する。その実践では、善意の意図を体現する実際的な方法として「あなたが安全で守られますように、あなたが平穏でいられますように、あなたが安心して健康に生きられますように」といったような言葉が用いられる。その実習は、私たちがすでに大事に思っている人々（場合によっては自分自身も含む）を心に思い浮かべて、愛する意図を向けることから始める。続いて、比較的中立的に感じる人にそれを向ける。次に、やりにくいと感じる人にそれを向ける。実践では最後に、あらゆるところにいる生きとし生けるものに善意の意図を広げる。「現実世界」での並行した実践は、イメージと想像に基づいたこの瞑想実践を補完する。

ＩＣＳの視点は、慈愛の瞑想の力と、また重要なこととして、よくいわれるように、それが多くの場合功を奏さない理由との両方を理解する手立てとなる。友人であるルチラケートゥは、何千人もの男女に約四十年の間、この瞑想を教えてきた。ほかの瞑想指導者と同様に、彼は、かなりの数の参加者が相当な困難を経験していることを知った。彼は、そうした困難は参加者たちの思考方法から生まれていると実感した。すなわち、「育もうとする性質を同定するために、育むことを願う性質について考えているのだけれども、経験がないことに注意が向いて、そのことに落胆してしまう。また、その望ましい性質はたんに未来の可能性なのであって、一方で、今の現実としてはそれが欠如していることが経験されてしまう」ということである（Ruchiraketu 2004）。

このむずかしさを迂回するために、ルチラケートゥは、この実践へといざなうための違うやり方を考案した。すぐに参加者にポジティブな感情や意図を育むよう導くのではなくむしろ、彼は参加者に、大事にしている人について感謝することを思い出させることから始める。参加者たちは、これによって、より開放的で幸せで大らかな気分になることがわかる。こうした気分の転換は、参加者はすでにこうした類のポジティブ感情を育む力をもっている、というメッセージを明確に示す。すでに有しているこの内なる資源に気づくことで、参加者は、ゼロから新しいことをつくり出す心配をするよりもむしろ、このような可能性を育み維持する自分の能力に、より自信がもてるのである。

慈愛の瞑想の第一段階で用いられる言葉は、私たちが知っていて大事に思っている人に焦点を当てて、そうした人々との過去の経験に基づいた、すでに存在している善意の心的モデルをプライムする。重要なのは、そうしたモデルの中核には、私たちが世界にやってくるときにもってくる分け隔てのない善意への可能性のようなもの

☆6　十七世紀のフランスの司教・作家。
☆7　アメリカの詩人。

が保持されている、ということだ。その中核は、特定の個人の経験とつながっていて、モデルに力を与える。そうした中核的なパターンが、すでに大事に思っている人に焦点を当てた言葉によっていったん再活性化されると、慈愛（metta）の実践は、柔軟な一体化がそのパターンを新しい心的モデルへと統合する構造を与える。まず、そのモデルは、中立的だと感じる人へと向けられる。次に、ネガティブ感情を抱く人へと向けられる。最後に、まったく知らない人へと向けられる。このようにして、私たちの心は、生きとし生けるものへと慈愛を広げることを学ぶ。つまり、その実践によって、私たちは、もともともっている善意への内なる力という分け隔てのない性質とつながるのである。この慈愛の実践へと段階的に進むアプローチはもともと、ブッダの死後何年も経ってから、ブッダの弟子によってつくられた、ということは記しておくに値する。ブッダ自身の本来の指導は、実践者に対して、最初から、「全世界の……外にいる、限りなき」生きとし生けるものへ分け隔てのない慈しみを注ぐことを促す。このように、ブッダの指導は、私たちの遺伝的な素質という内在的な性質に、より直接的に響かせるものだった。

ＩＣＳはまた、人々が慈愛の瞑想で経験するむずかしさを理解する手助けとなる。目覚めへの道の別の側面として、私たちの多くは、この実践に対して目標へと向かうデフォルト的な視点を持ち込んでしまう。つまり、私たちは、よりやさしくより愛情的な自己になるという「目標」を達成するための「課題」として慈愛の瞑想に取り組んでしまう。しかし、当然ながら、このような道具的なやり方でその実践に取り組むとすぐに、私たちはルチラケートゥが観察した問題すべてに突き当たる。すなわち、目標を達成できないかもしれないと心配したり、（第一章で議論したように）私たちが実際のところどのように愛しているかという観念と私たちがどのように愛したいと思うか、あるいは、私たちがどのように愛すべきだと思うかという観念との間のディスクレパンシー（食い違い、ズレ）に注目することであまり愛情的でないと感じたりする、ということである。

一方で、私たちの心のなかにすでに存在する善意への力を味わったり養ったりすることに焦点化すると、私たちは受容的で非道具的な感情的風土を回復させる。この風土によって、概念的な統制的処理がやみ、概念的な追求による要求が弱まり、人はよりやさしくより愛情的な自己になることができる。同時に、この風土によって私たちは、やさしさという行為それ自体として、慈愛の瞑想に従事するよう動機づけられる。

第十三章で目覚めた心における愛について議論した際、私は、ほかの存在に対する個人的な愛について主に着目した。それは、ほかの存在が、健やかで、安全で、幸せであることを願い、意図することであった。私はまた、より一般的なレベルで、愛というのは、瞬間ごとに私たちの心に与えられるものはなんでも価値を見いだすような、欲とは無縁の関係を含んでいる、ということも示唆した。このより一般的な関係は、完全なる全体論的直感的経験世界の根底にある「慈しみ」や「間性」といった次元を反映している（囲み13・2）。

間性とは、前にみたように、「各々が、相手や両者の関係によって変化をもたらす、反響的で『共振的で』『反応的な』関係」のことをいう（McGilchrist 2009: 170）。それは、（「たとえ遠くに離れて存在していても」）他者との積極的な関与やダイナミックな相互作用を必要とする。つまり、他者が提供する何に対しても開放的であり、感受性豊かに反応する、ということである。

慈しみ（care）とは、この文脈では、瞬間ごとに私たちの心に与えられるどんな生活面にも、全霊で注意を向けて関与しようとする意志のことをいう（私信、イアン・マクギルクリスト、二〇一六年九月）。もし慈しみや関心がないとすると――「気にしない（don't care）」とか、あるいは、私たちの前に現れた世界に興味をもたないとかだとすると――私たちの注意は離れることになる。私たちはもはや意識していないことになる。つまり、私たちの心は、自動的な処理形式に戻ってしまうことになり、いわば、私たちはもはや存在していないことになる。慈しみには必然的に、他者に価値を見いだし、十分に受け容れることが含まれている。すなわち、あらゆる経験面に対して全霊で歓迎的な注意を向けることで、私たちの心は、一体性を左右する十分に包括的な心的モデルを育むことができるのである。

このようにして間性と慈しみをみれば、そのダイナミックな組み合わせを非個人的な愛だとみなすのは小さな一歩である（ここでいう非個人的とは、冷たくよそよそしいというのではなく、特定の個人に焦点化しない、という意味である）。このような見方はまた、「反響的・共振的」な間性と、バーバラ・フレデリクソン（Fredrickson 2013）が「ポジティビティ・レゾナンス（positivity resonance）」とよんでいるものとの間の興味深い類似を示唆している。間性によって私たちは、非個人的な愛におけるあらゆる経験面と一つになる。一方、ポジティビティ・レゾナンスによって私たちは、個人的な愛においてダイナミックに相互作用する全体のなかのほかの存在とつながる。いずれにおいても、

愛は、私たちを一体化するものである。

全体論的直感的な上位モデル（HOL-ISSMs）へと抽出された全体論的直感的な認識のあらゆる経験は、慈しみと間性を組み合わせたもの、すなわち、非個人的な愛を含んでいる。そうした理由から、非個人的な愛のダイナミクスは、HOL-ISSMsの中核的特徴ということになる。しかし、そのダイナミクスは、HOL-ISSMsのほかの側面と同様に、その上位モデルが目覚めるまで、大部分は知られたり認められたりしないままである。やがて私たちは、非個人的な愛という領域に浸って包まれているという感覚に気づくようになるだろう。愛情深い気づきのなかでそうした愛そのものを抱くことで、私たちは自分が愛という自立的な空間の中にいることを知るのである。サム・ハリス（Harris 2014）は、この空間に最初に遭遇したときのことをこのように述べている。

> 愛は根本的に非個人的であった――そして、どんな個人史が正当化するよりも深かった……愛、慈悲、そして他者の喜びのなかに生まれる喜びは、無限に広がった。その経験は、愛が成長したようなものではなく、もはや隠されることのなくなったものだった。（Harris 2014: 4-5）

エックハルト・トール（Tolle 1999/2005）にとって、その経験は、そうした愛を内包する光そのものであった。

私は目を開けた。暁の最初の光は、カーテンをとおして入ってきた。何も考えず、私は、私たちが自覚しているよりも無限に多くの光が存在することを感じ、理解した。カーテンをとおして入ってくるそのやわらかい輝きは、愛そのものであった。(Tolle 1999/2005: 2)

そして、最近ガンと診断された経験豊かな仏教実践者であるマイケル・チャスカルソンは、それを次のような説明で「空間のように目に見えない」ものと表現した(友人であるマイケル・チャスカルソンが、私信でもって二〇二〇年九月に、私に書いて教えてくれた)。

腕に点滴をつけて救急病棟のベッドで横になっていると、あたり一帯の音・混乱・騒ぎ、すべての境界がすべて剥がれ落ち、愛だけが残った。

個人的な意味での愛ではない。それは、「彼［マイケル］」とはなんの関係もない。うるさく、乱れ、非機能的だったその空間それ自体が、愛の空間となった。これは、その空間にいる「いい」人たちとも関係なかった――医師はしばしばいい人でないし、患者は気難しいものである。だが、苦しみの場所、地獄のような場所とさえ思えたものが、その本質が愛である楽園のようなものとなった……

彼いわく、この経験は、人というのは心的イメージや感覚の集まりである、という再認識とともにやってきた。人というものがあるのではなく、たんにその人に関する思考があるだけだ。あるいは、彼いわく、自分がつくり上げたものについて語るときの愛でもなかった。

「それは、すでにその瞬間、今ここにあって、空間のように目に見えることなく、ただ気がつかれるのを待っているのだ。それはいつでも手に入る。それは、自己によって召喚したり操作したりできるものではなく、自己への関心が手放されるときにただ残るものなのだ」

非個人的な愛についてのＩＣＳの視点は、私たちが「愛することで愛することを学ぶ」状況の範囲を大きく広げる。それは、私たちが、ジョン・カバットジンが「ハートフルネス（heartfulness）」（カバットジンは、これをマインドフルネスと同義とも考えている）（Kabat-Zinn 2018: 59）とよぶ心を開いた状態で私たちの生活のあらゆる側面に接することで、愛することを学ぶことができる、ということを示唆する。それはすなわち、慈しみ、受容、敬意、関与、忍耐、寛容、善意をもって、ということである。このように接することで、ありふれた活動さえも目覚めへの道となり、他者への鼓舞激励の源泉となる。この道は、初期のハシド派ユダヤ教の中心的な特徴であった（Borowitz 2002）。

> ハシディズムがハシド派ラビの説法を重視する一方で、より重要なのはラビとともにいることであった。効力があるのは、ラビの言っていることよりもむしろラビがいるということ、ラビの教えよりもむしろラビの存在なのであった。律法学者アリヤ・レイブ・サラは、「私がメゼリッチの律法学者ドヴベルのところへ行ったのは、彼からトーラー〔モーセの五書〕を聞くためではなく、彼が靴紐を結ぶのを見に行くためだった」と言っていた。トーラーを教えることは、トーラーであることほど重要ではないのである。真に宗教的な人は、することすべて宗教的である。なぜなら、その人がまるごと宗教的だからであり、時に、ひらめきがその人と自分の溝を飛び越える。（Borowitz 2002: 23）

個人的な愛は、非常にむずかしいものである。時に私たちは、実践の道としてそれをさらに深め、広げていく力をもっていることを疑うかもしれない。私たちはすでに非個人的な愛への力をもっているという確信をもつほうが――その確信がもたらすあらゆる利点を考えれば――より簡単だ。私たちはいつでもこのことを確認することができる。私たちは、自分の愛する壊れやすくて大切なものを取り扱うような、やさしい注意深さと気づきを総動員して、本のページをめくる可能性を探究することができる（この本のこのページでもいい）。あるいは、私たちは、腕のなかで眠りに落ちたばかりの赤ん坊を床に寝かしつけるようなやさしさと愛情で、章を読み終えて本を置く可能性を探究するだろう（この章とこの本でもいい）。
可能性は無限である。

結論

本書の一つの目的は、現存する伝統のなかでよいとされるものに最も効果的にかかわるのに役立つだろうマインドフルネスと内なる目覚めについて理解する枠組みを提供することであった。本章において、私は、MBCTを開発するときに用いた方略に従った。そこでマーク・ウィリアムズとジンデル・シーガルと私は、「一からつくり上げる」よりもむしろ、伝統的な道における検証済みの実践を、うつの再発を減じるための統合的なプログラムのなかに含めたのであった。私たちは、一方で、扱おうとしている問題について心理学的に理解することによって、他方で、各々の実践が効果をもたらす過程について心理学的に理解することによって開発を進めた。

本章において、私たちは、倫理的行動・手放すこと・慈悲・愛に関して同様のアプローチで探究してきた。その探究が示唆したのは、時代遅れの文化や宗教システムの見当違いな残滓とはだいぶ違って、そうした伝統的な実践がICSの枠組みのなかで深い意味をなす、ということであった。同様に、私たちの探究は、伝統的な実践を現代的な文脈のなかで用いることを洗練し拡大するために、理解のこうした枠組みの現在進行形のつながりを裏づけるものである。

いくつかの点で、ここでの状況は、伝統的な植物性の生薬と現代医学との間の関係に似ている。ヤナギの樹皮とかわいらしい野草のシモツケは長い間、痛みの緩和を含むさまざまな症状に対する治療薬として用いられてきた。そうした効果をもたらす成分としてサリチル酸が同定されることで、アセチルサリチル酸——アスピリン——の開発へと至った。アスピリン錠剤の大量生産によって、サリチル酸のもつ痛み軽減という利点が、田舎のジメジメした牧草地まで行ってさまよい歩き、ヤナギの樹皮やシモツケを集めて、処理して食卓に置いておかなければならなかったときよりもずっと、広く、効率的に、効果的に、共有されるのである。

一方で、シモツケとアスピリンの話はまた、伝統的な目覚めへの道における「効果をもたらす成分」を分離し精製しようとする私たちの試みにおける警告を示唆している。アスピリンは胃の粘膜の出血を引き起こすが、シモツケにはほかの化合物がもともと含まれていて、それがサリチル酸による炎症を抑えているのである。つまり、伝統的な生薬における成分の混合は、研究によって同定される精製された「有効成分」よりも安全だとわかる。同様に、伝統的な道は通常、さまざまな要素を統合している。たとえば、ブッダの示した八正道は、その名の通り、八つの道を包含している。伝統的な道のさまざまな要素間の相乗効果は、単独で用いられた場合の個別の効果の合計よりも、その複合的な効果をより大きなものにする。そして、重要なのは、シモツケのように、伝統的な混合でのほかの成分の存在によって、個々の成分のもつ潜在的な有害性が減じられることである。たとえば、八正道によって涵養される智慧と健全な意図は、概念的に駆動された自己改善計画――よりよい自己・より落ち着いた自己・よりリラックスした自己、あるいは、「戒律の文字」に厳格に従うように努める正しい自己、といったようなもの――のためにマインドフルネスを用いるという、誤った方向へ導かれた試みから私たちを救う。

ＩＣＳのアプローチは、伝統あるスピリチュアルなあるいは宗教的な道の言葉や概念とはかなり違う言葉や概念を用いる。望むらくは、これによって、そうした伝統の外にいる人々が、そうした伝統とその実践とのかかわりをよりよく理解しやすくなることだろう。同様に、ＩＣＳのアプローチは、思考のための共通の言語と方法――ジョン・カバットジン（Kabat-Zinn 2011）が「ユニバーサル・ダルマ〔普遍的な法〕」とよぶもの――を提供するかもしれない。それは、異なる伝統の人々が共通の基盤で一緒に作業する手助けとなりうる。

ＩＣＳの枠組みは、それが表現される概念的な意味の精密性と一般性から利を得ている。一方、宗教的伝統の感情に訴えるイメージ・象徴・物語・神話・詩・音楽に比べて、変革を起こす全体論的直感的意味を伝えるには遠く及ばない。HOL-ISSMsの概念は強力な説明装置かもしれないものの、トマス・マートンの「人々の心の密かな美しさ、罪や欲望や自己知識では届かない人々の心の深さ、人々の生きる現実の核心、各々が神に見守られていること」や、シャーンティデーヴァの「それは究極の神饌であって、死の支配に打ち勝ち、それは無尽蔵の宝であって、世界の貧困すべてを撲滅する」といった心を揺さぶる力に欠けている。

私たちの挑戦は、ますます直面しつつある、個人にとっても社会全体にとっても厄介な問題に対して、最も効果的に反応することができるように、私たちの二種類の認識のもつ力と性質を混ぜ合わせることである。古代ギリシャから続く西洋文化に関する学術的な概観から、イアン・マクギルクリスト（McGilchrist 2009）は、最も創造的で文化的に成熟している時代とは、概念的な認識と全体論的な認識が調和している——重要なのは、全体論的な認識が最終的には支配している——時代であるとした。彼はまた、そうした認識方法の相対的な影響は時間とともに漸進的に転換し、概念的な認識がより強い力をもつようになることを立証した。現代において私たちが直面する厄介な問題の多くは、そのアンバランスを反映している、とマクギルクリストは示唆する。早急に私たちの二種類の認識方法の間の関係を正す必要がある。両方の認識方法が尊重され価値づけられるような関係のなかで、全体論的直感的な認識に支配の手綱を譲り渡さなければならない。

マインドフルネスと内なる目覚めは、まさにその手段を提供する。

あなたのなかにも、どの人のなかにも、思考よりもずっと深い意識の次元がある。それは、あなたが誰であるかのまさに本質である。私たちはそれを、存在・気づき・無条件の意識とよぶかもしれない。古の教えでは、それは内なるキリスト（Christ within）であり、あるいは仏性である。

心がつくった「小さな私」があなたの知るすべてであり、あなたの生活を振り回すとき、その次元を見つけることで、あなたとあなたの世界は、あなたがあなた自身や他者に課している苦しみから自由になる。愛・喜び・創造的な広がり・持続的な内なる平穏は、その無条件の意識次元を経ずして、あなたの人生にやって

> くることはない。
> あなたの心をよぎる思考はたんなる思考であると、ときどきでも理解することができれば、あなた自身の心的感情的パターンが生じるときにそれを観察することができれば、その次元はすでに、思考や感情が生じることへの気づき——あなたの人生の意味が展開する永遠の内なる空間——としてあなたのなかに現れている。（Tolle 2003/2011: 13–14）

締めくくるにあたって、最後に一つ、問題を述べさせてほしい。私たちは、大きな世界的困難の時代に生きている。そして専門家は、当面の間、次から次へと困難に直面し続けるだろうと予測する。このような状況のなかで、私たちの内なる経験の細かなことにマインドフルに焦点を当てるために内面に注意を向けることが、身勝手で個人的な現実逃避の行為なのかどうか迷うかもしれない。今は、地球の命を守るために外の世界で急を要する共同行為をするときではないのか？　それに対する答えとしては、私の知る限り、効果的な行為というのは、分離という幻の牢獄から自由で、あらゆる生物と自然全体を慈悲という広い輪のなかに含む用意のある心から生じる可能性が、低いどころかむしろ高い、ということしかできない。そうした行為を引き起こすものが何かは、わくわくするほど予測不可能だ。マインドフルネスと内なる目覚めをよりはっきり理解することが、必要な智慧と善意につながることを願って。

謝辞

ジョン・カバットジンには、豊かな洞察に溢れた巻頭言、本書のアイディアへの厚い支持、そして、初期の原稿に対する賢明かつあたたかな助言について、深く感謝している。彼は、マインドフルネスに関する私の個人的な探究と職業的な探究の両方に、力強く刺激的な影響を与えてくれている。

本書のフィル・バーナードへ捧げる献辞は、もし彼のもともとの画期的な仕事がなければ、また、彼と私との長年の対話と友情がなければ、この特別な本はけっして生まれなかっただろう、ということを意味する。彼には心から感謝している。

ギルフォード・プレスに属するあらゆる人たちの作業と支援に礼を述べたい――特に、ジム・ナジオットの提供してくれた繊細な理解と編集方針、アンナ・ブラケットによる全体の制作過程への注意深い指揮、そして、ジェーン・ケイスラーの精力的な貢献に。それから、シモール・ワインガーデンには、当初から本書の可能性に興味をもってもらい、誠に感謝している。

友人であるルチラケートゥとマイケル・チャスカルソン（別名クラナンダ）との長年の対話によって、ここで探究してきた着想が共有され、検証され、形づくられた。ルチラケートゥ独特のやさしいフィードバックによって、読者へ与えてしまう多くの苦労を省くことができた。二人には感謝している。

私にとっての中心的な師——クリスティーナ・フェルドマン、故ロブ・ブルベア、ジニー・ウォール——へ、そして、その教えが私の新しい方向への探究に力強い影響と刺激を与えてくれたシンシア・ブルジョには、感謝の気持ちを伝えたい。

とりわけ、私の愛する妻・ジャッキーには感謝している。彼女は、何年もかけて次から次へと変化するこの仕事の数えきれないバージョンを読んで、整えてくれた。彼女は、文章に含まれる（物理的その他の）長い欠落を、寛大に受けとめてくれた。そして、彼女の愛とやさしさが、常に心の安定と支えの源であり続けた。

訳者あとがき

本書は、Teasdale, J. (2022). *What Happens in Mindfulness: Inner Awakening and Embodied Cognition.* New York: Guilford Press. の日本語全文訳です。著者であるジョン・ティーズデールの熱い思いが込められた、十四章から構成される渾身の作品です。各章の内容については、本書の序章で概要がコンパクトにまとめられているので、ここではくり返しません。全体としては三部構成になっていて、第一部（第一～四章）では、本書の主張な鍵となる概念的な認識および全体論的直感的な認識や身体の重要性について、続く第二部（第五～九章）では、第一部をふまえてのマインドフルネスという営みの実態について、最後の第三部（第十～十四章）では、そのマインドフルネスの本質としての内なる目覚めについて、順序立てて詳しく丁寧に述べられています。本書は、飛ばし読みや抜き読みをせず、最初から読んでいくことによって正しい理解へとつながるように書かれていると著者自らも述べているように、できれば冒頭から読むことをおすすめします。

原著タイトルをそのまま日本語に直訳すれば、「マインドフルネスで何が起こるのか：内なる目覚めと身体化された認知」でしょうか。そこをあえて日本語タイトルでは、『マインドフルネスの探究：身体化された認知から内なる目覚めへ』としました。なぜなら、本書はまさにティーズデールによる探究の旅であり、その旅の足跡は、身体的な体験から宗教的な体験へと至る道を示しているからです。

ジョン・ティーズデールは、言わずと知れた、マインドフルネス認知療法（MBCT）の開発者の一人です。おそらく著者自身の研究者人生も、まさに本書でたどった通りの道を歩んだのではないでしょうか。言ってみれば本書は、マインドフルネス研究者としての著者の半生を記した自伝のようなものなのかもしれません。

今、巷にはマインドフルネスに関する書籍が無数にあります。多くの人が手に取りやすい一般書の類では主に、マインドフルネス（瞑想）とはどのようにするもので、それをすることによってどのような効用が得られるかが説かれています。本書は、そうした一般書の類とはまったく趣を異にします。ここで説かれていることは、マインドフルネスの正体、マインドフルネスの本質、マインドフルネスの真の姿です。そもそも、マインドフルネスは「～のために」するものではありません。それはマインドフルネスの本質と矛盾します。では、なぜわれわれはマインドフルネスを必要とするのか。それは、本書を読み進めていくうちに、自ずとみえてきます。

同じように、現在、世の中にはマインドフルネスそのものやマインドフルネスに準じたボディワークを教える各種セミナーやワークショップが多数開催されています。なかには正しくマインドフルネスを学べるものもあれば、残念ながら看板倒れのものもあります。それはともかく、本書は、そうしたセミナーやワークショップの指導者のみなさんに読んでいただくことを切に願っています。マインドフルネスを語るうえでそのやり方や効用だけを伝えればよいとする考えは、長い目でみればおそらくマインドフルネスそのものを誤った方向に導くことになりかねません。無論、限られた時間のなかですべてを伝えきることはできないでしょうけれど、指導者が本質をわかっているか否かは、教わる側に如実に伝わります。それはまさに体感といってよいでしょう。

加えて、指導者でなくとも、長らく実践を積んできた人にも本書を読んでいただきたいと思います。引っかかっていた疑問がスッと氷解するかもしれません。また、マインドフルネスを研究している人や臨床現場で用いている人は当然、自らもマインドフルネスを実践しているでしょうから、そうした研究者や臨床家のみなさんにもぜひ読んでいただきたいです。研究や臨床に新たな展望が開けるかもしれません。いずれにしても、自分が行なっている営みがどのような営みなのかをより深く理解することによって、その営みの奥行や濃度がさらに増すことになると思うからです。

このように本書は、マインドフルネスの入門編というよりも応用編といえます。マインドフルネスという営みにおいて、私たちに何が起こっているのか。それは、マインドフルネスを実践しつづけるなかでしか得られない体感であり、ティーズデールは、その言葉にならない体感を、数多くの科学的な知見と古今東西の文献資料を手がかりにして、あえて言葉にすることを試みました。それが本書です。

本書が、読者のみなさんのマインドフルネス実践の一助となれば幸甚の至りです。

湯川進太郎

索引

【あ】
愛　294

慈しみ　335

縁起　260

【か】
概念的な認識　28
可能自己　12
感情予測　11
間性　335

帰属スタイル　6
基本感情システム　66
義務自己　13

苦　4
空性　260

経験的自己　202
ゲシュタルト　51
現実自己　13

心の時間旅行　28

【さ】
作動的自己概念　8

慈愛　332
自己指針　24
自動的処理　110
慈悲　325
初心者の心　132
身体化された認知　xix
心的ホラーキー　79

セルフ・ディスクレパンシー理論　13
全体論的直感的システム上位モデル（HOL-ISSMs）　269
全体論的直感的な認識　50

相互作用認知サブシステム　34
ソマティック・マーカー仮説　58

【た】
体験の回避　170
脱中心化　160

適応共鳴理論　97
手放すこと　316
デフォルトネットワーク　194

道具的な気づき　267
統制的処理　110

【な】
認知の中央エンジン　112

【は】
パターン完成　88
反すう　175

非道具的な気づき　267
フェルトセンス　54
フロー　237

変化内持続性　241

【ま】

マインドワンダリング　192

メタな気づき　156
物語的自己　202

【や・ら・わ】

理想自己　13
倫理的行動　312

ワーキングメモリ　113

文献

Akṣapāda. (2019). *The analects of Rumi*. Self-published.

Alexander, R. D. (1987). *The biology of moral systems*. Piscataway, NJ: Transaction.

Allen, M., Bromley, A., Kuyken, W., & Sonnenberg, S. J. (2009). Participants' experiences of mindfulness-based cognitive therapy: "It changed me in just about every way possible." *Behavioural and Cognitive Psychotherapy, 37* (4), 413–430.

Amaravati Sangha. (1994). *Chanting book: Morning and evening puja and reflections*. Hemel Hempstead, UK: Amaravati Publications.

Amaro, B. (2003). *Small boat, great mountain*. Redwood Valley, CA: Abhayagiri Buddhist Monastery.

Anālayo, B. (2003). *Satipaṭṭhāna: The direct path to realization*. Birmingham, UK: Windhorse Publications.

Andrews-Hanna, J. R., Smallwood, J., & Spreng, R. N. (2014). The default network and self-generated thought: Component processes, dynamic control, and clinical relevance. *Annals of the New York Academy of Sciences, 1316* (1), 29–52.

Baars, B. J., & Franklin, S. (2003). How conscious experience and working memory interact. *Trends in Cognitive Sciences, 7* (4), 166–172.

Baddeley, A. (2000). The episodic buffer: Anew component of working memory? *Trends in Cognitive Sciences, 4* (11), 417–423.

Barks, C. (1996). *The essential Rumi* (paperback edition). San Francisco: Harper San Francisco.

Barks, C. (2001). *The soul of Rumi*. San Francisco: Harper San Francisco.

Barnard, J. (Ed.) (1988). *John Keats: The complete poems* (Penguin Classics, 3rd ed.). Harmondsworth, Middlesex, UK: Penguin Books.

Barnard, P. J. (1985). Interacting cognitive subsystems: A psycholinguistic approach to short term memory. In A. Ellis (Ed.), *Progress in the psychology of language* (Vol.2, pp.197–258). London: Erlbaum.

Barnard, P. J. (1999). Interacting cognitive subsystems: Modeling working memory phenomena within a multiprocessor architecture. In A. Miyake & P. Shah (Eds.), *Models of working memory: Mechanisms of active maintenance and executive control* (pp.298–339). Cambridge, UK: Cambridge University Press.

Barnard, P. J. (2012). What do we mean by the meanings of music? *Empirical Musicology Review, 7*, 69–80.

Barnard, P. J., Duke, D. J., Byrne, R. W., & Davidson, I. (2007). Differentiation in cognitive and emotional meanings: An evolutionary analysis. *Cognition and Emotion, 21*, 1155–1183.

Barnard, P. J., & Teasdale, J. D. (1991). Interacting cognitive subsystems: A systemic approach to cognitive-affective interaction and change. *Cognition and Emotion, 5*, 1–39.

Batchelor, S. (1997). *Buddhism without beliefs*. London: Bloomsbury. (藤田一照（訳）(2002).

『世界からの仏教1　アメリカ篇　ダルマの実践：現代人のための目覚めと自由への指針』四季社）
Bishop, S. R., Lau, M., Shapiro, S., Carlson, L., Anderson, N.D., Carmody, J., ...Devins, G.(2004). Mindfulness: A proposed operational definition. *Clinical Psychology: Science and Practice, 11*, 230–241.
Bodhi, B. (Trans.). (2000). *The connected discourses of the Buddha.* Somerville, MA: Wisdom Publications.
Bodhi, B. (2011). What does mindfulness really mean? A canonical perspective. *Contemporary Buddhism, 12*, 19–39.
Borowitz, E. B. (2002). *Studies in the meaning of Judaism* (JPS Scholar of Distinction Series). Philadelphia: Jewish Publication Society.
Bourgeault, C. (2001). *Mystical hope: Trusting in the mercy of God.* Boston: Cowley Publications.
Bourgeault, C. (2003). *The wisdom way of knowing: Reclaiming an ancient tradition to awaken the heart.* San Francisco: Wiley.
Bourgeault, C. (2004). *Centering prayer and inner awakening.* Lanham, MD: Cowley Publications.
Bourgeault, C. (2008). *The wisdom Jesus.* Boston: Shambhala.
Bourgeault, C. (2016). The heart of centering prayer: Nondual Christianity in theory and practice. Boulder, CO: Shambhala.
Brehm, J. (Ed.) (2017). *The poetry of impermanence, mindfulness, and joy.* Somerville, MA: New Directions Publishing.
Buchanan, G. M., & Seligman, M. E. P. (Eds.). (1995). *Explanatory style.* Mahwah, NJ: Erlbaum.
Buckner, R. L., Andrews-Hanna, J., & Schacter, D. L. (2008). The brain's default network: Anatomy, function and relevance to disease. *Annals of the New York Academy of Sciences, 1124*, 1–38.
Burbea, R. (2014). *Seeing that frees.* West Ogwell, UK: Hermes Amara.
Burns, R. (1786). *Poems, chiefly in the Scottish dialect.* Kilmarnock, Scotland: John Wilson.
Calaprice, A. (2005). *The new quotable Einstein.* Princeton, NJ: Princeton University Press. (林 一・林 大（訳）(2006).『アインシュタインは語る［増補新版］』大月書店）
Campbell, J. (1988). *The power of myth.* New York: Anchor.（藤崎睦男・山内正一（編注）(1991).『現代に生きる神話の知慧　THE POWER OF MYTH』マクミランランゲージハウス）
Chah, A. (1994). *No Ajahn Chah: Reflections* (Dhamma Garden, Comp. and Ed.). Chungli, Taiwan, R. O. C.: Yuan Kuang Publishing House.
Chah, A. (2013). *Still, flowing water.* Valley Center, CA: Metta Forest Monastery.
Cioffi, D., & Holloway, J. (1993). Delayed costs of suppressed pain. *Journal of Personality and Social Psychology, 64*, 274–282.
Cosmides, L., & Tooby, J. (1992). Cognitive adaptations for social exchange. In J. Barkow,

L. Cosmides, & J. Tooby (Eds.). *The adapted mind: Evolutionary psychology and the generation of culture* (pp.165–238). New York: Oxford University Press.

Covey, S. R. (1989). *The 7 habits of highly effective people* (pp.30–31). New York: Simon & Schuster.（フランクリン・コヴィー・ジャパン（訳）(2013).『完訳　7つの習慣：人格主義の回復』キングベアー出版）

Crick, F., & Koch, C. (1990). Towards a neurobiological theory of consciousness. *Seminars in the Neurosciences, 12*, 263–275.

Crook, J. (1980). *The evolution of human consciousness.* Oxford, UK: Oxford University Press.

Csikszentmihalyi, M. (1975). *Beyond boredom and anxiety.* San Francisco: Jossey Bass.（今村浩明（訳）(2000).『楽しみの社会学［改題新装版］』　新思索社）

Csikszentmihalyi, M. (1991). *Flow: The psychology of optimal experience.* New York: Harper & Row.（今村浩明（訳）(1996).『フロー体験：喜びの現象学』世界思想社）

Damasio, A. (1994). *Descartes' error: Emotion, reason, and the human brain.* New York: Putnam Publishing.（田中三彦（訳）(2000).『生存する脳：心と脳と身体の神秘』講談社）

Davidson, R. J., Kabat-Zinn, J., Schumacher, J., Rosenkranz, M., Muller, D., Santorelli, S. F., ...Sheridan, J. F. (2003). Alterations in brain and immune function produced by mindfulness meditation. *Psychosomatic Medicine, 65* (4), 564–570.

Davis, R. (1961). The fitness of names to drawings. *British Journal of Psychology, 52*, 259–268.

de Waal, F. (2006). *Primates and philosophers: How morality evolve*d. Princeton, NJ: Princeton University Press.

Depue, R. A., & Morrone-Strupinsky, J. V. (2005). A neurobehavioral model of affiliative bonding: Implications for conceptualizing a human trait of affiliation. *Behavioral and Brain Sciences, 28*, 313–395.

Dickinson, A. (1980). *Contemporary animal learning theory.* Cambridge, UK: Cambridge University Press.

Domachowska, I., Heitmann, C., Deutsch, R., Goschke, T., Scherbaum, S., & Bolte, A. (2016). Approach-motivated positive affect reduces breadth of attention: Registered replication report of Gable and Harmon-Jones (2008). *Journal of Experimental Social Psychology, 67*, 50–56.

Dreyfus, G. (2011). Is mindfulness present-centred and non-judgmental? A discussion of the cognitive dimensions of mindfulness. *Contemporary Buddhism, 12* (1), 41–54.

Farb, N. A., Segal, Z. V., Mayberg, H., Bean, J., McKeon, D., Fatima, Z., & Anderson, A. K. (2007). Attending to the present: Mindfulness meditation reveals distinct neural modes of self-reference. *Social Cognitive and Affective Neuroscience, 2* (4), 313–322.

Feldman, C. (2001). *The Buddhist path to simplicity: Spiritual practice for everyday life.* London: Harper Collins.

Feldman, C. (2005). *Compassion: Listening to the cries of the world.* Berkeley, CA: Rodmell Press.

Feldman, C. (2015). *Contemporary mindfulness: The long view*. Perils and possibilities in the path of mindfulness teaching. Keynote talk, Mindfulness in Society International Conference, Chester, UK, July 3–7, 2015. Available at https://christinafeldman.co.uk/the-long-view-perils-and-possibilities.

Feldman, C. (2017). *Boundless heart: The Buddha's path of kindness, compassion, joy and equanimity*. Boulder, CO: Shambhala.

Feldman, C., & Kuyken, W. (2019). *Mindfulness: Ancient wisdom meets modern psychology*. New York: Guilford Press.

Fennell, M. J., & Teasdale, J.D. (1984). Effects of distraction on thinking and affect in depressed patients. *British Journal of Clinical Psychology, 23* (1), 65–66.

Fredrickson, B. L. (2001). The role of positive emotions in positive psychology: The broaden-and-build theory of positive emotions. *American Psychologist, 56* (3), 218–226.

Fredrickson, B. L. (2009). *Positivity: Top-notch research reveals the 3-to-1 ratio that will change your life*. New York: Three Rivers Press.

Fredrickson, B. L. (2013). *Love 2.0: How our supreme emotion affects everything we feel, think, do, and become*. New York: Penguin. (松田和也（訳）(2014). 『LOVE2.0：あたらしい愛の科学』青土社)

Friston, K. J., Stephan, K. E., Montague, R., & Dolan, R. J. (2014). Computational psychiatry: The brain as a phantastic organ. *Lancet Psychiatry, 1* (2), 148–158.

Fronsdal, G. (2009, September 18). *Awakening to dependent origination*. Retrieved February 1, 2021, from www.insightmeditationcenter.org/2009/09/awakening-to-dependent-origination.

Gable, P. A., & Harmon-Jones, E. (2008). Approach-motivated positive affect reduces breadth of attention. *Psychological Science, 19* (5), 476–482.

Gable, P. A., & Harmon-Jones, E. (2010a). The motivational dimensional model of affect: Implications for breadth of attention, memory, and cognitive categorisation. *Cognition and Emotion, 24*, 322–337.

Gable, P. A., & Harmon-Jones, E. (2010b). The blues broaden, but the nasty narrows: Attentional consequences of negative affects low and high in motivational intensity. *Psychological Science, 21* (2), 211–215.

Gethin, R. (2011). On some definitions of mindfulness. *Contemporary Buddhism, 12* (1), 263–279.

Gleick, J. (1988). *Chaos: The amazing science of the unpredictable*. London: William Heinemann.

Gilbert, P. (2009). *The compassionate mind*. London: Constable.

Goldstein, J. (1983). *The experience of insight*. Boulder, CO: Shambhala.

Goleman, D., & Davidson, R. (2017). *The science of meditation: How to change your brain, mind and body*. London: Penguin Life.

Goren, C. C, Sarty, M., & Wu, P. Y. (1975). Visual following and pattern discrimination of face-like stimuli by newborn infants. *Pediatrics, 56* (4), 544–549.

Grossberg, S. (2013). Adaptive Resonance Theory: How a brain learns to consciously attend, learn, and recognize a changing world. *Neural Networks, 37*, 1–47.

Gunaratana, H. (2002). *Mindfulness in plain English* (rev. ed.). Boston: Wisdom. (出村佳子 (訳) (2023). 『ヴィパッサナー瞑想の教科書：マインドフルネス気づきの瞑想』徳間書店)

Hamill, S. (1987). *Banished immortal: Visions of Li T'ai-Po*. Buffalo, NY: White Pine Press.

Hamlin, J. K. (2013). Failed attempts to help and harm: Intention versus outcome in preverbal infants' social evaluations. *Cognition, 128*, 451–474.

Hamlin, J. K., Wynn, K., & Bloom, P. (2007). Social evaluation by preverbal infants. *Nature, 450*, 557–559.

Hanson, R. (2009). *Buddha's brain: The practical neuroscience of happiness, love and wisdom*. Oakland, CA: New Harbinger. (菅 靖彦 (訳) (2011). 『ブッダの脳：心と脳を変え人生を変える実践的瞑想の科学』草思社)

Harari, Y. N. (2011). *Sapiens: A brief history of humankind*. New York: Random House. (柴田裕之 (訳) (2016). 『サピエンス全史：文明の構造と人類の幸福　上・下』河出書房新社)

Harding, D. E. (2000). *On having no head: Zen and the rediscovery of the obvious*. London: Shollond Trust

Harris, S. (2014). *Waking up: A guide to spirituality without religion*. New York: Simon & Schuster.

Hayes, S. C., & Wilson, K. G. (2003). Mindfulness: Method and process. *Clinical Psychology: Science and Practice, 10* (2), 161–165.

Hayes, S. C., Wilson, K. G., Gifford, E. V., Follette, V. M., & Strosahl, K. (1996). Experiential avoidance and behavioral disorders: A functional dimensional approach to diagnosis and treatment. *Journal of Consulting and Clinical Psychology, 64* (6), 1152–1168.

Helminski, K. E. (1992). *Living presence*. New York: Tarcher/Penguin.

Henrich, N., & Henrich, J. (2007). *Why humans cooperate: A cultural and evolutionary explanation*. Oxford, UK: Oxford University Press.

Higgins, E. T. (1987). Self-discrepancy: A theory relating self and affect. *Psychological Review, 94*, 319–340.

Hinton, D. (Trans.). (2002). *Mountain home: The wilderness poetry of ancient China*. New York: New Directions.

Homer-Dixon, T. (2020). *Commanding hope*. Toronto: Knopf

Huxley, A. (1985). *The perennial philosophy*. London: Triad Grafton. (Original work published 1945) (中村保男 (訳) (1988). 『永遠の哲学』平河出版社)

James, W. (1982). *The varieties of religious experience*. Harmondsworth, Middlesex, UK: Penguin Books. (Original work published 1902) (桝田啓三郎 (訳) (1969). 『宗教的経験の諸相　上・下』岩波書店)

Jayasāro, A. (2014). Skilful desires. *Forest Sangha Newsletter*, pp.10–12.

Joyce, R. (2006). *The evolution of morality*. Cambridge, MA: MIT Press.

Kabat-Zinn, J. (1994). *Wherever you go, there you are: Mindfulness meditation in everyday*

life. New York: Hyperion.

Kabat-Zinn, J. (2003). Mindfulness-based interventions in context: Past, present, and future. *Clinical Psychology: Science and Practice, 10*, 144–156.

Kabat-Zinn, J. (2005). *Coming to our senses: Healing ourselves and the world through mindfulness*. New York: Hyperion.

Kabat-Zinn, J. (2011). Some reflections on the origins of MBSR, skillful means, and the trouble with maps. *Contemporary Buddhism, 12* (1), 281–306.

Kabat-Zinn, J.(2013). *Full catastrophe living*(rev. ed.). New York: Bantam Books.(春木 豊（訳）(2007).『マインドフルネスストレス低減法』北大路書房)

Kabat-Zinn, J. (2018). *Meditation is not what you think: Mindfulness and why it is so important*. London: Piatkus.（大野純一（訳）(2020).『マインドフルネスの世界・ブック1 瞑想はあなたが考えているものではない：なぜマインドフルネスがこれほど重要なのか』星雲社）

Kahneman, D. (2012). *Thinking, fast and slow*. New York: Penguin.（村井章子（訳）(2014).『ファスト＆スロー：あなたの意思はどのように決まるか？ 上・下』早川書房）

Kaplan, S. (1995). The restorative benefits of nature: Toward an integrative framework. *Journal of Environmental Psychology, 15*, 169–182.

Kaplan, R., & Kaplan, S. (1989). *The experience of nature: A psychological perspective*. New York: Cambridge University Press.

Katz, L. D. (2000). *Evolutionary origins of morality: Cross-disciplinary perspectives*. Thorverton, UK: Imprint Academic.

Keng, S-L., Smoski, M. J., & Robins, C. J. (2011). Effects of mindfulness on psychological health: A review of empirical studies. *Clinical Psychology Review, 31*, 1041–1056.

Killingsworth, M. A., & Gilbert, D. T. (2010). A wandering mind is an unhappy mind. *Science, 330*, 932.

Klimecki, O. M., Leiberg, S., Lamm, C., & Singer, T. (2013). Functional neural plasticity and associated changes in positive affect after compassion training. *Cerebral Cortex, 23* (7), 1552–1561.

Kraft, D. (2017). *Meditator's field guide*. Carmichael, CA: Easing Awake Books.

Kramer, G. (2007). *Insight dialogue: The interpersonal path to freedom*. Boston: Shambhala.

Laird, J. D., & Lacasse, K. (2014). Bodily influences on emotional feelings: Accumulating evidence and extensions of William James's theory of emotion. *Emotion Review, 6*, 27–34.

Landauer, T. K., & Dumais, S. T. (1997). A solution to Plato's problem: The latent semantic analysis theory of acquisition, induction, and representation of knowledge. *Psychological Review, 104* (2), 211–240.

Langer, E. J. (2000). Mindful learning. *Current Directions in Psychological Science, 9* (6), 220–223.

Langer, E., Russel, T., & Eisenkraft, N. (2009). Orchestral performance and the footprint of mindfulness. *Psychology of Music, 37* (2), 25–136.

Lawrence, D. H. (1994). *The complete poems* (Penguin Classics; V. de Sola Pinto & W. Roberts, Eds.). New York: Penguin. (青木晴男・大平 章・小田島恒志・戸田 仁・橋本清一（編訳）(2011).『D. H. ロレンス全詩集　完全版』彩流社)

Machado, A. (1973). *Caminante, no hay camino: Los mejores poemas de Antonio Machado.* Santiago, Chile: Editorial Quimantú.

Markus, H., & Nurius, P. (1986). Possible selves. *American Psychologist, 41*, 954–969.

McGilchrist, I. (2009). *The master and his emissary: The divided brain and the making of the Western world.* New Haven, CT: Yale University Press.

Merton, T. (1966). *Conjectures of a guilty bystander.* New York: Doubleday.

Miranda, J., & Persons, J. B. (1988). Dysfunctional attitudes are mood state dependent. *Journal of Abnormal Psychology, 97*, 76–79.

Mitchell, S. (1993a). *The enlightened heart.* New York: Harper Perennial.

Mitchell, S. (1993b). *The enlightened mind.* New York: Harper Perennial.

Nakamura, J., & Csikszentmihalyi, M. (2002). The concept of flow. In C. R. Snyder & S. J. Lopez (Eds.). *Handbook of positive psychology* (pp.89–105). New York: Oxford University Press.

Nhat Hanh, T. (1987). *The miracle of mindfulness* (rev. ed.). Boston: Beacon Press. (池田久代（訳）(2014).『〈気づき〉の奇跡：暮らしのなかの瞑想入門』春秋社)

Nhat Hanh, T. (1993). *Call me by my true names: The collected poems of Thich Nhat Hanh.* Berkeley, CA: Parallax Press. (島田啓介（訳）(2019).『ティク・ナット・ハン詩集：私を本当の名前で呼んでください』野草社)

Nhat Hanh, T. (2008, May). The moment is perfect. Shambhala Sun.

Nickalls, J. L. (1952). *The journal of George Fox.* Cambridge, UK: Cambridge University Press. (ジャーナル翻訳委員会（訳）(2004).『ジョージ・フォックスのジャーナル　上・下』キリスト友会日本年会)

Noah, T., Schul, Y., & Mayo, R. (2018). When both the original study and its failed replication are correct: Feeling observed eliminates the facial-feedback effect. *Journal of Personality and Social Psychology, 114* (5), 657–664.

Nolen-Hoeksema, S. (1991). Responses to depression and their effects on the duration of depressive episodes. *Journal of Abnormal Psychology, 100* (4), 569–582.

Nolen-Hoeksema, S., Wisco, B. E., & Lyubomirsky, S. (2008). Rethinking rumination. *Perspectives on Psychological Science, 3* (5), 400–424.

Nyanaponika, T. (1962). *The heart of Buddhist meditatio*n. London: Rider.

Nyanaponika, T. (Trans.). (2010, June 13). *Sallatha Sutta: The dart* (Samyutta Nikaya 36.6). Access to Insight (BCBS Edition). Available at www.accesstoinsight.org/tipitaka/sn/sn36/sn36.006.nypo.html.

Nye, N. S. (1998). *Words under words.* Portland, OR: Eighth Mountain Press.

Olendzki, A. (2005, Summer). Self as verb. *Tricycle: The Buddhist review, 14* (4).

Osho. (1998). *The path of meditation: A step-by-step guide to meditation.* Mumbai, India: Rebel Publishing.

Panksepp, J., & Biven, L. (2012). *The archaeology of mind: Neuroevolutionary origins of human emotions*. New York: Norton.

Pennachio, J. (1986). Near-death experience as mystical experience. *Journal of Religion and Health, 25* (1), 64–72.

Pichert, J. W., & Anderson, R. C. (1977). Taking different perspectives on a story. *Journal of Educational Psychology, 69* (4), 309–315.

Price, M. E., Cosmides, L., & Tooby, J. (2002). Punitive sentiment as an anti-free rider psychological device. *Evolution and Human Behavior, 23*, 203–231.

Britain Yearly Meeting (Society of Friends) (2013). *Quaker faith and practice: The book of Christian discipline*. London: The Yearly Meeting of the Religious Society of Friends (Quakers) in Britain.

Raichle, M. E., & Gusnard, D. A. (2002). Appraising the brain's energy budget. *Proceedings of the National Academy of Sciences, 99* (16), 10237–10239.

Raine, K. (2019). *Collected poems*. London: Faber and Faber.

Réa, R. (2009). *Beyond brokenness*. Bloomington, IN: Xlibris Corporation.

Reps, P. (Comp.). (1957/1971). Story 57: The Gates of Paradise. *In Zen flesh, Zen bones*. London: Pelican.

Ricard, M. (2015). *Altruism: The power of compassion to change yourself and the world*. London: Atlantic Books.

Ricard, M. (2017). *Enlightened vagabond: The life and teachings of Patrul Rinpoche*. Boulder, CO: Shambhala.

Ricard, M., & Singer, W. (2017). *Beyond the self*. Cambridge, MA: MIT Press.

Richins, M. L. (2013). When wanting is better than having: Materialism, transformation expectations, and product-evoked emotions in the purchase process. *Journal of Consumer Research, 40* (1), 1–18.

Rilke, R. M. (1997). *Rilke's book of hours: Love poems to God* (A. Barrows & J. Macy, Trans.). New York: Riverhead Books.

Rohr, R. (2019). *The universal Christ*. London: SPCK.

Rosenberg, L., & Zimmerman, L. (2013). *Three steps to awakening: A practice for bringing mindfulness to life*. Boston : Shambhala. (藤田一照（訳）(2018).『〈目覚め〉への3つのステップ：マインドフルネスを生活に生かす実践』春秋社)

Ruchiraketu (2014). *Introduction to the metta bhavana*. Retrieved October 15, 2020, from https://thebuddhistcentre.com/system/files/groups/files/introduction_to_the_metta_bhavana_ruchiraketu.pdf.

Salzberg, S. (1995). *Loving-kindness: The revolutionary art of happiness*. Boston: Shambhala.

Sangharakshita. (Trans.). (2008). *Dhammapada: The way of truth* (2nd ed.). Cambridge, UK: Windhorse Publications.

Savin, O. (2001). *The way of the pilgrim*. Boston: Shambhala.

Saunders, J. (1962). *Next time I'll sing to you*. London: Andre Deutsch.

Schkade, D. A., & Kahneman, D. (1998). Does living in California make people happy? A

focusing illusion in judgments of life satisfaction. *Psychological Science, 9* (5), 340–346.
Schneider, W., & Shiffrin, R. M. (1977). Controlled and automatic human information processing: I. Detection, search, and attention. *Psychological Review, 84* (1), 1–66.
Schwarz, N., & Clore, G. L. (1983). Mood, misattribution, and judgments of wellbeing: Informative and directive functions of affective states. *Journal of Personality and Social Psychology, 45* (3), 513-523.
Segal, Z. V., Williams, J. M. G., & Teasdale, J. D. (2013). *Mindfulness-based cognitive therapy for depression* (2nd ed.). New York: Guilford Press. (越川房子（訳）(2023).『マインドフルネス認知療法［原著第2版］：うつのための基礎と実践』北大路書房)
Seng-ts'an. (2001). *Hsin-hsin Ming: Verses on the faith-mind* (R. B. Clarke, Trans.). Buffalo, NY: White Pine Press.
Shah, I. (1974). *Thinkers of the East.* Harmondsworth, Middlesex, UK: Penguin Books.
Shantideva, A. (1979). *A guide to the Bodhisattva's way of life* (S. Batchelor, Trans.). Dharamsala, India: Library of Tibetan Works and Archives.
Shapiro, L., & Spaulding, S. (2021). Embodied cognition. In E. N. Zalta (Ed.), *The Stanford encyclopedia of philosophy* (Fall 2021 Edition), Retrieved December 14, 2021, from https://plato.stanford.edu/archives/win2021/entries/embodied-cognition.
Simons, D. J., & Chabris, C. F. (1999). Gorillas in our midst: Sustained inattentional blindness for dynamic events. *Perception, 28* (9), 1059–1074.
Simons, H. A. (1962). The architecture of complexity. *Proceedings of the American Philosophical Society, 106* (6), 467–482.
Singer, W. (2013). The neuronal correlate of consciousness: unity in time rather than space? In A. Battro, S. Dehaene, M. S. Sorondo, & W. Singer (Eds.), Neurosciences and the Human Person: New Perspectives on Human Activities. *Pontifical Academy of Sciences, Scripta Varia, 121,* 1–17. Vatican City.
Singh, K. D. (1998). *The grace in dying.* New York: HarperCollins.
Smallwood, J., & Schooler, J. W. (2015). The science of mind wandering: Empirically navigating the stream of consciousness. *Annual Review of Psychology, 66,* 487–518.
Stanley, S., Purser, R. E., & Singh, N. N. (Eds.). (2018). *Handbook of ethical foundations of mindfulness.* Cham, Switzerland: Springer.
Steiner, G. (1978). *Martin Heidegger.* New York: Viking. (生松敬三（訳）(1992).『同時代ライブラリー125　ハイデガー』岩波書店)
Strack, F., Martin, L. L., & Stepper, S. (1988). Inhibiting and facilitating conditions of the human smile: A nonobtrusive test of the facial feed-back hypothesis. *Journal of Personality and Social Psychology, 54,* 768–777.
Strogatz, S. (2004). *Sync: The emerging science of spontaneous order.* London: Penguin. (蔵本由紀（監修）長尾 力（訳）(2005).『SYNC：なぜ自然はシンクロしたがるのか』早川書房)
Sullivan, W.(1972, May 29). The Einstein papers: A man of many parts. *New York Times,* p.1.
Sumedho, A. (2020). *The four noble truths* (illustrated ed.). Great Gaddesden, UK:

Amaravati Publications.

Suzuki, S. (1970). *Zen mind, beginner's mind.* New York: Weatherhill.（藤田一照（訳）(2022).『禅マインド　ビギナーズ・マインド［新訳］』PHP研究所）

Taylor, J. B. (2008). *My stroke of insight.* New York: Viking.（竹内 薫（訳）(2012).『奇跡の脳：脳科学者の脳が壊れたとき』新潮社）

Teasdale, J. D. (1988). Cognitive vulnerability to persistent depression. *Cognition and Emotion, 2*, 247–274.

Teasdale, J. D., & Barnard, P. J. (1993). *Affect, cognition and change: Re-modelling depressive thought.* Hove, UK: Erlbaum.

Teasdale, J. D., & Chaskalson, M. (2011a). How does mindfulness transform suffering? I. The nature and origins of dukkha. *Contemporary Buddhism, 12* (1), 89–102.

Teasdale, J. D., & Chaskalson, M. (2011b). How does mindfulness transform suffering? II. The transformation of dukkha. *Contemporary Buddhism, 12* (1), 103–124.

Teasdale J. D., Dritschel, B. H., Taylor, M. J., Proctor, L., Lloyd, C. A., Nimmo-Smith, I., & Baddeley, A. D. (1995). Stimulus-independent thought depends on central executive resources. *Memory and Cognition, 23* (5), 551–559.

Teasdale, J. D., Segal, Z. V., & Williams, J. M. G. (1995). How does cognitive therapy prevent depressive relapse and why should attentional control (mindfulness) training help? *Behaviour Research and Therapy, 33* (1), 25–39.

Teasdale, J. D., Williams, M., & Segal, Z. (2014). *The mindful way workbook: An 8-week program to free yourself from depression and emotional distress.* New York: Guilford Press.（小山秀之・前田泰宏（監訳）(2018).『マインドフルネス認知療法ワークブック：うつと感情的苦痛から自由になる8週間プログラム』北大路書房）

Tejaniya, A. (2008). *Awareness alone is not enough.* Selangor, Malaysia: Auspicious Affinity.

Ṭhānissaro, A. (2008). *The shape of suffering: A study of dependent co-arising.* Valley Center, CA: Metta Forest Monastery.

Ṭhānissaro, A. (Trans.). (2013a, November 30). *Maha-nidana Sutta: The great causes discourse* (Digha Nikaya 15). Access to Insight (BCBS Edition). Available at www.accesstoinsight.org/tipitaka/dn/dn.15.0.than.html.

Ṭhānissaro, A. (Trans.). (2013b, November 30). *Itivuttaka: The group of ones* (Itivuttaka 1–27). Access to Insight (BCBS Edition). Available at www.accesstoinsight.org/tipitaka/kn/iti/iti.1.001-027.than.html.

Tolle, E. (2005). *The power of now.* London: Hodder & Stoughton. (Original work published 1999)（飯田史彦（監修）あさりみちこ（訳）(2002).『さとりをひらくと人生はシンプルで楽になる』徳間書店）

Tolle, E. (2011). *Stillness speaks.* London: Hodder & Stoughton. (Original work published 2003)（あさりみちこ（訳）(2006).『世界でいちばん古くて大切なスピリチュアルの教え』徳間書店）

Varela, F. J., Thompson, E., & Rosch, E. (2017). *The embodied mind: Cognitive science and human experience* (rev. ed.). Cambridge, MA: MIT Press.

Warneken, F., Hare, B., Mellis, A. P., Hanus, D., & Tomasello, M. (2007). Spontaneous altruism by chimpanzees and young children. *PLoS Biology, 5* (7), 1414–1420.

Warneken, F., & Tomasello, M. (2009). Varieties of altruism in children and chimpanzees. *Trends in Cognitive Science, 13*, 397–402.

Watts, A. (1957). *The way of Zen*. New York: Vintage.

Wegner, D. M., Schneider, D. J., Carter, S. R., & White, T. L. (1987). Paradoxical effects of thought suppression. *Journal of Personality and Social Psychology, 53* (1), 5–13.

Wells, G. L., & Petty, R. E. (1980).The effects of head movement on persuasion. *Basic and Applied Social Psychology, 1*, 219–230.

Wheeler, M.S., Arnkoff, D. B., & Glass, C. R. (2017). The neuroscience of mindfulness: How mindfulness alters the brain and facilitates emotion regulation. *Mindfulness, 8*, 1471–1487

Williams, J. M. G., & Kabat-Zinn, J. (2013). *Mindfulness: Diverse perspectives on its meaning, origins and applications*. London: Routledge.

Williams, J. M. G., Watts, F. N., MacLeod, C., & Mathews, A. (1997). *Cognitive psychology and emotional disorders* (2nd ed.). Chichester, UK: Wiley.

Williams, M., Teasdale, J., Segal, Z., & Kabat-Zinn, J. (2007). *The mindful way through depression: Freeing yourself from chronic unhappiness*. New York: Guilford Press.（越川房子・黒澤麻美（訳）(2012).『うつのためのマインドフルネス実践：慢性的な不幸感からの解放』星和書店）

Wynn, K., Bloom, P., Jordan, A., Marshall, J., & Sheskin, M. (2018). Not noble savages after all: Limits to early altruism. *Current Directions in Psychological Science, 27* (1), 3–8.

訳者紹介

湯川進太郎（ゆかわ・しんたろう）

1994年　早稲田大学第一文学部哲学科心理学専修卒業
1999年　筑波大学大学院博士課程心理学研究科修了（博士（心理学））
現　在　白鷗大学教育学部教授
　　　　日本感情心理学会顧問
　　　　日本マインドフルネス学会会員

［主著・訳書］
『攻撃の心理学』（共編訳，北大路書房，2004年）
『怒りの心理学：怒りとうまくつきあうための理論と方法』（編著，有斐閣，2008年）
『タオ・ストレス低減法：道教と気功による心身アプローチ』（単訳，北大路書房，2014年）
『禅僧沢庵 不動智神妙録：身体心理学で読み解く武道的人生哲学』（単著，誠信書房，2019年）
『武道家の稽古・鍛錬の心理学：心のコツ！ 情熱を持続させるための簡単な意識スイッチ』（単著，BABジャパン，2024年）

著者紹介

©Guilford Publications, Inc. 2021

ジョン・ティーズデール（John Teasdale）

ジョン・ティーズデール博士は，イングランドのケンブリッジにある英国医学研究審議会の認知脳科学部門の特別科学職に就いていた。英国学士院と英国医学アカデミーのフェローでもある。博士は，マーク・ウィリアムズとジンデル・シーガルと協同して，大うつ病のぶり返しや再発を防ぐために，マインドフルネス認知療法（MBCT）を開発した。また彼らは，（メンタルヘルスの専門家に向けて）『マインドフルネス認知療法［原著第2版］：うつのための基礎と実践（*Mindfulness-Based Cognitive Therapy for Depression, Second Edition*）』とともに，セルフヘルプのガイドブックである『マインドフルネス認知療法ワークブック：うつと感情的苦痛から自由になる8週間プログラム（*The Mindful Way Workbook: An 8-Week Program to Free Yourself from Depression and Emotional Distress*）』や（ジョン・カバットジンと）『うつのためのマインドフルネス実践：慢性的な不幸感からの解放（*The Mindful Way through Depression: Freeing Yourself from Chronic Unhappiness*）』といった共著を出版している。彼はまた，査読付学術誌において，引用頻度の高い論文を数多く発表してきた。退職後，博士は国をまたいでマインドフルネスや洞察瞑想を教えてきた。彼は，私たちのあり方を高めるために，マインドフルネスや瞑想のもつより広い意味を理解しようと探究し続けている。

マインドフルネスの探究
——身体化された認知から内なる目覚めへ

2024年11月20日　初版第1刷発行

著　者　ジョン・ティーズデール
訳　者　湯川進太郎
発行所　㈱北大路書房
〒603-8303　京都市北区紫野十二坊町12-8
電話代表　(075)431-0361
ＦＡＸ　(075)431-9393
振替口座　01050-4-2083

Printed in Japan
ISBN978-4-7628-3265-9
編集・制作／（株）灯光舎
装丁／こゆるぎデザイン
印刷・製本／創栄図書印刷（株）
落丁・乱丁本はお取り替えいたします。
定価はカバーに表示してあります。

北大路書房の好評関連書

うつのためのマインドフルネス認知療法ガイドブック
よりよい指導を支える理解と方法

家接哲次（著）

B5 判・304 頁・本体 4000 円＋税
ISBN978-4-7628-3218-5　C3011

うつ病再発予防の高い効果が注目される MBCT。海外発祥の療法を日本で行うための工夫とは？　MBCT の特徴や源流にある仏教の教え等の基礎知識から，各セッションの具体的な流れ，指導力の振り返りと向上のための評価基準といった実践知識までを網羅。経験に基づく生きた知恵と資料で 8 週間プログラムの指導を支える。

マインドフルネス認知療法を教えるということ
実践の体現と瞑想的対話

スーザン・L・ウッズ，パトリシア・ロックマン，エヴァン・コリンズ（著）
高橋美保（監訳）

A5 判・324 頁・本体 3900 円＋税
ISBN978-4-7628-3163-8　C3011

ワークの実践がプログラムの本質ではない。その「核」は，講師による「マインドフルなあり方の体現」と「問いかけ」にある。これらを実現する方法を，MBCT を教えるための有益な枠組みとその適用，瞑想的対話やガイダンス例を示しつつ解説。新人も熟練講師もマインドフルネス実践の真髄を学べる明解なガイド。